中國歷代墨寶

[台湾商务印书馆学术经典]

中国历代思想家 清

（二）

主编：
台湾中华文化总会
王寿南

九州出版社 JIUZHOUPRESS | 全国百佳图书出版单位

目　录

庄存与

陆宝千　著

清朝乾隆年间，有一次，政府举行经筵之礼。所谓经筵之礼就是皇帝听人讲解儒家经书的仪式。依照清代制度，每年仲春、仲秋选定吉日，皇帝来到文华殿，左陈四书讲章，右设五经讲章，由直讲官进讲。讲毕礼成，就一齐退班。但是这一次，讲官敷演讲章如仪后，忽然有一个人声称适间的讲章舛误，于是自动上前把先前的讲章，琅琅地发挥了一遍。这一突然的举动，把同列的官员都吓坏了。但是清高宗竟为之少留。这一位能当着皇帝的面不同意讲官讲说的人，便是江苏武进的庄存与先生。

庄存与字方耕，号养恬。生于清康熙五十八年。少年时，从舅氏钱先生讲肄，奠定了一生学业的基础。乾隆十年，中一甲第二名进士，也就是所谓的榜眼。授职是翰林院的编修。此后他在宦途上平稳发展，由侍讲而少詹事而湖南、直隶、顺天、山东、河南等地的学政，最后升到礼部侍郎。除正式的官职外，还曾兼了不少差使。如出典浙江和湖北考试，会试时的同考官、副总裁，并在翰林院教习庶吉士等。但是方耕最重要的兼差，乃是在南书房和上书房行走。尤其后者，是教育皇族子弟的工作，他每日卯入申出，寒暑无间者四十年，深得皇子们的爱敬。乾隆五十一年，以年老就衰，照原品级休致。五十三年，卒于家，享年七十岁。

方耕在宦途中曾有若干政绩，例如改革考试舞弊等，但这些都不如他在学术上成就的重要。而方耕在学术上的成就却曾为当时人所诟病，认为他的工作违反学术的时代潮流。这违反学术潮流的举动，正如他敢于当着皇帝的面不同意讲官的意见一样，表现了存与对于学术上的特殊见解。

当时的学术潮流是什么呢？是考据之学。几位重要的考据学大师，如江永、戴震、王念孙父子、段玉裁、惠栋、钱大昕、王鸣盛、孙星衍等，都和方耕同时。这些大师们具有如此相同的见解：

（1）圣人之道记载于儒家的经典中。经典由文句所构成，文句由文字所构成。所以后人要明白圣人之道，必须先了解个别的文字，再由文字以了解单独的文句，最后才能通过文句以了解经典，从而可得圣人之道。

（2）儒家的经典，经过两千多年的时间，受了多次火水兵虫的灾害，难免有散佚的或搀入的。所以后人必须要收集那些散佚的或剔出那些搀入的，圣人之道，庶可复明。

（3）儒家的经典，经过两千多年的传抄和印刷，难免有鲁鱼亥豕之处。所以后人必须要加以订正，圣人之道，庶可不为后人所歪曲和误解。

在这种风气鼓动之下，学者们的工作是文字的训诂、书籍的辨讹、辑佚与校勘。真是家称许、郑，人披“御览”。至于真正的圣人之道是什么，却反少有人顾问了。

这时忽然有人向政府提议：作为五经之一的《尚书》，其中一部分是后人伪造的，所以政府应予明令废止，并且在科举考试中，也不得再在伪经中出试题。此一建议，正足以反映出那时考据学的流风之盛。

《书经》中被清代考据家们断定为伪造的一部分，通称《古文尚书》。其来源是这样的：

据传统的说法，秦始皇统一天下以后，实行愚民政策，焚烧民间藏书，并在法律上禁止人民挟书。其后秦朝虽然亡了，而禁挟书令仍过了很久方为汉代政府所取消。在这一段时间内，儒家的典籍被毁灭了不少。其中《尚书》一种，据说孔子手定时共有一百篇。当始皇禁民间藏书时，济南博士伏胜把此书藏于墙壁内，等到秦亡汉兴，发觉此书历经兵乱已亡失大半，只剩下二十九篇。于是就拿这二十九篇在齐鲁之间教学。汉文帝时，征求能研究《尚书》的人，这时伏胜已九十余岁，老不能行；于是政府派晁错前往受教纪录。所以当时不论民间或官方，《尚书》之学，都出自伏胜。这二十九篇《尚书》之外，又有另外一种《尚书》。据说在汉武帝末年，鲁恭王要扩充他的宫室，就拆毁孔子的旧宅，竟发现孔宅墙壁中也有藏书。计有《尚书》、《礼记》、《论语》、《孝经》等凡数十篇。这些书都落入孔子后人孔安国之手。孔安国把新出世的《尚书》与伏生所传的二十九篇相对照，发现多出了十六篇。这些新出世的《尚书》，都是用汉以前的文字篆书所写的。而伏生所传的二十九篇，则是用汉代的隶书写的。所以当时人称新出世的《尚书》为《古文尚书》，伏生的二十九篇为《今文尚书》。《古文尚书》在汉代一直流行于民间，经过汉末大乱，此书又失传了。到东晋时，忽有豫章内史梅赜者，自称获得了孔安国所传的《尚书》，于是献诸政府。后来唐太宗命孔颖达等撰定《五经正义》，其中《尚书》一经即以梅颐本为准。《五经正义》在唐代成为国定本，而梅赜本《尚书》自然建立其权威地位了。但是后代的学者，慢慢地对梅赜所献的孔传《尚书》发生了怀疑。例如朱熹就曾怀疑何以《尚书》中时代较早的部分，在文字上反而较为易解。明代的梅鷟即曾写过一本《尚书考异》。到了清初，阎若璩又著《尚书古文疏证》，引经据古，历举一百多证，说明《古文尚书》中矛盾之故。于是梅赜所献孔传《古文尚书》之讹，就成了定案。这时又有毛奇龄为《古文尚书》不平，著《古文尚书冤词》，为孔传古文辩护。在学术界上形成一大争论。毛氏的文词雄悍，穿回引证，但终不能推翻阎若璩的结论，于是《古文尚书》孔传之伪，为世所公认，没有人再研究了。

和方耕同时的考据大家，如江声的《尚书集注音疏》，王鸣盛的《尚书后案》等，都避孔安国之传而专搜汉儒之说，以注二十九篇。故废除伪《古文尚书》，已被当时学术界认为自然之举了。

但方耕却起而反对此一建议。他的理由有两方面，一是学术的：古代的书籍，十之七八已经湮没，但在伪《古文尚书》中还保存了一二。废除此书，则连幸存的一二也将湮没了。一是政治的：皇室子弟不必也没有机会去做学者，不能旁览杂氏，只有赖“幼习五经之简，长以通于治天下”。假如废掉了伪《古文尚书》，则若干政治上的道理，便没有机会知道了。例如皇帝必须求有德有能的人辅助自己，《尚书·仲虺》说：“能自得师者王，谓人莫已若者亡。”（这是商汤说的话。大意谓君王能求得贤人作师，才可以统治天下，若果以为天下没有人能比得上自己的，则国家一定要灭亡。）《说命》篇说：“股肱惟人，良臣惟圣”，“启乃心，沃朕心”。（这是殷高宗对傅说说的话。意思是说一个人有了手和足，才算是完整的身体，一个君主有了良臣，才可以成为圣君。请以你的智慧来增加我的智慧。）《冏命》篇说：“惟予一人无良，实赖前后左右有位之士，匡其不及。”（这是周穆王对伯冏讲的话。大意是说我个人有很多缺点，全靠周围的人来帮助我能力所不及的地方。）君主必须要节俭，《太甲》篇说：“慎乃俭德，惟怀永图。”（这是伊尹对太甲说的话。大意是说你应当以俭为德，考虑子孙能永远统治天下的计划。）《旅獒》篇说：“不作无益害有益，功乃成。不贵异物贱用物，民乃足。”（这是周武王克商以后，西方的旅国贡了一头獒犬来，召公劝武王拒绝接受的话。大意说君主不要做于国家无益的事，国家才能进步。不要注重玩好之物，人民才能富足。）君主用刑必须要宽厚，《大禹谟》说：“罪疑惟轻，功疑惟重。与其杀不辜，宁失不经。”（这是皋陶对夏禹说的话。大意是说君主对于臣下所建的功劳发生了疑问，则应当从较重的一方面去考虑，对于臣下所犯的罪发生了疑问，则应当从较轻一方面去考虑。与其杀了一个没有罪的人，宁可宽恕一个犯了不常见的罪恶的人。）君主应当从事道德修养，《大禹谟》说："人心惟危，道心惟微。惟精惟一，允执厥中。"（这是舜的话。大意谓人心之有思虑作用，是应付一切事情的根本，可以向好的一面去想，也可向坏的一面去想。所以是很危险的。道心是实现道德行为的根本，是很微妙的。人君应当要精心一意，把握道心使不失其中，然后可以明道安民。）以上《仲虺》、《说命》、《冏命》、《太甲》、《旅獒》、《大禹谟》，都是属于伪《古文尚书》，假使政府通令伪《古文尚书》不得再予研读，那么皇子们无法再从书本中获得这些政治教训了。由于方耕的反对，伪《古文尚书》乃得在国定的儒家经典中，存而不废。

方耕不但挽救了伪《古文尚书》的政治生命，又想挽救此书的学术生命，他作了一部《尚书既见》，发挥其个人的历史见解和政治见解。书中每每引用《古文尚书》来作证。例如他说明君主之重要时，引《太甲》篇伊尹的话："民非后罔克胥匡以生。"（人民没有君主的领导，不能发挥互助合作的效力。）指责商纣施行虐政而诿命于天，也引伊尹的话："自作孽而曰天作孽乎。"此一为《古文尚书》辩护的工作，曾招致很多人的诟病。方耕另在《尚书说》中回答道："尹躬暨汤"（这是《尚书·咸有一德》中语，意谓伊尹个人和商汤），是《古文尚书》中的话。"二公及王"（这是指《尚书·金縢》中太公、召公和周成王），是《今文尚书》中的事。二者都在说明大臣和君主的一心一德。所以《尚书》是"疏通知远之教，非属辞比事之教"（谓《尚书》乃政治学而非历史书），后人不要轻议古人之书。

方耕之对抗当世学术潮流之另一表现，是研究方向的转变。当举世学者沉酣于旁搜博讨的考据工作时，他却从事于"义理"的探讨，研究的对象是《春秋公羊传》。

按照传统的说法，孔子曾经根据鲁国的史书——《春秋》，加以增删。每增一字或每削一字，都寓有深远的意义。高弟如子游、子夏等都不能帮上一句话。这些增删《春秋》的寓意，谓之微言大义。孔子生前，恐怕触犯时忌，并未记载下来，只是口传于弟子。孔子既殁，子夏把孔子之说授与公羊高，公羊高授给自己的儿子公羊平，公羊平传子公羊地，公羊地传子公羊敢，公羊敢传子公羊寿。到公羊寿才和胡母子都二人把历代口传的春秋大义用文字记载下来，这便是《春秋公羊传》。这时已是西汉景帝时代了。后来汉武帝要在政府中设立五经博士，《公羊春秋》当时是解释《春秋》之书，所以立于学官，公羊学也变成了官学。

《春秋公羊传》这本书在汉代十分重要，政治上发生问题的时候，都按《公羊传》中的义理作为处理的标准。皇帝的诏书，臣子的奏议，也往往引用此书中的义理作为立论的根据。如果说得夸张一些，此书很类于现代国家中的宪法。但汉代以后，此书却很少人去研究了，主要的原因是缺少了政治上的鼓励。因为汉武帝设立五经博士后，又置博士弟子员（即博士可以招收学生），按当时政府的法令，博士弟子员通过考试后，可以当公务员（吏或郎）。所以博士弟子员成为入仕之途，五经成为入仕的敲门砖，《公羊传》便是当时热门的敲门砖之一，因此不断有人传授学习。

到了汉末，天下大乱，博士官逐渐废绝，儒家经典慢慢地无人传授了，《公羊传》也逐渐式微。魏晋以后，儒家思想在政治上也失去了直接的指导地位，公羊义理更少有人探讨了。例如东汉时，何休曾经著有《公羊解诂》，发挥公羊的义理。到南北朝时，徐遵明根据解诂作疏，便空言敷衍，无所发明了。唐代以科举取士，主要有明经、进士两科。试明经者，儒家的经典虽然仍为考试的对象，但考生于诸经不必全习。有通五经、三经、二经及学究一经之别。而政府又分诸经为大、中、小三类，以字数的多少为分类的标准。通经者于每类中任选一或二经，《公羊传》和《毛诗》、《周礼》列为中经。凡应试之士，目的只在考试及第，都选择容易学习的经书，所以中经一类中，《诗经》成为热门，而《公羊传》与《周礼》便无人顾问了。开元时期，国子司业李元瓘和国子祭酒的杨玚，先后请政府对于研习公羊者优予奖励。元和时，韩愈曾写信给朋友道：近来公羊学几乎断绝了，圣经贤传，屏而不省，要妙之义，无自而寻。所以自汉末大乱以后，公羊春秋渐渐少人研习，最后竟成为绝学了。到了庄方耕出来，才把这一绝学加以复活。

方耕在公羊春秋方面的重要著作是《春秋正辞》。这是取法元代赵汸的《春秋属辞》而作的。赵汸把《春秋》上相同的文辞和记事合在一起，分成八大类，每一大类中又各有十数至数十小项。方耕也把《春秋》分类而研究之。共有九大类：奉天辞、天子辞、内辞、二伯辞、诸夏辞、外辞、禁暴辞、诛乱辞、传疑辞。每类中也分若干小项。所不同于赵汸者，他是站在公羊学的立场把《春秋》加以分类而已。此书“义例一宗公羊，起应实述何氏”，但亦间采《左传》、《谷梁》。所以义周旨密，博辨宏通，成为解说《春秋经》的卓绝之作。

方耕在此书中继承并发挥了公羊学的理想性。原来公羊学家有一基本观念，乃“以春秋当新王”。即以春秋时代为继周而起之新王朝，此新王朝之王为“孔子”。但孔子有德而无位，在现实上并未真正成为王，所以其政治理想只能藉修改鲁史《春秋》表现出来，《春秋》乃成为孔子之政治哲学。方耕说：“大哉受命，钊我至圣”，也是承认孔子为继周受命之王。《春秋》上记载鲁隐公七年“滕侯卒”，方耕解说道：滕国原来是“子爵”，这里为何要称之为“侯爵”呢？这是因为做天子的才能改元立号，爵命诸侯。孔子这样写法，正表示自己是一个天子，表示“春秋当新王”是一个不同于周的新年代。

这一个新时代中的王，是政治革新的重心和起点。《春秋经》的第一句“元年春王正月”。方耕引用何休的话“政莫大于正始”。所谓“元”，便是元气，乃是天地之始。《春秋》用“元”表示天地开始之正。以天地开始之“正”来“正”君主的政治。以君主的政治“正”诸侯的即位。以诸侯之即位“正”境内的政治。又引董仲舒的话：为人君者正心以正朝廷，正朝廷以正百官，正百官以正万民，正万民以正四方。这便是所谓“春秋深探其本而反自贵者始”。这新时代的“王”者，负些什么责任呢？方耕曾在讨论《尚书》的时候表示其意见：“古人所谓统治天下者，难道仅为了受人民的朝觐，征人民的贡税，用人民的劳力吗？主要乃是能使民心悦服，不良的风俗革除，每一人在政府统治之下，都能依其天赋而自由发展和完成其人格。”

这新时代的王所统治的是什么样的国家呢？是一个“大一统”的国家。《春秋》第一句“元年春王正月”，公羊家解释“王正月”的意义是“大一统也”。方耕引用此文，表示他同意这一见解。又引《礼记》上的话加以申说：“天无二日，土无二王。”他非常推重齐桓、晋文的霸业，认为齐桓“虽曰薄德，赖此一匡”。一匡是指天下因齐桓公之努力而免于分裂。其后在晋文公的努力下，各诸侯又“东西究海，搏心一力”。方耕心目中的大一统，并非指全国仅有一个政治领袖而已。董仲舒曾说“春秋大一统者，天地之常经，古今之通谊也”。所以建议汉武帝“诸不在六艺之科，孔子之术者，皆绝其道，勿使并进”，“然后统纪可一而法度可明，民知所从矣”。方耕引用董说后，加以阐释：“此非春秋事也，治春秋之义莫大焉。”故他心目中的大一统，乃以法度的统一为内容。

此大一统之国，是有丰富的文化的，其中保存了前两代的礼乐。公羊学家有“通三统”之说。他们以为凡一个新王朝建立后，必须封建两个大国给前两代王朝的子孙，使各保存其固有文化。这两个王国和当代之王朝同时并存，便是“通三统”。所以周王便存禹之后于杞，存汤之后于宋，“使皆服其服，行其礼乐”。此外公羊家又有九皇、五帝之说。他们以为王、帝、皇三者是不同的。“天下往归之谓之王”。即天下的人都自动的归向于一个人，则此人便称为王。至于过去的王，近一点的便称之为“帝”，远一点的便称之为“皇”。如果以周代为准，则周本身与夏禹为三统，夏以上自舜至黄帝为“五帝”，神农以上则为“九皇”。五帝、九皇之后，也都封以小国。九皇以上的君主之后，便降为平民了。现在既以春秋时代为新王朝，则“夏”便应归入五帝，而“周”与“宋”则被封为大国，和“春秋新王朝”与“通三统”。然而在现实上，孔子既未成为真正的王，所以通三统也不能成为真正的政治措施。孔子只能在《春秋》上的文字寄托其意。《春秋》上常书“春王正月”、“春王二月”、“春王三月”，而没有“王四月”。公羊家作这样的解释：夏朝以建寅之月为正月，商朝以建丑之月为正月，周朝以建子之月为正月（按：中国古历法把冬至日到次年冬至日这一段时间平分为十二小段，以子、丑、寅、卯等地支作为每一小段的专名。建子，便是以第一小段为一年的正月），所以周的二月便是商的正月，周的三月便是夏的正月。二月、三月上都有“王”字，表示夏、商二朝之王依然同时存在，这便是《春秋》书法的“通三统”。方耕对于通三统之说，是同意的。曾引夏书“怠弃三正”（见《甘誓》篇）的话，证明周代以前也是“三正并行而不悖”。并且称通三统的作用，对今王朝是“师法在昔”，故在文化上能够“文质再复，制作备焉”（商的文化风格是质朴，周的文化风格是富丽，再复，是指春秋新王朝的文化由富丽返于质朴）。

此大一统之国，其文化是不断发展的。公羊家有张三家世之义。其说略谓春秋二百四十年之中，鲁国共历十二君。此十二君中，孔子所及见者为昭、定、哀三公时代之事，是谓所见世。孔子所不及见而能由孔子的前辈中可以闻知该时代之事者，为成、宣、文、襄四公时代，是谓所闻世。孔子所不见并且亦无耆老可询，只能由记载、传说以知该时代之事者，为隐、桓、庄、闵、僖五公时代，是谓所传闻世。二百四十年之事，既有所见、所闻、所传闻之不同，故《春秋》记载之文词亦有所不同。这种不同的异辞，公羊家以为是孔子的微言大义所在。于所传闻世，表示国家在衰乱之中有安定之兆。于所闻世，表示国家已至升平，于所见世，表示世界已至太平。此三世之义，实为历史进化，文化发展之史观。方耕说："拨乱启治，渐于升平，十二有象，太平以成"。可见他也是同意此三世之说的。

此一大一统之国，其内部有一理想之制度。汉代公羊家有一传说，孔子之作《春秋》，乃是预为汉代立法的。方耕否认此一说法。他以为孔子在《春秋》中所寓之法乃是"以治万世，汉曷觊焉"。但在未行此"万世法"以前，方耕在消极方面，不主张改革旧的比较适宜的制度。他曾致力于《周礼》的研究。《周礼》原有六篇，其中《冬官司空》已经阙失。他以为《周官》之"式法根氐皆在《冬官》。《冬官》存，举而错之天下，无难也"。于是为《冬官》拟补其文，作《冬官司空记》一篇。另外又采撮周秦之旧书，别辑为《司空记》一篇，颇有为后世制法之意。

此大一统之国，当然是内行仁政。《春秋》记梁之亡国，由于梁国的君主隆刑峻法，百姓相率离去，形成鱼烂而亡。公羊学者批评梁国并没有受到敌国的侵略而灭亡，是"自亡也"。方耕也说梁君"孰非自取，不仁甚焉"。《春秋》记郐国的君主被人俘获，用他的血祭之于社。公羊学者以为这是一件不人道的事。但是方耕说：难道郐国的君主没有过失吗？"兵败国亡，身奔走，咸不得谓之无恶也。"可见他是主张国家应当自强的。

此大一统之国，其人民对四周文化较低民族而言，具有强烈的民族意识，是谓夷夏之大防。《春秋》于鲁僖公元年记“楚人伐郑”，二年记“楚人侵郑”，三年又记“楚人伐郑”。《公羊传》于此都没有解说，但是方耕说楚国在《春秋》中有不同的称呼，如果他服从中国，便称为“楚子”，假使他侵略中国，那便称他为“楚人”。这连续三年中楚国侵略郑国，是侵略中国的开始。“四夷病中国莫楚若近也”，所以“始人之也。”可见方耕是有浓厚的民族意识的。

然而此大一统之国，并不主对外侵略。《春秋》记鲁桓公五年“夏，齐侯、郑伯如纪”。方耕以为按《春秋》书法，鲁国以外的国家“相如”（一国的君主到别国去拜访谓之相如）是不记载的。此处特别记载此事，因为齐、郑二君到纪国去是偷袭纪国。一个平民外表装着和好的态度，内心怀着偷盗之意，便可称之为贼。现在身为诸侯者，也怀有偷袭别国之心，连平民都不如了。但是为何《春秋》不称之为齐人、郑人而仍称之为齐侯、郑伯呢？（《春秋》通例称人是贬辞，称爵是褒辞。）因为他们的行为已经不能算是人，所以不必“人之”，反而仍予以侯伯之名，是让他们“庶几愧愤死乎”。方耕为何这样地反对战争呢？因为战争乃是“糜烂其民”。《春秋》记鲁桓十年“冬、十月二日，丙午，齐侯、卫侯、郑伯来战于郎”。十一年“春、正月，齐人、卫人、郑人盟于恶曹”。方耕以为《春秋》称他们为“人”者，“贬之也”。因为《春秋》痛恶侵略战争，尤其痛恶糜烂其人民的战争。此次郎之战，特别记下“丙午”那一日，是“痛此苍生同日而就死也”。方耕因为反对侵略，所以也反对灭人之国。鲁隐公二年，展无骇率师灭了极国，这是春秋灭国的首次纪录。按《春秋》书法，凡是尊重一国的大夫，其名上一定要加“氏”。无骇的氏就是“展”。但《春秋》记载这一件事，只说“无骇帅师入极”。后来展无骇死了，春秋也只记“无骇卒”。自始至终，都不为无骇加氏。公羊学者的意见是此乃孔子痛恶展无骇首开灭国纪录的表示。方耕也同意这一见解。他说：“灭国，先王所必诛而不赦，岂徒曰我善为战而已乎。”又如隐公二年，郑国侵略卫国。方耕以为《春秋》是鲁国的历史，鲁国以外的事情，只有大恶才予记载。今《春秋》记录这一件事，表示“诸侯相侵伐，恶也”。但接着又说《春秋》为万事之权衡，假使以恶之轻重而论，则最重者“莫重乎灭人国”。

由上所述，可知方耕已复活、继承，并发展了汉代的公羊之学。这一种学问，和当时如日中天的另一种汉学不同：他无需从事于琐碎的名物训诂，不至于束缚学者的神智。也和当时已趋式微的理学不同：他无需兢兢于一己行为的检束，同样的可以上探圣贤之心。方耕曾说读书之法须“指之必有其处，持之必有其故”。这正是考据家“求实”的精神。又尝作联自署其斋，上联是“玩经文，存大体，理义悦心”，这又是宋学者求义理的精神，所以他实已结合汉宋二学之精神于一身了。后来阮元推重方耕，说他“独得先圣微言大义于语言文字之外”，而董士锡则称方耕之学为“乾隆间经学之正汇”，魏源亦称方耕“所谓真汉学者庶几在是”。

方耕生前深自韬晦其学，传之者仅门人孔广森、邵晋涵及子孙数人。但其学说对后世的影响极大，一是学术的，一是政治的。

学术上的影响是儒家经典的公羊化。庄氏子弟中传方耕之学而最有成就的是庄述祖。述祖有二甥，一是刘逢禄，一是宋翔凤。述祖曾说：“吾诸甥中刘申受可以为师，宋于庭可以为友。”申受便是逢禄；于庭便是翔凤。后来逢禄传授其学于龚自珍、魏源和凌曙。翔凤传授于戴望。凌曙传于陈立，陈立著有《公羊义疏》，成为公羊春秋之集大成者。由于他们的努力，在清代学坛上，形成了“常州学派”。此后研究公羊者闻风而起，披靡天下。重要的学者有包慎言、王闿运、廖平、康有为、谭嗣同、梁启超、皮锡瑞、张孟劬等，推本溯源，方耕实为公羊学的鼻祖。这些公羊学者，都有共同的看法。第一，公羊春秋为汉代官学，那么汉人的著作，应予重加阐扬。这方面的重要著作有刘逢禄的《何氏释例》，《何氏解诂笺》，凌曙的《春秋繁露注》，康有为的《春秋董氏学》等。第二，孔子既作《春秋》，那么其他经书曾经孔子之手者，一定也含有微言大义。所以他们便以公羊之说，来解说儒家经典。重要的著作，《易经》方面有方耕的《彖象论》等；《书经》方面有魏源的《书古微》；《诗经》方面魏源亦有《诗古微》；《大戴礼记》方面有庄述祖的《夏小正经传考释》；《小戴礼记》方面有康有为的《礼运注》、《大学注》、《中庸注》；《论语》方面有刘逢禄的《论语述何》，宋翔凤的《论语说义》，戴望的《论语注》，康有为的《论语注》；《孟子》方面有康有为的《孟子微》。总之五经四书都沾有公羊味了。公羊学在清末学术界上有极大的势力，光绪十四年，李文田典试江南，凡应试之士，文中用“反经合权”四字者，无不中式。十七年，费念慈为浙江考官，凡文中用“所见异辞、所闻异辞、所传闻异辞”者，亦无不中式。而康有为的《新学伪经考》，当徐仁铸督学湖南时，竟以之试士。公羊学风行一世之状，可以想见。

政治上的影响是恢复了知识分子的论政之风。中国的知识分子都有以天下为己任的抱负。在野时之月旦人物，臧否时政；在位时之谏诤君主，封驳诏令，视为儒者的天职。但是满洲以异族入关，深恐汉人反抗，乃实行高压政策。压制汉人的思想，钳制汉人的言论，严禁汉人论政。清高宗说：儒者以天下为任，那么皇帝做什么呢？一连串的文字之狱，把天下的读书人都驱到故纸堆中，做考据工作去了。但是中叶以后，朝政日非，民生日蹙，知识分子都有骨鲠在喉，不吐不快的感觉。既然政府不准人民直接言政，只好出之于迂回的间接的方法了；这便是借公羊之学以言政。第一个人乃是龚自珍。他运用“通三统”这一观念，要求清政改革。曾说：“王者正朔用三代，乐备六代，礼备四代，书体载籍备百代”，“弊何以救？废何以修？穷何以革？易曰穷则变，变则通，通则久。恃前古之礼乐道艺在焉。”同时魏源也应用此一观念以为清朝应当取法明代。他说：“以三代之盛而殷因于夏礼，周因于殷礼。是以论语监二代，荀卿法后王。”所以要求效法明代之“清仕途、培士气”。龚、魏二人都善于文章，二人所说，于当时流传甚广，知识分子论政之风，慢慢复活了。当时的知识分子具有这一理想：“贯经术、政事、文章于一。”这是乾嘉以前的知识分子所不能梦想的。后来康有为、梁启超等，又利用公羊的“张三世”以言改革。他们以为“春秋之义，据乱之后，进以升平”。春秋改制，即是立宪法，“后王奉之以至于今”，可惜没有国会以维持之，所以国家衰弱。现在应实行孔子之道，“大开国会，以庶政与民共之”，则中国之强可计日而待了。但升平尚是小康局面，孔子最后的理想是“太平”。太平的理想，见于《礼运大同》章。因此他们又盛言《礼运》，替世界前途勾了一个光明的远景，也给中国的知识分子开拓了心胸，重新恢复了中国知识分子以天下为己任的气概。此一点破当时知识分子与渊源深厚的儒家传统间的精神隔阂的关键，实由于庄方耕的研究公羊春秋所致，恐怕也是方耕当时所始料不及的。

方耕著作甚多，最常见的是《味经斋遗书》。其中包括：

易类：《彖传论》一卷，《彖象论》一卷，《系辞传论附序卦传论》二卷，《八卦观象解》二卷，《卦气解》一卷。

书类：《尚书既见》三卷，《尚书说》一卷。

诗类：《毛诗说》四卷。

礼类：《周官记》五卷，《周官说》二卷。

春秋类：《春秋正辞》十一卷，《春秋举例》一卷，《春秋要旨》一卷。

乐类：《乐说》二卷。

四书类：《四书说》一卷。

不过在光绪八年重刊的《味经斋遗书》中，上述礼类、乐类、四书类诸书并未刊出。幸礼类诸书，我们可以在《续皇清经解》中找到，而乐类和四书类诸书则不易见到了（春秋类诸书亦收于《经解正编》中）。方耕著作之不在《味经斋遗书》内者，尚有《味经斋文稿》，此书恐未刊行。

方耕尚有一项专门之学，即律吕算数。当其少时（戊午年）下第归，便研究算学，废寝忘食，竟得眩晕之疾，可见其对于此学用力之深。晚年，曾受命重辑《律吕正义》，足见其所造得世人之重。关于这方面的著作除了已见《遗书》目录而实未刊行的《乐说》外，尚有《律谱》、《六乐解》、《九律解》、《声应生变解》、《成律合声论》、《审一定和解》、《天位人声地律论》、《合乐解》、《定黄钟之声》及其《径论》、《律书解》、《琴律解》、《瑟音论》、《算法约言》等诸书，亦皆未见。而论乐诸文是否即系《乐说》之分目，我们亦不必悬揣，但若视方耕为一思想家而研究之，则仅《味经斋遗书》及《正续皇清经解》，即已够了。

方耕的著作，文字都很古奥，颇多晦涩难解之处。但是他学无师承，异军特起，成为今文学派开山之祖。他的思想，深造自得者为多，是值得后人再加以阐扬的。

戴震

刘昭仁　著

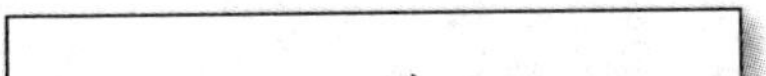

目 录

一、传略

1. 生平事迹

戴震，字慎修，又字东原，安徽省休宁县人。清朝雍正元年十二月二十四日生，死于乾隆四十二年五月二十七日（公元一七二四——七七七年），享年五十五岁。他的先世是子姓，到春秋时代，宋国有戴、武、宣、穆、庄五个宗族，戴氏是从戴族繁衍出来的：到唐朝天佑年间（九〇四—九〇六年），他的祖先护公曾官兵马使，本来住在歙的篁墩，因为戍守在婺，就留居在那里。护公的儿子寿公，曾官中书舍人；寿公的儿子安公，做过银青光禄大夫检校国子监祭酒兼监察御史；安公的儿子颜公，由江西的乐平（在鄱阳县西）迁到安徽的歙州，把母亲葬在歙的黄墩小练原，在墓旁筑庐守墓，被称为孝隐先生。后传了二十八代，到了他的父亲弁。他的曾祖景良，祖父宁仁，和他的父亲弁，都曾被封赠为文林郎。母亲朱氏，妻子朱氏，都曾被封赠为孺人。他有一个儿子，名中立，一个女儿，嫁给了户部主事曲阜孔继涵的次子广根。

他一生下来就显得体貌厚重，个性端庄严谨，虽然到了十岁的时候才会说话，但也由此可见他的蕴蓄是多么深厚。跟着私塾里的老师读书，过目就能背诵，每天念几千个字，不肯罢休。老师教他读朱子的《大学章句》，念到“右经一章”以下，便问老师说：“怎么知道这是孔子的话，而由曾子传述的呢？又怎么知道这是曾子的意思，而他的门人记述的呢？”老师说：“这都是宋朝的朱子所注解的罢了。”老师这样简单的回答，怎么能满足他强烈的求知欲呢？所以他又问说：“朱子是什么时代的人？”老师说是“南宋”，又问：“孔子、曾子又是什么时代的人？”老师说是“东周”，又问：“宋朝距离东周有多少年？”老师说：“大概有两千年了”，他接着就又问说：“那么朱子怎么知道呢？”老师不知道怎样来回答他，可是心中暗喜，认为这样聪明的小孩，是一个神童，从此以后特别器重他。后来读《诗经》的《秦风·小戎》篇，自己画了一张小戎图，非常详细精核，大家看了都感到十分惊讶。由这些小故事看来，可知他从小就已经表现他那种质疑深思的情性，实事求是的精神。他并不是一个书呆子，也不是一个不求甚解的人，处处都能脚踏实地，按部就班，每一个字必探求它的意义；可是老师只大略引用传注来讲解，他常常还不明白，因此老师就教他研究许慎的《说文解字》，他非常喜欢这本书，早晚翻阅，手不释卷，研读了三年，大有心得。以后读经，每一个字的意思，一定要依据六书来解释，才敢下注解，而每一字的意思，也要能够通贯所有的经书，才认为确切，因此前人的古义，他都能够通达。他的记忆力又特别强，《十三经注疏》都能背诵，那时他才不过是一个十六七岁的少年。

他的家十分贫苦，几乎没有办法生活，因此在他十八岁那年，便随着父亲客居在江西的南丰，到福建省建阳县西边的邵武，当起私塾老师来供养自己，因为教学相长，经学方面更有进步，不过两年以后就回到故乡了。同乡里的长辈程中允恂，一见到他就非常喜欢而且器重他，以“载道器”来期许他。这时他仍然日夜孜孜不倦地搜集比勘，对于天文历算测望的方法，宫室衣服等典章制度，鸟兽虫鱼草木的名称形态，音和声限古今的不同，山川疆域郡县的沿革，钟实管律的技术，没有不加以悉心讨索研究的。他的学识越广博，而探求得的义理也就越精要，更能够再接再厉，精益求精，持之以恒，二十多岁的他，五经已十分透彻通贯了。他的族里有个戴瀚（字长源），在当时很有文名，住在江宁。他由父亲陪同，前往拜谒，叩问他的学业，十分推许，以为当世无双，自愧对他不能有所教益。婺源的江永（字慎修，一六八一——一七六二年），治经几十年，对于三礼、步算、钟律、声韵、地名沿革，都有精深的研究，开启了清朝经学的风气，作了经解的先驱，在紫阳书院讲学。他就和同县的同志密友郑牧、汪肇龙、方矩、程瑶田、金榜等人，拜江永为老师。戴震一见倾心，取出平日所学的，请永教正；江永看他盛年博学，心里非常高兴，因此师生的感情十分融洽，非常相得，而他从容向老师质疑问难，最能够得到老师的真传。

他在二十九岁时考中休宁县的秀才；三十岁那年，县里发生了严重的旱灾，家中没有米吃，和面铺约定，每天拿一点面充做饭吃，可是他仍然闭户读书和著作，完成了一部《屈原赋注》，这种安贫乐道的风范，实在可以和颜回相媲美。三十二岁那年，有豪强的族人霸占他祖先的墓地，而且结交县令，想要陷害他入罪，不得已而到北京去，寄居在歙县会馆，虽然三餐不继，可是他却处之泰然，自得其乐，人家都把他看作“狂生”。有一天携带他所著的书到钱大昕的家，两个人谈论了一整天，临别时大昕感叹地说他是天下的奇才。当时朝廷中的进士们，像王鸣盛、钱大昕、朱筠、纪昀、卢文弨、王昶等人，都争相折节和他交朋友，而秦蕙田正在编纂《五礼通考》，也十分倾慕他的才学，于是请他到家中，朝夕相互商榷，在那部书中采纳他很多各经的说法。后来高邮的王安国也礼聘他当家庭教师，教导儿子王念孙，而后念孙成为他最得意的弟子之一。

他四十岁那年，参加江宁乡试及第，以后参加几次的礼部考试，结果都名落孙山了，于是从此游历各地。四十六岁时到了直隶，应总督方观承的聘请，修《直隶河渠书》。次年会试落第后，到山西游历，客居在布政使朱桂的署中。后来汾州太守孙和相聘他修府志，他便广博稽考史书，改正许多旧志的错误，两年后又修《汾阳县志》。五十岁那年，从汾阳入北京会试，落第后南归，主讲浙东的金华书院。五十一岁那年，朝廷开四库馆，征召海内博学的读书人，入馆担任编校的职务，金坛于文襄公敏中向朝廷推荐他，于是以举人的身份特召入馆充当纂修官。五十三岁他第六次参加会试，结果又落了第，奉命和乙未年的贡士，一同参加殿试，赐同进士出身，授给他一个翰林院庶吉士的官衔。馆中有疑难的问题，都向他请教。他每日兢兢业业，不分寒暑，勤修他的学问，终于积劳成疾，与世长辞了，真是所谓鞠躬尽瘁，死而后已。

他平生没有什么嗜好，只有专力读书，一生当中从来没有一天不读书。即使是词义钩棘难通的文章，必定一而再、再而三地反复诵读，一直到完全了解为止。他擅长考辨，每次定立一字的义旨，起先好像觉得是自己的创获，等到拿其他数据来互相考校，果然确实不可改易。清代的考证学，到了他才有出类拔萃的成就。他曾经说古今学问不外有三个途径，那就是义理、制数、文章。而他自己三样都精通和擅长，原来他早年稽古综核，博闻强记，晚年研究义理，尤其严格划分儒家和佛家的壁垒，使佛家思想和六经孔孟的道统，截然不可相乱。

他事奉父母亲非常孝顺，酒浆饮食一定亲自料理，进呈给父母亲，十分获得父母亲的欢心。当他奉召入京，他的父母也一同住在官邸，一年后父母亲想回到故乡，他挽留不成，从此他没有一天不惦念他的父母，因而很希望早一天南归。他治理家事非常和气而有法度，立身处世，一点也不苟且；对待别人，没有令人感到不满的地方；替别人做事，惟恐不忠；称扬别人的善行，惟恐不及。子弟如果犯了小过，便马上加以严厉的斥责，一点也不姑息放纵，至于犯了大过，却只以意稍微暗示，希望自己能及时悔悟改正，不至于自暴自弃。教诲别人，更是循循善诱，一点也不觉得疲倦。他的学术在当时虽然没有受到重视和推行，可是他著述广博，见道深远，也足以不朽的了。

（附一）戴震生平简表

清代纪年	岁次	公元纪年	岁数	记事
雍正元年	癸卯	一七二三—一七二四	一	十二月二十四日己巳生于休宁县由山乡忠义里居第。
十年	壬子	一七三二—一七三三	十	才会说话，就傅读书，授《大学章句》。
乾隆五年	庚申	一七四〇—一七四一	十八	随父客居南丰，课学童于邵武。
七年	壬戌	一七四二—一七四三	二十	从邵武回乡。
九年	甲子	一七四四—一七四五	二十二	成《筹算》一卷（后增改更名《策算》）。
十年	乙丑	一七四五—一七四六	二十三	成《六书论》三卷。
十一年	丙寅	一七四六—一七四七	二十四	成《考工记图》（后附注成二卷）。
十二年	丁卯	一七四七—一七四八	二十五	成《转语》二十章。
十三年	戊辰	一七四八—一七四九	二十六	娶孺人朱氏。
十四年	己巳	一七四九—一七五〇	二十七	成《尔雅文字考》十卷。
十五年	庚午	一七五〇—一七五一	二十八	在紫阳书院拜江永为师。
十六年	辛未	一七五一—一七五二	二十九	补休宁县学生。
十七年	壬申	一七五二—一七五三	三十	休宁旱灾，穷困中成《屈原赋注》九卷，又《音义》三卷。

十八年	癸酉	一七五三一 一七五四	三十一	为诗补传，未成书。
十九年	甲戌	一七五四一 一七五五	三十二	避讼入都，寄居歙县会馆。
二十年	乙亥	一七五五一 一七五六	三十三	和纪昀交，作《句股割圜记》。
二十一年	丙子	一七五六一 一七五七	三十四	高邮王安国延聘他课子念孙。
二十二年	丁丑	一七五七一 一七五八	三十五	客居扬州，认识惠栋。
二十四年	己卯	一七五九一 一七六〇	三十七	乡试落第。
二十七年	壬午	一七六二一 一七六三	四十	举于乡。
二十八年	癸未	一七六三一 一七六四	四十一	入都会试不第，段玉裁拜为师。
三十一年	丙戌	一七六六一 一七六七	四十四	会试不第，成《杲溪诗经补注》、《声韵考》四卷、《原善》三卷。
三十三年	戊子	一七六八一 一七六九	四十六	修《直隶河渠书》。
三十四年	己丑	一七六九一 一七七〇	四十七	会试不第，修《汾州府志》，草创《绪言》。
三十六年	辛卯	一七七一一 一七七二	四十九	会试不第，修《汾阳县志》。
三十七年	壬辰	一七七二一 一七七三	五十	写定《绪言》，会试不第，南归，主讲金华书院。
三十八年	癸巳	一七七三一 一七七四	五十一	纪昀征入四库馆编校。
四十年	乙未	一七七五一 一七七六	五十三	会试不第，赐同进士出身，授翰林院庶吉士。
四十一年	丙申	一七七六一 一七七七	五十四	成《孟子字义疏证》。
四十二年	丁酉	一七七七一 一七七八	五十五	作《声类表》九卷，五月二十七日死于京师。

（附二）戴震师弟简表

- （皖派）江永慎修
  - 程瑶田易畴
  - 戴震东原
    - 俞正燮理初
    - 孔继涵荭谷
    - 孔广森巽轩
    - 任大椿幼植
    - 王念孙怀祖
      - 刘台拱端临
      - 王引之伯申
        - 胡培翚
        - 龚自珍
        - 李贻德
        - 王寿同子兰
      - 朱彬武曹
    - 段玉裁懋堂
      - 龚丽正—龚自珍
      - 严杰厚民
      - 陈奂硕甫……戴望
    - 胡匡衷朴斋
    - 凌廷堪次仲
      - 张其锦聚伯
      - 吕飞鹏程九
      - 胡培翚竹村
    - 江有诰晋三
    - 洪榜汝登
    - 洪梧桐生
    - 汪莱孝婴
  - 金榜辅之

2. 地理环境和时代背景

学术思想的兴起和发展，地理环境和时代背景是主要因素，我们要了解一个思想家的思想渊源、演变和影响，必须先要了解他的生活环境和时代背景，然后对他思想的原委，才能作一个有条理有系统的整理和研究。首先让我们来看看戴震的生活环境。

他的故乡在安徽的南部，群山环绕，景色宜人，可是平原非常稀少，居民都过着相当勤苦的日子，所以风俗十分纯朴而廉劲，学风也就长于断制，坚实而重条理，安徽中南两个地带，于是成了人文荟萃的地区，桐城的古文、休宁歙县和婺源的经学，宣城的历算，都是天下著称的。可是一般学者，打从幼年时代就过着穷苦的生活，往往做些低微的工作来讨生活，因为刻苦自励，都是博学多能的，例如汪绂曾经在江西的景德镇做过画碗的工作，但是他的学术、星历、地志、乐律、兵制、阴阳、医卜、弹琴、篆刻、书画，样样都很精通。江永也出身寒微，但旁治天官、星历、律吕、音韵、步算，是个大师。戴震终身贫困，几乎没有办法自活，十八岁就到邵武当起私塾的老师，然而他的学术苞罗旁魄，小学训诂、名物象数、典章制度，都能穷源知变，造诣精深。我们详细考究他的治学方法和成就，便可知道他深深地受到地理环境的感染和影响。

其次我们再来谈谈他的时代背景。梁启超先生曾经以为外国的政治，往往随着学术思想而转移，我国的学术思想，却往往随着政治而转移，成为学术界的一项缺点，这话真是一针见血，一点也不错。因此时代背景对一个思想家来说，更显得十分重要。

从政治方面来说，清朝本来是边疆的夷狄，入关做起了中国的皇帝，中原的汉人，必定要起来反抗的，起兵死义的人相望于东南，因此清廷一方面用名位利禄来诱惑，一方面施行高压政策，用刑罚杀戮来劫制汉族如火如荼的革命运动，惩治绅士更是严酷，在顺治十七年（一六六〇年）颁布禁令，严禁读书人聚众讲学、集会结社、把持官府、武断乡曲，违反的人就治罪；又在康熙、雍正间（一六六二——一七三五年），大兴文字狱，被杀戮的读书人，不计其数。比较有名的有：庄廷鑨的明史狱、戴名世的南山集狱、查嗣廷的试题狱、陆生柟的论史狱，相继而起，而吕留良、胡中藻因诗文日记多谤讪朝廷的话；徐述夔诗咏明末时事，清廷以为语多悖逆；王锡侯删改《康熙字典》，第一本序文凡例将圣祖世宗庙讳及御名字样开列；谢济世也因注《大学》从《礼记》本，不从朱子的《四书集注》本，不用程子所补的格致传而获罪。前代文人遭受灾祸，没有比清代更惨酷的了。处在这种异族的淫威下，一举手，一投足，都有触犯法网的可能，不但自身难保，甚至于父母、兄弟、妻子、亲戚、朋友、师生也不免被杀戮或受到种种严酷的刑罚，因此当时的学者，不得不把他们的聪明才力，用在注释古经古义、考订古音古韵上，宁可治经，而不敢治史，宁可闭口不谈义理，而专心致力于考据；这种政治背景，自然成为考证学蕴育和发展的温床。而考证学风，到了戴震少壮的时候，在南方已经大占优势，他的乡先辈方以智（字密之）、黄生（字扶孟），开导了考证学的先路，而他的师友，像江永、惠栋、钱大昕、王鸣盛、纪昀、王昶等人，更是考证学的大师，这对于他的学风、治学方法和思想，都有了极大的影响。

再从学术方面来说，清朝初年是明学的反动时期，康熙年间，因为宋儒的理学，足以束缚天下的人心，于是极力弘扬和奖励程朱的理学，当时南方的理学大师，像张履祥、吕留良、陆陇其等，都是程朱的信徒，因此理学复活的空气相当浓厚。宋儒理学虽然有政府的倡导，可是民间反对宋学的气势，并没有稍杀，像顾炎武、黄宗羲、王夫之、颜习斋、李恕谷这些人，高举反对宋学的旗帜，更是不遗余力。乾隆、嘉庆以后，学者更厌倦宋明理学的空疏近禅，相率返于沉实，趋于考证学，聚精会神在古书的钻研。研究汉学的学者承受这种学风，必定要全力诋斥宋儒明儒，而戴震就是这个时期考证学派的中心人物，对宋明理学和心学，更作了深刻的反省思辨，因而建立了他的新哲学的体系。

当时西学的输入，开拓学术的领域，改进治学的方法，造成学术研究的热烈风气，对戴震的思想，也有很大的影响。原来在明朝万历末年，到天启、崇祯年间（一五七三——一六四三年），欧洲的传教士不断地东来，一方面宣传西方的宗教，一方面传播西方的学术，中西文化大量交流沟通。我国的学术思想界受了西风的激荡，掀起了壮阔的波澜。到了清代，顺治皇帝非常尊崇教士，甚至给予汉人的封职；康熙皇帝更是向慕中西文化，饫闻西方人的学说，热心提倡天文历算等实用科学。上位的人有所好，下必更甚，于是研究西学的风气，盛况空前，天文历算地理格致这些学术大兴，梅文鼎兄弟就是以历学震烁当世的，而史学大师黄宗羲，考证学大师江永、戴震、孔广森、焦循，没有不擅长天文历算的；尤其戴震皖派经学的考据方法，十分精善，发明特别多，都是受到西学的影响。又清初的学术工作，大致是编书、编书目、校书、刻书，不论官家或是私人，都争相延聘学者专家主持这些工作，例如官家修的有《图书集成》、《四库全书》；至于私人编纂的有秦蕙田的《五礼通考》，而孙星衍、卢雅雨的养士刻书，阮元在浙江创立诂经精舍，在广东建立学海堂，和毕沅的招致学人到幕府中编书，都做了轰轰烈烈的学术工作，即使扬州的盐商，也每每附庸风雅，留心学术。戴震曾经客居扬州四年，感受这种热烈的学术研究风气，因而有了承先启后、继往开来的伟大贡献。

3. 思想渊源

前一小节叙述戴震的生活环境和所处的时代背景对他思想的影响，现在叙述几个影响他思想的人物，以见他思想的渊源。

江永，字慎修，安徽婺源（今属江西省）人，生于康熙二十年，死于乾隆二十七年（一六八一—一七六三年），年八十二。他是戴震及门问业的老师，戴震早在二十八岁那年，就在紫阳书院拜他为师。当时江永治经已经几十年，深思独造，长于比勘，对于三礼、步算、钟律、声韵、地名沿革，都有精深的研究和成就，是一位博综淹贯的大师。他生长在朱子的故乡，非常服膺程朱的学说，以阐扬程朱为务，不遗余力，所著的《礼经纲目》这部书，就是为了辅翼朱子的《仪礼经传通解》、完成朱子未完成的志业而作的，又替朱子的《近思录》作了集注，极力称扬朱子那部书，说是具备了义理的根源和圣学的体用，以四书为六经的阶梯，《近思录》又为四书的阶梯，而他的集注更是《近思录》的牡钥，开扃发镝，解释疑蔽。原来徽州歙州是朱子的故里，朱学的流风余韵还没有泯灭，学者大都奉为圭臬。江永的学风就是远承朱子的格物遗教而发扬光大的，这是断然不可置疑的。戴震是江永的高弟，江氏这种推崇宋学的流风，很使得他在致力考证学之余，对于宋儒学说也有独到的研究和体察，但是结果反而促发他对宋学深刻的批评和驳正。戴震的好朋友王昶，在江永的墓志铭上，称说戴震曾经自己说他的学术，实在本于江慎修先生，并且说江永的弟子很多很多，只有戴震和金榜最能得到真传。这话是不错的，因而他的学术思想，深深地受到江永的启迪和影响，那就不必再费词多说了。

戴震的思想也很受惠栋的影响。惠栋字定宇，又字松崖，吴县人，生于康熙三十六年，死于乾隆二十三年（一六九七—一七五八年）。惠氏三世传经，都遵守古学，和他的祖父惠周惕（字研溪）、父亲惠士奇（字半农），都有显盛的文名，而惠栋从小承受家学渊源，笃志向学，日夜讲诵，读遍家中所有的藏书，对于经史诸子百家杂说和道家佛释的经典，没有不深邃的研究，而对于汉代易学的研究，更有独到的造诣，成为清代考证学吴派的宗祖。钱大昕曾称赞和推崇他的成就，如果拿前代大儒来比较，当在何休和服虔之间，马融、赵岐也比不上。王鸣盛曾经称说当世的学者，断推惠栋和戴震两位先生。惠栋也诋斥宋儒，以为宋儒理学的灾祸，比秦火还要厉害，著有《易微言》等书，阐明天道和人道。戴震和惠栋两个人的情谊，在师友之间，戴氏三十五岁时，在扬州和惠栋相识并定交以后，论学的宗旨稍有变化，他的天道和人道的思想，很显然地受到了惠栋的影响。

另一个影响戴震思想的是颜李学派。颜是颜元，李是李塨。颜元号习斋，河北博野县人，生于明崇祯八年，死于清康熙四十二年（一六三五—一七〇四年）。他本来爱好陆九渊、王阳明的书，后来遵守并崇尚程朱的学说，三十岁以后，觉得天下滔滔、兵连祸结的原因，是在宋明理学的隆盛，只习静坐而造成许多的文弱书生，不能挽救国家民族的危亡，便幡然觉悟宋明理学的缺失，鄙弃主静的理学和纸墨功多的汉学，并且极力矫正理学心学论性、谈天、舞文嚼字的弊病，而专心致力在实用的学术，以实习为治学的方法，刻苦介然，自成一家。他断然认为尧、舜、禹、汤、文、武、周公、孔子、孟子圣圣相传不绝的伟大道统，在水火金木土谷的六府、正德利用厚生的三事、知仁圣义忠和的六德，孝友睦姻任恤的六行、礼乐射御书数的六艺而已，后儒主张静坐和致良知，已经参杂了异端邪说，改篡了我们心中完美的道德，而都趋于无用，致使先圣先王礼乐兵农的大艺大业，丧失殆尽，天地不得位，万物不得育，所以他便以圣道为己任；日日勤勉不息，率领着他的弟子习礼、习射、习乐、习数、习书，讨论兵农水火这些实用的学术，并著有文词极简、意旨精约的《四存编》来立教，《存性编》以孟子的性善说为主，反对宋儒变化气质的论调；《存学编》在恢复孔子以前的教学成法，明明德亲民止于至善的大道理，反对以静坐和读书为学问；《存治编》在倡行均田制度，恢复选举，注重武事；《存人编》在驳正佛教虚空之谈。

李塨字刚主，号恕谷，河北省蠡县人，生于清顺治十六年，死于雍正十一年（一六五九—一七三三年）。当他二十一岁的时候，奉父亲的命令，跟着颜习斋游学，是习斋的高弟子，深得真传，而所学更广博，圣贤有体有用的学术，因而更加昌明于天下了。

清朝的戴望（字子高，一八三七—一八七三年），曾经写了一本《颜氏学记》，以为戴震的《绪言》、《孟子字义疏证》，畅发了颜学的宗旨；近人刘师培先生认为颜李辟宋儒的理学，实开戴震学派的先河；而胡适先生也认为戴震的思想，和颜李学派有渊源的关系。我们如果详细推究戴震的《原善》、《绪言》、《孟子字义疏证》等书，其中谈理欲、论性道的言论，简直和颜李先后桴鼓，因此我们相信戴震的思想，不能说和颜李学派没有风声启召的痕迹，虽然有人说学术是天下的公器，每每有闭门造车、出而合辙的现象，可是戴震的思想深受颜李学的影响，是有线索可寻的啊！

方望溪（名方苞，桐城人）的儿子方道章（字用安）是李恕谷的门生，虽然望溪和恕谷论学不合，但是道章常常私自左袒他的老师恕谷，因此我们知道桐城方家有传颜李学的人，而戴震和方家的人素有往来，方希原就是其中的一个。再根据恕谷年谱的记载，知道恕谷曾经和是仲明往复论学，而是仲明是戴震的好朋友，也常常往复共同研究学问，仲明年谱中也有批评颜李的言论，戴震非常可能由是仲明那里听到颜李的绪论。又歙县人黄曰瑚（字宗夏）本来拜刘继庄为老师，继庄死后，他得恕谷的《中庸讲语》，非常钦慕佩服，大有相见恨晚的感慨，便摘录习斋和恕谷的话为《代绅编》，后来由王源（字昆绳）的介绍，拜恕谷为师，因此歙县有许多笃奉颜李学的人，而程廷祚（字绵庄，一六九一——一七六七年）本来是歙县人，后迁居到江宁，他的岳父陶窳（字甄夫），是恕谷的学生，由他的岳父那里得到颜习斋的《四存编》和李恕谷的《大学辨业》，推崇习斋为五百年间一人，说他的功劳比孟子大得多，并作《闲道录》，上书恕谷，表达愿学的心意。康熙五十九年（一七二〇年），恕谷南游，绵庄屡次就近讨教，成为江南颜李学的大师，程廷祚和他的族侄孙程晋芳（字鱼门），都是戴震的知交，在廷祚《青溪文集续编》中，曾经两次提到戴震。由以上的叙述，戴震思想受颜李影响的蛛丝马迹就非常明显了。

此外，戴震的思想和荀子、孔孟也有渊源的关系。他虽然反对荀子性恶的学说，但是他谈“理”论“欲”的旨趣，和荀子若合符节，他对人类知情欲心理作用的分析，很受荀子的影响。荀子主张性恶，所以极力主张“劝学”而去恶解蔽；戴震也主张问学来解蔽，来扩充心知，而达到不私不蔽的圣明境地，而“解蔽”这一个名词，荀子早就提出来了。又他的思想，对上承继孔孟的志业，对下救正来世的弊病，他从十七岁时就有志闻道，对六经下过一番非常深的功夫，他的《原善》、《绪言》、《孟子字义疏证》，对于孔孟的学说，儒家的思想，有很多精彩透辟的阐扬和发明，他曾经许下心愿要作一部七经小记，自己说所谓七经，是指《诗》、《书》、《易》、《礼》、《春秋》、《论语》和《孟子》。他以为宋以前的孔孟就是孔孟，老释就是老释，一点也不相互杂糅淆乱。谈老释的人，高妙他们的言论，从不依附孔孟；可是宋以后，有读儒书而流入老释的，有好老释而陷溺其中，以后读些儒书，就借着儒书来谈老释的，杂袭老释的思想，汩乱了孔孟的思想，致使孔孟的书全都失去了正确的解说，于是慨然以继承圣学为己任，著书立说，辟除异端，力挽狂澜，曾经对他的高弟子段玉裁（字若膺，一字懋堂，一七三五——八一五年）说他生平的许多著述里，要以《孟子字义疏证》为第一，目的在端正世道人心。可知他受孔孟的影响是如何的深远，对发扬孔孟学说的功劳又是如何的伟大。

4. 著作简述

古今学问的途径有三个，就是义理、考据和词章，戴震以考据探求义理，又擅长词章，所以见道非常深远，著作十分广博宏富，大部分刊集在《戴氏遗书》里，现在简单叙述于下：

经学方面，有《尚书义考》二卷、《毛郑诗考正》四卷、《诗经补注》二卷、《仪礼考正》一卷、《考工记图》二卷、《学礼篇》一卷、《大学补注》一卷、《中庸补注》一卷、《原善》三卷、《绪言》三卷、《孟子字义疏证》三卷、《经考》五卷。此外，经过他校定的有《仪礼集释》三十卷、《仪礼识误》三卷、《仪礼释宫》一卷、《大戴礼记》十三卷、《孟子赵注》、《孟子音义》、《蒙斋中庸讲义》四卷。

小学方面，有《尔雅文字考》十卷、《六书论》三卷、《声韵考》四卷、《声类表》九卷、《方言疏证》十三卷。

天文测算学方面，有《策算》一卷、《句股割圜记》三卷、《原象》一卷、《迎日推策记》一卷、《续天文略》三卷、《历问》二卷、《古历考》二卷、《识府算经论》四卷，并校定《算经》十书。

地理学方面，有《气穴记》一卷、《水地记》一卷、《直隶河渠书》六十四卷、《汾州府志》三十四卷、《金山志》、《汾阳县志》，并校定北魏郦道元的《水经注》。

文学方面，有《屈原赋注》七卷、《九章补图》一卷、《文集》十二卷、《唐宋文知言集》二卷、《制艺》一卷、《经义》十八首。文笔十分古奥。

吴兴蒋孟苹先生藏

丁酉
在都

新正接到上年八月手翰并六書音均表三部，銀四十兩，謝謝。知仍以官閒淡事餘暇，無他嗜好，孜孜於古遺經及小學，誠盛事也。僕自十七歲時有志聞道，謂非求之六經孔孟不得，非從事於字義制度名物，無由以通其語言。宋儒譏訓詁之學，輕語言文字，是欲渡江河而棄舟楫，欲登高而無階梯也。為之卅餘年，灼然知古今治亂之源在是。孟子闢楊墨曰：率獸食人，人將相食。語告子曰：率天下之人而禍仁義，爾稱聖人復起不易

吾言皆承注於其心害於事害於政矣仁義何以禍
斯民觀近儒之言理吾不知斯民之受其禍之所終
極矣古人曰理解者即尋其腠理而析之也曰天
理者如莊周言依乎天理即所謂彼節者有間也
子貢問有一言而可以終身行之者子曰其恕乎己
所不欲勿施於人大學絜矩之道不過所惡於上毋
以使下云云曰所不欲曰所惡指人之常情不堪受者
目以己絜之人則理明孟子對齊宣好貨好色曰
與百姓同之非權辭也好貨好色欲也與百姓同之即理
也後儒以理欲相對實雜老氏無欲之說其視理欲也

僅僅為邪正之別，其言存理也，又僅僅為敬肆之別，不知必敬必正而理猶未得。其言人欲所蔽，僅僅以為無欲則無蔽，不知欲也者相生養之道也。倘視人猶己，則忠；以己推之，則恕；憂樂於人，則仁；出於正不出於邪，則義；恭敬不侮慢，則禮；無差謬，則智。曰忠恕，曰仁義禮智，豈有他哉？在常人為欲，在君子皆成懿德。使其欲而從一於理，是古賢人聖人體民之情、遂民之欲皆非也。況欲之失為私，不為蔽；自以為得理而所執之理實謬，乃蔽而不明。聖人而下罕能無蔽，有蔽之深治有殺之說者自謂殺而不明者得殺問其人曰豈矣乎必不敢任而識其失理必懸於心是豈人不知己殺也昔人異於今人一啟口而曰理似今人勝昔人昔謂昔人之勝今人正在此蓋昔人斥之為意見今人以不出於私即謂之理自是以意見殺人咸自信為理矣聊舉一字言之關乎德行行事匪小僕自上年三月初獲足疾至今不能出戶又目力大損今夏纂修事似可畢定於七八月間乞假南旋就醫覓一書院糊口不復出矣竭數年之力勒成一書明孔孟之道餘力整其從前所訂於字學經學者四庫全書例于現在人撰述不錄僕之著

工記圖屈原賦注已寄江甯學蘇曾取之進館中校例
去之今大著亦不得抄入前歲十一月寄謝趙信閏十月
又一信皆收到有寫本音均表兩部此兩信内言之
月寄吳廷芳銀信其人與信皆未見及問之揑捐
者云仍令發川省矣上年秋作札評論韻事寄
龔公處并寄聲韻考一本此信竟浮沉今將原
稿者附寄餘所言亦復記憶矣比時以大著原本刻
有所商處今既刻成應撰序茲錄寄上又上年冬
舍姪朝恩赴川省守備任寄水經注一部經考與孫

一部天圖所張音均表原底一本想奉還之意乃
得到割圜記考工記圖皆亦有其九章算經俟令
人抄出並候後寄順候
述祉不宣上
若膺賢弟足下
友生戴震頓首 正月十四日

二、学术思想

1.“理”论

·“理”的意义

“理”字的本义是“治玉”，见于《说文解字》。玉虽然是非常坚硬的东西，但是玉工如果能够顺着它的鰓理，便很容易把它琢磨，做成各种器物。天下每一件东西，每一桩事情，必定要剖析寻求它的实情，没有丝毫的爽失和遗憾，才能心安理得，这是“理”字本义的引申了。戴震在《孟子字义疏证》上卷写了十五条，详细说明他的“理”论。他开宗明义就为“理”字下了一个定义，大意是说：“理”就是事物的条理、分理，能剖析明察万事万物，有所区别，所以叫做分理，在物的质方面，是为肌理、腠理、文理，能够分析得十分清楚，有条而不紊，就是所谓条理。这个定义，和颜习斋、李恕谷、程廷祚三个人的见解相同。我们如果详细推究他对“理”字所下的界说，便可知道“理”有物理和事理两类，什么是物理呢？宇宙间有一物就有一物的理，一物的法则，以它的理、它的则，便可以端正这一件东西。什么是事理呢？事物一点也没有过或者是不及的爽失差错，就是事理。物理也好，事理也好，都是客观地存在于具体的事物里头，而不是主观地存在于事物的先前，也不在我们的心上。心不是理，心只不过是一种判断事理和物理的官能而已，凡是各种事物来临，心起感应作用，接着思维萌动，加以判断事物的是非曲直和善恶，好像火光照物一样，东西的美丑、好坏和大小、形态，都显现出来，没有办法逃遁隐藏。存在于心中的，只不过是个人主观的“意见”而已，根本不能算是“理”。他以为宋以后的儒者，杂袭老庄释氏的思想，说“理”都不合乎六经孔孟的宗旨，原来宋儒把“理”看成像一种东西，是上天所秉赋的，而且是藏具在心中的，甚至于像陆九渊还认为心就是理，后来王阳明也主张心就是理，以为圣人的道，在我们本性中就可以自足，不必向外界的事物寻求。他们说的“理”，成为自己静思冥想出来的私见，往往以“意见”为“理”，“理”不再有客观的标准了。这和戴震的见解截然不同，给天下百姓和后世带来了很大的灾祸，自然要受到他严厉的攻击了。

这种把“意见”当作“理”的情形，从宋以来才相习成俗，尤其当康熙雍正时代，他眼见许多惨酷的文字狱接踵而起，皇帝借着《大义觉迷录》，长篇大论地用“理”来责人，而儒者也用冥想臆说的“理”，来判断一切人物事为，结果尊贵的人用“理”来责备卑贱的人，长辈用“理”来责备晚辈，口给利的人用“理”来责备木讷的人，虽然理曲，却强说是顺理成章；地位卑贱、木讷、幼辈的人，依据理来争论，虽然合于理，却被指责为叛逆不孝，有充分的理，也没有地方申诉，只好冤枉屈服受死，人死于法还有人可怜着，假如死于理，又有谁来洒一把同情的眼泪呢？难怪他非常愤慨和不平。

“理”是事物不可变易的法则，可是古书上“理”字并不多见，原来“理”的本义是“治玉”，所以常常用“则”字或其他同义的字来替代了。他曾经引用《诗经》“天生烝民，有物有则”这句话来证明“理”和“则”都在事物里头，两个字的意义是相同的，

"物"就是事物，"则"便是理。礼是天理的节文，人事的仪则，古今一切礼节度数，都以理为根源，因而他又认为条理的秩然有序就是礼，天地的条理就是理，事事爽失了它的条理，就不得算是明礼的君子。"理"也可以和义相互涵摄的，因为两者都是人心所同然，所以孟子每每将理义两个字相提并论，而戴震也往往"理"和"义"并称，来说明人事的理，他以为截然不可乱的条理就是义，说"理"表示心能区分，说"义"表示心能裁断，心裁断事物的是非，一定有不变的法则作为标准，合于这个标准法则，就是合义，就是合理，理和义实在不可分。

物理和事理都存在于具体的事物里头，必须用科学方法，加以精密入微的分析和综合，才能体察出来，可是物理的剖析综合比较容易，而事理的剖析综合，就没有那么简单了。因为情和欲是"理"的根源，剖析事理要根据情和欲，"理"不能离开情和欲，"理"要从情和欲中去寻求。他认为人情如果没有一点差错，就是理，从来没有不得情而能得理的，换句话说，在自己和别人都叫做情，人情能做到无过情也无不及情的地步，那就是"理"了。他又认为所谓事，不外乎人伦日用，圣人使天下人的情都能顺达，天下人的"欲"都能够遂成，用分理来权衡而不会有爽失差误，就是"理"，换句话说，这个"理"在人伦日用方面是可以体验出来的，情和欲分理不爽失，无过情和无不及情的弊病，有"欲"有作为而都归结到最恰当且不可改变，就叫做"理"，理的体验是要审察人情、权衡人欲的，如果舍弃情欲而求理，那么所求得的"理"，一定不是真正的"理"，而是"意见"罢了，因此求理的方法，那就是用自己的情欲来推度别人的情欲，而都能够很公正平允，这就是孔子所说的"推己及人"和"己所不欲，勿施于人"的忠恕之道，也就是《大学》里所说的"所恶于上，毋以使下；所恶于下，毋以事上；所恶于前，毋以先后；所恶于后，毋以从前；所恶于右，毋以交于左；

所恶于左，毋以交于右”的絜矩之道。因此我们知道戴震不单是一个情欲主义者，也不完全是一个理智主义者，他的情欲主义背后，还有理智主义来加以节制和指导的。梁启超先生说他以情感哲学代替理性哲学；胡适先生也以为他的哲学是理智主义，都不免以偏概全，不是他说“理”的本意。

·理气一元

戴震认为宇宙因为气化而生生不息，又因为生生不息而产生各种品物，“气”是品物的根源，而“理”存在于事物里头，“理”不在气的外面，更不在气的先前，又不是另外有一件事物作为“气”的主宰，换句话说，“理”和“气”是一元的，并没有分道而驰。

“理”和“气”是宋儒热衷讨论的一个问题，程伊川认为“气”是形而下的，“理”是形而上的；朱子袭取周敦颐的《太极图说》和伊川的思想，更明白地说，“气”是形而下的器，“理”是形而上的道，把太极判分为一个“理”和一个“气”，把“气”认为是质，“理”认为是性是式，“理”是公的，“气”是私的，“理”产生道心，“气”产生人心，质不离时间和空间，是具体的事物的原质，是有变化的，有成毁的；式却不在时间和空间以内，是超越时间和空间的，没有什么变化，也没有什么成毁，是永久存在的，因而形成了他们的“理”“气”二元论。在戴震看来，宋儒的“理”“气”二元论是大错特错了，因为人身的神识和形体，本来是不可分离的，有形体就有神识，没有形体的存在，那么神识也就虚幻泯灭了。可是老庄释氏却把它们分别为二本，宋儒沿袭他们这种错误的见解，也把神识和形体看成是两件东西，只不过把老释的神识用“理”字来取代罢了，把老释的真宰、真空认为是“理”，又把“理”看成是形而上的道，“气”是形而下的器，这是不对的，道和器是相须的，没有道就没有器，没有器就没有道，道和器是相依而存在的，相辅而成的，因此宋儒的“理”“气”二元论就成了谬论，严重地诬害了圣道，欺骗了学者，难怪戴震要极力加以攻讦驳正他们了。反对宋儒的“理”“气”二元论，并不从他才开始，明儒薛敬轩就已经认为“理”和“气”不可相离，也不可相杂，天下没有没有“气”的“理”，也没有没有“理”的“气”，不可把“理”“气”判分为两种东西；清儒王夫之以为“理”和“气”原是不可分作两截的，而是相互为体的，“气”以外没有“理”，“理”以外也不可能成“气”；颜习斋也认为“理”和“气”是融为一片的。他们“理”“气”一元的见解，和程朱的“理”“气”二元论都完全相反，而和戴震的思想若合符节，先后辉映。

·“理”“欲”一元

饮食男女，是人的大欲，眼睛喜欢看美丽的颜色，耳朵喜欢听悦耳美妙的音乐，嘴巴喜欢吃美味的食物，鼻子喜欢闻芳香的气味，身体四肢喜欢安逸闲适，诸如这些人欲，都是出于天赋的，都是与生俱来的，凡是有血气的动物，都不能没有欲望，何况是万物之灵的人呢！那么“理”和“欲”有什么关系呢？戴震认为用分理来权衡人欲，而没有一点差错，就是“理”。天下必定没有舍弃饮食男女的生养之道而能生存的，一个人没有欲望，就无所作为了。有欲求而后才会有种种作为，这些作为都非常正确公平，不可改易，就叫做“理”，如果没有人欲，那么还会有什么“理”可说呢？换句话说，“理”存在于“欲”当中，“理”和“欲”是一元的，无欲就无理，可是叛道悖理而追求人欲的满足，那是绝对不可以的。“理”和“欲”是不互相冲突的，不是善恶是非的对立，也不是邪正公私的对垒，“欲”合于“理”才是是、才是善、才是公、才是正，悖于“理”便是非、便是恶、便是私、便是邪，声色臭味的欲望，能够廓然见万物的公欲，就是万物的公理，人欲的大公，便是天理的至正，并不是像老子所说的五色令人目盲，五声令人耳聋。离开了人欲就别无天理，离开了人欲而别有天理，就是佛老的谬见了。“理”和“欲”之间，并没有一道鸿沟。清儒王夫之、陈乾初主张人欲恰好就是天理，就是戴震理欲一元的见解。

可是宋儒程朱误以“理”“气”为二元，于是也误以“理”“欲”为二元，以为“理”“欲”是相互对立的，天理是是、是善、是公、是正，人欲是非、是恶、是私、是邪，因此主张“存天理，去人欲”，把人的饥寒号呼，男女哀怨，以至垂死冀生，都看成是曲邪不正的人欲，只有绝情去欲，天理才能流行，所以在处事方面，不肯曲体事情，往往固执自己冥想出来的“意见”，把它当作“理”；在责备人方面，往往用只凭胸臆的成见或因袭的不合理的习惯，纳人入罪，实在不明白古圣先王体恤民情、达成民欲的政治哲学，造成了比韩非子、申不害等法家以法杀人更严重的流弊。在他看来，宋儒“理”“欲”二元论有三个害处：一是“理”“欲”的分限过分严格，责备贤者太苛刻，君子受到许多评议，而没有完美的操守；小人也没法反躬自省，而达到君子的境界。二是使人误把“意见”当作“理”，养成了刚愎自用、残忍惨酷的歪风。三是摒斥情欲而求理义，使天下的人都成为欺伪的人。他为什么要把宋儒的“理”“气”二元论和“理”“欲”二元论，攻击得这样体无完肤呢？原来清初的一般学者，鉴于明代心学空疏近禅的弊病，非常推崇朱子，而且清朝皇帝也借用朱子的学说，来维持统治者的地位。他生长在清朝全盛的时代，宋朝理学复兴的当儿，亲眼看到雍正朝那几次十分惨酷的大文字狱，在上位的人往往滥用“理”来杀人，而在下的人虽然有“理”，也没有地方去告诉，真是太冤枉、太可怜了。清儒像顾炎武、颜习斋等人，都早已假借攻击理学而鸣胸中的不平。戴震在痛心疾首之余，不能不极力辩证，但是又不便开门见山地说出来，只好旁敲侧击，也借着攻讦宋明的理学，来发泄他胸中不平的气，表面上虽然在发挥儒家的忠恕之道，实际上是对当时政治的不平等和社会的污暗，提出了强硬的反抗，他的用心是何等的苦啊！而他屡次参加会试都名落孙山，遭到奚落和非难，也就难怪了。

今天我们虽然很幸运地生活在自由民主、安定幸福的社会里，和戴震那以“理”杀人的时代，是不可同日而语的；可是物质文明高度发展，突飞猛进，无形中使物欲横流，人心不古，世风日下。在这物质享受欲最易萌动的时代，依据戴震的见解与思想，我们不能说这种享受欲是恶的，而是要使这种享受欲在“理”的范围内去萌动，去求实现，人的修养工夫，不是在使情欲寂然不动，而是在使情欲和理相合，“理”假如常在“欲”中，那么情欲越萌动，“理”就越显明，而人的生活也就越富有伦理的精神和意义了。

2.“欲”论

·“欲”的真谛

“欲”是人生哲学道德论的基本问题，关系到世道人心，非常重要。虽然上面在讨论他“理”“欲”一元的思想时，已经大概地谈到，现在仍然有不厌其详地加以讨论和研究的必要。他曾经引用《乐记》“饮食男女，人之大欲存焉”这句话来说明“欲”的界说，饮食男女，这些生养的道理，就是人的大欲，《诗经》上也说“民之质矣，日用饮食”，有了饮食和男女的大欲，天地才能够生生不息，个人才能够生存。自己的欲望达成以后，还要使别人也能达成他的欲望，这样才是有仁心的君子；如果为了达成自己的欲望，而不顾了别人的欲望，甚至于做出损人利己的事情，把自己的快乐，建立在别人的痛苦上，那就是自私自利而没有仁心的人，那么这种

"欲"就不是真正的"欲"、合理的"欲"。一个人的欲望，正是天下人都相同的欲望，不贼害别人来满足自己的欲望，这种"欲"才是真正而合理的。因此我们知道戴震论"欲"，是由全体人类的立场和观点出发的，他所说的"欲"是天下人的同"欲"，不是个人的私欲，是合理而归于最恰当不可变易的"欲"。"欲"的本身没有所谓善恶、是非和邪正，"欲"的缺失只是自私，私欲才是不对的，才是一种罪恶的。人和禽兽都有血气心知，所以都有欲望，而人所以和禽兽不同的原因，就是人不但要求满足自己的欲望，同时也希望天下的人都能够满足人类的同欲，使天下人的欲望，都合于仁义礼智，如果"欲"合乎仁义礼智，那么就是吃河鲂、娶齐姜，又有什么不可以呢?

人的天性是静的，受外物的感应就会萌动，而产生了种种欲望，情欲萌发而都合乎节度，叫做和、叫做天理，情欲没有萌动，而没有一点爽失，就叫做天性，天性、情欲、天理这三种东西，是非常密切而不可分离的，欲望从情中产生出来，而情是性的一种具体表象，情和性是浑然一物的，"欲"是性情的反应，换句话说，"欲"是与生俱来的，是天赋的本能。人生了以后便有"欲"、有"情"、有"知"，三者都是血气心知自然的表现，自然的流露。

·"欲"不可无

人依赖血气心知而生存，血气心知是与生俱来的，而欲望根于血气，也是与生俱来的，凡有血气的生物，没有不有欲望的，天下绝对没有舍弃饮食男女等生养的欲望而能够生存的，所以欲望对人来说，实在是非常必要的，因为欲望是人类奋发向上的动力，是文明进步的泉源，人类如果没有欲望，就个人来说，便没有进取的心志，好像枯木死灰，了无生意，有了欲望才有所作为，有所进步；就全体人类来说，便不会有日新月异、光明灿烂的文明，必将退处在茹毛饮血的洪荒时代了。古圣先王治理天下的道理，在体恤民情，让百姓实现欲望、满足欲望，使人的欲望没有不遂成的，人的情感没有不通达的，尧、舜的忧愁四海困穷，文王的视民如伤，哪一个不是在替老百姓谋求人欲的实现呢？所以他以为君子只须无私就可以了，而不要求无“欲”。

然而老子主张“虚”，庄子主张“逍遥”，释氏主张“空”，都是主张无“欲”的意思，不主张无私，其实是以无“欲”来成全他们的自私行为。宋儒杂袭老庄释氏的思想，严格分判“理”“欲”为二本，于是有存天理、去人欲的说法，以为务必人欲净尽，天理才能够流行，绝情弃“欲”才是天理的本然。例如周敦颐以无欲是学圣的要道；朱子也时常说惩忿窒欲啦，被人欲所蔽啦，以为无欲就无蔽。原来宋朝那些理学家谈论“欲”的问题，都是从个人的观点出发，把欲望看成一种罪恶和邪逆而讳莫如深，和戴震的思想完全不同，因此他要对宋儒极力驳斥和辨正，明儒薛敬轩、清儒李恕谷，对宋儒无“欲”的谬见，也曾经有所驳正。薛氏以为圣贤所说的无“欲”，并不像释氏的尽去根尘，只因不流于私欲，就是无欲。李恕谷以为指自己的耳目所好叫私欲，是不可以的，只因耳目声色这些欲望，受了引蔽习染而变成邪僻罢了。戴震的思想，足以和他们先后发明。

·欲望不可放纵、不可遏抑、不可穷尽

欲望对于人类既然这样的必要和重要，饮食男女是人类最起码的欲望，但是捩转别人的手臂夺取食物吃，随便搂抱别人的女孩子作为自己的妻子，那是法理所严厉禁止的。欲望往往是一种盲目的冲动，因此我们口边常说“利令智昏”；人也往往贪多无厌、得寸进尺，贫无立锥之地的人，固然整天在用尽心思、深谋远虑地在追求富贵；而拥有百万千万家私的人，又何尝不在处心积虑地求取财

富呢？甚至于求财的用心，也许还要比贫穷的人更显得迫切呢！然而欲望是没有穷尽的，它正像一匹奔驰中的马，后足刚刚着地，而前脚却早已悬空了，一个人如果想穷尽自己的欲望，一定会有悖逆诈伪的心，作出淫佚作乱的事，从小的方面来说，可以使个人倾家荡产、身败名裂、家破人亡；从大的方面来说，可以影响社会的安宁，危及国家的衰亡。欲望也是不可以压抑遏止的，因为欲望出于天性，性好像是水，“欲”就像水流一样，用堤防堵塞水流，有一天河堤崩溃，水就要各处泛滥，一发不可收拾，造成非常严重的灾害；遏制欲望的害处，还要比堵塞水流更加严重呢！怎么可以遏“欲”呢？他又引证《礼记·曲礼》的话，确认欲望不可放纵，一味放纵而不知道加以节制的话，不向死亡道路上走的人，那是非常少非常少的。他又以为用“理”杀人的人残忍不仁，而放纵欲望，败坏法度伦常的人，也违背了天理，都是不对的。

·节欲和导欲

欲望既然不可一天缺少，又不可放纵，不可遏抑，不可穷尽，那么对于欲望，我们应该抱定哪一种正确的态度呢？戴震认为在消极方面，要节制情欲，而使欲望寡少。他引用孟子的话说：养心没有比寡欲再有更好的办法了，一个寡“欲”的人，而不能够生存，那是很少的；一个多“欲”的人，而能够生存，那也是没有的。人的一切思想和行为，都是心知的制衡，节制情欲要靠心知，使欲望都不致有过和不及的毛病，而能全都合乎天理；在积极方面，要引导欲望，使它都能顺于理义，归于至善。因为欲望像流水，不可止遏，必须要因势利导，以礼义为一切行为的准则，使人人都能从心所欲而不超越规矩以外。因此有“欲”和多“欲”并不足为病，可怕的是不能导欲和节欲。导欲和节欲是处理欲望的两种最好的方法。戴震到底不主张极端的禁欲主义，也不主张极端的纵欲主义，而是主张在合情合理的条件下，使天下人的同“欲”，都能够圆满地实现。明白了这个道理，我们处在这个物欲横流的时代和社会里，就不会成为物欲的奴隶而沉沦不能自拔了。

3.“道”论

·“道”的意义

“道”字的本义是道路，是属于物质方面的。戴震以为古人所说的“道”，就是“行”、就是“路”的意思，道、路、行名称虽然不同，而实质是一样的，只是“路”字为途路一词专用了，《诗经》三百篇多用“行”字当作“道”字。道路是供人行走的，它引导人到达某一个目的地去。从这个意义引申开来，凡是言行所必须遵循的准则，也叫做“道”。“道”要配合时间和空间，因人因事因物因时因地而制宜，它不是超越时间和空间人物以外抽象的“理”，而是万物所以能够气化生生的总原理，它的运行，必定要顺着自然的条理，而不是杂乱无章的。“道”可以分为天道和人道两种，天地之间，阴阳五行，气化流行而生生不息，就是天道，具有形上学的意义，所以《易经》上说一阴一阳叫做“道”，这是指天道而说的；在人事方面，君臣、父子、夫妇、长幼、朋友等日常的人伦关系，也是人类生生不息所行的事，正好像气化的流行不停，这就是人道，具有伦理道德的意义，所以《中庸》上说率性叫做“道”，这是指人道而说的。不论天道或是人道，都是动的，而不是静的。颜习斋以为“道”是人所由的路；李恕谷也认为“路”字从“足”造字，“道”字从“辵”造字，都是指人所共由的义理，好像人所走的街衢一样。《中庸》上说的“行道”，《论语》上说的“适道”，《尚书》上说的“遵道”，都和孟子所说的“由道”、“由路”的意思相同，于是小人所行的路，也可以说“小人之道”、“小人道消”，只是它并非合乎义理的正道。至于把“道”作为一个专有名词，当作一件专门的东西，那是老庄的思想了，《圣经》说到“道”字，都是虚字，没有在阴阳和伦常以外另有一件东西叫做“道”、叫做“理”的，《易经》上指阴阳为天道，柔刚为地道，仁义是人道，那么道乃是阴阳、刚柔、仁义的通名，我们加以比较一下，便可知道戴震对“道”的解释，是完全和颜习斋、李恕谷相同的。

·天道

我国古代传统思想的天道观念，大都认为天是有人格有意志、能赏善罚恶的主宰者，因此人民对天的崇拜，十分虔诚笃敬。但是戴震并不以为然，他认为天道只是宇宙自然现象的流行不停、变化不息而已，天是无知无识的永恒物体，没有意志，不能作取舍，也不能赏善罚恶，只是遵循着永恒不变的自然定律，发挥它的自然作用。凡是自然界中的天地、日月、昼夜、寒暑、阴晴、动静、清浊、气形、幽明、上下、内外，人事界里的吉凶、福祸、得失、尊卑、贵贱，各为相互对待，都由阴阳而生，所以《易经》上说“一阴一阳之谓道”；一年四季，春夏秋冬，冬天寒冷，而夏天炎热，由春天到冬天，必由寒冷而暖和，由暖和而炎热，又由炎热而寒冷，这种自然的变化，每一年都如此，周而复始，运行很有规律，就是天道。天道具有阴阳五行的气，人或物都禀受这个气而有形体和实质，这叫做气化，在自然界中，万物的生长和变化，都是气化的自然结果，也就是阴阳五行的气相感相生的结果，因此天道就是阴阳五行气化流行、生生不息的原理，换句话说，就是万物所以生和化的总原理。阴阳五行是“道”的实体，是“道”生化不息的材料。太极是气化的阴阳，阴阳并不是两仪，两仪乃是画卦的人察见天道一阴一阳是万物生和化的原理，所以画奇偶两种符号，来仪象和征意罢了。举阴阳可以包含五行，因为阴阳各自具有五行；举五行也可以包含阴阳，因为五行各有阴阳，就道的实体来说，一阴一阳叫做“道”；如果就“道”生化不息的状态来说，“道”和“行”的意义是相同的，“行”是“道”的通称。“道”的实体是阴阳五行，万物在还没有具备形体和实质以前，只是气，是形而上的，形而上是说成形以前；具备形体和实质以后，就是品物，是形而下的，形而下是说成形以后。气化和品物只是形而上和形而下的分别，阴阳在还没有成形质以前是形而上的，不是形而下的。朱子以为阴阳是“气”，是形而下的，所以一阴一阳的错综变化是“理”，是形而上的，因而产生了“理”“气”二元论。然而戴震并不同意这种见解。

天道所以能够生生不息，流行不已，气化成为品物，全在于阴阳五行气的生生，阴阳五行的“气”就是“生生”，生生是天道生化不已的原动力，但是只靠生生的“化之原”是不够的；还需要依循着不变的条理而行，因此他说天道的运行是井然有序的，不是杂乱无章的。有条理才能够生生，如果条理一失，那么生生之道也就灭绝无存，条理灭绝无存而能够生生，是从来没有的，是绝不可能的。

他认为不但“生”是天地气化流行、万物生化的一种动力，而“息”也是生化的动力，生和息都是天地所以成化的两种不可缺少的动力，“生”则有“息”，“息”则有“生”，“息”在表面上看来，虽然和“生”相反，但是“息”并不是寂然不动的，也不是了无生意的，而是一种潜藏的动力，只有“生”和“息”交互流行，一生一息，一显一藏，相辅相成，相反相生，好像日月的交互放出光辉，春夏秋冬的交替运行，天地才能成化。他曾经打一个巧妙的比方，来说明“生”和“息”：草木的根干枝叶花实，叫做“生”，可以从其中观察到“生”的状态；果实中的白色的核仁，虽然至静退藏，却保全着“生”的性向，潜伏着生化的动力，叫做“息”，可以从其中观察到“息”的状态，表现在根干枝叶花实的“生”，完全是从藏伏在果实中核仁的白发出来的，果实中的白一旦萌芽滋长，就变成根干枝叶花实而欣欣向荣。君子的刻意修养工夫，就好像是“生”，存其心而合天地的心，就好像是“息”，也要“生”“息”交互运用，才能圣明有成。

我们知道他的天道思想，就可以了解他的宇宙观了。他以为天道是以阴阳五行的气作为实体，因为气化而能够生生，因生生而产生万物，“气”是一切品物的根源，换句话说，“气”是宇宙的本体。朱子以太极为宇宙的本体，阴阳是变化的作用，这是他所不能同意的。他又认为气化是生生不已的，生生又是气化的动源，生生而条理，就是宇宙万物发荣滋长的规律，显示着事事物物发展的相互关系，因此他的宇宙观是理气一元的，而不是二元的，所以他要极力反对宋儒的理气二元论了。

·人道

至于人道，并不是高远玄妙、深不可测的东西，只不过是人伦日用的当然法则而已，他认为“道”好像“行”一样，所以他的人道观念，也就是一种人人所必须遵守实践的行为法则。人道既然是人伦日用，那么人伦日用又究竟是指些什么行为呢？他以为居处、饮食、一言一动的日常生活中，自己事事都遵循着人伦关系而行，没有悖逆伦常，进而使周遭的人们，也都能够依照人伦而行事，就是人道，人伦关系是哪些呢？即是《中庸》那里头所说的君臣、父子、夫妇、昆弟、朋友的五伦，是天下的达道。做国君的行国君应该做的事，对臣民要有恩义；做臣民的要行臣民应做的事，对长官要忠贞；做父亲的要行父亲应做的事，要慈爱子女；做子女的要做子女当做的事，要孝敬父母；做兄长的要做兄长应做的事，就是要友爱弟妹；做弟妹的要做弟妹应做的事，就是要对兄长谦恭有礼；

以及夫妇之间，要相敬如宾；朋友之间，要诚信相对待，因此人道不必从身外去求，只要我们多做自我反省的工夫，努力去实践这五种人伦的关系，就可以尽行人道了。因为人道是从人性中产生出来的，人性又是从天道中发生出来的，人的血气和心知，来自天地的生化，我们要以声色臭味等种种欲望来滋养血气。人有了心知，就可以知道有父子、夫妇、昆弟的人伦关系，更知道不止有一家人的亲情，还知道有君臣和朋友的关系，这五种伦理关系，相亲相爱，就产生了喜怒哀乐的情感。喜怒哀乐的情感和声色臭味的欲望互相密切而合理的配合，那么人道就相当完备了。

人道既然是出于我们本身，所以片刻也不可以离身，可片刻离身的，也就不是“道”了。就好像日常饮食一样，一天也不能缺少，如果舍去人伦日用而以为“道”，就好像不饮不食而想知味一般，那是不可能的。人道虽然是从天性中产生出来的，但是人性中的心知，有时候明，有时候暗，当它明的时候，就不至于有爽失，当它暗的时候，便会有差错，因此“道”不可不加以修养。惟有修道才能够修身，那么怎样来修道呢？他主张修道以仁，并且举出仁义礼是修道的准则，能达到仁义礼三种美德，人道也就实践得相当彻底而完美了。仁义礼是善的大目，是天下的大衡，三者不可缺一，否则就不是至善。仁义礼也就是孟子所说的恻隐之心、羞恶之心、辞让之心，仁义礼这三个善的大目，不包括智在内，并不是把智遗弃了，而是明白仁义礼便是智，智就是孟子所说的是非之心。仁义礼智是可以互相涵摄的，因为仁义礼智的美德，是离不开血气和心知的，换句话说，就是离不开情和欲，情和欲是人伦道德的基础，仁义礼智的美德，原来是人与人之间，在日常的生活中，情和欲的表现都合乎伦理而没有一点爽失。仁义礼智不但是修养人道的准则，同时也是人道至真至善至美的境地。

·天人合一

我们已经了解戴震的天道观，又了解他的人道观，就可以进一步了解他的天人合一思想了。天人合一是我国的传统思想之一，古今对天都非常敬畏，儒家一向很重视人事，也十分尊重天道。戴震也是主张天人合一的，他以为“道”虽然有天道和人道的分别，而人道实以天道为根源。天道因为生生而有自然的条理，所以能气化流行、生生不息，而成就天下万物的品类；人道的施为就是天道生生而成的条理的反映，才能使人的行为没有丝毫的爽失，而有仁义礼智的美德。人道以天性为本源，而天性又以天道为根源，人道的极致，就是达到仁义礼智的境地，而可以用仁来统摄这种美德。天地的至德，可以用一个字来完全代表和形容，那就是仁；人的心也可以用一个字来完全代表和形容，那也就是仁，换句话说，人心和天心同样都是仁。从人道推遡到天道，从人德推遡到天德，都是仁，天道和人道的气化流行、生生不息，就是仁的表现。人德和天德、人道和天道两者都是合而为一的。人和万物都从天地受形，所以永远和天地相通。充满天地之间的是声色臭味，从大的方面说，声色臭味充满天地之间，从小的方面说，声色臭味也具备在我们人的身体里面，如果天地间的声色臭味，和人体中的声色臭味相得无间，那么就具备了生养之道了。宇宙万物都被上天所覆盖，下地所承载，离开了天气地气而能够生生的，那是从来所没有的。人或万物的精气和天地相通才能生存，和天地相隔便要死亡。拿植物来说，叶子受风日雨露的暴晒沾润，而和天气相通；根在土壤中吸收养料和水分，而和地气相通。再拿动物来说，呼吸便是和天气相通，饮食便是和地气相通，人物在天地之间，是好像和天地合为一体的，人和物都是天地至盛的表征，人道和天道都必须出于自然。往古和来今，人和物生存在这无穷的时间和空间里头，虽然同样禀受天地的气而生，可是人的血气心知，惟独能使情和欲都合于理而归于仁义礼智，德配天地，是天地的心，万物之灵，所以和天地并称为三才或是三极。圣人在人群中，只不过是出类拔萃、更善于表现仁义礼智而已，好像飞鸟中的凤凰，走兽中的麒麟，弥足珍贵。我们如果能努力实践圣人本于天道而立人道的圣言圣行，尽个人的职责，顺应人的同“情”同“欲”，勤于修养，效法天行健而自强不息，那么天地的心奠立了，生民的命永长了，圣学承继不绝了，万世太平了，而宇宙也生生不息了。

4.“命”论

戴震说“命”，并不是黎民黔首所笃信的运命或命数。运命或命数是一种宗教的信仰。他以为天地因“道”的生和息而成化万物，万物也因“道”的分限而各个不同。阴阳五行是“道”的实体，而人性以天道为本源，受阴阳五行气化的分限叫做“命”。万物质量的优劣，人类才智的高下，都是命定的，所以他所说的“命”，只是“分限”的意思，并没有带着神秘的宗教色彩，气数、理义、命，都是限制的说法。他曾打两个比方来加以说明，一个比方是：天地间的各种树木，它们的叶子、花和果实都不相同，而且在同一棵树上，叶子、花和果实都受到树形的大小、色臭的浓淡、气味的厚薄所分限，致使叶子和叶子不同，花和花不同，果实和果实也不同。另一个比方是：用罍、缾、缶等各种器皿从河中取水，因各受容器外围形状的局限，各有大小不同的体积，而且水虽然是从同一条河中取来的，可是它的清浊、臭味也随时随地而各有不同。因此我们知道“道”的分限有两个，一个是遗传的分限，好像他所举的第一个比方便是；一个是环境的分限，好像他所举的第二个比方便是。人的心知禀赋，材质偏全，也要受到遗传和环境两种分限，太过于重视遗传分限的人，有的便认为人生的一切活动和努力，都受到命数的限定，而毕竟是虚妄白费了，命好的人就会持矫命而沉醉于快乐之中，命坏的人也就不免持贱命而听天由命，甚至自暴自弃了。然而他并不是一个听天由命的宿命论者，他的“命”论不但没有一点消极悲观的意味，反而更富有积极进取的精神。他以为人性中都有着喜好声色、求生存、好逸恶劳的欲求，但是人常常受到遗传或环境的种种分限，不能通达顺遂这些欲望时，一个有圣德有修养的君子，就不会借口说它是人性中固有的欲望，而强求达成这些情欲。但是父子之间要讲的仁慈和孝敬，君臣之间要讲的忠义，宾主之间要讲的礼节，以及贤人的聪明才智，圣人对于天道的阐扬发明，虽然说这些早已在命中注定了，但因为这些都是人性中所必须要履行实践的，一个有修养的君子，也不会借口说它是命而自己委弃他做人的责任，不努力于品德的修养，反而会竭尽心力来扩充他的心知，力求道德行为的实践。孔门弟子说“命”，是针对一般百姓笃信先天命数，而加以因势利导，灌输一种道德理想，使这种神道信仰转化为合理的伦理观念，以“命”为天赋的理性终极准则，一切现象，一切行为，都由这个准则来指导和裁正，那么命数就可以由人为的力量加以改变，因此其目的在鼓励我们为善去恶，竭尽人事而后方才听天命，修身立命，进德修业，使道德日新又新，日进再进，对于富贵贫贱、得失顺逆，不要耿耿于怀，对于功名利禄，也不必妄加希求，这正是戴震所主张的命说。一般人陷于神道迷信，对于富贵贫贱、得失顺逆，不责怪人事的未尽，而一味委过于命运，在他看来，这是大错特错的。人的性行，实在受到命数的限定，但是不可一味耽乐，也不可一味自暴自弃，一定要安于命数，乐天知命，进而不断地扩充心知，实践道义，保全天德，才可以算是一个居易俟命的圣人君子啊！

5. “性”论

·我国历代思想家的“性”论

我国的文化是人本文化，我们的哲学思想，没有不以现实的人生为中心，所以人性的善恶问题，古今的大思想家都加以热烈的论究与探讨，现在简单胪述于后。“性”是先秦诸子思想中的主要问题之一，孔子“性相近，习相远”和“唯上知与下愚不移”的说法，虽然未尝明白肯定地说人性是善或是恶，但是实为开诸子论“性”的先河。依据孔子的看法，人性的本质原本是相近而没有什么差异的，也没有明显的善恶的分别，等到受了后天环境、习惯的熏染，才有趋向善恶相远的形势。到了孟子却斩钉截铁地主张性善，认为人性中蕴蓄着仁义礼智四个善端，人性的本然只是善，绝不是恶，而恶的由来，实在是由于“放其良心”和“失其本心”的缘故。当时除孟子外，根据《孟子·告子》公都子所说，论“性”的还有三派：一是告子，主张性无善无不善，一是性可以为善，可以为不善，一是有性善，有性不善。如果再根据王充的《论衡·本性》，知道更有主张性有善有恶一派。荀子把贪得无厌的“欲”看成“性”的主要部分，以为人生下来就有“欲”，“欲”不能实现，就会发生争夺乱穷，又强调礼义不是出于人的本性，而是圣人所做出来的，所以大力主张人性本来是恶的。淮南子论“性”，以为人性本来是善的，因为有嗜欲而丧失了本性，转而为恶。董仲舒论“性”，拿禾来作比喻，以为米是善的，善出于性，好像米出于禾，但是禾不可以说就是米，所以性不可说是善，米和善不是天然的，而是出于人为的，但是等到受了教化以后可以为善，这种说法，似乎是从荀子性恶说变化出来的。扬雄论人性，主张善恶混。王充则说“性”有上中下三品。韩愈也分人性为上中下三品，而且认为上品是纯善的，中品是善恶混的，下品是纯恶的。宋儒程朱论“性”，本着他们的理气二元论，把“性”分为天地的性和气质的性，天地的性专指理而言，所以说“性即理”，性无不善；论气质的性，杂糅理和气而说，因为所禀的“气”有清浊的分别，所以产生了善和恶。清儒颜习斋发扬孟子的性善说，反对宋儒变化气质的论调。先圣往哲对“性”的见解，以上所提到的，只不过是较大的几家而已。现在让我们来看看戴震对于“性”的看法吧。

·“性”的意义

戴震以为“性”这个东西，是人或物的血气心知受到阴阳五行的分限，而有所区别，举凡生后所有的事，例如情和欲，所具有的能；例如觉、巧和智，所具备的品德；例如理和义，都是性的根本。我们要了解他对这个“性”字所下的定义，那就非先了解所谓的阴阳五行不可了。“阴阳”这两个字，首先见于《易经》的《系辞》，先民分析研究宇宙的现象和变化，知道万事万物的生成和演化，都呈现着一刚一柔、一施一受的相对形态，举凡天地、日月、昼夜、寒暑、是非、善恶、吉凶、祸福、男女等等自然或人事的现象，就是阴阳，生命的来源，宇宙的形成，都本着这个刚柔相济、施受相辅的原理而生。至于“五行”这两个字，首先见于《尚书》的《甘誓》篇，而《洪范》篇更有五行的条目。五行就是水、火、木、金、土，本来是天地间五种物质，这五种物质，各有它特殊的性质、性能和作用，譬如水能润下，火常炎上，木能曲直，金可从革，士可稼穑，后来拿五行和四时、方位、声色臭味、五脏、五事（貌言视听思）、干支相配，五行的意义就有了变化而更加广泛了。他以阴阳五行来解释“性”，就是取阴阳相对的意思，和五行代表各种不同的性能。人的血气心知，受了自然的阴阳刚柔和五行不同功能的分限。阴阳五行是天道的实体，而血气心知又是性的实体，所以性是天命的，是天赋的，是与生俱来的，不是从外铄的。由血气产生物欲，由心知产生理义，理和欲都出于“性”的自然，因此他的“性”说，是植根于他的理气一元论的宇宙观，是一元的“性”论。人类和其他的动物，同样都有血气，都知道怀生畏死、趋利避害；但是人类的心知清明和禽兽的不可开通，是完全不一样的，只有人类才能辨明理义等种种美德，形成人性的光辉，人性和物性是迥然不同的。即使昆虫鸟兽偶然也有合于仁义的行为，但只是本能的作用使然，不能扩充它的效用，和人性究竟是不同的。

·主性善

“性”是一切有生命的东西的通名，我们讨论“性”的善恶问题，是专指人性方面而说的，所以孟子不说“性无有不善”，而是说“人无有不善”，就是这个道理。戴震在探讨人性时，处处都阐扬孟子的性善学说，他以为孔子和孟子都是主张性善的，《论语》说“性相近”，正可见人性没有不善，如果有不善，便有恶，恶是善的反面，相差很远，怎么还能够说相近呢？到了孟子的时候，因为告子这一班人纷纷各立异说，所以孟子便直截而肯定地说性善。孔子只说性相近，他的意思在警告人要谨慎学习，并不是针对论“性”而发，所以不必直截断定人性是善的。戴震举出人有血气心知，人的心知能辨明理义，就好像人的耳目口鼻能辨别声色臭味而滋养血气一样，而人心能通于理义，和耳目口鼻的通于声色臭味，都是根源于天性的，不是由后天产生的，也不是从外铄入的，所以性是善的。宋以后的儒者，因为不明白孟子以理义说性善的理由，于是在气禀之外，增加理义的性，自以为合于孟子的意思，这是不对的。据他的分析，宋儒张横渠把“性”分成天地的“性”和气质的“性”两种，以为天命流行、赋给万物是纯粹至善的，是为天地的“性”；而人受形以后，气有昏明驳杂的不同，“性”也因此有昏明驳杂的分别，这是气质的性。天地的性专指理来说，没有不善的；气质的性专指气来说，所以有善有不善，须变化气质，使它变成善的。程伊川也把“性”分成本然的性和气质的性两种，本然的性是理性，是纯粹善的；气质的性是才禀的性，有善有不善，禀气清的“性”就善，浊的“性”就不善。朱子本着程张两氏的论调，并认为气质的说法，对圣门有不可磨灭的功劳。但是在戴震看来，宋儒“气质之性”这一说法，隐隐约约受了佛氏的迷惑，不但对圣门毫无贡献，对后世学者没有什么裨益，反而给世间无志或失志的人有了借口，所以他要大加痛斥和批驳了。

他又根据才质而确然断定人的性本善。所谓“才”就是人和百物的形质，表现在貌色声和知觉方面，譬如眼力的强弱，耳朵的聪钝，知觉的精爽，貌色的秀俗等等，都是呈现性的形质的，便是“才”。“才”是“性”的表现，有什么“性”，就会呈现什么样的才质。人物承受于气禀的全部是“性”，体质的全部是“才”。比方说，桃杏的“性”全都潜藏在核仁中，形色臭味没有一样欠缺的，只是表面上看不见而已，等到它萌芽甲拆，根干枝叶，桃子和杏子各有不同，也因此它们的花和果实的形色臭味都有所区别，虽然说它们的“性”本来如此，但都要靠“才”来表现。提到“才”就可以见“性”，提到“性”就可以见“才”，“才”对于“性”不能有所增加或减损，人的性是善的，“才”也是美的。宋儒说善是由于“性”，而恶是由于气质，分“性”和“才”为二本，这是他所不同意的。

他主张性善的另一个证据，就是人的知觉远超过万物之上，是其他动物所不能相比的，因为其他的动物不足以明白天地中正的大义，对本身内在的情欲，也不能做一个有效的节制，只知一味任它自然发展，而人知道天德，能使一切行为都合乎天地的常理。孟子体察人的才质出于自然，而对自身内在的情欲，能做适当的节制，所以是善的，告子因为不明白人的知觉远胜过其他动物，所以认为性无善无不善，戴震又认为人有情欲，并不足以作为性恶的论据，情欲是血气自然的结果，情欲的缺失不是恶，而是私，只要情欲都合乎理义，就是善，这一点在前面讨论“欲”的小节中，已有详细的分析，不再赘述。他批评荀子只知礼义是圣人的教化，而不知礼义也是从性中发出来的，只知礼义是必然，可不知必然是自然的极则，恰好可以成全自然，因而主张性恶，这是不对的，就《孟子》书中看来，知道理义是“性”的一部分，举出仁义礼智四端来论性善，因为这四端也都出于“性”的自然，所以“性”是善的。

人的资质有偏全厚薄、清浊昏明的不齐，是因为受了天道的分限，这种不齐的现象，只是表示人的心知能力的差异程度而已，不能据此来论定人性善与恶的分别。善是恶的反面，而愚并不是智的反面，只是程度上的差别而已，人的心知只有智愚的不齐，而没有善恶的分别，我们不能肯定天资聪明的必定“性”是善的，也不能肯定愚笨的人，他的“性”必定是恶的。人的才性心知既然是善的，而为什么常常会做出不善良的行为呢？他认为这是因为心知受蔽而爽失，情欲也随着爽失而成私心所致，所以主张强恕来去私，努力向学来解蔽，和颜习斋“引蔽习染”的说法是一样的。

戴震的思想已如上述，总而言之，他的“理”论和“欲”论，在极力排斥宋儒把“意见”当作“理”的错误，以及主张无欲遏欲的荒谬，其实是对当时政治的不平等，朝廷的以“理”杀人，揭举强烈反抗的大旗；他的理气一元、动而条理的宇宙观，启发我们要效法天行健而自强不息；他的天道人道思想，在勉励我们要本乎天道而力行实践人道，为天地立心，为生民立命，为往圣继绝学，为万世开太平；他的“命”论在期望我们要乐天知命和安命，具有实践道德的勇气，不能自暴自弃，任随命运的宰割；他的“性”论，要我们认定人性是善的，因此要珍惜天赋，扩充固有的善端，发挥自己的才能，来造福天下与后世。

三、对后世的影响

梁启超以为没有考证学就没有清学。清代考证学的正统派，自顾炎武首先倡导以来，经过阎若璩、胡渭的努力，已奠立规模，开启考证学的先声。到乾隆嘉庆年间才大为昌盛，而以吴皖两派为中坚，吴派的代表是惠栋，皖派则以戴震为山斗。戴震的学术博而且精，举凡小学训诂、名物象数、典章制度，都有深入独到的研究，义理、考据和文章都十分擅长，浩气和孟子一样盛大，精义在郑康成、程、朱之上，文章和欧阳修、韩愈相伯仲。清朝治经的学者相当多，而能先从事训诂，考求古训，继而折衷众说，穷究天地人之道的，要从他开始。他是集清代考证学大成的一代鸿儒，他一方面用考据的方法来考定经义，一方面揭橥反宋明理学的大纛，攻击宋学的支离固陋和明学的空疏近禅，以继承孔孟圣学为己任，而建立自己的思想体系，中兴哲学，卓然自成一家。当时的读书人，即使是个刚刚束发受书的童子，没有不知道有戴震这个人的。他的治学方法，不仅开创皖派的宗风，天下的学者也没有不翕然推崇效法的，乾嘉以后的学者，都尊奉为圭臬。后人知道重视学术，并以科学方法研究学问，获得辉煌的成就，造成古学的昌明，都是他的功劳。

虽然当时谈训诂、作考据的学者，和他的门人，很少能了解他新哲学的真义，以致推重他在考据声韵历算方面的成就，遮掩了他在思想方面的光芒，甚至于在当时他的思想激起了如火如荼的反响，但是当时一般人对他的微词和论难，不免过于武断，以门户的见解，想一笔抹杀他的思想，只好像蜉蝣撼大树，蜩鸠笑鹍鹏，徒见他们不自量而已，鄙儒的见解，怎么能损害他的一根毫毛呢？因此他仍不失为我国近世哲学史上一位革命建设家。胡适之先生认为清朝中叶的学术史，起了一种重大的变化，就是经学家渐渐倾向于哲学化了，像凌廷堪、焦循、阮元这些儒者，很可以代表这个倾向，这不能不说是受戴学的影响。戴震确实有建立新理学，恢复我国学者哲学兴趣的大功。如果以具体的事实来说，清朝道光年间的俞正燮（字理初，安徽黟县人，生于乾隆四十年，卒于道光二十年），继承皖派的余绪，依据从“欲”中求“理”的方法，来解决社会问题，在嘉庆年间大力提倡男女平等，深斥世俗迫女子守贞的不当，纠正饿死事小、失节事大的偏见，可说是受到戴震思想的影响。蔡元培先生在他的《中国伦理学史》一书中，于清代只叙述三个人，一个是黄梨洲，一个是戴东原，一个是俞理初，因为他们能脱除旧学的羁绊，而为自由思想先声的缘故。尤其戴震提倡正学，扶持道统，辅佐孔孟，极力辟除异端曲说，无论经史子集，没有不特具卓见的，发扬五千余年中华文化的潜德幽光，好像日月星辰的光耀，实可称为最能继承中华文化、光大中华文化的一个大思想家。

我们如果细心地体察一下，便可知道戴震二百年前的思想，在今天还不失其时代的意义与价值。今天我们在复兴基地展开文化复兴运动，要有戴震摒斥异端邪说，力挽狂澜的伟大魄力和高远的见识，中华文化才能更加启耀寰宇，和日月同光。再说物质文明的进展，突飞猛进，一般人迷惑于物欲的追求，于是使得道德沦丧，世风日下，人心不古。戴震对于“欲”和“性”高明的见解，正足以碱砭这种颓风，那么当今以至于千百世之后，还沾他的余烈那是不容置疑的。

参考书目

《戴东原集》，戴震，台湾中华书局印行，一九七一年二月二版。

《原善》，戴震，台湾世界书局印行，一九六六年三月再版。

《孟子字义疏证》，戴震，台湾世界书局印行，一九六六年三月再版。

《戴东原先生年谱》，段玉裁，台湾中华书局印行，一九七一年二月二版。

《汉学师承记》，江藩，台湾世界书局印行，一九六二年四月初版。

《清儒学案》，徐世昌，台湾世界书局印行。

《戴东原》，梁启超，台湾中华书局印行，一九五七年四月一版。

《清代学术概论》，梁启超，台湾商务印书馆印行，一九六七年八月二版。

《中国近三百年学术史》，梁启超，台湾中华书局印行，一九六九年五月五版。

《戴东原的哲学》，胡适，台湾商务印书馆印行，一九七一年三月三版。

《国学概论》（下册），程发轫师，台湾正中书局印行，一九七二年四月初版。

《中国学术思想大纲》，林景伊师，台湾学生书局印行，一九七二年十月九版。

《中国近三百年学术史》，钱穆，台湾中华书局印行，一九七二年十月五版。
《戴东原教育思想之研究》，张光甫，嘉新水泥公司文化基金会丛书研究论文第一一六种，一九六八年十月初版。

阮元

余新华　著

目　录

一、阮元的生平与著作

1. 阮元的生平与政事

阮元，字伯元，号芸台、雷塘庵主、颐性老人、节性斋主人、北湖跛叟。江苏扬州人，占籍仪征。清乾隆二十九年（公元一七六四年）出生于扬州府城一个以文兼武的世家。祖父阮玉堂，武进士出身，官至湖南参将，军事余暇以赋诗为乐，著有《湖珠草堂诗集》、《琢庵词》、《箭谱》、《阵法》等书。父亲阮承信，国学生，幼年读书，治《左氏春秋》，为古文辞。母亲林氏出身于仕宦之家，通诗书，明古今大谊，亦颇有修养。

阮元五岁时从母学字，六岁进私塾。他幼年口吃，读书不流畅，林氏便耐心领读，又选白居易诗教他，并教以四声属对之法，所以阮元八九岁时即能作诗。后来他回忆少年所学，认为主要是母教的成果，而非塾师所教。阮承信则劝督阮元立志向学，对他讲成败治乱，战阵谋略，还教他学习射箭，并说“此儒者事，亦吾家事也”，希望他能文武兼备，堪当大任。良好的家教为阮元日后的发展奠定了基础。

阮元早年曾向本乡的特立独行之儒乔春龄、李道南学习，究心于经学，深得乔、李二先生赞许。乾隆四十九年，二十一岁的阮元中秀才，逾年成举人。五十四年中进士，选庶吉士，次年散馆，取中一等第一，任翰林院编修。五十六年大考翰詹，又取得一等第一，乾隆皇帝深为赏识，说："不意朕八旬之外复得一人！"超擢为少詹事，入值南书房，为高宗文学侍从。同年晋迁为詹事。从此，年轻的阮元以其才高学优步入了仕途。

乾隆五十八年（一七九三年），阮元督山东学政，两年后任满，改任浙江学政。任满回京，历兵部、礼部、户部侍郎和经筵讲官。嘉庆四年（一七九九年），署浙江巡抚，旋即奉谕实授巡抚职，其间丁父忧去职，后复任。十四年，浙江学政刘凤诰代办乡试监临时舞弊，为言官论劾，嘉庆皇帝饬令严加参奏，"以示大公于天下"，阮元因与刘是同年进士，曲为其解。经查实，嘉庆帝责备阮元"止知友谊，罔顾君恩，轻重倒置"，遂被褫职。这是阮元仕途中唯一的一次失意。

阮元夺职回京后，任编修，在文颖馆行走，累迁内阁学士。其间受命赴山西、河南按事，迁工部侍郎。十七年出为漕河总督。十九年调江西巡抚。二十一年调河南，擢湖广总督。次年改任两广总督，直到道光六年（一八二六年），其间还兼任过广东巡抚、粤海关监督。离两广后，改任云贵总督。十五年奉旨进京，召拜体仁阁大学士，管理刑部，调兵部。十八年，以老病请致仕，获恩准，濒行又加太子太保。二十六年，乡举重逢，晋太傅，赐与鹿鸣宴。二十九年（一八四九年）病逝，享年八十六岁，谥文达。

阮元二十岁结婚，妻江氏，为其祖母江氏的族孙女。乾隆五十七年（一七九二年）江氏亡故，幼女亦夭，阮元续娶曲阜衍圣公、世袭五经博士孔宪增之女。孔氏擅诗文，著有《唐宋旧经楼诗》，世称经楼夫人。阮元有妾谢氏、刘氏，后者亦能诗擅画。阮元有四子一女，长子阮常生系过继为子，其余为谢氏、刘氏、孔氏所生。

阮元位高爵显，寿享大年，但清慎内敛，善自珍重。他从不做寿，原因有二：一是谢绝寿礼，不尚虚荣，不以“屏幛宴乐为美”；二是讲求养生之道，把精力放在保养身体上。阮元的生日与白居易相同，白居易四十岁时曾有一诗，阮元在四十岁生日这天，步其原韵，作了一首“避客”诗，诗云：“人生四十岁，前后关壮衰。我发虽未白，寝食非往时。”认为人到这个年龄当注意身体。又考虑到自己政务学术繁忙，百事役心，更要有好的体魄，以免学荒政怠。就在这一天，阮元离开浙江巡抚衙门，前往海塘工地巡视。以后每逢生日亦莫不如此，常常是独往山寺，作竟日之游，有时还煮茶消遣，称为“茶隐”。直到八十岁休致在乡时，阮元的“茶隐”仍未废弃，寿辰之前就从扬州城里搬到郊野草庐中小住。正因其爱惜身体，不尚奢华，所以阮元寿享大年。

有清一代，嘉庆、道光两朝少有名臣。除林则徐之外，陶澍、英和与阮元尚有所成就。青年时代，阮承信便告诫阮元：“读书当明体达用，徒钻时艺无益也。”步入仕途后，阮元亦能遵奉父旨，不为世风所束缚，注意因事制宜，妥善地处理政务。兹略举其大者。

阮元出任浙江巡抚七八年间，主要的作为是剿灭海寇，安靖地方。当时浙江、福建沿海海盗猖獗，其中安南夷艇最强，凤尾、水澳、箬黄诸帮也依附于它。阮元上任后即征集群议，“造船炮，练陆师，杜接济”，并亲临前沿督师剿寇。定海总兵李长庚骁勇善战，深得阮元赏识，以其总统定海、黄岩、温州三镇水师；同时又奏请朝廷调广东、福建水师来浙江沿海会剿。在阮、李通力合作下，很快便消灭了箬黄、凤尾、水澳诸帮，浙江洋面渐清。残余为蔡牵所并，又在福建沿海制造巨艇，不时犯浙。阮元倡捐官俸，制造“霆船”；又偕闽浙总督玉德奏请以李长庚总督两省水师，以剿灭蔡牵。但此时阮元丁父忧去职，李长庚失去支持，虽力挫蔡牵主力，身亦战死。嘉庆十三年（一八〇八年），阮元复任浙江巡抚，他与福建巡抚张师诚合作，任用李长庚部将王得禄、邱良功，终于次年平灭蔡牵。

作为清廷的地方重臣，阮元对民间的秘密结社极为注意，并严加戡办。嘉庆十九年（一八一四年）三月，阮元出任江西巡抚，九月即奏报查获余干县朱毛俚、胡秉耀等人的反清活动。原来胡秉耀买到一部残书，内有阵图及“悖逆俚语”，并藉此联络众人，托称杨易（即朱毛俚）为明朝后裔，秘密从事反清活动。嘉庆帝因阮元到任不久即破获这样的大案，加封其为太子少保，赐戴花翎，以示嘉奖。次年正月，阮元奏报捕获进贤县“结盟担匪”胡文彩等人，并将其按律治罪。四月在贵溪县、安仁县出现秘密结社活动，并有与江苏江宁府同伙聚会的密报，阮元即刻奏知清廷，清廷饬令两江总督百龄侦办，终将方荣升等杀害。阮元还破获赣州府龙南县钟锦龙、长宁县郭秀峰、建昌府泸溪县陶省三等人的秘密组织。

阮元为政，较能关心民生疾苦。在任湖广总督期间，曾组织民众修武昌江堤，建江陵范家堤、沔阳龙王庙石闸等水利工程。遇有天灾，阮元亦不像一些地方官员怕考成不好而讳言不报，他总是当即上报，请求赈济和蠲免，并积极组织救灾活动。他说：“致灾已不德，有力敢不殚！”嘉庆五年（一八〇〇年），浙东水灾，三十万人陷于绝境，阮元便发放四十万石仓谷救济灾民。十年，浙西又遇天灾，阮元冒暑到湖州放赈。为使灾民获得实惠，阮元放赈时少用胥吏，而邀请贤能士人参与或主持其事，以免官吏中饱私囊。阮元还成立了一些慈善团体，如嘉庆七年在杭州设普济堂，收养无依无靠的老病贫者，并定立了十二条规章，为后继官员所遵循；又整顿杭州育婴堂，所收养的弃婴较以前增加一倍。此外，阮元还采取切实措施，厉禁浙江金华府的溺女之风。他令下属对生女婴者登记造册，又捐出清俸，给养女婴者喜银一两，希望把她们养育成人。

阮元出任两广总督近十年，时间在鸦片战争前的十几年，处理过多起对英国的事务。嘉庆二十二年（一八一七年），阮元到广州赴任。此前一年，英人阿美士德使华失败，英人“遂渐跋扈”，中英矛盾日益激化。阮元深感问题严重，遂增建大英滘、大虎山两座炮台，并于次年二月、五月密疏奏陈对英策略，指陈英人“恃强桀骜，性复贪利，宜镇以威，不可尽以德绥”，并根据英人“长于水短于陆，强于外洋短于内洋”的特点，主张加强内洋和陆上防务，一旦英人擅入内洋，违反例禁，即“随机应变，量加惩创”，同时停止与其贸易，断绝其食物采购，使其不敢轻犯中国法令。嘉庆帝不同意阮元的主张，强调“以德威相济，勿孟浪，勿葸懦”。阮元遵旨而行，不敢“孟浪”。但英人不断上岸滋事，打死打伤中国居民，清廷索凶多无结果。阮元对此不能容忍。一次英人打杀中国妇女，阮元即将凶手绞决抵罪。道光元年冬，英人打死中国农民二人，凶犯逃回英国。阮元屡次索凶，英方以停止贸易相威胁，阮元怕获“孟浪”之罪，未能采取强硬态度，但仍禁止英国兵舰来华，“终元任，兵船不至”。对英人贩卖鸦片，清廷早在雍正年间就下过禁令。嘉庆二十年、道光元年又先后严申。阮元在道光元年兼署粤海关监督后，厉行禁令，严查英船夹带的鸦片烟，并惩办了走私鸦片的洋行商伍敦元。但英人恃强贪利，以更隐蔽的方式走私贩毒，最终在阮元去职后的四年爆发了中英第一次鸦片战争。

2. 阮元的学术活动

阮元一生位高爵显，但与一般官僚不同，在政事之暇，阮元尚潜心于学术事业，主持风会数十年，被海内学者奉为“山斗”。

·提倡学术，奖掖人才

阮元在任职浙江巡抚、两广总督兼署广东巡抚期间，先后在杭州和广州创立诂经精舍和学海堂。诂经精舍建于嘉庆五年（一八〇〇年）。此前阮元任浙江学政时，曾聚诸生于西湖孤山之麓修书；既为巡抚，则更进一步，遂以昔日修书之屋五十间，选两浙诸生中喜好古学者读书其中，取名为诂经精舍。阮元解释说：“精舍者，汉学生徒所居之名；诂经者，不忘旧业，且勖新知也。”（《揅经室二集》卷七《西湖诂经精舍记》）舍中奉祀许慎、郑玄木主，以示对汉儒的尊崇。阮元除亲自讲学外，还延请著名学者孙星衍、王昶先后主持讲席，所讲内容涉及十三经、三史，旁及小学、天文、地理、算法、词章。对诸生“不用扃试糊名之法”，“各听搜讨书传条对，以观其识”。（孙星衍《诂经精舍题名碑记》，载《诂经精舍文集》卷首）为鼓励诸生努力向学，阮元择选师生平日讲论经史的佳作，辑为《诂经精舍文集》，刊刻流播。在阮元的提倡下，精舍士子纷纷致力于学术研究，或通经，或治史，或精研天算，或擅长地理，“至十年间，上舍之士多致位通显，入玉堂，进枢密，出则建节而试士，其余登甲科举成均，牧民有善政及撰述成一家之言者不可胜数。东南人才之盛，莫与为比”，（同上）有力地促进了当地学术文化的发展。

其后，阮元调任两广总督兼署广东巡抚，即在广州创立学海堂，并于道光四年在粤秀山麓茂林古木之中新建学海堂舍址。以“学海堂”为名，其意源自何休“学无不通，进退忠直，聿有学海之誉”之义。学海堂的规制一如杭州诂经精舍，讲习的内容也非常广泛，士子“或习经传，寻疏义于宋齐；或解文字，考故训于仓雅；或析道理，守晦庵之正传；或讨史志，求深宁之家法；或且规矩汉晋，熟精萧选，师法唐宋，各得诗笔”。（《学海堂集·序》）又仿《诂经精舍文集》之例，凡有佳作，辑成《学海堂集》刊行。一时间，士习蒸蒸日上，当地学风为之一变，赞誉之声随之鹊起，有人说学海堂“萃文苑之精华，据儒教之名胜”，有人说学海堂是“儒肆之津梁，学庭之渊薮”。

兴学教士而外，阮元还十分注重奖掖后进，振拔人才。督学时，士有一艺之才，无不奖励，故积学之士，多从此出，如精通经义的张惠言，长于小学的王引之，精研天算的罗士琳，精于金石的李遇孙，擅长目录学的周中孚，熟娴诗词的张维屏等各有所专的人才皆出自阮元门下。这也反映了阮元对科举制度的弊端有所自觉，他认为以四书取士，“锢蔽士人耳目”，“空疏杂滥”，而士子术业各有专工，宜“弃其短以得长，教其偏而求其全”，(《揅室二集》卷八《试浙江优行生员策问》）不可以一隅之见为去取。在湖广总督任上，阮元还命人去掉苗民应试时要注“新童”之类的歧视性文字，将苗民按一般生民对待。在各地任职时，阮元还新建了一些书院，对原有学宫亦加以修葺，以改善试子考试的环境。阮元的这些努力，对清代中叶学术文化的繁荣作出了重要贡献。

·整理典籍，刊刻图书

阮元七十岁时曾有一首《和香山知非篇》的诗，其中写道：“回思数十载，浙粤到黔滇。筹海及镇夷，万绪如云烟。役志在书史，刻书卷三千。”在年逾古稀的阮元看来，数十年的仕途，种种政绩，仿佛如过眼烟云，悄然逝去，而毕生的志趣和努力将随着三千书卷而长存。的确，阮元组织整理、编纂和刊刻的三部大书《十三经注疏校勘记》、《经籍纂诂》和《皇清经解》，囊括了清代前期经学研究的主要成果，从总体上反映了当时经学、小学和校勘学等领域的成就，在文化思想史上是有久远的意义的。

编纂《十三经注疏校勘记》，重刻宋本《十三经注疏》，是阮元在古籍整理中的第一大业绩。经书之雕版始于唐长兴三年，两宋以后刻本渐多，至清代乾嘉年间，有南宋的十行本、明代闽本、监本、汲古阁毛氏本。宋十行本为诸本最古之册。而明代刻本由于辗转翻刻，讹谬百出，至清代通行各省书坊的惟有“漫漶不可识读”的汲古阁毛氏本。随着清代经学研究的兴盛，学界迫切需要一部较为完善的经书注疏本。在阮元之前，一些著名学者已对经书乃及诸子书做过不少考证、校勘和注释，但未有总汇《十三经注疏》的校刻本。有鉴于此，阮元立志汇校群经，他凭借家藏宋本十一经及《仪礼》、《尔雅》单疏本的有利条件，年轻时便致力于“校理注疏，综核经义，于诸本之异同，见相沿之舛误，每多订正”。步入仕途后，奉敕出校太学石经，因而得以据唐石经及宋版悉心勘校。出任外省后，复聚汉、唐、宋石刻及宋元各版本，选长于校经之士详加校勘，而阮元“自下铅黄，定其同异”。至嘉庆十一年（一八〇六年）撰成《校勘记》二百四十三卷。阮元对此书极为看重，认为此书做到了“异同毕录，得失兼明”，比之为“我大清朝《经典释文》也”。嘉庆二十年，阮元出任江西巡抚，主持重刻宋本《十三经注疏》四百十六卷，并附录《校勘记》。有鉴于明末以来学者好以臆见私改古书的弊病，阮元主持校刻时，凡明知宋版之误字，亦不使轻改，只是加圈于误字之旁，别据《校勘记》择其说附载于每卷之末，以存宋本之真，使之见重于后世。由于该书开雕不久阮元即调任两广总督，主事者希望早日刊刻完毕，“以慰其遗泽江西之意”，致使书中错字甚多。十年后，阮元从两广总督任上邮书江西，指陈十年前刊本的错误凡九十三条。当时南昌府学教授朱华临大为感动，亲自检查督工，逐条更正，重印行世。此后，该书广为传播，成为学者读书治经的必备书籍。

《经籍纂诂》是阮元主持编纂的一部总汇经书传注文字训诂的专著。清代汉学勃兴之后，音韵文字训诂被视为明经达道的唯一门径而受到学者的高度重视。但文字训诂散见于各书传注之中，搜辑钩稽颇为不易，给学者从事研究造成不便。编纂一部系统完备的训诂数据书便成为学者的夙愿。在阮元之前，戴震、朱筠等人皆着意于此。阮元供职内廷时也与人“相约分纂，钞撮群经”，但中途而辍。阮元出任浙江学政后，利用政事之暇，亲拟凡例，“择浙士之秀者若干人，分门编录”，撰成初稿。其后又择其中十余人进行汇编、校阅，并委托臧镛堂总揽其事，最后勒为定本，计一百六卷。参加该书编纂的人数有六七十人之多，分工明确，各有所长，各司其职。该书“以字为经，以韵为纬”，依照《佩文韵府》一百六个韵部，分平、上、去、入编成，每韵列为一卷，每字列为一条；所引之书包括汉至唐说经之书八十六种，并旁及《史记》、《汉书》、《战国策》、《荀子》、《墨子》、《楚辞》、《文选》等诸多典籍，从而使该书“展一韵而众字毕备，检一字而诸训皆存，寻一训而原书可识”。（王引之《经籍纂诂·序》）但是，编纂此书的意义，不单在于给学者整理古籍、穷究经义提供方便，而且在于提倡一种学风，所以当时的通儒钱大昕在为该书所写的序中说：“此书出而穷经之彦焯然有所遵循，向壁虚造之辈不得滕其说以衒世，学术正而士习端，其必由是矣。”该书对后世字书的编纂也有重要的影响，《中华大字典》、《辞源》、《辞海》等书所收有关字义训诂方面的材料，实际上都承袭了书中的成果。

《皇清经解》一书，则是清代前期经学研究成果的汇刻本。自汉代确立儒学的独尊地位以后，历代都有学者对儒家经典进行注疏，唐代敕撰《五经正义》，宋代合刊《十三经注疏》。元明时期，经学衰微，空谈心性，鲜有发明。清代汉学之兴，一洗前朝空疏陋习，经学研究进入鼎盛时期，“有证注疏之失者，有发注疏所未发者，亦有与古今人各执一说以待后人之折衷者”。（夏修恕《皇清经解·序》）但是这些成果散见各处，不仅不利于士子研究、治学，日久之后还有散佚之虞。为此阮元决意搜辑本朝学者有价值的解经之作，汇刊成一部大书。他拿出自己的所有珍藏，亲自“发凡起例，酌定去取”，又委托门生夏修恕、严杰等人广为搜罗，按例编辑。从道光五年始，历时四年刻成，共收入七十三位清代学者解经之书一百八十八种，共一千四百余卷，成为清代前期经学研究成果的总

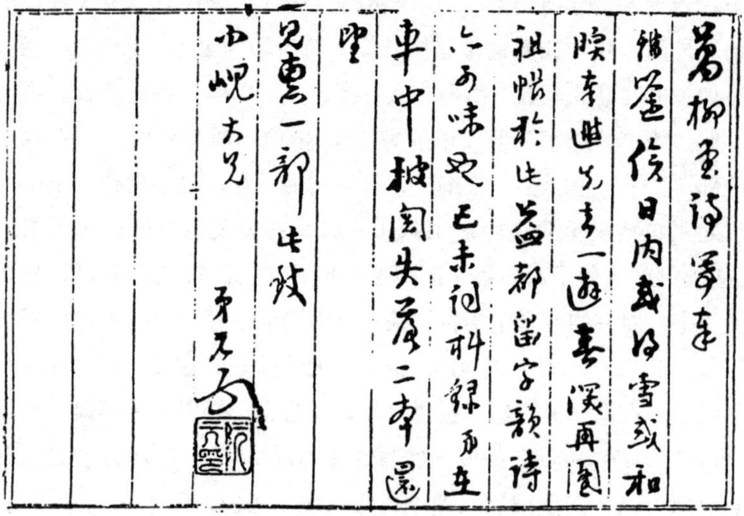

阮元墨迹

汇，顾亭林、毛西河、惠定宇、戴东原、焦里堂、江子屏以及阮元本人的许多著作都包囊其中。至清光绪年间，王先谦任江苏学政，仿阮元《皇清经解》例，刊刻《续经解》一千四百三十卷，使有清一代的经学研究成果有了较为完全的汇编。

除上述三部大书外，阮元还编辑了《山左金石志》、《两浙金石志》、《积古斋钟鼎彝器款识》三部金石资料。阮元对金石遗文十分重视，认为“其重与九经同之”，“欲观三代以上之道与器，九经之外，舍钟鼎之属曷由观之？”（《揅经室三集》卷三《商周铜器说》上）因此阮元出任封疆大吏时，凡车之所至，好问好察，采获尤勤，并深加研究，辨析疑文，以此来印证、考释经义和历史。后人王国维等继承和发展了阮元这方面的成果，对殷周的历史多有揭橥。对当代的历史，阮元也颇为重视，任国史馆总纂时编写了《国史儒林传》，在浙江、广东任上则主持重修《浙江通志》、《广东通志》。

对时人嘉言懿行，阮元亦综而著之，不使其零落殆尽。这方面的著作有《淮海英灵集》、《两浙輶轩录》、《江苏诗征》、《广陵诗事》、《小沧浪笔谈》、《定香亭笔谈》等。

值得一提的是编纂《畴人传》。阮元早岁研经，曾涉猎天算，具有一定造诣。后因步入仕途，未能进一步有所创获。但他始终认为"象数之学，儒者所当务"，"先古圣人，咸重其事"，两汉学者，"类皆甄明象数，洞晓天宫"，只因后世学风空疏，"步算之道，由是日衰；台官之选，因而愈轻；六艺道湮，良可嗟叹"。（《畴人传·序》）有鉴于此，阮元博稽载籍，网罗古今，考镜流源，辑录了"肇自黄帝，迄于昭代"的天文学家、历法家、数学家的生平事略以及在科学上的贡献，以"俾后来彦俊，知古今名公大儒从事于此者不少，庶几起其向慕之心"。（《畴人传·凡例》）全书共四十六卷，包含中国科学家二百四十三人，西洋科学家三十七人。而对"涉于内学者，一概不收"。（同上）书中提出了一些具有近代科学意义的思想，认为"算造根本，当凭实测"，"实测所资首重仪表"。（同上）同时对中西方科学成果进行比较，主张"融会中西，归于一是"，（同上）"集古今之长而为之"，（卷四十五）并期望中国学者能够"出于西人之上"。（《凡例》）虽然在书中阮元未能摆脱"华夷之别"、"天朝上国"的保守心态，未能更深入地了解西方科技发展的历史，误认西学的成果是暗袭中国之成就，但是该书从一个方面自觉地推进了有清以来的实学思潮。后人陆续编纂了《畴人传》续编、三编、四编，这大概是阮元始料未及的。直到今天，人们提及《畴人传》时，还不能不说："中国之有科学史，此其嚆矢也。"（陆宝千《清代思想史》第三一二页，台湾广文书局一九七八年版）

阮元自撰的著作有《揅经室集》，汇集了阮元各种体裁的诗文作品，分一、二、三、四共四集，后又有续集、再续集和外集，前四集按经、史、子、集分类，续集、再续集亦依四库分类法分卷，外集因含有他人的著作，故名。前四集为阮元手订，后三集由其子阮常生协助编辑。《揅经室集》是研究阮元思想的最主要资料。

二、阮元的学术渊源和特质

阮元的一生正值乾嘉学派的鼎盛时期，编纂《经籍籑诂》和《皇清经解》这样大部头的著作，不仅是这一时期学术发展的需要，也表明乾嘉学派的发展已相当成熟。单从扬州诸儒来看，与阮元同时或前后的著名学者就有高邮王念孙、王引之父子，宝应刘台拱，兴化任大椿，江都汪中，甘泉江藩和焦循等人。阮元与这些人或师或友，“皆耳目所及，或奉手有所获”。（《揅经室一集》卷十一《任子田侍御弁服释例序》）对扬州诸儒的学术精神和气质，阮元也是深为默契并浸染其中的。

扬州诸儒的学问大多是直接衍承休宁戴震的余绪而发展起来的。阮元亦不例外。清代学者刘寿曾《传雅堂文集》卷一《沤宧夜集记》中说：“戴氏弟子，以扬州为盛。高邮王氏，传其形声训故之学；兴化任氏，传其典章制度之学。仪征阮文达公，友于王氏、任氏，得其师说。”阮元编辑《经籍籑诂》，其议即先发于戴震。当然更重要的是在学问宗旨上衍承戴氏。刘寿曾的父亲刘毓崧在《通议堂文集》卷九《吴礼北竹西求友图序》中曾描述了扬州名儒盛况，其中说道：“其深于古儒家之学者，法召公之节性，宗曾子之修身，以阐邹鲁论仁之训，而非若旁采释氏，矜觉悟以入于禅也。”这段文字是对阮元学术思想的一个简要的概括。最值得注意的是，刘氏把阮元称为“深于古儒家之学者”。毓崧的家学渊源与阮元颇有关系，其父文淇曾“从文达问故”，又在阮元晚年致仕之后替阮元校勘宋元本《镇江府志》。因此毓崧的说法是深有所得的。正是在总的宗旨上，阮元较全面地承接了戴震的余绪，从而使阮氏与高邮王氏父子、金坛段玉裁氏纯粹的训诂之学有了明显差别。这倒不是说阮元不讲训诂之学，而是说他像戴氏一样把训诂之学当作复兴“古儒家之学”的手段。

阮元自述其少时为学，自宋人始，由宋而求唐，求晋魏，求汉，乃愈得其实，于是发愿要探索经典中的原始义理，也就是要复兴“古学”。在《小沧浪笔谈》卷四中，阮元说：“予谓《易》、《书》、《诗》皆有古学。古学者何？商周之卿大夫；鲁邹之诸圣贤；秦汉之诸儒是也。……余向有《易》、《书》、《诗》三经古学之辑，惜尚未完成。少暇，当补成之。”阮元实际撰成的只有《诗书古训》六卷，但其原来的规划是要遍及群经的，《十三经经郛》便是最初底本。所以阮元是要在更为广大的范围复兴从商周到秦汉的“古学”。

要复兴“古学”，就不能不借仗于训诂。在《题惠定宇先生授经图》中，戴震曾说过：“故训明则古经明，古经明则贤人圣人之义理明。”在这一点上，阮元也颇师承戴氏守以古训发明义理之意。这里的假定前提是“圣贤之道存于经”，没有这个前提就谈不上复兴“古学”。所以阮元肯定地说：“圣贤之道存于经，经非诂不明。”（《西湖诂经精舍记》）并且断言：“古今义理之学必自训诂始。”（《揅经室续集》卷一《冯柳东三家诗异文疏证序》）“圣贤之言，不但深远者非训诂不明；即浅近者亦非训诂不明。”（《揅经室一集》卷二《论语一贯说》）但阮元坚决拒斥“但求名物，不论圣道”的弊病，极力主张在圣人之道与文字训诂之间保持一种合理的平衡关系。他把圣人之道譬之“宫墙”，把文字训诂譬之“门径”，既批评“求道太高，卑视章句，譬犹天际之翔，出乎丰物之上，高则高矣，户奥之间实未窥也”的倾向，又批评“但求名物，不论圣道，又若终年寝馈于门庑之间，无复知有堂室矣”的弊病。所以他以《周礼》师、儒之分来涵盖汉、宋之别，认为“两汉名教，得儒经之功，宋明讲学，得师道之益，皆于周孔之道得其分合，未可偏讥而互诮也”。(《揅经室一集》卷二《拟国史儒林传序》)

阮元的这些议论当然不是空穴来风，它一方面针对着“不论圣道”的饾饤猥琐之学，另一方面也反映了复兴“古儒家之学”的运动发展到一定程度时的必然要求，这就是在局部的研究取得相当的成果后必须进入整体的研究，作融会贯通的工作。所以阮元十分推许钱大昕、汪中、焦循等“通儒”。在《传经图记》中，阮元明确区分了“通儒之学”和“陋儒之学”，认为后者只是“守一先生之言，不能变通，其下焉，则惟习词章、攻八比之是务”；前者则“笃信好古，实事求是，汇通前圣微言大义，而涉其藩篱”。(《传经图记》一文，《揅经室集》无之，文载《国粹学报》第三期撰录门）阮元的这段文字是在评述汪中时说的。汪中曾拟撰写《述学》一百卷，书虽只完成数卷，但其目的则在“博考先秦古籍，三代以上学制废兴，使知古人之所以为学者”，其目的与阮元复兴“古儒家之学”正合。拟议中的《述学》一书，规模甚为宏大，包括虞夏、周礼之制、列国、孔门、七十子后学、通论、释经、旧闻、典籍、数典、世官等篇章，其范围也与阮元所说的从商周到秦汉的“古学”相当。阮元所推许的另一“通儒”焦循力破考据、汉学、宋学之类作茧自缚的名目，认为“古学大兴，道在求其通”。(《雕菰集》卷十三《与刘端临教谕书》）在《雕菰集》卷八《辨学》中，焦氏把当时的著书之派分为五类：通核、据守、校雠、摭拾、丛缀，认为“五者兼之则济”。这些都从一个侧面说明阮元提倡“通儒之学”反映了乾嘉学术发展的内在要求。

以“笃信好古，实事求是，汇通前圣微言大义”作为“通儒之学”的基本规定是完整的。阮元主张折衷汉宋，不立门户，“崇宋学之性道，而以汉儒之经义实之”。(《拟国史儒林传序》)身为大臣，阮元的主张自然反映了清廷的旨意，当然也符合其本人倡导“通儒之学”的意愿。但是，在阮元的心中亦不免扬汉而抑宋，尊经而黜理。在阮元看来，两汉经学“去圣贤最近，而二氏之说尚未起也”，(《揅经室一集》卷十《汉学师承记序》)因而纯粹至精，未受异端污染。所以尊崇两汉经学的目的仍在于复兴“古学”，芟除附加于“古儒家之学”身上的佛老思想；而援二氏之说以入儒正是宋明以来儒者的通病，这一点朱子和象山当年已相互点破，清初两派学者的相互揭发则使其暴露无遗。尊崇汉学因之而成为一时的风尚，以致出现了焦循所说的“学者述孔子而持汉人之言，唯汉是求，而不求其是”(《雕菰集》卷四《述难》)的弊病，或者如章学诚所批评的“但知聚铜，不知铸釜，其下焉者则沙砾粪土亦曰‘聚之’”(《文史通义》外篇卷三《与邵二云书》)的偏颇。因为汉人之言也是驳杂的，其中既有门户，也有谶纬和傅会。所以戴震当初即标榜“志存闻道，必空所依傍”，(《戴东原集》卷九《与某书》)认为“苟害六书之义，虽汉人亦在所当改，何况魏晋六朝”！(《戴东原集》卷三《与卢侍讲召弓书》)阮元直承戴学精神，提出：“儒者之于经，但求其是而已。是之所在，从注可，违注亦可，不必定如孔贾义疏之例。”(《揅经室一集》卷十一《焦里堂群经宫室图序》)所以，“笃信好古”与“实事求是”是相互关联的，最后都要以“汇通前圣微言大义”为归依。

自然，阮元的学术渊源并不能完全归之于戴震。阮元是个通达之士，对钱大昕、汪中、程瑶田、凌廷堪、焦循等人的思想，阮元也深有所契，或相互发明。即使是对清初争议颇多的毛奇龄，阮元亦一反一般学人阴读其书、暗用其说的做法，以“略其短而着其功，表其长而正其误”的态度，为《西河全集》作序，并表彰其“开蒙塞”之功。但是，对毛奇龄的肯定也仅仅在于他的“开始之功”。在清初的大儒中，阮元倾心相仪的应该说是顾炎武。顾炎武从正面开启了有清一代学术思想的先河（毛氏则只是从反面无意中有助于清代学术的发展，其主要目的在攻讦朱子，袒护阳明，所以阮元称为“道实相成”）。他的“古之所谓理学，经学也”指示了清代学术发展的方向；他的“读九经自考文始，考文自知音始”指出了治经的门径；其《音学五书》则提供了可资借鉴的“范式”。而以“经术”、“治道”、“博文”三篇囊括百科的《日知录》一书，则为清代各学科的发展提供了一部经典，讲训诂考据者，尊其经术、小学；讲经世事功者，尊其治术议论；讲各种专门学问者，尊其博闻广采。但阮元对顾炎武的理解却不囿于一隅。在《顾亭林先生肇域志跋》中，阮元清楚地表明了这一点：“明末诸儒多留心经世之务，顾亭林先生所著有《天下郡国利病书》及《肇域志》，故世之推亭林者以为经济胜于经史。……习科条而无学术，守章句而无经世之具者，皆未足与于此也。”（《揅经室三集》卷四）实际上顾炎武的经术（经史）、治道（经济）、博文都是“关于六经之指、当世之务者”。他的目的在于立言俟后，“有王者起，将以见诸行事，以跻斯世于治古之隆”。（《顾亭林诗文集》卷四《与人书》二十五）阮元身为清廷重臣，当然没有顾炎武那样的民族意识，但其倡导古学，表彰孝经，推重礼治，未尝不是以“学术”为“经世之具”，未尝不是期望“跻斯世于治古之隆”。

在学术思路上，较之戴震、焦循等人，阮元更为接近顾炎武。炎武倡言“由朱子之言以达夫圣人下学之旨”，反对“向上一层”的“内学”，把儒学的基本概念和原理，一一归本于社会政治和伦理。对此阮元极为心契，致力于对儒学的基本观念作伦理学的、社会学的解释，使其发挥“治世”的功能，而不是“向上一层”，作哲学的、心性论的解释，使其龟缩于个人的内心世界。这一点也可以从阮元对戴震《孟子字义疏证》一书的态度中看出。《皇清经解》作为一部收录清代重要学术成果的巨制，收入了阮元自著的《论语论仁论》、《孟子论仁论》、《性命古训》诸篇，对戴氏标榜为“平生论述最大者”的《疏证》竟一字不录，其原因当不在于戴氏澄清“六经孔孟之言”的主观努力，而在于凌廷堪所说的该书“开卷仍先辨‘理’字，又借体用二字以论小学”，(《校礼堂文集》卷十六《好恶说》下）未脱宋儒哲学化的思辨。焦循《雕菰集》中屡赞戴氏《疏证》，而《揅经室集》不赞一辞。阮元晚年为《学蔀通辨》作序，称“朱子中年讲理固已精实，晚年讲礼尤耐繁难，诚有见于理必出于礼也”，(《揅经室续集》卷三）将朱子的“理”降低一格，自然与炎武的“下学”主张契合无间。《诗经》中有“上天之载，无声无臭，仪型文王，万邦作孚”之句。朱子以前两句作为对“理”的形容，炎武则解释为：如何遵循天之意志？不过是以文王为仪型，实行仁、敬、孝、慈、信而已。这分明是以“理必出于礼”来取消“理”。在治学态度上，戴震曾提出“务精而不务博”，而阮元则直承炎武，认为“周孔颜曾之学，首重文博”，(《揅经室续集》卷三《复性辨》）并以“务为其难，务求其是，……束发研经，白首而不能究”为“通儒”(《揅经室一集》卷十一《汉学师承记序》）的基本要求，这又与炎武所说“古之理学，经学也，非数十年不能通也”如出一辙。甚至在具体节目上，阮元也是承炎武而起，譬如《性命古训》就可以说是直承《顾諟天之明命》而来。所以，阮元的论学宗旨固然承衍了戴震，但却不如与炎武默契。

这里必须再次提到阮元对“通儒之学”的基本规定。“实事求是”可以说是乾嘉学者共同的学术标准。但是阮元却有其独特的理解，即“凡事求是必以实”。(《揅经室四集》卷二《宋砚铭》）显然阮元把重点落在“实”而不在“是”上。阮元说：“商周人言性命多在事，在事故实而易于率循。”（《揅经室续集》卷三《塔性说》）“是”可以是“是非”之“是”，也可以是“实事”之“是”。前者是价值上的是非判断，后者则是经验性的事实。阮元说：“圣贤之道，无非实践。”（《揅经室一集》卷二《大学格物说》）这正意味着圣贤之道是可以还原、归根于经验性的事实的，并不是什么玄虚的“道理”。而所谓“理必出于礼”，也是把“礼”作为判断“理”之是非的最后根据，“空言理则可此可彼之邪说起矣”。（《书东莞陈氏学蔀通辨后》）因为“理”是“虚理”，而“礼”则是三代以来相沿不变的经验性事实。在阮元看来，这种经验性的事实，更“易于率循”，同时还可以使人们避免“以格物为心灵穷理”，“致知际内之言，非修身际内之事”（《大学格物说》）的弊端。阮元说：“《孝经》、《论语》之学，穷极性与天道，而不涉于虚，推极帝王治法，而皆用乎中，详论子臣弟友之庸行，而皆归于实。所以周秦以来子家各派皆不能及，而为万世之极也。”（《揅经室一集》卷十一《石刻孝经、论语记》）如果我们读一读顾炎武“动容周旋中礼者，盛德之至也，孟子以为尧舜性之之事。夫子之文章，莫大乎《春秋》。《春秋》之义，尊天王，攘戎翟，诛乱臣贼子，皆性也，皆天道也”，（《日知录》卷七《夫子之言性与天道》）以及“古之圣人所以教人之说，其行在孝弟忠信，其职在洒扫应对进退，其文在《诗》、《书》、《礼》、《易》、《春秋》，其用在出处去就交际，其施之天下在政令教化刑罚。……孔门未有专用心于内之说也”（同上卷十八《内典》）之类的文字，便可知二人在精神气质上是多么相契。当然阮元未必敢谈论有影射清廷之嫌的文字，但根据“动容周旋中礼”来理解“性”与“天道”、根据庸言庸行来理解古圣人“所以教人之说”的基本思路却与炎武毫无二致。

阮元又有“《书》之性近于史”（《揅经室二集》卷七《四史疑年录序》）的论断，这当然是着眼于从史实或事功来理解圣贤之道。但阮元并不是像章学诚那样，认为“三代学术，知有史而不知有经，切人事也”，（《文史通义》内篇二《浙东学术》）并以此来褫夺训诂学者对解释经典、解释圣贤之道的权利的垄断。在阮元看来，“《书》之性近于史”，只是因为其“切人事”，而毕竟不是“性同于史”，“经……立乎史之前”，（《揅经室二集》卷七《通鉴训纂序》）“经”具有高于、优于“史”的超越地位，并不能与后世所谓的“史”相类同。这实际上仍未超出顾氏“古之所谓理学，经学也”所划定樊篱之外。

以“实事”为“是”，从根本上规定了一种治学方向。对经典文献而言，就是恢复它的“本义”，而不是立新说以与宋儒的义理相对抗。阮元说：“古圣人造一字，必有一字之本义。本义最精确无弊。”（《揅经室续集》卷一《释敬》）“本义”之所以最精确无弊，就在于“本义”最精确地反映了“实事”或“实象”。阮元的《释矢》、《释门》、《释邮表畷》等篇章，都反映了这一点。所以阮元说：“余之说经，推明古训，实事求是而已，非敢立异也。”（《揅经室集·自序》）推明古训，实事求是，当然是为了恢复儒经的“本义”；而所谓“非敢立异”则表明要与宋儒划一清楚的界限，同时也暗含要与戴震“开卷仍先辨‘理’字”，别立新义以与宋儒抗衡的做法保持距离。焦循代阮元作《群经礼疏序》（收入《雕菰集》卷十六）说，“自理道之说起，人各挟其是非，逞其血气”，并胪列明代的政治事实说明理之“启争”的后果，这些批评与其说是针对宋儒，毋宁说是补救戴震之偏。而阮元所谓“空言理则可此可彼之邪说起矣”，则更表明其作为清廷大臣对“理足以启争”的现实的关注。

要恢复经典文献的“本义”，当然不能不考明文献中有关的名物制度、天算舆地乃至草木虫鱼等等。所以在学问的研究上，阮元由经、史、子、集以至天文、历算、地理、物理，由小学直求之古代吉金、石鼓、刻石、石经诸学。对“明堂”、“辟雍”、“封禅”等聚讼千年的“古礼”问题，阮元都有定考。这些考证，当然不是“但求名物，不论圣道”，而是为他的“说经”服务。在这一点上，阮元既继承了戴震“字——辞——道”的治经途径，也遵循了惠栋“故训——典章制度——义理”的治经路数。（对戴、惠二人治经方法上的差别，王茂等《清代哲学》一书有考辨。安徽人民出版社一九九二年版，第七五六—七五七页）而归根究底，二者皆出自顾炎武“义理存于典章制度”和“读九经自考文始，考文自知音始”的主张。而根据阮元“字如此实造，事亦如此实讲”，（《揅经室再续集》卷一《节性斋主人小像跋》）“本义”反映“实事”、“实象”的“命名”理论，二者是可以统一的。譬如阮元训“格物”：“物者，事也；格者，至也。……凡经传所云‘格于上下’、‘不格奸’……及古钟鼎文‘格于太庙’、‘格于太室’之类，皆训至，盖假为本字，格字同音相借也。……盖物字本从勿。勿者，《说文》：州里所建旗，趣民事，故称勿勿。……射者所立之位，亦名物者，古人即通会此意以命名也。”（《大学格物说》）这里既涉及音义，也涉及典章制度，由音（字）可以知文可以通经，由字（音）也可以通古制通大义，二者相互为用，相得益彰，都可用来说明《大学》的“本义”。而根据阮元的“理必出于礼”，义理不可能脱离古制而存在。从某种意义上说，“实事求是”就是求古制、求古礼。这仍然是顾炎武“复三代之治”精神的继续。

根据以上所论，可以得出两点意见：第一，从渊源上看，阮元的学术思想可以说是直接承衍戴震之学的余绪而起，但在学术气质上，不能不说阮元与顾炎武更为契合，只是规模不及炎武庞大恢宏。第二，阮元的学术标帜乃是其独有心得的“实事求是”。阮元的整个“说经”活动皆以此相标榜，旨在根据圣贤的“实践”、“实事”而求其“微言大义”。阮元论仁、论性都是这一活动的展开。

三、阮元的经解

1.“圣贤之道无非实践”的实学

通过对基本概念的梳理和厘定以恢复原儒的思想，是阮元说经解经的重要特色。在阮元看来，圣贤之道，不但深远者非训诂不明，即浅近者亦非训诂不明。如果对圣贤之言的训释有误，对圣贤之道的整体理解也会随之而错。这其中最重要的根据就是对《论语》中的“一贯”作何种解释的问题。

阮元《论语一贯说》的意旨很明确，就是恢复原始儒学的实践的、重行的本色。“一贯”是儒家理论的大关节，涉及对儒家学说的根本性理解。孔子说“吾道一以贯之”，但对“一”或“一贯”则没有解释。曾子说：夫子之道，忠恕而已。一贯是否即是忠恕？有人肯定，有人否定，聚讼纷纭，但都认为自己的解释即是孔子之意。朱子《论语集注》以“一本”、“一理”释“一”，又以“体”“用”说明“一”与“忠恕”是“一本万殊”的关系。朱子云：“贯，通也。……圣人之心，浑然一理，而泛应曲当，用各不同。曾子于其用处，盖已随事精察而力行之，但未知其体之一尔。”按照这种解释，夫子之心只有浑然一理，此理用各不同，可以应酬万事。朱子虽未否定曾子“随事精察而力行”的意思，但认为曾子“未知其体之一尔”，以“忠恕”释“一”只不过是使弟子易晓的方便说法，并不是“一理”本身。朱子的解释很容易使人去寻求对“一理”的客观认知，而忽视“力行”本身。在很大的程度上，朱子所谓的“理”是客观认知的对象，其所谓的“体用”关系也只是对“道”或“理”本身所作的知识性的结构分析。相对于曾子的“随事精察而力行”来说，朱子所重视的首先是“上达”，力行乃是“上达”而“一旦豁然贯通”之后的事。所以顾炎武批评朱子“《集注》乃谓借学者尽己推人之目以明之，是疑忠恕为下学之事，不足以言圣人之道也。然则是二之，非一之也”。（《日知录》卷七《忠恕》）

在基本的倾向上，阮元与顾氏对朱子的批评是一致的，但阮元更进一步，直以“行事”训“贯”，并明确区分两种“一贯之道”：“故以行事训贯，则圣贤之道归于儒；以通辙训贯，则圣贤之道近于禅矣。”前者指孔子，而“以通辙训贯”的后者，则显然暗指朱子，《论语一贯说》所引“一旦豁然贯通”之句，语出朱子《大学章句》，阮元直陈其“似禅家顿宗‘冬寒见桶底脱’大悟之旨，而非圣贤之道”，即是明证。

在《论语》中，“贯”字凡三见，即《里仁》中曾子之“一贯”、《卫灵公》中子贡之“一贯”以及《先进》中闵子之言“仍旧贯”。阮元据《尔雅》、《广雅》、《诗经》、《周礼》等书训“贯”为“行”，为“事”（又据《后汉书》、《淮南子》、《荀子》、《左传》等书，以“一”与“壹”相通，训“一”为“皆”，训“壹”为“专”）。这是借重训诂这个工具以立论，但《论语一贯说》的重点则在辩论、汇通曾子之一贯与子贡之一贯的统一问题。朱子对二者曾分别看待，认为前者“以行言”；后者“以知言”，也就是在知识性层面讨论“博”（“多学而识”）与“约”的关系。对朱子分别以“知”、“行”言两处“一贯”，清初大儒王夫之亦提出过异议。他从知行、体用统一的观点出发，认为两个“一贯”没有本质的不同：“‘予一以贯之’（按：即子贡之“一贯”），亦非不可以曾子忠恕之旨通之。”又说：“以实求之，此（按：亦子贡之“一贯”）所云贯以言知，而未该夫行；若‘吾道一以贯之’，则言行岂遗夫知哉？使遗夫知，则所云者亦夫子之道也。”（《读四书大全说》卷六）王夫之的思想到清末才重新“发现”，阮元是否受其影响不得而知。但阮元所要论证的正是两个“一贯”的统一：“曾子若因一贯而得道统之传，子贡之一贯又何说乎？不知子贡之一贯，亦当训为行事。……此夫子恐子贡但以多学而识而学圣人，而不于行事学圣人也。”准此，阮元明确地宣称：“壹以贯之，犹言壹是皆以行事为教也。”

阮元以“行事”释《论语》“一贯之道”，与朱子以“一本”、“一理”释“一贯”，自然全不相同，与朱子相同的是，阮元也以“忠恕”与“(一）贯”为二，因为以“行”训“贯”与以“理”训“一（贯)”一样，都不能不面对“忠恕”与“一贯”的关系问题。但是在看待二者关系问题上，阮元与朱子是迥然不同的。阮元说：“弟子不知所行为何道，故曾子曰：‘夫子之道忠恕而已矣。’”“所行何道”的问题说明，在行之外，知仍然是不可或缺的。这也正是朱子以“理”释“一贯”的合理性的一面，他所着意的乃是在行之前必须获得一种理性的认知。在朱子看来，“忠恕”只不过是曾子借两个浅近的道德德目使人“易晓”以启发人的理性认知的方便法门。而在阮元看来，“忠恕”即是圣人所行之道，是“极实之道，亦即天下古今极大极难之道”。换言之，它是一种只有在实践中才能体悟到的原则，不能作知识性的理解。如果像朱子那样，把“忠恕”作为启发弟子认识“一理”的方便易晓的说法，使其“一旦豁然贯通”，则无异于禅家顿宗“冬寒见桶底脱”的顿悟。

考诸《论语》文义，除“仍旧贯”之“贯”可释为“事”外，另两处“贯”字恐不能训为“行事”。顾炎武、王夫之的说法更合于《论语》的本义。阮元之论，广征博引，急于立说之态隐约可见。这当然也背弃了他所张扬的“实事求是”的原则。但是从总体上说，阮元认为圣贤之道重在实践，是符合原始儒学之精神的。这从《揅经室一集》卷二《论语解》中可以看出。

《论语·学而》中有“学而时习之”之句。阮元以“贯”释“习”，“贯主行事，习亦行事，故‘时习’者，时诵之，时行之也”。也就是说，“‘学’兼诵之行之。凡礼乐文艺之繁，伦常之纪，道德之要，载在先王之书者，皆当讲习之、贯习之”。阮元的这个解释与朱子把“时习”释为“既学而又时时习之，则所学者熟”这样纯粹的讲习活动迥然异趣，亦与程子以学为先，认为“学者，将以行之也”之类的看法大不相同。在阮元看来，“学”不仅是诵之，更是行之，其间甚或不容有先后之分，因为“圣人之道，未有不于行事见而但于言语见者也”。所以，与朱子以《学而》为“入道之门”不同，阮元认为“此章乃孔子教人之语，实即孔子生平学行之始末也”。立意似在委婉地矫正朱子的说法，但阮元思想的经验论色彩亦于此可见一斑。

阮元之张扬、恢复圣道之道的实践品格还表现在对“格物”解释上。《大学格物说》系针对先儒论格物“多以虚义参之”而发。在《集注》中，朱子曾取程子之意，补释格物致知之义，其基本的意思是，致知在即物而穷其理，使学者即凡天下之物，莫不因其已知之理而益穷之，以至于其极。用力既久，达到一旦豁然贯通的境地，则众物之表里精粗无不到，而吾心之全体大用无不明。这个解释，当然是朱子借《大学》为自己的思想张目。对这样的“虚义”，阮元是不能同意的。他认为，《集注》训“格”为“至”、训“物”为“事”是对的，“唯云‘穷至事物之理’，‘至’外增‘穷’字，‘事’外增‘理’字，加一转折，变为‘穷理’二字，遂与实践迥别”。朱子增字解经从解释思想史的角度看是错误的，而且也混淆了格物际与致知际的差别，因为格物可以包括致知，致知却不能包括格物。阮元所批评的不仅是朱子增字解经的错误，更重要的是，阮元看到了朱子的经解意味着一种与圣贤之道的实践品格完全背离的倾向："若以格物为心灵穷理，则犹是致知际内之言，非修身际内之事。"以朱子的"穷理"为"心灵穷理"，并非有诬于朱子。诚然朱子是说"即物而穷其理"、"穷至事物之理"，似很重视认识外在的事物（朱子的思想中确实有这一面），但在心与理的关系上，朱子根本看法是"心具众理"，因此"即物"只是一种启明"吾心之全体大用"的手段。这当然还是"致知际内之言"。

阮元对朱子的批评，与他对"心"的看法有很重要的关系。《释心》篇以纤锐尖刺的性质训"心"字，不仅解释了文献中"为坚多心"的句意，而且可以以此否认"赤心在内"之类的看法；心不过是和外在世界相联系的感觉，"心果在内，风安得吹之？"（《揅经室一集》卷一）人心必须由外在经验来证明，好比风吹着物"心"。这样一来，心是明镜台之说便不能成立，而朱子以"虚灵不昧，以具众理而应万事"解释"明德"，认为其"本体之明"未尝有息，"学者当因其所发而遂明之，以复其初"的看法，也就失去了其存在的学理上的根据。所谓"以格物为心灵穷理，则犹是致知际内之言"，实际上是含蓄地揭发了朱子之学在学理上是源于佛学。

按照阮元的理解，"格物"就是"至止于事物之谓"。"格有至义，即有止义，履而至止于其地，圣贤实践之道也。"因此，"格物"就是行事与实践，是"修身际内之事"，而不是"致知际内之言"。《大学》说"物格而后知至"，又说"自天子以至于庶人，壹是皆以修身为本"，所强调的正是"格物"的实践性，"修身"的优先性。如果训"格物"为"穷理"，则"致知在格物"变成了"致知在穷理"，犹言"致知在致知"，显然是扞格不通的。对于"格物"的具体内容，阮元也作了自己的解释。阮元认为，《大学》"致知在格物，物格而后知致"二句，"虽从身心意知而来，实为天下国家之事"。把修身与齐家、治国、平天下相联系，是原始儒学的一个重要特征。

但儒学在其发展过程中，在外在的事功方面受到重重挫折之后，重心被迫转入内圣的道德本体。明末清初的变局，促使一部分思想家重新回到儒学“经世致用”、修己治人的主流。阮元对“格物”的解释也反映了这一点：“明德新民，皆事也”，“凡家国天下五伦之事，无不当以身亲至其处而履之，以止于至善也”。与朱子释“明明德”为“复初”，释“新民”为“自新之民”，使其局限在个人的身心意知之内的“为己之学”相比，这是何等的不同！

总括地说，阮元《大学格物说》对“格物”的解释，是符合《大学》的总的精神的。一如《论语一贯说》、《论语解》诸篇，《大学格物说》的立论宗旨，就是恢复圣贤之道的实践品格。用阮元的话说，就是“圣贤之道，无非实践”。这是阮元所作的成功的努力，但也是其局限之所在，因为他在很大程度上取消了“致知”的相对独立的地位，从而表现出浓厚的经验论色彩。

2.“必两人相人偶而仁始见”的仁论

阮元的仁论，很有特色。他以“相人偶”释孔门之仁，发前人所未发，对后世也有相当的影响，赞同其说者甚多。其论仁之作，主要是《论语论仁论》、《孟子论仁论》，收入《揅经室一集》卷八、卷九。

仁，是孔子思想的核心。“仁”字在《论语》中凡一百零五见，分散在五十八个条目之中。孔子论仁，多为缘事生解，因人设辞，很难以某一定义作为确诂。但归结起来讲，仁在孔门被视作处理人际关系的基本准则，其基本精神是“爱人”，内容主要包括“忠”、“恕”两个方面。“仁人”就是道德理想的人格，“志士仁人，无求生以害仁，有杀身以成仁”。（《论语·卫灵公》）孟子发挥了孔子的仁学，认为“仁”就是“为人之道”，它是由人人皆有的“恻隐之心”

发展而来，与“义”、“礼”、“智”一起构成了人之所以为人、人之所以异于禽兽的根本特征。孟子还主张将仁拓展到社会政治领域，实现“仁政”、“王道”的理想社会。宋代儒者则不仅将“仁”理解为人的先天本性，而且将“仁”理解为“与天地万物同体”的“爱之理”、“天地生物之心”。至明代，阳明派的学者又把“仁”说成“心”，有所谓“满腔子是仁”之说。总之，宋明儒者论仁，理论上的着眼点在于宇宙本体或个人的内心世界，并服从于其心性论的主旨。

阮元论仁，本着以“实”为“是”的精神，着意克服后儒论仁背离圣贤之道的实践品格的倾向和玄虚凿空的思辨色彩，认为必须从切实、浅近、平庸处论仁，以使“春秋时学问之道显然大明于世，而不入于二氏之途”。(《论语论仁论》)阮元断然写道：《孝经》、《论语》二书，“儒者终身学之不尽，太极之有无，良知之是非，何暇论之！”(《石刻孝经、论语记》)“太极”、“良知”是朱子和阳明学说的中心范畴，阮元竟认为无暇论之！在阮元看来，这类范畴高妙玄空，不切人事，容易误导学人走上歧途。阮元论仁，与“太极”、“良知”之类玄妙的本体无涉，他所注重的是仁的实践性特征。阮元论仁的特色就在于其保持了孔子仁者功业论的传统，而与宋儒以来的仁道观念论迥然异趣。

阮元据《论语》“何事为仁，必也圣乎”，“未智焉得仁”，“若圣与仁，则吾岂敢”诸语，认为圣、仁、智三个层次分明之至，因此古人把上等人也分为三等，即圣人、仁人和智人。在圣、仁、智三个层次中，圣为第一，仁即次之，二者不可混淆躐等，以免像子贡那样“视仁过高，误入圣域”。这样，仁的地位便降了一格，因而也就是人人可以依循的行为准则，而不像圣那样只是极少数人可以达到的最高境界。虽然孟子曾有“舜何人也，予何人也，有为者亦若是”的豪迈气概，但这在现实中毕竟是不可多见的；相反，仁倒是现实可行的。

仁之所以现实可行，就在于它只是规定人与人之间关系的普遍原则，其具体内容就是“己之身欲立则亦立人，己之身欲达则亦达人”，(《论语论仁论》) 因此它既不涉及“与天地万物同体”的“天地生物之心”，也不涉及个体的“良知”本体，而是直指人在生活中必须时时处理的人己关系。阮元认为，诠解仁字，不必烦称远引，只需列举《曾子制言篇》中“人之相与也”、《中庸》中“仁者人也”以及郑康成注“读如相人偶之人”数语，就可以明了其义。所谓“人之相与”、“相人偶”，也就是说，“必有二人而仁始乃见”。在阮元看来，“独则无偶，偶则相亲”，(同上) 仁就是处理人己关系的一个原则，人只要生活在社会和群体之中，就必须遵循这个原则。因此可以说，阮元的仁论，不是哲学的，而是社会学的。

以“相人偶”释仁，内在地包含了两个方面，即仁作为处理人己关系的原则具有普遍性和平等性。这里所说的“人”是一个普遍性的类概念，不分男女老少，不分尊卑贵贱，因而人己关系是包括君臣、父子、夫妇、兄弟、朋友以及官民、师生等一切关系在内的。在阮元看来，“人偶”既是“同位之辞”，又是“尔我亲爱之辞”，它表明人与人之间是一种相敬相爱的平等关系。阮元认为，这才是春秋时孔门论仁的真义，即“以此一人与彼一人相人偶，而尽其敬礼忠恕等事”(同上)。这样，仁者爱人，博爱之谓仁的诠义，仍被视为孔门原始教义。

不过，阮元并不是一般地主张“博爱平等之说”。儒家有“虽有周亲，不如仁人”的话，但此话当出自孔子之后。儒家讲仁的道理，总是由周亲以至于仁人。也就是说，儒家在总的精神上承认人与人之间是平等的，这种平等甚至也不只是道德上的平等，而是像阮元引用《曾子制言篇》所说“人非人不济，马非马不走，水非水不流”那样的平等，但儒家讲到人与人之间的关系时，也考虑和照顾到人际关系的具体条件和境遇。这正是儒家平等观念与墨家乃至近代西方平等观念的一个基本差异。阮元论仁亦鲜明地体现了儒家的这一传统。作为“相人偶”之道的仁，是人人都必须遵循的，人与人之间都应该相敬相恕。在这一点上，任何人都享有平等的地位。但在不同的境遇中，不同的人实践仁的范围是有差别的，“士庶人之仁，见于宗族乡党；君子诸侯卿大夫之仁见于臣民”。（同上）这种差别并不违背“仁者爱人”的古训精神。因为儒家的仁本身就是面对不同的对象而确定的一个总的原则，所以，在面对不同的人伦关系时，仁道的实施也有先后之别。阮元据《论语》中的有关条训指出，亲亲而仁民，仁民而爱物之序，孝悌为人之本，就是孟子所说的“未有仁者而遗其亲者也，所以《尧典》必由九族而推至民雍也”。（同上）阮元认为，正是在这一点上，儒家的“仁者爱人”与“博爱平等之说”，构成了根本的差别，后者“不辩而知其误”。也正因为仁是一个总的原则，所以不仁的现象可以有很多，但其实质却一样，浮薄之人，语易侵暴，不能与人“相人偶”，即是不仁；“秦隋之杀害群臣，酷虐百姓，行不顺，施不惠，家邦皆怨”，更是“不仁之至”，但“究其始不过由不敬不恕，充之以至于此”。所以，二者虽然在程度上或方式上有不同，但归根结底，都是“不爱人，不人偶人”，（同上）其间并没有不可逾越的鸿沟。

前文说过，阮元论仁的重要特色在于注重仁的实践性特征。南宋陆象山在解释《孟子》“仁也者，人也”时说过：“仁，人心也。心之在人，是人之所以为人，而与禽兽草木异焉者也。”（《陆九渊集》卷三十二《语录》）这个解释就《孟子》本文来说，应该说是准确的，但却是哲学的。此所谓“心”，是指道德理性，是人区别于禽兽草木的基本规定，不能等同于现实中人的当下观念、意识、意志或动机，更不是一种现成的“良知”。据此，阮元认为，心与仁从根本上来说，是不能“浑而为一”的，不能说“仁即人心”。这是儒释的根本差别。仁若是心，它就是本然已具，不再是需要着力实践的原则，“若直号为本心之德，则是浑成之物，勿庸用力为之矣”。(《论语论仁论》) 阮元的解释不是一种与孟子或象山完全对立的解释，二者具有不同的层次，针对不同的对象，可以并行不悖。换句话说，对孟子或象山以“人之所以为人”释仁的哲学性解释，可以采取“何暇论之”的态度，但对“舍实事而专言心”的弊端却不能不闻不问。因此确切地说，阮元的解释是针对王学末流以仁为“本心之德”而不用力为之、“舍实事而专言心”的弊端的。阮元强调的是，“凡仁，必于身所行者验之而始见，亦必有二人而仁乃见”。(同上) 阮元并不否认仁的规范可以内化为人的观念、意识和动机，只是在他看来，如果一个人闭目斋居，瞑目静坐，则“虽有德理在心，终不得指为圣门所谓之仁矣”。(同上) 也就是说，德理在心，仁具于心，都只是“仁之端”。孟子虽以恻隐为仁，但他所说的恻隐之心也是“仁之端”，而非“仁之实事”，前者必须“扩而充之，着于行事，始可称仁”。(《孟子论仁论》) 所以阮元解孟子的“良知”为“心端”，解“良能”为“实事”，认为“舍实事而专言心非孟子本旨”，并质问阳明的明镜无所留染，良知之体如明镜之说“何所取而以为圣贤传心之秘”！(同上) 由此可见，阮元立论的重点在于强调意识、动机与现实行为的统一，以免使实践性的仁道变为一种纯粹的不见于实事的内心活动。更言之，判定仁与不仁只能根据“实事”，而不能只根据“心端”。也就是“仁当作内外动静言之”。在《无邪堂答问》卷一中，朱一新批评了阮元的观点，并质问道：“必待人偶而后仁，将独居之时仁理灭绝乎？”确实，作为一种普遍的人类性，“仁理”并不因为某个人的独居而灭绝，它依然存在。但在总体上，“仁理”有赖于社会群体而存在，并且只有通过人的“内外动静”才能表现出来。它既不是个体内心的“浑成之物”，也不是“宛如物焉”的脱离人而存在的“天理”。如果一个人真的闭目斋居，不与世人接处，其是否真有“仁理”在心乃是不可以智知之的，更谈不上“仁之实”了。所以阮元的观点是质朴的，也是“实事求是”的。

作为清廷的重臣，阮元十分重视仁道的政治意义。孔门是研究以仁治天下之道的，孔子曾说：“能行五者于天下，为仁矣”。这“五者”就是恭、宽、信、敏、惠，“恭则不侮，宽则得众，信则人任焉，敏则有功，惠则足以使人”。（《论语·阳货》）阮元据此指出：“必如此始能爱及天下臣民也，又何疑于敬恕之非仁乎！”（《论语论仁论》）治民之道的要领仍是“敬恕”，这是仁的最基本的表现。背离了“敬恕”，就会在不仁的道路上越走越远，最终弄得众叛亲离，国破身亡。古代天子如秦始皇、隋炀帝，不仁之至，其始也不过是不敬大臣，不体群臣，使民不以时。阮元的上述思想，意在为清廷建言献策，提供借镜。那么，作为人臣，其仁又当如何表现呢？在阮元的心目中，“不以兵车会诸侯，使天下之民无兵革之灾，保全生民性命极多”的管仲，就是一个典范。阮元写道：“仁道以爱人为主，若能保全千万生民，其仁大矣。故孔子极许管仲之仁，而略其不死公子纠之小节也。”（同上）视保全千万生民性命重于管仲不死公子纠之类的“小节”，仁道的坐标原点显然在于万民的忧乐而不是一家一姓的兴亡，这本是原始儒家民本思想的重要观点，而阮元则用“相人偶为仁”重新作了诠释。阮元的诠释既体现了原儒的基本精神，同时也突破以宋儒“仁则私欲尽去而心德之全”这种一味向内的狭隘和偏颇。如果说宋儒的仁道论侧重于个人的心性修养，是“小仁政”的话，那么阮元的仁道论则更注重社会功泽，是“大仁政”。当然这种“大仁政”并不排斥“小仁政”，只是二者难以双全的时候，当取其大者而略其小节。实际上，根据阮元思想的内在逻辑，这个矛盾是可以而且应该消弭的，因为在“相人偶”的旗帜之下，天子也要“爱及天下臣民”，要以天下生民为重，果真如此，对臣民来说，则不至有要么愚忠要么失节的二难选择。

如果说上述政论尚属“相人偶之道”的直接推衍，那么“顺天下”则是阮元对仁道政治学的确诂。自然，“顺天下”的思想也来之于经典，是古人最称说的“恒言要义”。《孝经》中“顺”字凡十见，但是后人却置之不讲，阮元发掘出来，使之与“相人偶”的仁论内在地融为一体。“顺”，对于在下者就是以忠悌事上，对于在上者则是依人情顺下，以期于“民用和睦，上下无怨”。阮元认为，“圣人治天下，万世不别立法术，但以天下人情顺逆，叙而行之而已”。(《揅经室一集》卷一《释顺》)“以人情顺逆叙而行之”，一如章太炎评点戴震的“欲当即理”时所说的，“乃逮政之言，非饬身之典”。实际上，阮元择选后人置之不讲的“顺天下”作为对仁道的政治学解释，所根据的是他对人情（欲）的自然性的某种程度的肯定（下详），同时也有赖于他的为官实践。阮元督两广时，目睹民间米贵而外船困于重税，贸易停滞，遂上奏朝廷，请求减税，得允，洋米大至，易茶而去。阮元赋诗云：“免税乞帝恩，米舶来颇速，以我茶树枝，易彼岛中粟。……苟能常使通，民足税亦足。”“民足税亦足”，是人情顺遂的极好写照，此事此诗正可为“顺天下”的注脚。

阮元的仁论也还涉及思想史的一些问题，但就展示阮元仁论的特质而言，上面的论述已可观大体，因此不另赘述。

3.“朴实无乱”的性命说

性命之论，在中国古代思想史中，是一个主要的论争题目。唐宋以来的儒者论性，往往是推之使高，凿之使深，玄风大畅。程朱一系，以天理为依托，认为“性即理”，陆王一系则以良知为根据，认为“心即理”，主张“致吾心之良知”。对于太极之有无、良知之是非，阮元是主张置之勿论的。但是对性命问题却无法回避，因为它涉及人的本性与社会道德责任的关系问题。阮元自号“节性斋主人”，著有《性命古训》、《复性辨》、《塔性说》（收入《揅经室一集》卷十、《续集》卷三）诸篇，足见其对此一问题是非常重视的。

阮元性命说的主旨，就是要恢复“朴实无乱”的古训。所谓“乱”，乃指晋唐之后的人以释氏所说的佛性乱儒家圣经所说的天性，特别是李翱“阴释而阳儒”，以及象山、阳明浸染于禅学，“借良知为宗旨”。在阮元看来，儒家的天性与释氏的佛性之根本的差异在于一实一虚，“商周人言性命多在事，在事故实而易于率循；晋唐人言性多在心，在心故虚而易于傅会”。（《性命古训》）阮元性命说就是要拨乱反正，去虚就实。

阮元《性命古训》一篇，列举经典中四十条有关“性命”的记述，其中《尚书·召诰》之“节性”与《孟子·尽心》之“性善”最为重要。《召诰》“节性”条的原文为：“节性，惟日其迈。王敬作所，不可不敬德。……王乃初服，呜呼！若生子，罔不在厥初生，自贻哲命。今天其命哲，命吉凶，命历年；知今我初服，宅新邑，肆惟王其疾敬德，王其德之用，祈天永命。”这段话的大意是：节度人的天性要日见其进。作王的，要以敬自处，不可不敬德。初服受命为王，就像教子之初，要传给他夏商之鉴，使其明了哲命。现在上天命明哲、命吉凶、命历年寿夭，均未可知。所可知者，是现在我王初服受命为王，宅此新宅，只有即行德政，以德行事，才可以求得上天的保佑，永保王位。阮元解释说：这里的“命”即天命，包括哲与愚，吉与凶，历年长短在内。“哲愚受于天为命，受于人为性。君子祈命而节性，尽性而知命”。（《性命古训》）认为性命相互为文，这是阮元《性命古训》的要点之一，也是阮元据以解释孟子性命说的基本前提。

在《尽心》篇中，孟子对性与命作了明确界定：味色身臭安佚，人生而所欲，可以称之为性，但是能否得到这些，是命中注定了的，君子以仁义礼智圣为先，不以其为生而所欲而苟求之，所以不以其为性；仁义礼智天道，是人命中所有，但君子不以其为命中所有而任天无为，所以不以其为命。孟子的意思很明确，意在通过对性命的分辨，高扬人的道德责任。人之所以为人，就在于他有仁义礼智，并不因人的贵贱、夭寿而不同，君子即是人性的完美体现。孟子所谓的性说的是一般的、普遍的人类性。阮元认为，古性命之训虽多，而大旨相同。孟子以性命互训，与《召诰》的意思是完全一致的。他说："惟其味色声臭安佚为性，所以性必须节，不节则性中之情欲纵矣；惟其仁义礼知圣为命，所以命必须敬德，德即仁义礼知圣也。"（同上）这样，在阮元所理解的一般的、普遍的人性中就包含了两个方面，一个是"德"，一个是"欲"。阮元认为，性字的结构也说明了这一点：性字"从心则包仁义礼智在内，从生则包味臭声色等在内"，（《节性斋主人小像跋》）而所谓"君子祈命而节性，尽性而知命"中的两个性字意义是不同的，后者即是仁义礼智，所以当尽，前者则指味臭声色，所以当节。

但是，从思想史的发展来看，《召诰》中的性命说与孟子的性命说是有很大的差别的。这种差别可以从两个方面来看，第一，周人的性命观内容仅限于先王配天并降福于后代子孙的理由，它说明王者之所以为王者。用阮元的话说，就是"君臣贵贱，群类不同，各有性命"。（《性命古训》）在周公明堂制度建立以后出现的先王配天的观念中，上天、先王降命于后王，后王则当帅型先王所命，敬天孝祖，敬德保民，节制天性，俾使子孙万福无疆，王位永继。这种性命论确实是朴实无华的，并不涉及一般的、普遍的人类性，而孟子所说的"不谓命"之性则是一般的、普遍的人类性，其内容就是仁义礼智。第二，从性字的演变来看，在西周可靠的文献以及西周吉金中，命字多见，性字生疏，阮元说的"周初古人亦不必定于多说性字”，（同上）确为不易之论。在西周吉金中，性字作生字，从心从生之性字为后起。所以从文字的演变来看，“生之谓性”确实是一个古训。但这时从心从生之性字未必既包含仁义礼智又包含味臭声色在内。《召诰》所谓“节性”之性当然是指人的自然欲望，但并未上升到一般人性的高度，不是“受于人”之性，也不是“受于天”之命。发展“生之谓性”这一古训，以食色为性并以此为一般的、普遍的人性乃是告子的观点。孟子的人性论是作为告子“食色性也”的反命题而出现的，因而才有性与命的分辨。所以，阮元以性命互训来解释《召诰》和《孟子》是颇为牵强的。

阮元以性命互训解释孟子的观点，实质上是折衷孟子和告子。阮元认为，“生之谓性”一言本不误，孟子亦未骤辟之；“食色性也”四字也不错。告子错在于误解古训，以为人物无善恶之分，或以义为外。但这只是碍于孟子的立场，正如钱穆所批评的，阮元“误于东原《疏证》只认食色为性，不欲将孟子仁义礼智云云，直捷认为性分中所有”。（《中国近三百年学术史》第四七八页，台湾商务印书馆一九八〇年版）所以，阮元折衷孟子和告子之意在于得出性内有欲，进而得出节欲、以礼制欲的结论。这与《召诰》中朴实无乱的“节性”说倒是吻合的。

阮元又以血气心知释性。他说：“性字从心，即血气心知也。有血气无心知，非性也；有心知无血气，非性也。血气心知，皆天所命人所受也。”（《性命古训》）以血气心知解释人性是戴东原的发明。戴氏认为，人生而有欲、有情、有知。三者乃血气心知之自然。“唯有欲有情而又有知，然后欲得遂，情得达。”（《孟子字义疏证》下）也就是说，人凭借其血气心知之自然，能达到仁义礼智之必然，使“欲得遂，情得达”。所以，在戴氏的逻辑中，血气心知本身并无善恶之分，如果说人性为善的话，在于人有美丑是非之知，“能知故善”。（焦循语）血气心知并不直接表现为善，其间有一转折。显然戴氏的观点有悖于孟子的性善论。有见于此，阮元直以心知为善，认为“智者善，愚者亦善”，(《性命古训》) 以保持与孟子的协调。但是在大旨上，阮元信守的是戴氏的观点，并以此作为自己人性论的底本。

在解释《尽心》篇“性命”节时，阮元还不能不虑及孟子性命说中两方面的内容。但在他处，阮元则侧重于以食色释性，以血气心知释性，甚至不顾断章取义之嫌，直认孟子以味色声臭为性，并批评“晋唐人嫌味色声臭安佚为欲，必欲别之于性之外”，是“释氏所谓佛性，非圣经所言天性”。(同上) 阮元说：“欲不是善恶之恶，天既生人以血气心知，则不能无欲。”(同上) 阮元认为，欲在性内，并非别有一事与性“相分而为对”，因而不存在去情欲以复性的问题；人欲与生俱来，并非为恶，因而人不可能绝欲，“若天下人皆如佛绝欲，则举世无生人，禽兽繁矣”。(同上) 因此阮元在一定程度上是肯定人的自然本性，肯定人欲的合理性和必然性的。他认为，李翱的复性之说，“拒六者（按：指哀乐喜怒爱敬）于性之外，尊性为至静至明至觉，无情无欲”，实际上是源于释典中以穷理尽性大觉为性的说法，而饰以儒家的外衣。而象山、阳明则更多地习染梁以后不立文字，主张直指人心、见性成佛的禅学。在阮元看来，这种“心不可以智知，形不可以象测”的性，只不过是易于傅会的“无得而称之物”。在这里，阮元藉儒释之辩所批评的当然不仅是李翱、阳明，而是包括张扬“穷理尽性”的程朱理学在内。

阮元认为欲在性内，“欲不是善恶之恶”，但不能说阮元是认为人欲为善的。从逻辑上说，不能一味肯定人欲为善，亦不能一味肯定人欲为恶。荀子以“饥而欲饱，寒而欲暖，劳而欲休”为人之情性，认为顺之纵之则乱，故而为恶。这是作为孟子性善论之反命题而出现的。实际上荀子也并未因认人性为恶而否认人欲在一定范围内存在的合理性。荀子所主张的是“矫饰人之情性而正之”，以防止其“纵性情，安恣睢，而违礼义”，简言之就是要“化性起伪”(伪乃为，是“圣人之伪”，即礼义法度。引文出自《荀子·性恶》)。孟、荀的不同在于究竟以何者为人性，并由此而衍化出不同的成圣成贤的路径。孟子认为人性善，走的是内向求索之路，主张发挥人内的“善端”，扩而充之；荀子认为人性恶，反对“顺情性”，主张以与人的情性“相持而长”的礼义法度来节度人的情性。

批评“晋唐人言性命多在心”的阮元，在基本思路上也是与“娴于礼制”的荀子一系（包括《礼记·礼运》的作者）相接近的。在阮元看来，欲人人所有，虽不是恶，也不是善，毋宁说是一种无规定性的东西。阮元说：“是故周召知性命有欲，必须节之。节者，使之不逾尺寸也”，又说：“欲在有节，不可纵，不可穷”。又说：“七情乃尽人所有，但须治以礼而已，即《召诰》所谓‘节性’也。”(《性命古训》) 人之有欲是实实在在的，因而节欲也是实实在在的。节欲，就是以礼治欲。《礼运》说，饮食男女是人之大欲，死亡贫苦是人之大恶，二者是人心之“大端”。人藏其心，不可测度；美恶在心，不见其色，所以必须以礼治之。这个观点显然看到了“言心则易于傅会”。阮元解释时除了强调“心之大端，治之必以礼”外，又强调“礼仪三百，威仪三千，非可以静观寂守者也”。(同上) 这实际上是针对陆王以求本心、致良知，程朱以穷理尽性为修身之道的。在阮元看来，这都是虚的，易被傅会，在实践上是无效的。而以礼治欲则是处世接物之庸行，当事事着力，实地而来，一事不实弗措。阮元说，人“若克己而能非礼勿视、勿听、勿言、勿动，断无不爱人，断无与人不相偶者，人必与己并为仁矣”。(《论语论仁论》) 也就是说，仁与礼是互为表里的。从这方面看，阮元大体上准确把握了孔子所设定的仁与礼的平衡关系，只是礼占有较为优先的地位。所以阮元心目中的朱子形象乃是“一生拳拳于君国大事，圣贤礼经，晚益精益勤”，而象山、阳明却是些不读《仪礼》注疏的人；(《书东莞陈氏学蔀通辨后》) 至于孔子、曾子等，则“皆为处世接物之庸行，非如禅家遁于虚无也”。(《揅经室一集》卷十一《诂经精舍策问》)

以礼治欲，其意义在于可以使人的身心和生活达到“既节且和”。阮元解释《中庸》“发而中节”道：“发而中节”即节性之说也，“有礼有乐，所以既节且和也”。(《性命古训》) 这种“既和且乐”并不局限于个人，前面所讨论过的“顺天下”，就是这种“既和且乐”的进一步扩大（因此“顺天下”也就不是简单地顺个人之欲，而是节个人之欲，遂天下之欲，使天下“既和且乐”)。阮元也是“一生拳拳于君国大事”的，所以他不仅赞同以礼息争，反对忘情礼教，更首倡以立君臣之道、定上下之分的《孝经》来“维持君臣、安辑家邦”，使“帝王大道顺之于未事之前”。(《揅经室一集》卷二《孝经解》) 咸丰中，朝旨令岁科增试“孝经论”，以合东汉之制，当为阮元首倡的结果。

概而言之，《性命古训》一篇，涉及古代性命论的不同时期和不同方面，可以说是一部性命论简史。其间虽不无调停、曲解之处，但大旨则一以贯之，大体包括三方面内容：(1) 人生而有欲，欲不可无；(2) 欲不可纵、不可穷，而必须节；(3) 节欲的最好办法是以礼治欲，而不是穷理尽性，也不是求本心、致良知。从总体上说，阮元的观点属于纠偏之论，有失于偏颇之处，更有其内在的价值。至于阮元所说的礼的具体内容，当据“时为大”的原则而损益之。

四、阮元训诂中的名实思想

阮元在训诂和考据方面，也是卓有成就的。他曾说过："余之学多在训诂。"（《雷塘庵主弟子记》卷六）可见他在这方面是很自信的，本文不是全面地说明阮元的训诂、考据成就，而是讨论阮元的名实思想与其训诂、考据和经解的关系。

前文说过，阮元的学术宗旨是"实事求是"。阮元的名实思想是与此互为表里的。"实"包括实事和实象等，"名"则是反映"实"的概念。《揅经室三集》卷二有《名说》一篇，论及名与实的关系。阮元说："古人于天地万物皆有以名之。……然则古人命名之义，任口耳者多，任目者少，更可见矣。名也者，所以从目所不及者而以口耳传之者也。"也就是说，目之所见的乃是"这个"或"那个"事物的具体表象。从口耳相传的则为抽象的概念（"名"）。一旦目所不及而需要口耳（声音）相传时，便不能不借助于抽象的概念。世间的万事万物都可以借助于名来表达。阮元解释《仪礼》郑注"物谓射时所立处也"时说："盖物字本从勿。勿者，《说文》：州里所建旗，趣民事，故称勿勿。……射者所立之位，亦名物者，古人即通会此意以命名也。"（《大学格物说》）"物"是一个抽象的概念（"名"），它反映的对象是"射者所立之位"（"实"），它所包含的意义也即"射者所立之位"。阮元的名实思想大体如此。

名既反映实，则由名可以求实。所谓"圣贤之言，非训诂不明”，即是由文字训诂而寻求圣贤之言中的实义。所以，在很大的程度上，阮元的整个训诂或考据就是由名而求其实的过程，见之于对文字起源的探求、名物制度的考证以及思想史的厘定等方面。

关于文字的起源，阮元强调，文字的起源最初都是简单的声音，文字不过是一种记载音义的符号。而音义本身即是一种反映对象的有意义的符号（“名”）。《揅经室一集》卷一《释矢》篇说：“施、矢之音，皆有自此直施而去之彼之义。古人造从于从也之施字，即从音义而生者也。”又说：“矢为弓弩之矢，象形字，而义生于音。凡人引弓发矢，未有不平引延陈而去止于彼者，此音此义也。”因此可以说文字是记载音义这种符号的符号。所以阮元的结论是“字出乎音义，而义皆本乎音也”。也正因为“义本乎音”，所以，音既相同，其义也往往相同或相近，即使字不相同，在运用时也经常可以相通，这便是异字同义、声近语同的根源。据此，在《释矢》篇中，阮元解释了施、矢、尸、雉、豸、水等字的关系，它们都有“自此去彼”之义，反映了这一类的现象。应该说，阮元的解释是说明了中国文字的一些规律和特点的，这也是他的名实思想的具体运用。需要注意的是，义、音之间的关系是约定俗成的，音可以相同，而义可以迥异，不能单靠声音主观地推究语源，必须在古文字中找到信实的材料，才能得出可靠的结论。但是就文字记载音义、反映对象而言，阮元所说的“字如此实造，事如此实讲”（《节性斋主人小像跋》）无疑是对的。

对于名物制度，阮元也遵循由字以通古制之义的原则，力图揭明其实指。例如，在《释邮表畷》中，阮元通过对邮、表、畷诸字的考释，说明了古代国家制度的某些实象。对古书上所载而后人又聚讼不已的“明堂”、“辟雍”、“封禅”等“古帝王宫室与政事中最博大之制度”问题，阮元融贯经传、参验古今，一一说明其实指，成为不易之论。

至于“道”“器”以及“太极”这类宋明以来的重要哲学范畴，阮元截断众流，一一揭示其渊源，还原其实指。阮元认为，形上之道即是九经中的文明意识（钟鼎上的铭词亦是如此），器则是“藏礼”的工具，先王制器的目的在于“齐其度量，同其文字，别其尊卑”，（《揅经室三集》卷三《商周铜器说》）它是商周二代（实为周代）礼制的表现方式。所以道与器是一而二、二而一的，道是维护礼制的教义，器则是维持礼制的信物。阮元的道器观是大体符合史实的，这不但打破了汉以后视彝器如神物或玩物的浅薄，而且将宋儒以来在道器问题的哲学思辨置于一边。

阮元的训诂与考据是为他的“说经”服务的。借助于训诂和考据，可以更好地了解字义的演化，了解名物制度的嬗变乃至山川地名的沿革，从而更确切地理解经义。这是毫无疑问的。但正因为阮元的训诂与考据只是服务于“说经”，从而使得其成果在某种程度上和其他汉学家一样，“只格得六经书本上名物”，（钱穆《中国近三百年学术史》第三一六页）而据以取得这些成果的名实思想并未发展为一般意义上的认识论。

也正因为阮元说经的目的在于恢复“古学”，他的名实思想内在包含着趋古的倾向，其考据和训诂往往以古为是，这不仅仅是指展示古代名物制度的实指和古圣先贤思想的本义，更是指以古人的思想为最后的真理，也就是阮元所说的“古圣人造一字，必有一字之本义，本义最精确无弊”。（《释敬》）而对后人根据变化了的“实”而发展了的“名”，则往往截断众流，不加措意，这一点明显地表现在阮元对待宋儒道器论的态度上。宋儒的道器论是哲学的，其所谓的“道”“器”并不实指某种凭经验即可感知的对象，它只是借用了古字以讨论新问题。阮元所谓的“实”，只是指经验的对象，经验的事实。他的名实思想是经验论的。这与他所要复兴的“古学”的经验论的形态是非常吻合的。这种以“本义最精确无弊”的经验论走向极端，必然会把一部思想史归结为几个古圣人造字的历史，并否认思想史的发展。这当然是极而言之，但这种内在的逻辑悖论在相当大的程度上左右了阮元在思想史上的地位。

五、阮元在思想史上的地位

在乾嘉学派中，阮元是一个具有特出意义的人物，史称阮元“身历乾嘉文物鼎盛之时，主持风会数十年，海内学者奉为山斗”，(《清史稿》卷三六四《阮元传》）确非过誉之辞。阮元凭借其在经史、小学、历算、舆地、金石、辞章等方面的学术造诣，奠定了自己在清代中叶学术界的地位，当之无愧地成了乾嘉学派的强有力殿军，成为中国古代最后一个汉学大师。阮元凭借其学者、重臣一身二任的有利条件，积极致力于各种学术，拔掖人才，刊刻图书，为一代学术的繁荣和发展作出了积极的贡献。他所主持刊刻的三千卷图书，意味着乾嘉学派已走到自己的极顶，可以说是从文献上对乾嘉汉学作出了系统的总结。

但是，阮元并不是一个纯粹的汉学家。在考据学如日中天、成为专门的学问而与现实的道德和政治分途的时候，阮元并没有忘记学术的道德责任，他批评“近人考证经史小学之书则愈精，发明圣贤言行之书甚少”，(阮亨《瀛舟笔读》卷一）有力地切中了时弊。而他自己以身作则，著有被后人誉为“卓识精裁，独出千古”的《性命古训》、《论语一贯说》、《论语论仁论》、《孟子论仁论》等篇章。

这些篇章“以发明大义为主”，“推阐古圣贤训世之意，务在切于日用，使人人可以身体力行”。(《清儒学案》卷一二一《仪征学案》上) 例如，以“相人偶”释“仁”，在阮元之前，惠栋、臧琳、钱大昕等学者已通过文字考证、校勘发现了这条古训，但仅仅作为校勘学上的收获，而阮元得之却作了社会学、伦理学的充分阐释，力图使之发挥“训世”的作用。从思想史的角度看，阮元的阐释不仅对理解原儒的仁论颇有意义，而且对后世的思想也有重要影响。所以，对阮元来说，训诂、考据就不仅仅是一种纯粹的学问。如果仅仅是一种不关乎世道人心、人伦日用的“学问”，则也可像对待“太极”、“良知”那样，持以“何暇论之”的态度。训诂、考据之所以有意义，值得钟情，在于通过它可以“明经”，进而重建“古圣贤之道”。所以对阮元是不可以仅以考据家貌之的。

回归原典，重释经义，是中外思想史上屡见不鲜的现象。乾嘉学派由兴而盛，除了外缘的因素外，从内在线索而言，实在是由于理学与心学争执不下，必须诉诸原始经典以求得确证的结果。所以乾嘉学派的重镇戴东原即以“以六经孔孟之学还之六经孔孟”相标榜。可以说，阮元是努力实践这一宗旨的，他对经典的训释在一定程度上接近或达到了经书的真实。这种努力对系统地澄清思想史上的材料，特别是针对程朱和陆王各自的偏误而凸显并发挥原始儒学中不为后人注意的某些方面，从而为思想史的新发展扫清蔽障，提供新的契机，是极有裨益的。这是思想史的发展不可或缺的。

但是阮元的志趣在于“推阐古圣贤训世之意”，其发明“大义”的努力也不能不受到乾嘉学派“言言有据，字字有考”的新教条的限制，未能建立起像宋明新儒学那样有着自身逻辑的庞大的思想体系，而那些通过考证而得到的精义则像散落一地的珠玑，无法一以贯之，使之成为思想史上美丽完整的一环。所以阮元也只能从文献上总结乾嘉汉学，未能在理论系统上对乾嘉汉学的具体成果作进一步的提升和超越。

对今天的思想界来说，根据情势的变化，发展出一套既符合时代需要又不脱学术旧统的“经解”，仍然是摆在我们面前的时代课题。在这方面，阮元的经验也可以给我们提供一些有益的借鉴。

参考书目

（一）书籍

《揅经室集》，阮元撰，道光间文选楼刻本。

《清史列传》卷三十六《阮元》，王钟翰点校，北京，中华书局版。

《清儒学案》卷一二一《仪征学案》，徐世昌撰辑，北京，中国书店一九五九年线装本。

《中国思想通史》第五卷，侯外庐撰，北京，人民出版社一九五六年版。

《清代扬州学记》，张舜徽撰，上海人民出版社一九六二年版。

《清代思想史》，陆宝千撰，台湾，广文书局一九七八年版。

《中国近三百年学术史》，钱穆撰，台湾商务印书馆一九八〇年版。

《清代哲学》，王茂、蒋国保、余秉颐、陶清撰，安徽人民出版社一九九二年版。

（二）文章

郭明道、田汉云：《清代传播民族文化的巨擘——阮元》，江苏《扬州师院学报》（社会科学版）一九八八年第三期。

郭明道、田汉云：《阮元的训诂方法和成就》，江苏《扬州师院学报》（社会科学版）一九八九年第三期。

冯尔康：《清代名臣阮元》，北京《故宫博物院院刊》一九八九年第一期。

瞿林东：《阮元和历史文献学》，河北《张家口师专学报》（社科版）一九九一年第一期。

黄爱平：《阮元学术述论》，长春《史学集刊》一九九二年第一期。

郭明道：《论阮元对乾嘉汉学的贡献》，河南《史学月刊》一九九二年第二期。

郭明道：《杰出的经学家》，江苏《扬州师院学报》（社会科学版）一九九二年第四期。

包世臣

郑大华　著

中國歷代思想家

目　录

一、包世臣的生平、著作和交友

1. 生平

包世臣，字慎伯，号倦翁，又号小倦游外史，清乾隆四十年（公元一七七五年），出生于安徽泾县一破落的士大夫家庭。他自幼聪慧，资质绝人，五岁时从其父郡学公启蒙读书，能过目不忘，并喜欢追根刨底，好提问题。他七岁那一年，有一天读《孟子》，当读至“五亩之宅”章时，突然问他父亲，今天下内外官吏皆以读书起科第，皆读《孟子》，为什么不遵行其道，而使贫富相耀，宗族涣散呢？“儿异日若得一命以上，持此以出其可乎？”他父亲回答说：“儿骨相非贫贱者，然推此意必不容于流俗已然，儿慎保初心，毋为习俗所染，况事变不常，非一人聪明材力所能备，儿其慎之”，遂以“慎伯”为其字。（《安吴四种》卷十《赠余铁香序》，下引《安吴四种》只注明卷数和篇目）他读《大学》、《中庸》，即对曾子述夫子之言，门人记曾子之意提出质疑，为什么其文势与《孝经》、《论语》“迥殊”？又子思道传孟子，孟子晚而著书后《中庸》甚远，而《孟子》恺切激昂，不似《中庸》那样“平衍”。（胡朴安《包慎伯（世臣）先生年谱》）自八岁开始，他到南京读书并学习写八股文。

其时，清王朝结束了其繁荣的发展时期，已经走上衰败的道路，吏治日益腐败，大小官吏贪风炽盛，营私舞弊，贿赂公行，军队也很腐败，武备早已废弛，无论八旗还是绿营都已丧失战斗力。人民生活每下愈况，农民的反抗斗争此伏彼起，连绵不断，一七九六年爆发的白莲教大起义，遍及鄂、川、豫、陕、甘五省，参加群众数十万，绵延近十年。面对如此的历史处境，包世臣深深感到贴括之业于世无补，于是他转而关心探究社会问题，乾隆五十二年（一七八七年）春，他看见南京驻防劲旅奉命调赴台湾，当行者执途人而号哭，军官皆无人色，深惟沔水之义，利器示人，则奸民生心，乃求兵家者言，得孙、吴、司马三家之书，业其章句，苦注家不详义类，猥依文字以为说。不久他又读《荀子·议兵》，愈信孔子所谓我战则克者甚信，切于司马，正于孙而大于吴。嗣又求得近人的兵书如许氏的《虎钤经》，唐氏的《武编》，茅氏的《百将传》、《武备志》，戚氏的《练兵实纪》、《纪効新书》，郑氏的《筹海图编》，王氏的《登坛必究》，李氏的《金汤借箸十二筹》，袁氏的《洴澼百金方》等，他读后认为这些兵书的编排门类大多雷同陈迹，又其术杂怪惑，事多烦费，不能切实施行，唯戚氏的《练兵实纪》还强差人意，然右僚见小，不足窥大勇之门户。于是他乃探索《左氏春秋》、《国语》、《战国策》、《越绝书》、《史记》、《汉书》、《三国志》所载战绩，以参伍荀孙吴司马氏之说，至乾隆五十八年，写成《两渊》兵书一部，“欲以通先民之志，祛后贤之惑”。（卷三十三《两渊缘起》）

《两渊》成书的前一年（乾隆五十七年），包世臣因父亲病疾自南京回到故里，一边著书，一边租地十亩，种植水果蔬菜，到市场出卖，“以给饘粥药汤，因究农家利病”。（胡朴安《包慎伯（世臣）先生年谱》）不久，他又到离家乡十五里地的楂塘开办了一所私塾，招收学生十三人，靠束修来维持生计。

嘉庆元年（一七九六年）夏，包世臣游芜湖，经人介绍，认识中江书院山长程世淳。程要他即席作词赋一首，包世臣一挥而就，写得很有文采。程奇其才，将他荐于徽宁道宋镕。宋镕很赏识包世臣的文才，以西汉著名的政治家贾谊相期许。这是包世臣长达几十年的幕僚生涯的开始。次年夏，安徽久旱不雨，宋镕请包世臣作《诛旱魃文》，文称于时，稿达皖江。时大兴朱珪抚皖，“见其文叹曰，此奇才也”，（同上）乃召包世臣至省城，向他请教“可近护桑梓，而远战妖气”（“妖气”指白莲教起义军——引者）的对策。包世臣认为，现今之势，不强民而令，不扰民而强者，莫若练乡兵，于是他向朱上《练乡兵对》二千余言。由于朱左右亲信多所反对，包世臣的练乡兵的建议未被采纳。不久，朱又向他讨教肃清“江贼”，并防止川楚白莲教起义军顺江东下的方略。他认为“江贼”皆为楚人，只因饥饿所驱才为盗，故此，他建议朱因其情而用之，将他们招为水军，“其强而知事者，别为哨兵，以领其属，派千弁分辖教习”。同时，建造快速轻便、费银不多的分水龙百艘，以提高水军机动灵活作战的能力。这样“江贼”便可不肃自清，川楚白莲教军也不敢顺流东下，骚扰皖省。（卷三十四《安江贼对》）不久朱调往他职，包世臣的建议再次没能实行。

包世臣的前后两次建议虽然没能实行，但他却因此获得了“知兵事”的名声。嘉庆三年，湖北布政使祖之望慕名将包世臣招至武昌，希望他能贡献可以保护疆域，平定白莲教起义的“奇策”。包世臣乃上《筹楚边对》，提出招流亡、兴屯田、营战屯守、剿抚兼施之策，并为祖之望条具六事呈之湖广总督，湖广总督以示襄阳知府，襄阳知府以招流亡，兴屯田需费甚巨而报销窒碍为由，劝湖广总督将其条呈驳回。包世臣代祖之望上的条呈虽被驳回，然而，他的《筹楚边对》后被人“删润为坚辟清野议，得上达”，清政府最终依其策将白莲教起义镇压了下去。

翌年，包世臣见其策不用，便离开湖北，应川楚左参赞夏明之聘入蜀，帮助夏策划“戎事”。不久，遵母命回到故里。嘉庆五年

（一八〇〇年）赴南京参加岁试，与张琦识于号舍。张琦字翰风，阳湖人，善诗文，对舆地兵法也颇有研究。两人因兴趣相投，一见如故，无所不论。谈及诗文，张琦认为包世臣是济世之才，“然好为诗是耗神甚，今当别幸，为生民自爱”。包世臣接受张的建议，从此“辍韵语”。（胡朴安《包慎伯（世臣）先生年谱》）此次岁试，包世臣未被录取。第二年，他入太平府同知姚逢年署中课教其子姚承谦。时承谦十四岁。开讲的那一天，承谦问包世臣为什么不像一般人那样热衷于科名。包世臣回答说：科名是入仕之基，而仕的职责在治民，如果不明于治民之术，空得科名，“谚所讥学医者入费也”。（卷三十《姚生传》）承谦又问欲学治民之术当从何始？包世臣授以《资治通鉴》，并告诉他说：《资治通鉴》善在先述其事，乃叙众议，然后载廷议所从，而详记其得失于后。学者阅其事，先为画上中下三策，然后阅众议而验己见之是否有合，又筹廷议所当从，再阅廷议之收效与否，已可十得八九，如是则如置身当时之朝端，庶几异日鉴事能不疑惑。不久，姚承谦又纵问近日救弊之要。包世臣具为答之，再三辩难，以归于协当。后又将其答词整理为《说储》上下二篇，以育人材而善民俗为上篇，以郡县至为枢要，解说保甲、学政、戍政、课绩、农政五事为下篇。各有五六万言，《说储》下篇，后被编入《安吴四种》。

嘉庆十一年（一八〇六年）六月，包世臣迁寓扬州。时洪湖泛涨，下河坝水为灾，灾民纷纷来扬州觅食避难。但当事者却不思救济，反而下令紧闭城门，拒绝灾民进入扬州城内。包世臣见状即致书扬州太守，极言灾民宜急赈救并详细条列赈救之法。他又拜谒鹾使，认为此时灾民田庐皆没，退无所归，唯有留养在扬，以俟本籍大赈，乃为得意。在包世臣的劝告之下，当事者终于打开城门，散米赈济灾民，使成千上万的灾民得以活命，从而避免了一场大的灾难。所以后来有人称包世臣“丙寅在扬州诱伊太守举荒政全流民

三万”。（范麟《读安吴四种书后》）

嘉庆十三年（一八〇八年），包世臣会试中榜成为举人，但在第二年的会试中，他则名落孙山。后来他又连续十二次入都赴考，其结果都与第一次一样。实际上就其才学而言，包世臣可算得上是出类拔萃的人才，他不仅善诗文，工书法，而且对兵、农、刑、名等各科学问都有精湛的研究，他会试之所以会一而再，再而三地失败，这一方面说明曾经起过进步作用的科举制，发展到明清之后，由于实行八股取士，对考试的内容和形式都有严格的限制，成了束缚人们思想和创造力的桎梏，加上考场舞弊成风，因此，它已失去选拔优秀人才的功能作用；另一方面包世臣“究心于当世之务”，针砭时弊，主张改革，揭露和批判清朝吏治的黑暗和官吏的腐败，得罪了不少既得利益者，尤其是朝廷中的王公大臣，于是他们从中作梗，阻挠包世臣成为进士。据与包世臣同时代的桐城姚东之说，他曾就包世臣所以会再三失败的原因询问过贡院司事者，“皆言得先生卷发瞎不送内帘，事后乃加派房戳于败卷，以是十余试讫无一遇”。（姚东之《读安吴四种书后》）

正如《包慎伯（世臣）先生年谱》的作者胡朴安所说的那样，“先生虽不得志于有司，而救世之心愈切”。他并没有因自己科场失败而心灰意冷，相反就当时社会的热点问题，如河工、漕运、盐务、币制等积极发表意见，提出改革的建议和方案。嘉庆十三年，江督以海口高仰，阻碍河水下注为由，请帑六百万议改河道，他经过两个多月的实地调查，发现海口并不高仰，于是他建议与其更改河道，劳民伤财，还不如自云梯关迤下接筑长堤至海滨，而于运口筑盖坝导淮溜出黄以减运涨，这样清淮安枕而河流必不旁溢。他的建议后得到有关方面的赞同。十四年，他入都面谒王公大臣建议整顿漕务，以减轻苏松太嘉湖地区农民沉重的漕粮负担，并提出其具体的整顿办法：清查现存屯田，力举盗卖盗典之法，反前此发价官赎姑息养奸旧事，严水次嫖赌及随帮索给之禁，抉仓督漕督粮道书后之弊，裁汰官员及沿途夤缘催漕之差，这样浮勒虽不能尽去，但民困可纾减大半。十五年，他著《策河四略》提出了治理黄河的整套方案。次年，他又劝新任两江总督的百文敏筑长堤和接长盖坝，并受百的委托，司其进止。十九年，江淮大旱，饥民遍野，他致书当道，倡为捐赈。二十五年，他著《庚辰杂著五》，首次提出改革传统的“纲盐”制度，听任商贩自由运销的主张。道光四年（一八二四年），他致书颜漕督，重提自己于嘉庆九年就已提出过的海运南漕之议，力主漕运改革。第二年，他又作《海运十宜》，就如何进行漕运改革提出具体意见。七年，佐两江总督陶澍办吴淞口工程。八年，又上书陶澍，极言兴修野鸡墩水利工程之利。十年，他著《代议改淮鹾条略》，提出了二十五条改“纲盐制”为“票盐法”的具体办法。

道光十五年（一八三五年）值大挑，包世臣赴试，以等签江西，摄新喻知县。然而不料是年其母病故。根据当时的规定，他必须守制家居三年，直到十八年，他才正式走马上任。然而，包世臣摄新喻知县仅年余，即被抚学两院严劾弃职。包世臣在新喻为官时间虽短，但颇有政声，据说他弃职回籍之日，新喻百姓数万人自发列队相送，有的竟号啕大哭，不忍他离去。

包世臣离官弃职之后，定居豫章，一边整理他的生平著述，一边仍念念不忘国计民生，忧国忧民之志未因仕途的挫折而稍有改变。道光十九年（一八三九年）初，林则徐以钦差大臣的身份赴广东查禁鸦片，路经豫章时，召包世臣至舟中“委问竟日”，听取他对查禁鸦片的意见。包世臣向林则徐建议，“止渴必澄其源，行法先治其内”。（卷三十五《致前四川督部苏公书》）不久，鸦片战争爆发。尽管当时包世臣已年近七十，且身体有病，但他仍时刻关心着这场反侵略战争，尽一切可能收集前线情报，积极为当局出谋划策，贡献自己的智慧。二十年，道光帝任命御前大臣宗室奕山为靖逆将军，率各省军增援广州。奕山路过豫章时，包世臣向奕山提出“以夷狄攻夷狄之策”，并建议奕山加强沿海各港口，尤其是台湾的军事力量，防止英军袭击。及至厦门失守，信到豫章，包世臣估计英军必侵略定海，渐及宁波、乍浦、上海，入大江，以绝运道，切断京师的粮饷供应，于是他急致信主持浙江军务的钦差大臣、两江总督裕谦，建议裕谦“于图山安设重兵，以备不虞，使皇室粮艘来往无惧，以维国脉”。他并且警告裕谦说，如果认为大江沙多水浅，夷船不易航行，而不做好充分的军事准备，那么一旦夷船扬帆直入，图山无备，镇江扬州必无以自全，“而白门（即南京——引者）亦非乐土矣”。（卷三十五《上两江督部裕大臣书》）但信发出不及旬日，定海失陷，总兵葛云飞、郑国鸿、王锡朋英勇战死。又十余日，镇海被英军攻破，裕谦于城破之时投水自杀，壮烈殉国。不久，为挽回败局，道光帝又任命协办大学士、宗室奕经为扬威将军，率领各省援军两万余人赶赴浙江前线。包世臣又向路经豫章的奕经进言，希望他加强图山防务，并“为绘图山图，略说以防守之方甚具”。（卷三十五《致前四川督部苏公书》）他还建议奕山招募江浙一带的“水贼”，依靠人民的力量来反击英国侵略者。但他的这些建议都没有被奕山采纳。昏庸无能的奕山到浙江前线后，不认真策划抗敌措施，却希图侥幸取胜，邀功请赏。一八四二年三月上旬，他在不了解敌情及没有充分准备的情况下，命令清军从绍兴三路出师，冒雨夜袭宁波、镇海、定海，结果三路皆败，全军溃散，英军乘势反扑，相继攻占长江下游重镇，并于八月初，抵达南京城下。八月二十九日，清政府被迫与英军签订中国近代史上第一个不平等条约《南京条约》。就在这一天，包世臣又作《歼夷议》，希望对英军最后一战，但其议不为当道采用，从而使清军失去了反败为胜的机会。

鸦片战争后，包世臣以极其悲痛的心情，对中国失败的原因作过认真的反省（详见本书第二章）。尽管他对日益严重的内忧外患深感不安，也希望清政府能以鸦片战争的失败为契机，改弦更张，革除积弊，重新振作起来，但无奈此时的清王朝已病入膏肓，不是普通的药剂能起死回生的。咸丰元年（一八五一年）爆发了中国历史上规模最大的农民起义——太平天国起义。两年后，太平天国攻克江南重镇南京，并定都于此，改称天京。再越二年（一八五五年），包世臣于忧愤中死去，享年八十一岁。

2. 著作

包世臣一生勤奋，才华横溢，著作颇丰，出版的著作有《安吴四种》、《小倦游阁文集》和《小倦游阁文稿》，其中《安吴四种》是他的代表作。

《安吴四种》实由《中衢一勺》、《艺舟双楫》、《管情三义》和《齐民四术》四书合刻而成，据包世臣在《安吴四种·总目序》和他儿子包诚在《安吴四种·书前识》中介绍，《中衢一勺》和《艺舟双楫》分别刻于道光乙酉（道光五年，一八二五年）及后“数年”。道光甲辰（道光二十三年，一八四四年），包世臣又将生平著述集为《管情三义》、《齐民四术》，并旧刻《中衢一勺》、《艺舟双楫》更加增益，名为《安吴四种》，先用聚珍板印行五百部，嗣因讹字较多，咸丰辛亥（咸丰元年，一八五一年）重校印行二百部，版存南京。所以称为《安吴四种》，是因为包世臣是安徽泾县人，“泾本秦县，季汉分安吴，敝居附近其治，故以为名”。咸丰三年（一八五三年）太平天国攻克南京，并以此为首都，改名天京，藏于南京的《安吴四种》版本因而被毁，“书遂罕见”。同治十二年（一八七二年）其子嗣觅得原书，在鄂再刊。越十六年，至光绪十四年（一八八八年）夏，再次重校印行。笔者所看到的就是光绪十四年夏的重校印行本。

《安吴四种》共三十六卷，分上下两函，每函各八册。其中《中衢一勺》三卷，附录四卷，《艺舟双楫》论文四卷，论书二卷，附录三卷；《管情三义》赋三卷，诗三卷，词一卷，浊泉编一卷；《齐民四术》农三卷，礼三卷，刑二卷，兵四卷。下面我们分别就《中衢一勺》、《艺舟双楫》、《管情三义》和《齐民四术》的主要内容作一简介。

·《中衢一勺》

《中衢一勺》正文三卷，收录道光五年以前包世臣写的有关河、漕、盐的文章共二十篇，其中言河十一篇，言漕三篇，言盐一篇，兼言河漕二篇，言水利三篇，所为文章均按年月次序编排，最早的一篇是写于嘉庆九年（一八〇四年）的《海运南漕议》，最晚的一篇是写于道光五年（一八二五年）的《海运十宜》。附录四卷，收录文章共四十二篇，其中后三篇《外南听吴城六堡新庙记》、《覆魏高邮书》和《覆杨河帅书》，作为“续附”是后来增补的，目录上没有列入。和正文一样，附录的文章也基本上按年月次序排列，最早的一篇是写于嘉庆十三年（一八〇八年）的《袁浦问答》，最晚的一篇是写于咸丰元年（一八五一年）的《覆杨河帅书》。

包世臣所以要把他言河、漕、盐三事的文章汇编在一起，是因为在他看来，河、漕、盐虽为三事，而“其实一也”，皆与国计民生休戚相关。唯以三事皆近利，司事久则见利忘义，渐去其本以病民，卒至司事之利亦与俱病，则不揣本而务末之故。（卷首《总目序》）至于他将言河、漕、盐三事的文集取名为《中衢一勺》，“为其不足以言尊也”。用他的话说，设尊于衢，饮者自斟自饮，如饮之而过节，与性不宜饮，则足以致病，但要是以会致病为由，而撤其尊，则必有求饮而不得者已，是必如黔敖要于路而自饮之。“然有不食嗟来者，则速其死再三求处于无咎之地而不得，是亦未可以

不悔也。”（卷一《中衢一勺·目录序》）

正文前包世臣写有一篇《中衢一勺·目录序》，介绍了他撰写《中衢一勺》的有关文章的背景及其经过。他写道，他小的时候看见官民不时因漕而起争端。嘉庆七年（一八〇二年）他“游海上，比物察情”，以为举海运则公费大省，而官之困于丁，与民之困于官的现象“可以小纾”，但“无籍以成其说”。翌年，衡家楼河决穿运河，运道被毁，天下哗然，他“乃作《海运南漕议》以为私书”。十三年（一八〇八年），江督请帑六百万，大修汰黄堤，并援东河成案，以什六归沿河的凤泗徐淮扬海六府州，分十年摊征归款。他认为凤徐诸郡邑民瘠而危，数为变，加上南河例无摊征，似难奉行，又正料为根本至计，只要得法，经费就不难解决，于是“乃为《筹河刍言》，明经费之无暇外求，冀当路之或牗其衷也”。他的建议后为持节视南河的觉罗长文敏公戴文端公所采取，遂奉旨饬江督仿靳辅遗法，自筹河费，一切开例商捐课程诸说，皆不许在筹议之内。江督卒以每食盐一斤增河费三厘具复。结果，芦、浙、闽、粤之鹾贾也夤缘为奸，以病齐民，而河事愈亟。不得已，他“乃为《策河四略》，以俟能者”。道光四年（一八二四）高堰决口，运道梗阻，治河事败，他“目击巨艰，乃作《漆室答问》，以发因败为功之机，而当路莫能采录者”。是时相国英公据他的建议为海运之请，而奉行依违，未几沮海运者皆败。他“意事在决行，乃为《海运十宜》，以布之”。在此之间，他还先后完成了《下河水利说》、《问河事优劣》、《说坝》、《郭君传》、《南河杂记》、《庚辰杂著》等文的撰写。

如前所述，《中衢一勺》主要是言河、漕、盐三事。就河事而言，他在总结前人的治河经验和实地调查的基础上，提出了筑堤束水，以水攻沙的治河方案；就漕事而言，他主张改河运漕粮为海运漕粮，充分发挥商船的运输力量，就盐事而言，他建议改革传统的“纲盐”制度，实行“票盐法”，听任商贩自由贩销食盐。有关这方面的情况，由于我们辟有专章予以介绍，此不赘述。

·《艺舟双楫》

据包世臣在《安吴四种·总目叙》中说，《中衢一勺》编辑刻本之后，有一位姓恬字碧溪的扬州柳荫庵住持，嗜诗与书，见他的论文论书诸说，抄录十数首为二卷，付梓出版，名为《艺舟双楫》，以配《中衢一勺》。二书既出，外间许多人都想要，粤浙皆有翻版，但二书于他的诸说实未详备，于是他校正错误而附益之，较旧刻本校正本几乎多出一倍。《艺舟双楫》正文“六卷”（即《安吴四种》中的第八至十三卷），前四卷是“论文”，后两卷是“论书”，“论文”共收录文章六十六篇，“论书”共收录文章二十六篇。和《中衢一勺》不同，《艺舟双楫》的文章不是按年月次序，而是分类编排的，如“论文一”收录的主要是论古文的文章，“论文二”收录的主要是论诗和论史书的文章，“论文三”收录的主要是给别人写的诗集序和文集序，“论文四”收录的主要是为文人写的墓志铭、碑文和传。“论书一”收录的主要是讲书法理论的文章，“论书二”收录的主要是为书法家写的跋、碑文和传。附录三卷（即《安吴四种》的第十四卷至十六卷），共收录包世臣为一些官吏好友写的墓志铭、碑文、行状和传共五十二篇。

《艺舟双楫》的正文之前，包世臣也写有二篇目录叙。他说，他少好诗赋，独学寡闻，蓬转后耳目稍扩，逾五十始自捡葺，间与友人问答，必直吐肝鬲，所居既卑，人事酬应，势所不免，但终不敢以所学徇人，幸免谄胁之耻。至于兼备众体，他认为古人都很难做到，上下百世，唯有子瞻，而赋仍冗瘸。干应之一，无容吠声，倚声传奇，体虽晚出，其能者殆非率尔，偶道所见，或殊燕说。他又说他少小练习八比之文，费精力于无补，分别经途，不贻染丝之悲。但他的友生之间，有善长于八比之文的，盖棺定论，他也为他们作传，并收入《艺舟双楫》之中，以听后人裁其当否。他还说他特别酷爱书法，五十年来，终始不厌，而且，自视自己前后有关书法创作的理论“或亦有高古人者”，故收录其词，以飨读者。

在《艺舟双楫》中，包世臣主要阐述了他的文学和书法理论，就文而言，他主张讲求文法，尤其要言之有物，关心国计民生；就诗而言，他重视诗的教化功能，认为诗要言志，反对片面追求华丽；就书法而言，他认为只有指法、墨法二者具备，才能创作出好的书法作品。有关这方面的具体论述，详见本文《包世臣的文艺思想及文学成就》一章。

·《管情三义》

《管情三义》三卷，共收录赋三十首，韵文十六篇，按年代编排，最早的一首是写于乾隆庚戌（乾隆五十五年，一七九〇年）的《行宫赋》，最晚的一首是写于道光壬寅（道光二十二年，一八四二年）的《拟庾子山小园赋》。诗三卷，共收录诗近一百五十首。和赋一样，诗也是按年代编排的，最早的一首是写于乾隆乙巳（乾隆五十年，一七八五年）的《乙巳杂诗》，最晚的一首是写于道光乙巳（道光二十五年，一八四五年）的《堂诗集见示爱其朴实得诗教题词却寄》。词一卷，共收录词二十六首，也按年代编排，最早的一首是写于嘉庆丁卯（嘉庆十二年，一八〇七年）的《谱东坡水调歌头》，最晚的一首是写于道光癸巳（道光十三年，一八三三年）的《前韵》。另有《浊泉编》一卷，收录他自嘉庆庚申后所写的与朋友唱和或官场应酬的诗、赋和韵文。为什么要以《管情三义》作为自己赋、诗、词集的名称呢？对此，包世臣在《管情三义·目录叙》中作过解释。他说：《礼记》中讲过，礼乐之设，管乎人情，善礼以管身，乐以管心，然则管情之用，乐为尤至。但自汉代以来，先王之礼，荡然无存，近世仪文尤为简略。以至简至略之礼，而行者则以为谄，受者则以为骄，故君子欲自管其情，唯乐而已。然而，乐之声容其亡尤甚于礼，而义则存诗。赋是诗之流，词是诗之余，皆为诗。诗有六义，其中三义谓赋，谓风，谓兴。赋陈其事，兴喻其志，风感其言。其他三义是雅，颂，比，雅正言朝政，颂以功告神，而比罕譬形质。他认为自己于赋、风、兴三义颇有心得，而"无得于"雅、颂、比三义。这是他所以将自己的诗集取名为《管情三义》的原因。他希望"世有总持风动教化之责者"，读了《管情三义》而"或亦有取焉尔"。（卷十七）

据包世臣说，他自髫齓学诗，成童而体势成，弱冠出游，才思风发，每于酒酣耳热之际，捉笔濡墨，不能自止，以应求者，仅散落民间的诗就有数千首之多。尽管这些诗多为信笔而就，没有底稿，但有底稿的亦"已逾千首"。嘉庆五年（一八〇〇年）他与同时代的著名诗人张琦相识，并请张为自己删定诗稿，除张所删定的诗稿（大约占存稿的十分之一）外，余稿被他焚毁，并从此"断韵语"，不再写诗，"或数年得一二篇耳"。（同上）所以，《管情三义》所收录的诗总数不过百十余篇而已。

尽管他的《管情三义》所收录的诗只有百十余篇，但这百十余篇诗足以证明他是嘉道年间的著名诗人，因为无论就形式的多样性，还是题材的广泛性，以及内容的思想性与艺术性的统一而言，包世臣在嘉道年间的诗人中都是一流的，尤其是他的政治诗和山水诗有不少堪称优秀佳作。（详见本文第五章《包世臣的文艺思想及文学成就》）

·《齐民四术》

《齐民四术》在《安吴四种》中所占份量最大，内容也最为重要。所谓四术，指的是农、礼、刑、兵。其中农三卷，除《农政》一书外，还收录文章二十二篇；礼三卷，收录文章三十四篇；刑二卷，收录文章二十篇；兵四卷，收录兵书《两渊》及文章四十余篇。

这些文章一般分类按年代顺序编排。

在农三卷中，包世臣主要阐述了他的“农商并重”的经济思想。在他看来，农业和商业都有关于国计民生，都应重视并使之得到进一步发展，并就如何发展农业提出了自己的方案。除此，在农三卷中，他还主张改革币制，发行纸钞，以解决当时严重存在的银贵钱贱的问题。由于我们在本文第二章和第三章中对包世臣的“农商并重”的经济思想和改革币制，发行纸钞的主张有比较详细的介绍，故此不赘述。

在礼三卷中，包世臣主要阐述他的礼俗观。他的礼俗观涵义非常广泛，涉及吏治，民意、道德以及社会风俗等诸多方面。他认为幅员万里立国二百年的清王朝之所以会出现“人心岌岌，无以自存，岁计凛凛，苦难为继”的困顿局面，其中一个重要原因便是礼俗颓败所致，颓流所及，吏治窳劣，贪鄙成风，仕途混浊，风俗败坏。他引用孟子的话说，“人不可以无耻，无耻不若人”。因为人而无耻，唯利是趋，无所不至。比如，吏无耻则营私，而不奉令；士无耻则苟且，而不畏辱身；民无耻则游惰，而敢于犯法。故此，他主张“以礼制俗”，通过礼的教化，以改善社会风俗，扭转礼俗颓败的局面。职是之故，他非常重视考察风俗，关注民间疾苦。他在《上吴侍郎书》中说他自幼颛愚不能随世俗为俯仰，诵读书史，体察风俗，常以为古今人情不相远，时时为有力者颂说闾阎疾苦。他认为地方官吏能“化成善俗”是为上等政绩；新官履任，要把考察“风俗奢俭”作为施政的一项重要内容。

在他看来要改善社会风俗，除了整肃吏治，严惩贪官之外，还必须渐消地方恶习。他在《说课绩事宜》中提出：要对城市无赖、村里强丐，分别束以输作；而对那些“不孝不友，骄恣不悛”之徒，要“申明制度”，予以惩处，这样就会形成一种贫富不相耀，不致“失时失礼”的良好风气。而对于那些敢于与社会上的丑恶现象作斗争的见义勇为之人，不仅要给予荣誉上的表彰，而且要给以一定的物质奖励。如果小民犯义者则罚，而行义者未获赏，是未使小民得仁义之利。因此，要鼓励人们“行义”，就应该使行义者“既有令名，而又得行义之利”。（卷二十八《庚辰杂著一》）他认为只要“惩恶扬善，赏罚得当”“民之趋向有定”，社会风俗就能“日厚”。他还主张婚丧礼仪要简俭从事，反对铺张靡费，主张“郡设官酤，以杜湛配”，严禁朝野嗜酒。

在刑二卷中，包世臣主张“绩学工文”之士要熟诵律文，深明律意，这不仅仅是为了日后为官从政做好准备，“以免受欺慕客”，而且也是“省身之要求也”。因为“绩学工文”之士既多见闻，又有文采，则父兄钟爱，友朋钦服，放旷初怀，易涉邪僻，其所学又是以拒谏饬非，只读律而内讼行习，或丽科条，无可自欺，则必惭惧交迫。他还主张加强对考场舞弊案的惩罚力度，使那些无真才实学而存侥幸心理者不敢继续作弊，从而为国家选拔出真正人才。除此之外，他建议清理积案，简化案件的审判程序，清除审案过程中的腐败现象，修改个别刑律，并就审案的技巧问题提出了自己的见解。

在兵四卷中，包世臣主要阐述了他的军事思想。他认为战用众力，能用众力者，在先得众心，能得众心者，在善推己心。虽说三军一人胜，胜者之战若决积水，善战人之势，如转圜石，然非众心先得又怎能听其如驱群羊，投于无所往，而坐待其决与转哉，所以兵虽绝学，但求之于心则其意固当未绝。兵虽然是不祥之器，然而，如果圣人不得已而用之，则是吉祥善事之物。尽管后世兵农不可复合，然其能者未尝不依于以佚道使，以生道杀，务在顺人情，爱民财，惜民力，以宣布威德而已。他又认为兵无常势，盈缩随致，不可预言，其可预言者唯利地右兵。然而称众因地，非如材技之可料拣于众，又非仓猝之可深恃乎导言，于是步平陆广袤以度容人之数，而推目力所及，极之曲直锐圆，必求其当，望山则测其可否登陟，察草木土石之气，以知其是否有水，又望阴以意阳之形，规阳以儗阴之势，其是否峻可以缘，卷可以复，皆足以验心仪，移之绝巘深谷，必要于合，旷则度奇，阻则度间，入隘迎高则度身手，必备其变。

兵四卷中，最能体现包世臣军事思想的是《两渊》，即《雌渊》和《雄渊》。它们是包世臣于乾隆癸丑（即乾隆五十八年，一七九三年）年间写的一部兵书。《雌渊》分为《将本》、《战本》、《形德》、《奇正》、《将道》、《将任》、《将事》、《将权》、《将术》、《胜全》十篇，《雄渊》分为《冲阵》、《阵营》、《车阵》、《骑阵》、《步阵》、《五地》六篇。他之所以把自己的兵书称之为《雌渊》、《雄渊》，是因为“渊之为体，胜明而气静，受之有容，而出之不竭。雌雄犹言内外也，抑以举男子之职，明儒者之效”。（卷三十三《两渊缘起》）

《两渊》虽然作为兵书最能体现包世臣的军事思想，但它们不是兵四卷中最有价值或最重要的文章，兵四卷中最有价值或最重要的文章是包世臣于鸦片战争前后写给奕山、奕经、裕谦等人的信以及他提出的歼敌建议。这些信和建议集中反映了他反对侵略的爱国思想。

总之，《安吴四种》所涉及的内容十分广泛，“举凡宇宙之治乱，民生之利病，学术之兴丧，风尚之淳漓，补救弥缝，为术具设”。（范麟《读安吴四种书后》）它是包世臣的代表作，也是我们研究包世臣思想以及嘉道年间经世思潮的主要材料。

3. 交友

作为嘉道年间著名的文学家、诗人、书法家和思想家，包世臣一生结交的朋友相当不少，仅据《安吴四种》的初步统计，上至王公大臣，下至一般百姓，与他有过比较密切交往的人就达百人之多，在他所结交的这些朋友中，魏源、陶澍与他志趣相投，思想一致，彼此间影响颇大，是他思想形成的重要因素，因此有必要对他与魏源、陶澍的交往情况作一介绍。

魏源，字默深，湖南隆回人，生于清乾隆五十九年（一七九四年），殁于清咸丰七年（一八五七年），其出生与卒殁分别比包世臣晚十九年和二年，由于他年龄比包世臣小得多，所以包世臣称他为"默深老弟"。

虽然包世臣比魏源年长十九岁，但二人不仅生活经历颇多相似之处，如都博学多才，但却屡试不第，长期为人幕僚；晚年都做过地方小官，也都因人忌恨而遭参劾，而且思想志趣也十分相投。和包世臣一样，魏源也是嘉道年间著名的思想家和经世思想的代表人物，他曾协助贺长龄编过《皇朝经世文编》，对兵、农、刑、名诸学颇有研究；他也主张改革漕运、盐法和币制，主张积极治理黄河；他也具有强烈的爱国主义思想，鸦片战争爆发前，他主张严禁烟土输入，鸦片战争期间，他时刻关注着前线的局势，积极为反英斗争出谋划策，鸦片战争失败后，他著《海国图志》一书反省鸦片战争失败的教训，提出了"师夷长技以制夷"的光辉思想。

大概是生活经历相似，尤其是思想志趣相投的缘故，所以尽管包世臣的年龄比魏源大十九岁，但二人却成了莫逆之交，关系十分密切，从现有的材料来看，他们的交往始于魏源充任江苏布政使贺长龄的幕僚，协助贺编辑《皇朝经世文编》期间（道光五年至六年即一八二五——一八二六年）。但此间他们只有书信来往，而没有晤面，二人首次晤面是道光七年。这年三月，贺长龄调任山东布政使，四月，魏源受贺的委托，前往苏州拜会包世臣，代询治理山东省的要务。据包世臣在《山东西司事宜条略》记载，他告诉魏源"为政之道，在自胜以通民情”。并建议贺长龄“一宜审定缺分肥瘠，使调剂派拨均平，以息物议”；“一宜查禁司书弊窦，以纾官困”；“一宜督属清厘案件及自理各词讼依限结正，以达民隐而崇政体”（卷四）。自此以后，二人书信不断，经常互相切磋，学术、政务、生活无所不谈，友谊良深。著名史学家齐思和先生写《魏源与晚清学风》一文，中列“讲学诸友”一节，共举魏源的讲学诸友四人，而以包世臣为第二，紧随龚自珍之后。（《燕京学报》第三十九期）李汉武写《魏源传》，在谈到魏源与包世臣的交谊时，认为“魏源关于漕、盐、河、币诸实政方面的思想，得益于包氏之处不少”。（此书第一八页）当然，这种影响是相互的，包世臣也从魏源那里吸取了不少思想营养。

包世臣与魏源之间的这种友谊是愈老弥坚。这可举二人相互请对方为自己审定书稿为证。道光二十二年（一八四二年），魏源有感于鸦片战争的失败，发愤著书，成《圣武记》十四卷，刻于扬州。他成书后的第一件事，就是给包世臣寄了一套，请他“审定”。尽管包世臣当时已年届七十，又忙于整理编辑自己的旧稿，但还是“遵嘱”认真地“审定”了这部长达四十余万言的皇皇巨著。他首先充分肯定了《圣武记》的价值，认为国家武功之盛，具载官书，卷帙多至不可究，魏源竭数年心力，提挈纲领，缕分瓦合，较原数才及百一，而二百年事迹略备，其书一定能风行艺苑，流传后世。然后他本着老朋友之间要知无不言，言无不尽的原则，就《圣武记》的编排体例提出了自己的意见，认为兵制作为武功之本，应列于首卷，而备述部曲、俸饷、军装、行粮前后增减并之成规，次列军法，又次列军赏，按时间先后编排，其奉特旨者随事声明，以昭详覆。至于叙述事迹，不必因地分类，唯宜按顺序前后逐案编纂，使事因时出，义随事见，得失之故，成败之机，了然心目，这样才能深得古人激射隐显之意。他还指出，由于近世军报，本不尽实，乾隆之末和珅柄政，军报皆先奏副封，奥援可恃，向壁虚造，十常八九，因此撰写这段历史，决不可仅以军报或官书为据，他并以自己亲见清军平定川楚白莲教起义“终始”的经历，说明军报的不可信。他还对清军的劣迹进行了揭露，认为清军滥杀无辜，“择肥而噬”，致使“民不堪命”，也是造成民变“蜂起”的一个重要原因。他还建议，在写法上其“匪股”宜各为小传，记其始卒及窜扰之地，“各帅”则用史公卫霍附传之例，务取切实明白，并且希望能将傅鼐平定苗疆，“鼓众气选锋反战”，先败后胜的“机括”补入书中。（卷三十四《答魏默深书》）

魏源的《圣武记》成书后两年（一八四四年）包世臣将其生平著述辑为《管情三义》和《齐民四术》，并与旧刻《中衢一勺》、《艺舟双楫》合编为《安吴四种》印行。和魏源一样，《安吴四种》编好后，包世臣做的第一件事也是将稿子寄给魏源，请他“为之订正”。那一年，魏源正忙于参加会试，但他于百忙中认真阅读了包世臣这部三十六卷的巨著，并将其紧要处“摘要签出”，就如何修改提出了自己的具体意见。由于包世臣对于魏源提出的意见“有改焉有不改焉”，（李柏荣《魏源师友记》）为了尽到朋友之谊，魏源又复致书以正之。他还写有《题包慎伯文集》诗三首，诗中将包世臣比西汉的贾谊、北宋的王安石、南宋的陈亮。可见魏源对这位老朋友的推重。

就思想倾向来看，包世臣与魏源志趣相投，都是嘉道年间经世思潮的代表人物，但就其细微区别而言，论文学诗书，魏源不及包世臣；论哲理学术，包世臣不及魏源；论漕盐实政，务实重行，二人难分伯仲，但由于包世臣比魏源长十九岁，所以他有首倡漕运、盐法改革之功；论对近代中国社会的贡献，因魏源于鸦片战争后著《海国图志》，提出“师夷长技以制夷”的思想，开学习西方文化的新风，故魏源又胜于包世臣。此是后话，于此不论。

如果说魏源与包世臣的生活经历颇为相似的话，那么陶澍与包世臣的生活经历则大相径庭。陶澍不仅在科举考试的路上一帆风顺，而且在宦途上也是平步青云，四十五岁（一八二三年）就当上了安徽巡抚，第二年调任江苏巡抚，五十二岁（一八三〇年）擢两江总督，兼理淮盐务，直到道光十九年六月六十一岁（一八三九年六月）病卒于两江总督任所。

陶澍的生活经历虽与包世臣很不一样，但其思想志趣则与包世臣颇为一致。作为岳麓书院的学生，陶澍自幼就受到湖湘学派经世学风的熏陶，“少负经世志，尤邃史志舆地之学”。入仕之后，他关心民间疾苦，主张兴利除弊，面对现实，进行改革，并在其江苏巡抚和两江总督的任上，对漕运、盐政的改革起了重要的推动和主持作用。他也具有反对侵略的爱国思想，支持严禁鸦片，主张采取措施，防范英国的侵略。

思想志趣的相投，弥合了生活经历的差异，使包世臣和陶澍成了地位悬殊而志同道合的好朋友。包世臣和陶澍的交往主要是在陶担任江苏巡抚和两江总督期间（一八二四——一八三九年）。在此期间，包世臣作为陶澍的朋友和幕僚，积极参与和策划了陶澍所主持的漕运、盐务改革以及一些水利工程，并向陶澍举荐了不少人才。从《安吴四种》和《陶文毅公全集》所记载的情况来看，陶澍对包世臣十分信任，每遇大事必向他咨询，听取他的意见，而且“所言乃听从”。对于包世臣举荐的人才，陶澍也大多能够任用。包世臣在《答族子孟开书》中就无不自豪地告诉他的这位族人，陶澍的“委员，多系鄙人指引”。（卷二十六）包世臣对于陶澍也是忠心耿耿，尽力为他出谋划策。并能做到知无不言，言无不尽。《安吴四种》的《中衢一勺·附录四》收有包世臣写给陶澍的三封信，第一封信是建议陶澍兴建野鸡墩工程，并保举南河守备卢永盛主持其事。第二封信是劝阻陶澍不要匆忙上马引河工程，因为匆忙上马引河工程，不唯现被水占，亦断无从请此巨帑，欲就简苟完，则后患莫测。他认为与其匆忙上马引河工程，不如先掣江门之溜，约以四分入河，使新淤不积，导吴城顺清新河三口之水，冲跌河身，移昏垫淮扬之具，为荡涤症瘕之用，量缺迤下，直至海口，宽深皆能逾旧，然后并力进占，则夙病可除，后患可弭。第三封信是指出陶澍拟采取的“旧局限买”不能解决“票盐之弊”，而认为只有平坝价，增地价，才能使“票盐之弊”得到根本解决。

尽管包世臣和陶澍在嘉道年间的经世思潮中志同道合，但由于二人的地位不同，他们属于两种不同的类型，前者主要体现为经世思想，后者主要体现为经世事功。也正因为他们属于不同的类型，所以，他们的交友，能使二人相得益彰，彼此从对方那里得到自己所不具备的东西。概而言之：包世臣的社会改革思想及其方案经陶澍的大力推行，才得以实践，并且在其实践中得到了进一步的丰富和发展，而陶澍所主持和推行的漕运、盐法改革，所以能取得成功，除了包世臣（以及魏源）在理论方面作了充分的准备外，还得利于他（们）的积极参与和策划。

二、包世臣的社会政治思想

包世臣的社会政治思想的内容十分丰富，主要表现为学以致用的经世思想，农商并重的经济思想和反对侵略的爱国思想等三个方面。下面就他社会政治思想的这三个方面为内容作一介绍。

1. 学以致用的经世思想

所谓“经世”，就是济世利民，经邦安国，建功立业。经世思想是中国古代文化的精华，也是历代知识分子一以贯之的价值取向和优良传统。但是，清王朝建立后，为了巩固和维护其异族统治，对知识分子的经世思想进行了残酷摧残，其手段有二，一是大兴文字狱，以种种借口罗织罪名，先后兴起过汪景祺、戴名世、查嗣庭等大狱以及吕留良、曾静、彭家屏、蔡显、齐周华，王锡侯，徐述夔，尹嘉铨等案；二是强化科举制，以八股文作为考试的主要内容，不仅只考四书五经，而且文字也有严格的限制，顺治二年规定每篇限五百五十字，康熙二十年增为六百五十字，乾隆四十三年又增至每篇七百字，违者不录。在这种情况下，知识分子被迫走上一条脱离实际，逃避现实的道路，转而埋头古籍的考证与整理，形成了为考据而考据的乾嘉学派，乾嘉学风犹如恢恢法网，疏而不漏地禁锢了知识分子的经世思想。“避席畏闻文字狱，著书都为稻粱谋。”龚自珍这一辞锋凌厉的诗，就是对那个高压时代思想文化界情况的真实写照。

然而，当历史进入嘉道年间后，在内忧外患的强烈刺激下，一些思想较为清醒、敏锐的官僚士大夫，如陶澍、王鼎、林则徐、魏源、包世臣、贺长龄、姚莹、汤鹏、潘德舆、沈尧、张穆、何秋涛、王凤生等，预感到严重的社会危机，“深虑夫弊之日滋，害之益甚，将至于不可穷诘，忧及于国家，祸延于后世，思其患而预之为防”。（彭黄年《林文忠公政书序》）于是重新倡导经世之学，使其勃然再兴，蔚为风气，成为一股强大的社会思潮。作为嘉道年间著名思想家，包世臣的经世思想择其大端，主要表现在以下几个方面：

第一，批判汉学、宋学。当时统治思想学术界的汉学和宋学

(汉学又称考据学，宋学又称义理学亦即宋明理学)，其共同缺点和危害就是对有关国计民生的实际问题，既不闻不问，又无能为力，于世无功，于道无补，正所谓“不论盐铁不筹河”。嘉道年间的经世思潮就是作为汉学和宋学的对立物而再次兴起的。包世臣对只知繁琐考证和迂谈性理的汉学、宋学十分鄙视，他公开声明，宋学“非性之所好”，(卷九《族兄纪三先生郑本大学中庸说序》)认为宋学空谈“性命”，无助于国计民生，是为“俗学”。他批评汉学“以剽字为学，剿声为文”，其上者仅“能钩稽名物，刻镂风云”，而“正己则失要，治人则无功，师友谬说，聪明锢蔽”。(卷十《赠方彦闻序》)他在一首说理诗中对“近儒渐好古，一得同饤饾”的乾嘉学风进行了辛辣的讽刺，并质问那些以考据为学的汉学家们，“伊谁能决川，回澜导狂溜”。(卷二十二《题乌程凌厚堂(堃)注经图》)在包世臣看来，嘉道年间的社会危机所以如此严重，与汉学、宋学的“迂腐”和“空疏”不无关系。

第二，讲求学以致用。和乾嘉学派逃避社会现实相反，包世臣认为士人应关心国计民生，过问时事政治，讲求学以致用。他认为天下之所为贵士，与士之所以自贵，其原因就在士能“志于利济斯人而已”。(卷十《旧业堂文钞序》)又说：“士者，事也，士无专事，凡民事皆大事也。”(卷十《赵平湖政事五篇叙》)他并再三强调，士大夫的学问经济，不在于时文、八股、楷法；也不在于考据，而在社会现实，举凡现实生活中的一系列政治经济问题，如吏治官风、盐课漕运、河工水利、兵政边防、舆地农政、钱币人口、刑名法律、文教灾赈，都应成为自己所面对和研究的对象。正是从这一认识出发，他对明末清初倡导经世致用之学的著名启蒙思想家顾炎武和他的名著《日知录》特别推崇，认为“百余年来言学者必首推亭林，亭林书必首推《日知录》”。在他看来，《日知录》所以值得推举，原因就在于顾炎武写作此书的目的，意在拨乱涤污，法古用夏，启多闻于来学，待一治于后王。故此，他尽读《日知录》三十卷之后，“叹为经国硕猷，足以起江河日下之人心风俗，而大为之防”。（卷八《读亭林遗书》）他自己则自十二岁开始，即慨然有志于用世，不肯枉己以端其基。比及成童，见百为废弛，贿赂公行，吏治污而民气郁，殆将有变，思所以禁暴除乱，于是学兵家；又见民生日蹙，一被水旱，则道殣相望，思所以劝本厚生，于是学农家；又见齐民跬步，即陷非辜，奸民趋死如骛，而常得自全，思所以饬邪禁非，于是学法家；又见江南大利，在盐与漕，江北大政，以河工为最，而官吏视为利薮，胥来恣其中饱，上损国币，下病齐民，于是又究漕、盐、河工之学。用他自己的话说：他读先圣之书，通今时之制，究生民之利病，验风土之纯硗，“凡以为吾儒分内事耳，求为可知，非以干禄”，但期人生“有益于世耳”。（卷四《与秦学士书》）

第三，注重调查研究。包世臣认为，“学问之道闻而得不如求而得之深固也”。（卷九《复石赣州书》）因此，他特别注重调查研究，认为只有深入社会实际不耻下问，才能了解国情民瘼。范麟就说他的“造诣，得于学者半，得于问者亦半”。就学而言，他虽博闻强识，但不事饾饤襞积，至人心世道之大防，必三复低徊，推究其极，非彻底弄清不可。就问而言，他“微遇宿士方闻，质疑求是”，虽舟子、舆人、樵夫，渔师、罪来、退卒、行脚、僧道，邂逅之间，必导之使言，“是者知之，否者不加辩驳，惧其不尽也”。正因为此，故他能“知水陆之险易，物力之丰耗，衙前之情伪，穷檐之疾苦”。（卷十六《读安吴四种书后》）他每提一建议或方案，事先都要做深入的社会调查，了解各方面情况。如他在提出治理黄河的方略之前，曾和郭大昌一道，扁舟泛下河，转尖至灌河口，溯莞渎六塘，由中河至徐州渡河，策骑循峰山至盱眙，竭两月之力，以相度黄淮湖运的形势。再如他为了建议海运南漕，曾多次到舟山、上海一带调查，对海运船线、上海一带的沙船以及南北商品交往的情况了解得一清二楚，所以，他的《海运南漕议》，所举海运南漕的理由，有根有据，无法辩驳。包世臣一生有近三十年时间在外出游，足迹踏遍过大半个中国，但他的出游与一般人的出游不同，他每到一地，遇山川则究其形胜阨塞，遇平原则究其饶确与谷木之所宜，遇城邑则究其阴阳流泉，而验人心之厚薄，生计之攻苦，遇农夫野老则究其作力之法，勤惰之效，遇舟子则究其水道之原委，遇走卒则究道路之险易迂速，与水泉之甘苦羡耗，而以古人之已事，推测其变通之故。所以他“游愈疲则见闻愈广，研究愈精”，对国情民瘼亦了解愈透。而对于那种“贫则谋在稻粱，富则娱于声色，其善者乃能于中途流连风物，咏怀胜迹，所至则又与友朋事谈燕，逐酒食”的出游，他则颇不以为然，认为“此非惟才易尽也，而又长恶习”。（卷九《小倦游阁记》）

第四，他主张学术经世。包世臣从事学术研究，他一生写过不少有关经学、史学和文学理论的文章，并且是嘉道年间著名的文学家、诗人和书法家。但他研究学术不纯粹是为学术而学术，除学术之外，还为了经世。以史学而论，他认为“古今一辙”，（卷九《与周保绪论晋略书》）没有古就没有今，古今之间一脉相承，不可割裂，因此，要通今，必知古，研究历史是为今人提供有益的借鉴。职是之故，当别人向他请教如何写两晋这段历史时，他认为“凡事之无系从违，人之无当兴衰者”，可以略写或不写。“至于人心所趋，视乎初政，心趋既久，遂成风俗，风俗既成，朝政虽力矫之，而有所不可”，这是古今都存在的问题，非唯晋代，因此必须详写。“而拨乱反正，端重人事，人事修，天运变，不善者善之资”，这是历史一再证明的经验教训，故“晋略之志，当在是矣”。（同上）就经学而言，他认为通经才能致用，致用必先通经，因此学经的目的要十分明确。学经的方法要运用得当，“能以己意测古人立言之者，而究其义之所止”。他尤其强调学经要联系实际，思考和解决国计民生的重大问题，对于“先王制作之原，亦能以近世人情上推之，而原其终始”。（卷九《十九弟季怀学诗识小录序》）至于为文，他反对脱离民事，将道抽象化，批评韩愈、柳宗元以来古文家抽象地载道之文是离事与礼，而虚言道以张其军，讽刺“近世治古文者，一若非言道则无以自尊其文”，认为道附于事而统于礼，“事无大小，苟能明其始末，究其义类，皆足以成至文”，提倡写“言事之文”、“记事之文”。（卷八《与杨季子论文书》）他的文章也大都关切时务政事，谭献称其“深切着明”。（《复堂日记》）

就包世臣的经世思想来看，它具有两个显著的特点，一是批判旧学，摆脱汉学、宋学的束缚；二是追求功利价值，强调学以致用。前者为经世思潮在嘉道年间的复兴扫清了前进的障碍，而后者为经世思潮的进一步发展找到了生命的支点。我们可以这样说，后来的洋务思潮、早期改良思潮和戊戌维新思潮，就是在这一支点上孕育发展起来的。

2. 农商并重的经济思想

包世臣十分重视农业生产的发展，认为“大政在农”，“天下之富在农”，（卷七下《说储上篇前序》）发展农业是立国的根本，只有农业发展了，人们才有饭吃，有衣穿；才能“安集流亡”，（卷二十五上《齐民四术·目录序》）维系社会的稳定，才能“国日益厚”（卷二十五上《农政》）增强国家的力量。而要发展农业，在他看来，首先就必须使农民“归农”，安心于农业生产，因为“民归农则榖植繁，奸邪息”。而“民归农”的关键是切实保护农民的利益，轻徭薄赋，减轻他们的沉重负担，尤其要整肃吏治，严禁官吏对农民的鱼肉掠夺。他指出民之所以流亡，原因就在于当官的不依于礼义信，对他们滥加驱使和掠夺，并非仅仅不明农事。他们除田输两税之外，还要负担“丁徭”，一田三征，内外正供，取农十九，而官吏征收，公私加费，往往及倍，绅富之户，因银米数多，故耗折较轻，而力作之民，因银米数少，则耗折倍至，“是故鬻狱卖法，分绅商之膏肥，折粮加漕，竣茕独之膂血”。至于申诉所及，绅则势胁，富则利诱，听讼常速，以助其踰荡武断之威，而老实巴交的农民，不识城市之区，未睹官吏之面，自非极屈，鲜敢呼号，即是不得已而呼号，官则受词若罔闻，吏则居奇以责赂，偶有蹈触，厥罚必行。所以农民终岁勤劳，有幸不离于天灾，但父母妻子已迫饥寒，又竭其财以给贪婪，出其身以快惨酷，“岁率为常，何以堪此”？（卷二十五上《农政》）其结果他们只好背井离乡，胆大者揭竿造反，攻打州县；胆小者辗转沟壑，沿途乞食，成为“游惰”。故此，他力主整理漕务，剔除一切浮收勒索，以减轻农民的粮漕负担；改革币制，一切以钱起算，以减轻农民遭受的白银“与五榖相轻重”的损失；剔除积弊，清除腐败，严惩那些鱼肉农民的贪官污吏，使农民能安居乐业，致力于农业生产。他还主张为农“立法”，修法以劝农桑，以便使农民的利益得到切实保障。

针对当时士人“鄙弃农事，不加研究，及其出而为吏，牟侵所及，大略农民，尤受其害”的严重现象，（卷二十六《庚辰杂著二》）包世臣建议，把农业知识和农技问题，作为读书人学习和研究的重要内容，以期将来从政对“劝农”有所作为和贡献。他并以身作则，花了比较多的时间，撰写了一本专门“讲求农事”的著作，取名《郡县农政》。他希望通过这本书，能“使已仕者，有所取法”，而改其“鱼夺牟侵为务”的“素行”，使“未仕者”认识到“稼穑之艰难”，这样有朝一日他们步入仕途，为政作官，就能像古人那样，知道不应该“专计筐箧以兼并农民”，（卷二十五上《齐民四术·目录序》）他认为“治平之枢在郡县，而郡县之治首农桑”。（卷二十五上《农政》）因此，评判州县官吏政绩的标准，是看他们能否讲求水利，使旱潦有备；兴一切树艺纺绩之利，本地可行而人不知道的，教劝勤恳，畜植滋茂，以尽地力人力。他尤其强调州县官吏要“明农”，因为“明农”，则爱人重地，爱人不轻用民力，重地不轻取民财。这样才能安常而民不离，持变而国不急。而要做到“明农”，不仅需要“深究稼圃之法”，使自己成为农业生产的内行，而且还需要充分认识“稼穑之艰难”和农业的重要性。与“深究稼圃之法”相比，包世臣认为，充分认识“稼穑之艰难”更是“明农”的关键。

包世臣还主张，改进农业生产工具、技术和方法，他自己并积极带头，从事改进农业生产工具、技术和方法的实验。在《管情三义》的一首诗中，他介绍过自己所发明的一种“机灌”方法：“予甫托地高，不易得水力。山泉伏入村，沟池何湜湜。圃左两石阪，省知旧沟迹。地势比予圃，低以七八尺，揭石凿小池，下流斯可积，取竹纳池中，屈曲与水射。激水出竹梢，入队如潮汐。机心岂能无，俯仰总开益”。（卷二十《机灌》）他还改进过其他一些农业生产工具。对于推广农业知识和先进的农业生产工具技术和方法他尤其积极，他发明了“机灌”技术，而首先想到的是“推此利吾民，庶几霸者泽”。（同上）他的《郡县农政》分：“办谷”、“任土”、“养种”、“作力”、“蚕桑”、“树植”、“畜牧”等七个方面的内容，对农业知识和生产技术作了比较详细的介绍，具有较高的实用价值。他认为介绍农业知识和生产技术“条鬯旨趣，务在易晓，其有验而不切日用者，则从芟除”，同时，“言必切实”，“法可举行”。（卷二十五上《农政》）他对农业知识和生产技术的介绍，遵循的就是上述原则。他还十分注重农田水利的兴修，认为水利是“明农之先务”。为此，他不断上书当道，希望在京畿、西北和东南各省修建水利设施，改善当地的农业生产条件，以减轻旱涝等自然灾害对农业的威胁。他并且在总结前人的成功经验和失败教训的基础上，就有关具体的知识和技术问题提出过很好的意见，如他提出兴修水利应于农闲时进行，不可与农业生产争劳力；工程不可贪大图全，整齐划一，而应因地制宜，切合实际；在步骤上应先易后难，循序渐进，力争当年施工，当年受益；在资金的筹措上，应充分发挥国家、地方和个人三方面的积极性等等。他也主张积极屯田，开垦荒地，认为屯田是“足食之上理”。他特别建议在京畿“开屯”，以便从根本上解决南漕北运，东南各省漕粮负担过于沉重的问题。

包世臣虽然重视农业，但他并不赞成传统的“重农抑商”或“重农抑末”的政策，相反认为“给有无者商”，商业在国计民生中具有举足轻重的地位。他概括农工商的作用说：“夫无农则无食，无工则无用，无商则不给，三者缺一，则人莫能生也。”（卷七下《说储上篇前序》）根据儒家的传统思想，农业是本，商业是末，农业关系着人们的衣食，商业则不仅与人们的生活关系不大，而且其奇技淫巧还会导致人们道德败坏，因此应重农抑商，严格限制商业的发展。但现在包世臣认为商业与农业一样，都有关国计民生，对于整个社会生活来说，农工商三者不可缺一，在某种意义上这无疑是对传统的“重农抑商”或“重农抑末”思想的重大修正。

从农商都有关于国计民生这一思想前提出发，包世臣认为，要使社会经济进一步发展繁荣，就必须实行“本末皆富”的经济政策，而不能像以前那样，只注重农业的发展，对商业则采取严格的限制措施，因为，农业与商业“利害倚伏，相待以发”，（卷一《中衢一勺·目录序》）彼此之间存在着一种相辅相存的关系。故此，他主张在大力发展农业的同时，积极发展商业，发挥商人在社会经济中的作用，使农与商都能富裕起来，只有“本末皆富，家给人足，猝遇水旱，不能为灾”。他并且指出，这不仅是“千古治法之宗”，亦是“子孙万代之计”，（卷二十六《庚辰杂著二》）切不可等闲视之，而必须放在重要的议事日程。所以，无论是漕运改革，还是盐务改革，他都比较重视商人的作用，注意保护他们的利益。如我们将要看到的那样，他提出的漕运改革的措施，主要有二，一是以海代河，丢弃了当时河湖淤塞、转载艰难的河运而改为海运。这是运输路线的变化。二是以商代官，充分发挥商业资本的作用，通过商业资本的势力即上海一带的沙船北运漕粮，从而使“官商两利”。这是经营性质的改革。他提出的盐务改革的措施，主要是改纲盐制为票盐制，商人（无论是官商，还是私商）只要照章纳税，就一律允许自由运销盐斤。

如果说包世臣的“重农”思想不过是儒家传统的重农思想的继承，就其内容来看并没有超过前人的新意的话，那么，他的发展商业或“本末皆富”、“农商并重”的思想，则是对儒家传统的“抑商”或“抑末”思想的否认，具有鲜明的时代特征。就其社会根源而言，实际上包世臣的发展商业的思想是对清嘉道年间中国资本主义发展要求的客观反映。众所周知，早在明朝中叶，中国社会内部就已孕育了资本主义的嫩弱萌芽，后来，虽然由于封建统治者“重农抑商”政策的打击，尤其是明末清初的社会动乱，使嫩弱的资本主义萌芽受到严重摧残，但到清嘉道年间，随着社会经济的全面恢复和发展，受严重摧残的资本主义萌芽又顽强地发展起来，特别是商业资本异常活跃。当时社会上已出现专门从事棉花买卖的商人，上海等地还出现了“花行”“花局”“花市”之类的商业组织，种植桑树，贩卖桑叶已成为农业商品生产的一个重要部门。商业活动也十分频繁，上海一地就有沙船三四千艘，每年自关东贩运豆麦千余万石至上海，又将布、茶及其他商品运往山东、河北和关东各地。商品销售的范围十分广泛，南京绸缎的销售“北趋京师，东并辽沈，西北走晋降，南越五岭、湖湘、豫章、七闽，溯濰泗，道汝络”，并且输往日本、南洋和欧洲各国。（严中平《中国棉纺织史稿》）商人拥有的资本也很惊人，据包世臣的调查，当时上海一带的船商一人最多拥有四五十艘沙船，而每船造价大约七八千两白银，这样仅船价一项，一个船商就拥有资本四五十万两白银之巨。上述情况表明：中国商业资本的日益发展已成了不可遏止的历史趋势，而包世臣的发展商业的思想正是这种历史趋势的客观反映。

当然，人作为能思考的高级动物，在历史趋势面前有选择行为的自由，是顺应这种趋势还是逆这种趋势而动，这是由人们自己决定的。面对商业资本日益发展的历史趋势，几乎百分之九十九的思想家和清朝统治者，或由于受传统重农抑商思想的影响，或由于个人的经济得失，而要求限制商品流通，遏止商品经济的进一步发展，只有包世臣等极少数具有经世致用思想的开明思想家和清朝官员（如嘉道年间的大臣陶澍），才认识到商业于国计民生的重要性，而对商业的进一步发展采取欢迎和扶持的态度。这也正是先觉与后觉、先进与后进、伟人与庸人的区别所在。就此而言，包世臣不愧为嘉道年间的著名思想家和顺应历史潮流的先进人物。

3. 反对侵略的爱国思想

包世臣生当清朝外患日益深重的年代。早自十八世纪初，英国就用鸦片为武器，开始了对中国的侵略。对于鸦片之害，包世臣有比较深刻的认识。一八二〇年，他就论述过鸦片问题，认为鸦片泛滥，造成本末并耗，白银外流，国困民穷，其害不异于鸩毒。他以苏州为例，指出全城吸食鸦片者不下数十万人，以每人每日耗银一钱计算，一年要耗银三、四百万两，如此则各省名城大镇，每年所花费在吸食鸦片上的白银不下一亿两，这些银两最终都流入到外夷腰包。而当时国家一年的正供并盐关各课不过四千余万两，是鸦片一项每年散银于外夷的数目倍差于国家正赋，这也是造成当时银贵钱贱，物价上涨的重要原因。故此，他主张严禁烟土。有鉴于鸦片屡禁不止，他提出了撤关罢税的建议。所谓撤关罢税即撤销海关，取消关税收入，以禁绝鸦片贸易，但西洋夷民所必须的内地之茶叶大黄，则照宝苏局采买洋铜之例，准商人携不禁货物赴彼回市。虽然，由于历史和阶级的局限，包世臣企图以“撤关罢税”来禁绝鸦片的主张不尽正确，也难以奏效，因为英国向中国输入鸦片除在正常的贸易货物中夹带之外，主要靠的是走私，但从他的建议中可以看出，他主张严禁鸦片的决心是很坚决的。

包世臣对英国可能发动的武力侵略也早有警惕。一八二六年，他就看出英国对江浙“垂涎”已久，希望当局对此能有所防范。(卷三十五《答萧枚生书》)一八二八年，在《致广东按察姚中丞书》中，他又明确指出新加坡已成为英国鸦片走私和侵略中国的据点，要警惕英国可能因中国严禁烟土而发动对华侵略战争，并对“粤中水师，皆食土规，一旦有事，情必外向”深感忧虑。他建议当局赶快采取措施，一面派人去新加坡了解情况，一面加强水师建设，否则恐“十数年后，虽求如目前之苟安而不能，必至以忧患贻君父”。(卷三十五）果然不出包世臣的所料，十年后（一八三九年）英国以中国禁烟为借口发动了罪恶的鸦片战争。

鸦片战争爆发后，包世臣坚决主张抵抗英国的侵略，他清醒地认识到英国发动的这场战争与前明的倭寇之乱“事略同而情迥异”，因此其反侵略的措施也应不同于前明的平定倭寇之乱。首先，他认为与中国通商的各国中，英国最强，其他各国都不独与之为敌，而英国则依仗自己的富强欺凌其他国家，“邻国所产名货皆被该夷于要害处所设关收税”。中国应该利用其他国对英国的不满，联合各国力量，共同消灭英国。这种办法他称之为“以夷狄攻夷狄之策”。具体而言，他建议先封关绝市，然后由当局明告各国，中国所以封关绝市，是因为英国不遵守中国法令，走私鸦片。复又“恃强怙恶”，坚不具结，如果各国能集众弱以为强，共翦英夷于海中，叩关内请，自当论功行赏，仍准通商，并分别功能高下，减免各该国关税。其次，他建议当局要“通筹全局”，不要仅以广东一隅着重，“计出于头痛医头，脚痛医脚也”，而应于各海口加强警戒，“备以重兵”，以防“一处空虚”，被英乘机，特别是要加强台湾这一经济、军事要地的军事力量，“增防严守”以安定人心。（卷三十五《与果勇侯笔谈》）同时他又估计英军可能会溯江而上，切断瓜州粮道，威胁京师的粮饷供应，因此建议加强长江防务，尤其要在长江入口的咽喉要道图山“安设重兵，以备不虞”。（卷三十五《上两江督部裕大臣书》）第三，鉴于“英夷之长技，一在船只之坚固，一在火器之精巧，二者皆非中华所能”的不利状况，他建议在加强水师建设的同时，招募在英夷之馆学习过其“制炮之法”的嘉应一带的“贫士”，从而使“天下物之利者”为我所用，以增加抵抗侵略的军事力量。他还建议当局不要听信英国人只善长于水战，“一登岸则技穷”，因而不会登岸的谣传，要做好提防他们登岸的准备，准备与他们打一场“短兵相接”的恶仗。（卷三十五《与果勇侯笔谈》）另外他还建议当局开发矿源，筹备军饷，以便长期抗战。他尤其强调当局要“以拊循闾阎，苏民困，固民心为先务”，采取措施，切实减轻“民间疾苦”，以改变“官民相仇久矣”的局面，从而使贫者有以为生，富者得以自全，“共发其亲上死长固有之良”。他并且相信，争取民心“与推求炮火之利钝，舟楫之攻苦，功效必相万也”。（卷三十五《职恩图记为陈军门（阶平）作》）

鸦片战争中，清军腐败不堪，节节败退。包世臣对此进行了无情的揭露。他说，清“军政久弛，遇敌辄奔”，广州之役，清军拥兵五万，却“辱逾城下”，吴淞之役，牛鉴统兵二千，则不战而逃，各营武器皆弃。“军官罕自尊重，文吏唯计筐箧。”营员分驻，各领所属，勇怯不一，漫无区别，迨至临事，怯者无以自立，勇者莫肯尽心，则势处于必奔。更有甚者，这些“望贼辄奔溃”的清兵，“抢掠齐民”则非常的勇敢，而“主兵者复与兵朋比以仇民”，抢劫掠夺无恶不作，连地方上的官吏对他们都“莫可谁何”，只能听之任之。对此种种，他“闻之寒心，言之腐齿”，愤恨至极。（卷三十五《上两江督部裕大臣书》、《答傅蜀门（夔）书》）

在揭露清军的腐败不堪、遇敌辄奔的同时，包世臣又向当局提出建议，采取措施，整顿清军，以便与英军再战。如他认为兵要有“选锋”，不能“置之一概”，否则必败无疑，故此他建议凡大帅督师须于各营中精选万分之二三为亲军，其裨将领兵千人以上者，挑百分之五六为亲军，以此类推，下至哨弁。对于亲军要“优其日给，使倍差于侪辈”。这样“设有不逞”，亲军便能“同患难，应缓急”，发挥“选锋”作用，率领全军与敌拼命。他还建议练兵必先教以拳勇，上者习软功，次者练硬劲，使之力长身轻，才可分授营械，否则，如果还像现行营例那样，听夕操练，只能“徒费火药，终生计，终其身不成技艺也”。（卷三十五《答傅蜀门（夔）书》）他特别强调上司要奖罚分明，对于那些临阵逃跑作战不力的官兵，一定要严惩不贷。在给两江总督裕谦的信中，他就明确指出，欲改变“军政久弛，遇敌辄奔”的状况，“全视举劾，稍滋弱议，便失人心”。（卷三十五《上两江督部裕大臣书》）

和清军腐败不堪、遇敌辄败相反，鸦片战争中，广东、江浙和福建沿海的广大人民群众则自发组织起来与侵华英军展开了坚决斗争，并给英军以严重打击。对于广大人民群众的抗英斗争，包世臣给予充分的肯定和热情赞扬。他看到三元里、嵊县和南京四十八村群众抗英杀敌的事迹后，称之为“奇功”，并颇受鼓舞地说：“草泽中大有人在。”（卷三十五《致祁大臣书》）因此建议当局收潮州壮勇入军，对三元里义民应“鼓其气而用之”，选他们充水师，修复被英军破坏了的虎门各炮台；募怀远炮手、黑风泾“水贼”、杭州舆夫参加抗英斗争。他相信只要吸收广大人民群众参加抗英斗争，“则何术不成乎”？（卷三十五《答傅卧云书》）抗英斗争就一定能取得最后的胜利。包世臣的这种利用人民群众的力量来反对英国侵略的主张是值得充分肯定的。

然而，使包世臣感到愤慨的是，昏庸无能的清政府不仅不敢接受他的建议，吸收广大人民群众参加抗英斗争，相反还采取种种倒行逆施的措施对人民群众自发的抗英斗争进行限制、破坏和打击。其结果是自毁长城。一八四二年八月初，英军兵舰南京城下，是月二十九日，耆英、伊里布与英国全权公使璞鼎查在南京下关江面的英国军舰“皋华丽”号上签订了近代中国历史上的第一个不平等条约《南京条约》。

就在《南京条约》签订的当天，包世臣看到侵略者“所欲无不遂，所请无不得”，“其所诛求，前无比并”，愤然急草《歼夷议》，为争取最后一战，将侵略者一举歼灭之而出谋划策。其具体内容是：利用英军的骄横而“益骄之”，使其“尽隳其防”，并派人摸清其内部情况，同时密求能工巧匠，精制火药，将火药与飞炸铅石各机器一起装入养火桶内，每桶以重三十余斤为度。待火药桶准备好后，则设计调虎离山，由清廷大吏宴请英军大酋于城中，而使道府副参分宴其小酋于江滨之静海寺，各处预先设好伏兵，约定时间，派敢死队以送菜为名将火药桶挟带上英军舰引发，各处伏兵听到火药桶的爆炸声后，即一跃而起，将大小夷酋抓获。由于英军船无主令，人莫自保，必然“仓猝无可措手”，清军则乘势分几路“兜剿”。为了保证全歼英国侵略军，使其“片帆不返”，他建议：先期飞咨扬威将军奕经率兵由无锡出孟河，参赞率兵由丹阳出操瓢港，会于图山，檄运司在仙女庙木栅扎小筏数十，截生芦覆以沙，截图山隘口，断其下游退路。咨安徽巡抚率兵由芜湖下压，杜其上窜之道。如此，英军全歼，英船悉焚，《南京条约》则不废而废，国耻雪而国威亦振了。为了使这一歼敌计划得以实现，包世臣曾找过当时率兵驻南京城内的河南总统游击陈平川，要陈将这一计划递呈给两江督抚，但未被两江督抚采纳。后来，包世臣每言及此事，就愤怒至极，不胜遗憾。

鸦片战争终以清政府被迫签订丧权辱国的《南京条约》而暂告结束。鸦片战争结束后，包世臣以极其痛苦的心情对中国所以失败的原因进行了认真的反省。他认为，中国所以失败，并不仅仅在于船坚炮利不如人，而“患在封圻节钺，不知既不求，知者复不用，甚至扼塞其志意沮遏其忠愤，以馁吾士气而张贼威耳”。比如，他举例道：广州三元里人民为保家卫国，“集乡人歼其渠魁”，但“有司”不仅不支持三元里人民的抗英斗争，“反为逆夷乞命，致留遗孽”。再如河南游击陈平川“勇而尚义，廉而轻死”，曾率兵与英军战于吴淞，后奉调入南京守卫，“见夷船有机可乘，力请一战”，而未被上司批准，致使陈气得吐血。就此而言，他指出“草泽中固大有人在”，“军官中亦未尝无人”，如果“当轴诚能反其道而用之，拔擢英俊，申明法守”，（卷三十五《致祁大臣书》）中国哪有战败之理。所以既不是船炮，也不是军民，而是那些对敌妥协投降的封疆大吏应对鸦片战争的失败负责。

在反省了鸦片战争失败的原因之后，包世臣进一步指出，英国侵略者虽然因得到了割地赔款而暂时停止了对中国的武力侵略，但他们的欲望是没有止尽的，更何况通过此次战争他们洞悉了中国实情，知道清政府软弱可欺，而西班牙军舰于《南京条约》签订前后，又“无故远来，必怀叵测”，因此侵略者“深入长江”，武力侵略中国之事，或许“再有”，（卷三十五《上安徽徐承宣书》）我们一定不能以为战争已经结束而高枕无忧，必须吸取教训，做好再次反侵略战争的准备。他认为“居今日而言补救，唯在收摄人心，物色人材而已”。他并强调指出，如果还不吸取教训，“徒任钩距以锄莠民，恣鞭挞以迫弱兵”，司权利者只知巧取豪夺，鱼肉百姓，而“无暇更计及闾阎妥馁”，继续维持其“官民相仇”的局面，（卷三十五《致祁大臣书》）那么，中国在下次反侵略的战争中，只能重蹈鸦片战争的覆辙，“是速之瓦解者也”。（卷三十五《致前四川督部苏公书》）

反对侵略的爱国思想是包世臣社会政治思想中最光彩耀目的部分，也是他学以致用的经世思想的进一步升华。尽管他提出的种种谋略很少被当道者所采纳，但他不顾自己年近七十而积极为抗英斗争出谋献策的爱国精神，永远值得后人的纪念，他不愧为中国近代史上杰出的爱国主义思想家。

三、包世臣的经济改革思想

作为嘉道年间提倡经世致用的著名思想家，包世臣以自己广博的学识，对当时严重存在的社会经济问题作过多方面的研究，并提出过一系列有利于国计民生的主张和改革方案，这些主张和改革方案涉及漕运、河工、盐务、币制等多方面内容，而他的经济改革思想就体现在他所提出的主张和改革方案之中。

1. 海运南漕

清代沿袭前明之旧，继续实行自隋唐以后就已形成的漕运制度，每年由山东、河南、江苏、浙江、安徽、江西、湖北、湖南八省征收漕粮和白粮，通过运河运贮北京通州各仓，以供皇室食用、王公官员俸米及八旗兵丁口粮之需。其中除白粮外，计漕粮正米四百万石，耗米二百三十五万二千一百三十七石，合计六百三十五万二千一百三十七石，内除折耗、蠲免、改折及截拨等项外，历年实运抵京通的漕米为三百多万石，不仅在国家岁收中居重要地位，对解决京师民食方面也起着十分重要的作用。

为了把几百万石漕米及时安全地运到北京，清代建立起了一套完整的运输管理体系。朝廷下设“漕运总督”，驻江苏淮安。漕运总督下设各省粮道共七人，掌本省粮储，辖所属军卫，遴选领运随帮官员，责成各府会齐，佥选运军等，坐守水次，监督、验明漕粮兑换，面交押运官，并随船督行至淮安，呈总督盘验。清代实行官收官运，承运者是卫所军籍中较殷实的军丁（运丁），发运时每船配运军一名，运副一名，雇募水手九至十名。各省运军水手多少不等，总数在十万人左右。押运，原为粮道之责，后选管粮通判一人，专门负责督押，约束运军。领运官由千总一人或二人担任，武举人一名随帮效力。为确保漕运无误，清廷又于淮安、济宁、天津、通州运河沿线设置巡漕御史稽察本段漕运。此外，淮安、淮北沿河置有镇道将领，以催促入境漕船前行，在镇江与瓜州的南漕枢纽处，由镇江道催促，同时由总兵官（后改为副将）巡视河岸，协同督促漕船过江。

把几百万石南粮通过运河运到北京，这决不是一件容易的事情，其运费之巨十分惊人。包世臣就曾指出：“夫南粮之百万石，连樯五千余艘，截黄达卫，以行一线运河之间，层层倒闸，节节挽纤，合计修堤防，设官吏，造船只，廪丁舵，每漕一石抵都，常二、三倍于东南之市价，虽不能知其确数，所费岁皆以千万计矣。”（卷三《庚辰杂著四》）而漫长的运输线和繁琐的运输管理环节，又方便了官吏的贪污中饱，层层勒索，在乾隆中叶以前，由于吏治整肃，此种现象还不严重，但自乾隆中叶以后，伴随政治日益腐败，这种现象则越来越严重起来。与此同时，由于办漕有利可图，漕运管理机构遂成了官吏的庇护场所，数以千万计的候补官员麇集于此，作为朝廷的委员（“差委”或“漕委”）领取薪饷。据包世臣说，仅瓜洲到淀津沿途协助地方文武官员催赞漕船的漕委、督委、抚委、河委就不下数百人。其结果不仅严重地腐化了漕运运输管理系统，造成“十羊九牧”，人浮于事，效能低下，而且也极大地增加了贫苦粮户的负担，因为一切费用（包括官吏的贪污中饱，层层勒索）最后都通过耗米和浮收的方式转嫁给了承担漕粮的贫苦粮户。本来贫苦粮户的生活就十分艰辛，漕运费用的沉重负担更压得他们透不过气来，为了生存，他们只好铤而走险，因此，当时抗漕斗争此伏彼起，社会矛盾尖锐激化。

除了费用高昂，漕运还面临一个更严重的问题，这就是河道梗阻。我们知道，沟通南北的大运河能否畅通，横渡黄河是其关键。咸丰五年（一八五五年）以前，黄河系经由淮安东流入海，运河与黄河在此成交X形状，淮安以南称南运道，淮安以北称北运道。黄河流水含有大量泥沙，至苏北流缓沙淤，影响运道。国家为维持运道，于洪泽湖畔高筑堤岸，提高水位，俟春夏湖水盛涨，启坝放水，用以冲刷黄河淤沙，谓之“借清刷黄”。为此必须保持洪泽湖水位使高过黄河，乾隆（一七三六——七九五年）以前，洪泽湖水位一般比黄河水位高出七至八尺乃至十尺以上，黄河遂无淤塞之患。嘉庆之后，黄河失修，水流迟缓，河身淤积日高，嘉庆八年（一八〇三年），黄河大水，衡家楼决口，冲毁运道，河水倒灌洪泽湖，嘉庆二十一年，清廷下令对黄河大加挑修，洪泽湖水位相对上升，也才比黄河水位高出二尺有余，已丧失刷黄能力，河道阻塞，日益严重。由于河道阻塞，运粮船也就不能正常行走，及时地将南粮运到京师，而南粮不能及时运到京师，就要影响清廷皇室、文武百官、八旗兵丁乃至京城百姓的生活。因此，当时“中外颇忧漕事”，（卷一《海运南漕议》）如何解决漕运所面临的问题，保证及时地将南粮运到京师，就成了朝野上下所关注的“大政”之一。

当然，包世臣也不例外，作为嘉道年间著名的改革思想家，他也很关心漕运问题，经过“游上海崇明，登小洋马迹诸山”的实地考察，并“从父老问南北洋事”，他提出了改革漕运的方案，即把河运漕粮改由海运，废除由官府控制管理的漕运船队，雇佣云集上海一带的民运商船，实行海运南粮。据他调查，当时云集于上海的商船大约有三千五、六百艘，它们都是为适应“多沙碛，水浅礁硬”的北洋沿海航行而特制的“沙船”，其船大者可载官斛三千石，小者可载一千五六百石，船主皆为崇明通州海门南江宝山上海一带的“土著之富民”，最多的一人有船四、五十艘，故称之为“船商”。他们按经营区域分为十一帮，每帮有船数百只，并设有会馆，立有董事，以总其成。自康熙二十四年（一六八五年）开放海禁以来，每年由这些商船运抵上海的关东豆麦就达一千多万石。由于这些商船主要是运关东豆麦到上海，所以“南行为正载”，而北返时他们虽然也“顺带”一些布、茶等南货，但常常“不能满载”，不得已只好在吴淞口买人挖草泥压船。鉴于此种情况，包世臣建议，由官府于每年冬底传集船商，明白晓谕，无论其船赴天津，赴关东，皆先载南粮至七分，其余准带南货，至天津卸于拔船，每南粮一石，给水脚银四钱，上载时每石加耗米五升，卸载时以平斛收，津丁之加二五米，俱成正供，以增仓储。他认为此种方案有以下几个好处：一是费用减少，运南粮四百万石，开支水脚费用，不超过一百六十万，还不到过去漕运所需费用的“十分之三四”；二是需时不多，如果商船中秋开行，九月初即可抵淀，往返三次，全部漕粮就能入仓，这比过去漕运缩短时间许多；三是官商两利，雇佣商船运送漕粮既能使“放空之船，反得重价”，增加船商的收入，又可节省大量漕运费用，从而使“官费之省，仓米之增者无数”；四是可使州县的官吏“不得以兑费津贴旗柁名目，籍词浮勒”，有利

于减轻粮户的沉重负担。（同上）

虽然，改河运南漕为海运南漕有以上诸多好处，但由于“漕为利薮”，改革必然会触及那些利用漕薮，贪赃受贿，巧取豪夺的大大小小官吏的既得利益，因此，遭到了他们的强烈反对，他们对海运南漕的建议提出了种种非难，一曰“洋氛方警，适资盗粮”；二曰“重洋深阻，漂没不时”；三曰“粮艘须别造，舵水须另招，事非旦夕，费更不赀”。面对这种种非难，包世臣没有退缩，他认为这些皆不过“书生迂谈”，根本不值一驳。首先就所谓“洋氛方警，适资盗粮”而言，他指出，洋氛在闽粤，不仅距海运所走的北洋沿海距离遥远，而且洋人所乘坐的都是吃水深的“乌船”，不适应在“多沙碛，水浅礁硬”的北洋沿海航行，适应北洋沿海航行的只能是特制的“沙船”，所以，洋人绝不可能“越吴淞而北，以争南粮也”。其次从所谓“重洋深阻，漂没不时”来看，他指出，上海一带的商船一年往返于关东天津至少都是三四次，对于“水浅风信，熟如指掌”，所以很少有漂没的危险，据他调查每年漂没的商船只是总数的千分之一，而走运河的漕船漂没的数量“殆数倍于此”。第三，既然雇佣商船，粮艘不必再造，也勿用招募舵手，根本不存在需时费钱的问题。（同上）总之，他指出，改河运漕粮为海运漕粮，既能“公费大省”，又能使“民困可舒”，是利国利民的事情，（卷一《中衢一勺·目录序》）那些与漕运有关的大大小小官吏，所以反对此项改革，并非是他们真的担心海运漕粮会“资盗”、“漂没”，增加国家费用，而是他们可以从河运漕粮中得到好处，“于公可藉资筹款，于私可遂其索费”，这才是他们反对此项改革的真正原因。

尽管与漕运有关的大大小小官吏从一己私利出发，反对海运南漕，但河道梗阻，南粮不能及时运到京通以满足清廷皇室、文武百官和八旗兵丁的生活需要，这是大事。所以，除包世臣外，当时清廷的一些开明大吏如大学士英和、江苏巡抚陶澍以及魏源等具有经世致用倾向的思想家都主张改革漕运。道光四年（一八二四年）清江高家堰大堤溃决，冲毁运道，运河水势微弱，重运漕船难以运行。次年二月，在英和、陶澍等人的要求和坚持下，清帝颁布一道上谕，令魏元煜、严检、张师诚、黄鸣杰等各就所属地区情形，广咨博议，据实上奏。是年，清廷批准江浙漕粮改行海运。

对于清廷的决定，包世臣当然是欢迎的，但他同时又认为“承极敝而议刱举，应机制变，断非预定绳尺所能赅核”。于是他“就情事之尚可言宣者条为十宜，以俟谋国是之君子采择焉”。其主要内容有三方面：一是如何保护船商的利益，使他们能有利可图，从而踊跃运载漕粮；二是如何严定章程，采取一切必要措施，“以防科敛染指之弊”；三是如何组织商船运漕，“将各帮沙船花名造册呈送”，以防个别“骄逸成性”的奸猾船商从中捣鬼，同时严选船只和舵手，以保证漕粮的运载安全。据他道光二十八年（一八四八年）七月重校此篇文稿时附记：“是时新抚至吴，茫无津涯，得此稿，依仿定章，海运事乃举，既举之后，船商大利，更邀优叙，米石全无漂失。”（卷三《海运十宜》）

然而，海运漕粮，虽然于国、于商、于民都有好处，但由于它触及了与漕运有关的大大小小官吏的利益，因此，在他们的反对下，这次海运只实行了一年，又改行河运了。直到道光二十八年，清政府才又第二次举办海运，并逐渐成为常制。漕运改革的经历说明：任何改革都不会一帆风顺，必然会遇到既得利益集团的强烈反对，因为这些既得利益集团决不会轻易放弃自己的既得利益。

海运漕粮，固然可以克服河运的许多弊端，于国、于商、于民都有利，然而，它并不能从根本上解决漕运问题，因为海运漕粮的费用虽比河运漕粮的费用大为减少，但其数量仍然非常巨大，尤其是“漕甲天下”的江、浙两省贫苦粮户“朘削不堪”，（卷七上《畿辅开屯以救漕弊议》）负担仍然十分沉重。以苏松太嘉湖为例。这一地区的田分三等九则，平田上则至二斗一二升，下则亦一斗二三升，牵中起算，每亩一斗七升。这是正赋。除此，每亩还要加七升的耗米。正赋、耗米之外，又有浮收，数量往往倍于正赋、耗米。（卷四《海淀问答》）据统计，仅苏州九县，嘉庆二十三年（一八一八年）就共征运正改兑正米五十二万六百六十九余石，耗米二十万四千五百四十八余石，两者合计七十二万五千二百一十七余石，约占全部征运漕粮的五分之一，其中还不包括浮收。为了从根本上解决漕运问题，以减轻江浙贫苦粮户的负担，包世臣提出了一个大胆的建议："兴屯以减江、浙之额漕"，即于京畿适宜种植水稻的地方设置"官屯"，招民耕种，以其佃租作为皇帝食用、王公官员俸米及八旗兵丁口粮之需。他算了一笔账：每年征运的漕米不及四百万石，这大约是东南膏田中岁二百万亩的收入，以民间业佃各半计之，有四百万亩则租入可以抵全部漕米。如果以三百六十步为一方里，一方里有田五百三十亩计算，方百里即可得田五百三十万亩。先以方十里之地，鱼罫而耕，取得经验后再逐渐推广，用十年时间完成屯田五百三十万亩的任务。其中以三十万亩为农官公署、仓廒、官佃居止场圃，剩余五百万亩佃与农民耕种。根据东南膏田的成例，中岁每亩可以收稻谷四石，折合米二石，假如官佃各半，那么，岁入当在五百万石，较南漕之数已有余，"如是则举事而不惊众，益上而不剥下，百世之勋可集，而东南之困可苏也"。然后议减江、浙赋重之区，如江广而止，以其减之所剩，量增官俸兵饷营驿马干，"使污吏悍卒无所借口以扰吾良民"。（卷三《庚辰杂著四》）

鉴于此前朝廷在西北屯田三百余万亩而不久即废的教训，包世臣指出，在京畿屯田，必须坚持循序渐进的原则，先进行小面积实验，取得经验后，再大面积推广。同时，一定要选拔能顺民情而就事理的"非常之人"来主持其事。他特别强调，屯田之始，就要防止胥吏"藉承顺之势，以阴求其所欲，国未见利而民已被害"之现象的发生。除此，他还具体建议，屯田的农民不能招募“不习水田”的北方人，而只能招募有种植水稻经验的江、浙老农，种子最好“用安徽早梗七分，苏杭晚香三分”，至于“如何相度土性，如何收并民地，如何疏导水源，如何安插棚厂”，则要根据实际情况而定，不能强行划一。包世臣坚信，一旦畿辅屯田获得成功，“则民气得苏，官困亦解”，“上裕国而下足民”，漕运问题即可得到根本解决。（卷七上《畿辅开屯以救漕弊议》）

2. 治理黄河

河道失修，水灾频仍，这是清嘉道年间十分严重的又一大社会问题，尽管清政府“无一岁不虑河患，无一岁不筹河费”，（魏源语）但河患不仅依然如故，而且有越来越严重之势，因此“河工之事”亦即如何治理河患，是当时朝野上下所关注的又一“大政”。包世臣也不例外，在《中衢一勺·目录叙》中他写道：“漕难于盐，河难于漕，事难则言之宜详。余是以不能已于言，而于河言之尤多者也。”据统计，他《中衢一勺》共收录文章二十篇（不包括附录），其中专谈河工的就有十一篇，还有两篇兼谈河漕。由此可见他对河工高度重视。他并且宣称：对河、盐二事，他“实能究其深”，其提出的治河方案如果能举而措之，于国于民既大利，司事者亦沾溉无已。（卷首《总目序》）就包世臣提出的治河方案的具体内容来看，确实有许多深切精辟的见解。

黄河，既哺育过古代灿烂的中华文明，也给中华民族带来过无穷的灾难，据不完全统计，历史上黄河共发生过一千五百多次改道和大决口，从清朝建立，到一八五五年黄河再次改道前的这二百十一年中，黄河决口泛滥就达二百三十次之多，而每次决口泛滥不仅给沿黄两岸人民的生命和财产造成了无法估量的损失，田园庐舍被毁被淹，千百万人葬身鱼肚，而且也使横穿黄河的大运河受到严重影响，运道被毁，漕船不能航行。为治理黄河，根治水患，中国人民进行过不屈不挠的斗争，也产生了不少治河名臣，如晚明的潘季驯（一一五二一一一五九五年），清初的靳辅（一六三三一一六九二年），他们用“筑堤束水，以水攻沙”和排挖淤泥，疏浚河道尤其是下游的方法治理黄河，曾取得过良好的效果。

包世臣对潘季驯、靳辅特别推崇和敬佩，他的治河方案就是在继承、完善和发展潘季驯、靳辅的治河方法的基础上得出来的。嘉庆十三年（一八〇八年）四月，包世臣写了一篇《筹河刍言》，这是他所写的第一篇专谈治河的文章。在文中，他认真地总结了潘、靳二氏的治河经验，并在此基础上得出结论：治理黄河首先要解决下游的畅流问题，“治河者，始自下流，下流既畅，上澜自安”。（卷一《筹河刍言》）为此，他曾来到黄河的下游清江，云梯关，海口，南至射阳湖，北至灌河口一带考察，“徘徊于青淤尖上，度其情势”。他发现，海虽周环，而性同就下，地势北高南低，海流趋于南，而山东之成山矶头，横插海中者千余里，挑溜东去，回溜南折，正抵钱塘，故潮为最大，黄浦口次之，福山口又次之。河口近在胶僮之间，正成山之矶窝，故潮力甚弱。河源万里，又合五省之支流，此正同为逆河之势。但北岸六套南岸仁和镇以下二百余里，全无堤束，遇大泛水旺之时，横溢至数百里，流散则缓，潮乘其虚，直入以扼其吭，故河身积淤，海口不畅。海口不畅，则上游水立，而黄灌入清（清河），清、黄相抵，则淤垫清口，清水不出，则高堰吃重。所以，如何疏通下游，使其流畅无阻，这是治理黄河的关键。具体而言，他主张采纳潘季驯的“筑堤束水，以水攻沙”的方法，于上游河身漫宽中泓无溜之所，测量水浅，镶做对头束水斜坝，激动水头，节节逼溜，导至清口，乃于束清堤下，接长盖坝，逼高清势，于御黄坝外，加做顺黄大坝，挑黄溜北行，导清溜东注。而桃源之高家湾以下，河底可以掣深，河深则淮高，清水下注，助黄刷沙，高堰吃重的情况就不会发生。他尤其强调清理清口的积淤，加强其溜势，对于保持黄河下游的流畅无阻有着十分重要的意义。因为清口不仅是黄河与淮河的交口处，同时也是运河水出入的咽喉，只有清口无阻，才有可能助黄刷沙，使其畅流入海。如果清口受阻，不仅会影响黄河水的流速，甚至还会造成黄河水倒灌运河，从而冲溃运道，泛滥成灾。

经过多次实地考察，包世臣于嘉庆十五年（一八一〇年）十月，提出了他治河的整套方案 :《策河四略》。这四略，其一曰救弊要略；其二曰守成总略；其三曰筹款至略；其四曰积贮本略。在“救弊要略”中，他主张“堵御坝以浚运淤，疏引河以导湖溜；接长盖坝以发清势，补筑顺坝以杀黄怒；截港接堤以敌潮汐，外柳内芒以防漱漫；对坝逼溜以攻积淤，引溜归泓以减险工”。(卷一《筹河四略》）其具体办法是：

第一，候运漕船只回空过竣之时，即堵御黄坝，涸出运河，测量灰印，分段开挑，清除因黄水倒灌而形成的淤泥，这是“当务之急”。因为运河身窄，积淤达百余里，即使有清溜下刷，坚硬的老淤也很难刷掉，水势一大，就会旁落，从而造成水灾。所以，治黄宜挖川字沟，而治运必用深浚法，这也是靳辅治河的成功经验。同时于引河南口，煞坝开挑，内蓄外导，充分发挥引河调剂水位和借黄刷沙的功能。

第二，于头坝前以坝盖之，送清水大溜出東清坝，而收回溜入运河，这样清力更猛，“汤汤下注之势，已三百余丈”，正好符合“七分刷黄，三分济运之数”，故“法为至善”。另外于御黄坝外，筑顺黄坝，其长以掩御坝金门为度，挑黄水大溜北去，导清水大溜东注，这采用的是“棒师以拳击腰之术”。盖坝接长，逼出清溜，可长尺许，顺坝补筑，黄溜北下，可落尺许，长落相乘，便可三尺。根据已往的观察，当黄水与清水相平时则清水出，高五寸则二水相抵，超过一尺则倒灌，超过三尺则夺流，而十年来黄水无论怎样盛涨都没有超过清水至四尺的。因此，此法“是助清抑黄之至术”。如果此法能实行，“则清水常出，大溜日掣日深，高堰自不吃重”。

第三，修复全部旧有之河堤，并接长至逼海软淤二十里为止。由于河力集中，因此尽管海潮上泛，河溜仍能下行，冲刷底淤，且日刷日深，这也就是潘季驯所谓“沙易停亦易刷，但能以水攻沙，断无水底施工之说”的具体运用。同时，为保护新旧河堤，以防漱漫，在堤外种柳，在堤内种芒。种柳是恢复潘、靳二氏的旧制，而种芒则是包世臣的首倡。据包世臣说，芒的形状像芦苇，而性柔根密，巴住土皮，偶遇水冲辄仆身护土，“虽陡水抽掣日许，其土不动”。芒不仅可以护堤，而且还可以当柴火烧。因此于堤内种芒，“于公于私并为得也”。包世臣还详细介绍了芒的种植方法和主要产地。

第四，相度水势槽宽之处，镶做对头束水斜坝以逼其溜，使冲激底淤，节节逼之，则淤随浪起而淦更重。淦重则积淤更易冲刷。此外，测定水线得底溜所直之处，镶做挑水小坝，挑动溜头，使趋中泓，而于溜头下趋之对岸，复行挑回，渐次挑逼，这样不仅河漕能节次归泓，而且两岸险工也可逐渐减轻。

在“守成总略”中，包世臣主张“课官幕以慎要工，逐娼优以绝浪费，核清工以杜虚险，稽垛牛以备黑汛，严守减闸以掣湖底，劝疏便民以备启坝”。他尤其强调要做好防大汛的准备，特别是要备足防汛积料，并将防汛积料做成长三丈，宽二丈，高一丈二尺五寸的料垛，料垛与料垛之间杂以用积土做成的“土牛”，土牛的长宽与料垛同，但高料垛五尺，以防料垛延烧。同时要委曲劝谕田主出财，佃户出力，疏通清口下坝下的便民各河，以便黄河大汛启坝放水时，能发挥其泄洪的作用，从而保证下河不成泽国，减轻人民的生命财产损失。

“筹款至略”讲的是如何筹措治河的钱粮经费问题。包世臣建议：将云梯关下由于积淤已成平陆的地区和“黄河漫水，南注射阳湖荡”等处的淤出新地，召民领买，种植棉粮，然后课以薄赋，以其卖地和租税收入作为治河的经费。他算了一笔账：仅“黄河漫水，南注射阳湖荡”而淤出的新地，截长补短，以鸟道开方计之，约方三百里，每里五百三十亩，当得地四十五、六万顷，其中五六万顷为湖河沮洳之地，十万顷为苇营官荡，十万顷为浅淤斥卤不毛民居坟墓之地，还剩产稼地二十万顷。这些地“淤溢肥饶，出产繁沃”，只要“撒种满野”，每亩就可收豆麦二三石之多，老百姓都很愿意领买。如果将每顷的土地，以土质的好差分为上、中、下三则，上则三十两，中则二十五两，下则二十两出卖，二十万顷土地，即可得银五万万两。除此，按当地的惯例，再征收接筑护田大堤费每亩银三分，可得银六十万两；征收摊粮平均每亩二分，岁可得银四十万两；带征接堤岁修银每亩二厘，岁可得银四万两，这几项收入都入河库，以后如筑堤修坝等费用，即可在此项下开销。

“积贮本略”讲的是如何解决料价腾贵的问题，包世臣通过调查发现，旧例购防洪用料七十五万两一堆，在十月至正月收生柴九万斤，二月至四月收温柴七万八千斤，五月至九月收干柴六万六千斤，而今不论月日，改收柴三万一堆，发价一百四十五两至一百八十五两不等，是今日之一堆的发价为昔日之一堆的两倍，而昔日之一堆的作用是今日之一堆的两倍，这样一进一出，悬殊就是四倍。料价所以会如此腾贵，原因就在于“料贩居奇，以致漕规例价不敷”。据他了解，南河用料皆用海柴，这种海柴生长在“苇芦营官地”，它既可以作为河工用料，又可供给老百姓当柴烧。以前老百姓当柴烧的都是“官料做工之余”，但如今奸民串买荡柴，反与河员为市，居奇抬价，以病国币，且饷或不继，料不至工，常至成事。鉴于这一情况，包世臣建议“筹盘苇荡，任地惠民，以平料物”，亦即丈量苇荡的面积和搞清所产海柴的数量，然后将其管理、砍伐权承包给营兵，使其“知产柴旺，则得柴价多，视如已产，加意护青”，并由营兵雇佣当地农民砍伐开采。这样既能保证防洪用料价格平稳并且“无匮”，而且又能使营兵和当地农民从中得到一定的好处，于官于民都有利。

总之，包世臣相信，凡此四略，如果能得实心实力之君子，不挟私，不避怨，真正举行的话，那么三年之后，河患就一定能得到彻底治理，“不复潘靳旧轨者未之有也”。（卷一）

据包世臣在《中衢一勺·目录序》中介绍，他《策河四略》写后的第二年（嘉庆十六年，即一八一一年），百文敏以台长任两江总督，在北京看到了《筹河刍言》和《策河四略》这两篇文章，对他提出的策河方略大加赞赏，并采用盖坝方法治河，收到很好的成效。百文敏还奏准采纳他提出的“接坝”和“筹荡”的建议，为此，包世臣应百的邀请亲手制定了“筹荡章程”。尽管由于“筹荡章程”发行于十月，“为时已缓”，加上“未能先委十万，是以不获符前说”，所以“止增采余柴四百三十万束”，而“浮于原定正额过倍”，但“工员举派正料垛数，已为四五十年来所未闻见”。（卷一）然而遗憾的是，由于“筹荡”触及了有关官吏的私人利益，因此在他们的“谤语”反对下，“筹荡”未能坚持下去。

包世臣还建议把治理河患与兴修水利结合起来，“水有利有害，能去水害者，在能收水利”。（卷首《总目序》）他并力主积极治河，根除水患，而反对那种“汛至旁午，霜后晏息，徒知言防，莫事求治”的消极“防河”思想，（卷一《中衢一勺·目录叙》）认为“言防河之不足为治”。（卷二“说坝一”）由此出发，他对清代河员无论尊卑，皆泛至而奔驰旁午，霜后则群居安坐的现象提出了严厉的批评，指出“自潘氏之后，莫能言治河者，其善者防之而已”。（卷二《答友问河事优劣》）为了变消极“防河”为积极“治河”，他除了撰写《筹河刍言》和《策河四略》等文章，向当道者提出积极治河的具体建议外，他还主张改革传统的水报式样，以便使“司河事者”能“一心运筹千里”，在大汛到来之前，做好“治河”工作，以避免水患的发生。除此，他还研究和介绍过如何筑坝、清淤、开子河、子堰、子沟的方法。（卷七《开河三子说》）

3. 创行票盐

盐在中国古代社会是一种特殊商品，上关国计，下关民生。因此，对盐的产销和纳税管理，便成为国家一大要政。自秦汉迄清，历代王朝皆以盐铁为政府专营，盐铁之税与田税为国赋之主要项目。商人运销官盐，必须凭户部发给凭照，宋称“盐钞”，后改为“盐引”。明万历中，盐法大坏，积引过多，盐政疏理道袁世振乃立《盐政纲法》，将盐商所领盐引编成纲册，允许各商永远据为“窝本”，每年照册上旧数派行新引，册上无名的不得参与盐业运销。从此食盐收买运销权都归盐商龚断，并得世袭。清代盐法，沿袭明代“纲法”，称“窝本”为“窝根”或“根窝”，是盐商世袭经营盐业的专利凭证。盐商只要向政府缴纳一定数量的费用（约一千—二千两白银），即可取得“窝根”，凭此就能垄断指定区的食盐收购，运销专利。清代中叶以后，盐商还可将“年窝”（每年凭“窝根”呈经政府发给的经营食盐的凭单）转售他人或将“窝根”典质与人，自己坐收厚利。

本来，实行“纲法”的目的，是为了便于政府课收盐税。盐税在清政府财政收入中占有举足轻重的地位，据邓之诚《中华二千年史·岁计》讲，道光年间岁入白银为三千四百余万两，而盐税为七百五十余万两，占百分之二十以上。但随着清王朝政治的日益腐败，盐税征收则变得十分困难起来。由于对盐的产销区域都划定了垄断范围，又是官督商销，清政府委派了大批管理盐政和收税的盐官，他们济济比肩，竞相勒索，除正税外，还有名目繁多的杂税和商捐，这些统称“报效”。在盐官的敲诈勒索之下，盐商不堪其累，于是就“有挟而求”，迫使盐官和官府允许他们在盐斤上“加价”、“加耗”，并可在规定限额以外，加带免税之盐，名曰调剂，实则是盐官和官府对盐商的一种补偿。然而盐斤“加价”，增加了人民的负担，影响到日常生活，而“加耗”更直接扰乱了盐业政策，以致夹带私盐的数量日益增多，贩卖私盐的既有私人盐贩（时称“枭私”），也有垄断盐商和与之有关的各类人等。由于私商的价格比官盐的价格低，其结果是私盐充斥市场，而垄断的官盐严重滞销。以两淮为例，两淮盐额每年应行一百六十九万五千引，但自道光元年起，每年所销之盐不及额引的十分之四。道光十年（一八三〇年）淮南只销五十万引，淮北仅二十万引。官盐严重滞销，就必然导致盐税大量的积欠“虚悬”，（卷七《上陶宫保书》）据统计，从道光二年（一八二二年）到道光九年（一八二九年），仅两淮就拖欠盐税银达四千八百六十二万两。“纲盐”的积弊已到了山穷水尽，非改革不可的地步了。

早在嘉庆末年，包世臣就提出了改革“纲盐”的主张。嘉庆二十五年（一八二〇年），他写了一篇专谈盐政的文章。文章首先批评了那种认为既然官盐滞销是由于私盐充斥，因此应“以缉私枭为治盐之要”，而勿需对“纲盐法”本身作任何改革的观点，他指出，私有十一种，枭私仅是其中的一两种，且“为数至少”，为数甚多的是“官商夹带之私”和“邻境官商转卖越境之盐”。所以如果“以缉私枭为治盐之要”，“甚者会酿巨案，否亦徒增官费，而无成效”。这是治盐的“下策”，不宜采纳。治盐的“上策”是裁撤大小管盐官役，唯留运司主钱粮，盐场大吏管灶户，不立商垣，不分畛域，通核现行盐课，每斤定数若干，仿现行铁硝之例，听商贩领本地州县印照赴场官挂号缴课买盐。他认为只要改革盐业专卖的“纲盐法”，听任商贩自由运销，则各项浮收勒索尽除，民间盐价必减于今之十之五六，而私盐十一种皆输官课，课入也必数倍于今，同时枭徒化为小贩，不至失业为盗贼，以扰害闾阎，这样，于公于私都有好处。（卷三《庚辰杂著五》）就笔者所见的数据而言，这是关于盐业自由贩运的最早主张。

盐税大量积欠“虚悬”，必然要引起统治集团的关注。道光十年（一八三〇年）素有“能吏”之称的陶澍被任命为置理两江总督。他接任之后，即深入调查研究，了解“纲盐”之弊，向清政府“疏陈淮盐积弊，请大删浮费以为补救”。清政府即派户部尚书王鼎、侍郎宝兴为钦差大臣，考察两淮盐务，同陶澍会商改革办法。王鼎、宝兴和陶澍随即委派亲信人员赴场灶进一步查看情形。由于包世臣早在嘉庆末年就提出过改革“纲盐”的主张，又在东南一带久负盛名，王鼎等人指示委派的亲信人员“微服过访”，当面向他征询改革意见。包世臣于是草拟了一份《代议改淮鹾条略》，（卷七上）提出了二十五条具体改革办法，其主要内容为：

第一，解散盐禁，实行“票盐法”。包世臣建议，各地商民只要“赴运司照章纳税，即可领票赴场买盐，由场员验明发照出场”，自由贩运，如同米麦。“如殷实灶户愿贩盐出场者，仍先赴司纳课领票，与外客一律办理”，取消“纲盐法”下“配引”制度，直接“以斤起数，使人易晓”。同时，为了防止因各盐场远近不一，商民不习地形，势必就近争买，致使远场“积压盐斤”之弊的发生，他主张在收课给票时，按场分产盐斤多寡，轮派标明赴买，各客赴场呈票，照数买足。雇船出场时，请场员称验，给照出场。同时他还建议，统一盐票程序，仿芜湖关船票旧例，盖总督印，司票到场，由场员按月径缴总督，以资查核。

第二，加强管理，严禁盐船夹带私盐。包世臣建议，修复北桥散旗旧例，运司于盐厅按船抽称盐捆，如果每捆浮出五斤以内，仍给旗放行，如果浮出六斤以上，则作罚款处理，如果浮出至一成，则照漏税例严办。其出江换江船的江广盐船，皆泊仪征，由运司委员验称给旗，淮北赴安豫各岸的盐船，则于淮河口委泗州称验给旗。鉴于以往一些“不肖灶户”与客商勾结，来场“私买”，从可以偷越处将私盐运出，包世臣建议各场通船只而不当关津之所，用木桩钉截，使盐船并归一路，以易查核。

第三，裁减浮费，以轻成本。所谓“浮费”是在食盐生产运销过程中，盐官和盐商以各种名义征收的杂费，如收盐的场商有“公费”（汉口岸谓之“岸费”），运到口岸销售的岸商有“匣费”，无督销专辑之责的各省文武衙门有各种“规费”，此外还有名目繁多的“杂支外支”，如系无事而食的各产盐区书楼、育婴堂、普济堂众多董事的费用，全由盐费中支出，甚至连频年养在盐务衙门并未演戏的德音、春台二班的薪金也归盐费开销，每年竟达三万两之多。浮费的“款繁滋弊”是造成盐价上涨的重要原因。为此，包世臣建议，除每盐一斤应摊正课杂银四厘，由运司当堂兑收，归正库存贮外，其他一切浮费全部取消，以减轻盐的成本。

经过反复权衡，陶澍决定采纳包世臣等人的建议（除包世臣外，当时倡议实行票盐法的还有魏源等人）。道光十一年（一八三一年）十二月，他奏请推行“票盐法”，先在安徽、河南、江苏等三十一个州县试行。道光十二年二月，他又奏请在淮北所有销岸推行票盐，并规定每引正杂课税只征银二两五分一厘，此外，不许丝毫增加。

由于“票盐法”打破了“纲盐法”给予“纲商”的垄断特权，减轻了成本，因此推行之后盐的运销数量大增，先期试行的三十一州县仅一年就运销二十三万三千一百余引，较原额溢运过半。当然和任何新生事物一样，“票盐法”实行之初，也有不完善的地方，甚至存在着一些弊端。用陶澍的话说：“票盐之弊在场商隐匿自运，把持抬价，使贩本积重，……岸价随而益高。”为此，陶澍拟采取“归局限买”的措施，即“革除场商名目，统号池户，其晒丁则听为池户佃客，所产盐斤，悉数报明局员，司其交易”，来解决“票盐之弊”，并写信征求包世臣的意见。

包世臣在回信中指出，盐法最苦者是透私，而私之所以不可止者，就在于科则之征于商太重，场商之待灶户太刻，灶户苦累，非卖私则无以自赡，科则太重，则枭徒买路之费有所取给。票盐的科则尽管比纲盐的科则减轻不少，然而，小贩仍不得盐而无可告，晒丁仍苦累而莫之恤，小贩不能得盐于场商，则增价而买于晒丁，晒丁不能取给于场商，则匿盐而售于枭徒，陶澍拟采取的“归局限买”的措施虽然能使“小贩有得盐之理”，但因“坝利太厚，则势豪之侵夺不息，场价太贱，则晒丁之生计不裕”，“票盐之弊”仍得不到根本解决。故此，他认为：“今日欲救票盐之弊，其要在平坝价而增池价而已。”他建议：依照票盐一引，钱粮经费合之不及一两五钱的标准来规定池价，并仿佃田之例，使池户与晒丁各半，这样，晒丁既“优饶”，“不至冒禁透私”，池户也有利可图，“足以餍其心”。同时明立章程，盐贩到坝，成本每引三两七八钱，出场盐船不许径出双金闸，皆盘坝领票缴撤场照，票境之内，听其自由贩卖，不复问其卖价，唯核定坝价，贱则从时，贵不得过每包一两五钱，规定湖贩以五十引起，五百引止，从而使小民皆可合本趋利，以打破势豪的垄断，使他们“不能估岸居奇”，如此“岸价”就自然会比“现行更减”。“岸价平则外私不入，池价增则内私不出”，“票盐之弊”即可根本解决。

不久，包世臣又写信给陶澍举荐为票盐总办的谢无锡，进一步阐述了“归局限买”，不能解决“票盐之弊”的道理。他指出，场商运盐，理同业户贩米，并没有违反禁令，不应用强制手段硬行革除，况且场商一革，彼则逍遥以收池利，而分司大使无能过问，办公更无从着手，这样不仅无助于“票盐之弊”的解决，相反还会引出一些意想不到的问题。他认为解决“票盐之弊”的关键在“因时制宜”，使晒丁取利于池，场商取利于场，场贩取利于坝，坝贩取利于关，关贩取利于岸，交易而退，各得其所，只要盐商不夹私垄断，哄抬盐价，就允许他们自由贩运。包世臣的上述建议后来为陶澍所采纳，高昂的岸价很快就被降了下来。

“以纲改票”这是清代很重要的经济改革，继陶澍在淮北改行票盐法之后，道光二十八年（一八四八年）湖广总督陆建瀛又将之实行于淮南。同治年间，河南、两浙、福建等省也相继改行票盐。但以往有关盐政史著作，在说到“以纲改票”一节时，仅提到陶澍和魏源，认为陶澍在淮北实行票盐法主要得力于魏源的“擘画”，而只字未提及包世臣于两淮首倡改革纲盐法，实行票盐法的功绩，这有欠公允。其实包世臣在《答谢无锡书》中就说得非常明白：“今票盐之改，乃当事采仆议一节，以筹办淮北者，是其事亦发于仆，发其事自深知其利。”（卷七上）魏源“擘画”的功绩应充分肯定，同样包世臣首倡改革纲盐法、实行票盐法的功绩也不可磨灭。

4. 改革币制

鸦片战争前夕，中国的银贵钱贱的问题十分严重，据包世臣的调查，道光十九年五月，江西省城的银价涨至制钱一千，兑库纹六钱一分，亦即银每两为钱一千六百三十余文，而在十年之前，银一两还只换钱一千文左右。银贵钱贱，受害的当然是广大劳动人民，因为按清政府规定，完粮纳税须用白银，银价上涨，无形中便增加了他们的赋税负担，十年之前，他们只要纳钱一千文即可准库纹银一两，而现在他们要纳钱一千六七百文，才可准库纹银一两。与此同时，由于钱价急剧贬值，他们原来卖米一石可得钱一千文，而现在卖米一石只能得钱五六百文，这样原来库纹银一两只须卖米一石，而现在则非卖米三石不可，是他们的赋税负担比原来增加了两倍以上。本来广大劳动人民的赋税负担就十分沉重，而银贵钱贱引起的负担增加，犹如雪上加霜，更使他们无以为生。

为什么会出现银贵钱贱？这是当时社会各阶层所思考的一个问题。包世臣认为，银贵钱贱是因当时“夷以土入，华以银出”，大量鸦片的输入，白银外流，造成“银荒”而引起的。他算了一笔账，当时苏州一城吸食鸦片的人不下数万人，而鸦片之价较银四倍，如果以每人每天吸食鸦片需银一钱计算，那么苏州每日即费银万余两，每年即费银三四百万两。全国像苏州这样的名城大镇有数十个，仅这数十个名城大镇，每年花费在吸食鸦片上的白银就达万万以上。而当时国家正供盐关各得每年不过四千余万，也就是说每年因鸦片输入流出的白银是国家全年正供并盐关各得的“倍差”。在这种形势下，就必然会出现“银价日高，市银日少”，银贵钱贱的现象。（卷二十六《庚辰杂著二》）

既然“银贵钱贱”的根源是鸦片的输入所引起的白银大量外流，因此，包世臣认为要解决这一问题，关键在于“漏卮之塞”，严禁白银外流，而严禁白银外流的关键，又在“厉禁烟土”，不许鸦片输入国内。（同上）实际上，当时清政府面临银贵钱贱所引起的严重社会危机，也曾下达过“严禁纹银出洋”的禁令，但由于只禁止“纹银出洋”，而未对引起“纹银出洋”的鸦片输入采取严禁措施，其结果是“银价增长”，鸦片的走私活动更形猖獗，白银继续大量外流，只有包世臣从“厉禁烟土”入手，来堵塞白银外流的“漏卮”的主张，才抓住了问题的本质与关键。

在主张“厉禁烟土”，堵塞白银“漏卮”的同时，包世臣还主张改革币制。他提出的改革办法有三点：第一，仿今日之官照及私行之金票钱票，发行纸钞。他认为，发行纸钞“上利国，而下便民”，（卷二十六《再答王亮生书》）但要发行成功，必须解决好两大难题：一是如何使“细民”能信从，二是如何防“匪人”为奸利。就前一难题而言，他主张“未议行，先议收，而收入莫如正供常例二事”，亦即规定“在内捐级捐封捐盐，在外完粮纳盐必以钞”，（卷二十六《与张渊甫书》）他相信如此“不过一年，民心必趋于钞”。（卷二十六《答王亮生书》）就后一难题而言，他主张，其一，选用“至精”好纸，最好选用高丽纸及宣贡纸；其二，征用两处手艺高强的匠人制造，并给他们终身俸禄供养起来，使其不向外传授制造方法；其三，在纸钞流通之前，先发式样于各省“遍行晓喻，使民人先识纸式”，这样作伪者便“无所用力”。（卷二十六《答王亮生书》）

包世臣进一步认为，发行纸钞，除了妥善解决好以上两大难题外，另一成败的关键，是要以一定的实物作基础，限制总量，而切不可像当时另一位主张发行纸钞的代表人物王鎏（字亮生）所主张的那样“造百万即百万，造千万即千万”，以为“纸钞”为“不涸之源”，可以无限发行，否则，将造成货币贬值，物价上涨，这也正是“从来钞法难行而易败”的重要原因。故此，他主张初届造钞，以足当一岁钱粮之半为度，以后根据情况“陆续增造”，至倍于岁入钱粮之数，循环出入，足利民用即止。包世臣关于发行纸钞要以一定的实物作基础，限制总量的观点无疑是正确的，符合现代货币理论。

第二，“不废钱，一切以钱起算，与钞为二币。”包世臣认为钞虚钱实，二者轻重相反，不相为废，不能因为发行纸钞而废弃铜钱。至于他主张“一切以钱起算”，是因为他通过调查发现，由于银贵钱贱的作用，当时的富贵之家纷纷争藏银元，这使本来就流通数量日少的银币更形日少，而盐米必需之物，商贾买之以银，卖之以钱，结果是“物价腾涌”，银贵钱贱的现象更为严重。他认为欲救此弊，唯有专以钱为币，一切公事皆以钱起数，而以钞为总统之用，补钱之不及。如此，富贵之家见“行钞之便，知银价必日减”，就会抛出他们所收藏的银币，银币抛出日多，而用银处日少，银价“自然而然的会骤减”，银贵钱贱的问题也就可以得到解决。

第三，“亦不废银，而不以银为币，长落听之市人。”（卷二十六《与张渊甫书》）当时以王鎏为代表的一些主张行钞的人，“欲于行钞之后，即下废银之令”。但包世臣认为“行钞废银，是为造虚而废实”，不符合“古人三币之制”，万不可行，况且废银必遭到那些藏大量银元的富贵之家的反对，而这些富贵之家大多是王公贵族和大小官吏，他们颇有政治能量，如果得不到他们的支持，任何改革都会失败，改革币制的“盛业”要是“从此被阻”，这是深为可惜的。因此，他主张不废银，但不以银为币，而在“造钞即成”之后由部发各布政司，转发州县，州县于“水陆大镇”各处，设立钞局，“卖钞收银”，其价依“市价”而定，（卷二十六《再答王亮生书》）这样以保证那些收藏有大量银元的富贵之家，不致因废银而反对币制的改革。

包世臣的币制改革的主张，虽然不能从根本上解决清政府的货币危机，但他提出的一些具体办法，如“以钱起算”和“不以银为币”却能减轻农民遭受的白银“与五谷相轻重”的损失，同时对“商贾不行，生计路拙”（卷二十六《致前大司马许太长书》）的商业经营者解脱困境也有一定的帮助，因此，包世臣的币制改革主张，具有它的积极意义。

四、包世臣的吏治思想

包世臣生当清王朝由盛而衰，内忧外患深重的时代，当时的吏治之败坏已达到极点，作为“文成而后学政”的改革思想家，他曾有过“以书生发愤，欲荡积垢，一切与民更始”（柳诒征《说储下篇跋》）的豪情壮志，“稍长因于奔走，涉世事，读官书，则知求所以致弊之故而澄其源”。（卷八《读亭林遗书》）于是他或上书当道，或撰写文章，系统地阐述了他的吏治思想。概而言之，他的吏治思想包括以下四个方面的内容。

1. 为民爱民

强调为官必须为民爱民，这是包世臣吏治思想的重要内容。道光三年（一八二三年）十一月，奉差赴新蔡县补缺的姚伯山，驰书包世臣“问居官之要”，包世臣遂“纤悉相告”。他认为治理一个县，并非难事，问题在于一些人一经为官，即变其素行，很快就营私贪墨起来，稍有政绩，“遂尔自足，旋踪改操，反下杂流”。在他看来，清代的吏治到了嘉道年间所以会“至伙”而“日下”，其主要原因，就在于为官者“居官而不知为民”，未能“爱民如吾身”。故此，他经常告诫他的那些为官的“友生”说，“印到为官，印去即仍民”，所以计一生，则为官之日少，为民之日多，计一家，则为官之人少，为民之人多，故“欲举一事，发一令”，都必须慎思熟虑，看它是否对民有利，并要设身处地抚衷自问，“吾之父母官，以此施于吾身，将以为何如？”他指出，只有为官者认识到对治下的黎庶施行苛政，与“执柯伐柯”是同一道理，这样才能“视民如吾身，于凡害之当除，利之当兴，自有不能已于中者矣”。（卷二十七《答姚伯山书》）在一首说理诗中他写道：“官本来自民，何为至相迫。终岁使嗗嗗，相望若脉脉。以居亲民位，实败亲民债。厚其郁民气，殆为竭民力。古称予不戕，非疑民未急。伐柯则犹远，取譬已欲立”。（卷二十四《保绪以诗赠行弃之本笥未审也，十八日抵吴门启笥见诗，感其训词深厚依韵寄书》）

正是从为官者必须为民爱民这一思想出发，包世臣首先反对官吏对人民毫无止境的掠夺，尤其对那些残民好利、鱼肉百姓之徒深恶痛绝。他认为，当官者不掠夺百姓，爱民如子是分内的事情，掠夺百姓就不是好的官吏，因此，他曾多次上书当道，要求整肃吏治，严惩贪官污吏，凡官吏都应该各饬廉隅，以民为倡，“庶无廉尚之俗可见，而顽孺之风可息也”。（卷三十二《为直隶承宣陆心兰通政致所属长吏》）他在反对官吏对人民毫无止境的掠夺的同时，强调居官一要“俭”，二要“勤”。所谓“俭”，就是不搜刮民脂民膏，贪污受贿；所谓“勤”，就是不疏于政事，积压民案。他在送毕子筠赴知县任时，曾以“俭”、“勤”二言相勉励：“俭则需次不举人钱，勤则莅任不留民事。”他自己在试令新喻县时，也特别注意“俭”“勤”问题。他还要求官吏剔除厉民苛政，做到几个“不”字，即不“专治所部”，不“事封殖”，不“树私人”，不“薄亲民而鄙政事”，不“征求无度”。他援引古人旧诗，希望大大小小的官吏，“不必言抚字，但毋增苛政，稍为除强梁，良懦便称庆”。（卷二十七《覆陆蓬莱书》）

其次，他认为为政之道在“通民情”。道光七年（一八二七年）

四月，魏源受新任山东藩司贺长龄的委托当面向包世臣请教“东省治要”，包世臣开门见山就大讲了一通“为政之道务在自胜以通民情”的道理，他认为只有“通民情”才能“附民”，“民附”才能“从令”。（卷四《山东西司事宜条约》）而要“通民情”，官吏就必须“平易近民”，经常深入民间，了解广大老百姓的需求疾苦，每施一政，应“先察民心之所向，次验民力之所堪”，并注意“因势利导”，发挥广大民众的积极性，从而达到“政成而民安之，乃为善耳”。（卷二十七《答陆曹县书》）包世臣还特别强调居官一定要“为民劳心”，并认为只有心为民而劳，才近于父母，如果心为己而劳，则与盗贼无所区别。

包世臣还提出：不仅官吏为政要“通民情”，考评官吏也要“通民情”，判定官吏政绩的好坏，不是看他有无“赫赫之名”，而是看老百姓对他的评价如何，如果“政声人去后，民意闲谈时”，即人虽已离开旧治之地，而那里的百姓仍然怀念他，谈论他的政绩，那么，这样的官吏就是好官吏。基于这一评定官吏的标准，包世臣认为嘉庆年间的石家绍是一个好的官吏，因为石在署饶州、赣州知府任内，能以己度人，以情求物，监民折狱，常得其真，巨猾负嵎，服君清德，遂来归命，狂潦洊岁，君尽心焉，“灾以不害”，所以“迹君宦辙，来则老幼欢迎恬嬉讴舞，去则壶浆塞路，涕泣横流”，无论认识或不认识他的都称他为“石爹爹”。（卷三十二《石公祠碑》）“爹爹”，是江西人对父亲的称谓。在包世臣看来，石家绍能恩威并用，爱民如子，深得老百姓的爱戴，是难得的好官。故此他不仅在石家绍生前向江西巡抚陈玉生极力举荐石家绍，说他“生性诚笃，好读书，心乎爱民重士”，可以委以重任，处理“紧要难办之件”，（卷二十七《留致江西新抚部陈玉生书》）而且于石家绍死后，为他树碑立传，介绍他的政绩，并希望官吏们都能像石家绍那样爱民如子，得到老百姓的真心爱戴。道光年间的张琦在署山东邹平知县期间，

“为合邑民请命”，尽力政务，不久另调他任，“乡民饯送万数，以讫其境”。在任山东馆陶知县时，张“以近民为宗”，“察灾势，度民力”，“平粜仓谷”，救济难民，为老百姓办了不少好事，深得当地居民的称颂。后张病逝于馆陶任上，老百姓为之立祠，以示纪念。包世臣认为张能得民心堪称群僚的楷模，并为之撰写墓表。

第三，他认为官吏要以解除民间疾苦，为民兴利除弊为职责。在《为江苏提刑诚述堂通札所属》的文告中，包世臣要求所属官吏时时刻刻“怀兴利除弊之心”，无论是现莅之邦，还是旧治之地，只要对于能解除民间疾苦确有真知确见，可以裨益吏治民风的，如系本使专政之事，一定要“实时采纳施行”，如需详明两院宪及会同潘司各道，则应实时“据情详咨，熟商办理”，务使民隐得以悉达，襄举善政。他并表示，“此即本使司虚怀求治之衷，唯望同舟共信，以期相与有成”。（卷三十二）在《为直隶承宣陆心兰通致所属长吏》的信札中，他引苏东坡的话说：“士大夫莫不爱其同类，然官吾类也，民亦吾类也。”因此他希望所属长吏应怀为民爱民之心，于“民间疾苦”，多加注意，“革除积弊，少宽民力”，否则，如果朘民自植，欺压百姓，“上负圣恩，下孤民生”，必将严惩不贷（卷三十二）。在《答陆曹县书》中，他劝陆曹县“兴水利，劝艺蔬，修保甲，责守望”，“课栽树”，努力为民“兴利除弊”。（卷二十七）他并强调指出，“今之长民者”，要是“见利莫为兴，见害莫为除”，他就不是一个好官吏。（卷十《赵平湖政书五篇序》）

包世臣还就如何为民兴利除弊问题提出了许多建议。在兴利方面，他建议种树植桑，屯田京畿，治理河道，修建水坝水库，增强抵抗自然灾害的能力；在除弊方面，他主张改革漕务，简化征漕程序，除规定的数额外，革除一切杂征杂派，以惠农民。他通过调查发现，当时影响农业生产和农民生活，造成“本末并耗”，以致“民穷而不能御灾”的原因，除腐败的吏治外，还有三个原因，“一曰烟耗谷于暗，二曰酒耗谷于明，三曰鸦片耗银于外夷”。故此，他主张采用教育与强迫相结合的方法，规劝农民改种烟之地为种粮，改酿酒之谷为食用，改掉抽烟、酗酒的不良习惯，同时，严禁鸦片入口，杜绝白银外流的“漏卮”。（卷二十六《庚辰杂著二》）

包世臣强调为官必须为民爱民，从其渊源上来说，是对我国古代民为邦本思想的继承。也正因为包世臣强调为官必须为民爱民的思想是对我国古代民为邦本思想的继承，所以他反复强调民心的向背决定着一个王朝的存亡兴衰，认为为政先在利民，只有民富了国家才能富强起来。用他的话说“富民”之国，才是“王国”，（卷七下《说储上篇序》）而反对与民争利。他在其文章中曾多次引用古人的话，阐述过“水能载舟，也能覆舟”的道理。

当然，作为生活在鸦片战争前后的地主阶级改革思想家，包世臣强调为官必须为民爱民，不可避免地带有时代和阶级的色彩。从其思想范畴来看，包世臣强调为官必须为民爱民不仅渊源于我们古代民为邦本的思想，而且他长期生活于民间的经历和“经世致用”社会思潮的影响，使他有可能接触到下层人民的痛苦，了解到社会的种种弊端，从而萌生出“为民请命”的信念。

从其目的动机来看，包世臣从当时内忧外患的严重局势中认识到清廷衰落的病根就在“大吏及在事人役，见利忘义之所致也”。（卷二十九《却寄戴大司寇书》）因此，他要求整顿吏治，要求官吏为民爱民，使人民群众不至于因生活所迫铤而走险，以谋求清王朝的长治久安。但这其中也不乏具有关心黎民百姓，以纾民困、体民情、安民心、拯救人民于水火的目的与动机。

从其对象范围来看，包世臣所说的为民爱民的“民”，仅仅指的是那些服从封建王法的“良民”，但对于那些敢于犯上作乱的所谓“奸民”，他不仅不主张“为”，不主张“爱”，相反主张镇压。所以，他对那些在镇压白莲教起义和其他农民闹粮闹漕事件中立功的地方官吏和清军将领是一赞三叹，并为他们树碑立传。包世臣这种既主张官吏为民爱民又要求他们防民压民的矛盾现象，正体现了他既要维护清王朝统治秩序，又要照顾人民群众起码利益的双重性格。从其社会功能来看：包世臣的为民爱民思想，如果能得到实践，一方面在一定程度和范围内会缓和人民群众与清王朝统治的矛盾，另一方面也多少会减轻人民群众的沉重负担，有利于促进社会再生产。基于上述分析，我们应予包世臣的为民爱民思想以一定积极的肯定评价。

2. 慎选官吏

官吏既是封建政府政策的具体执行者，又是人民群众的直接统治者，尤其是州牧县令，职掌着一州县的政令、赋税、诉讼和文教诸事，史称“亲民之官”或“父母官”，“故其职为至要”，（卷二十八上《说学政事宜》）他们的为政好坏，是为民爱民，还是残民以逞，是兴利除弊，还是贪赃枉法，无不关联着封建统治秩序的稳定和人民群众的切身利益。因此，包世臣把培养和选拔好的官吏特别是州牧县令视为整饬吏治的关键问题，他在致新任江西巡抚陈玉生等人的书信中就一再强调指出：“为政在人，劳于求贤，逸于得人，先民之训也”，（卷二十七《留致江西新抚部陈玉生书》）“故今日而言补救，唯在收摄人心，物色人才而已”。（卷三十五《致前四川督部苏公书》）他并就如何培养和选拔官吏提出了一些很有价值的建议。

包世臣认为在学之士子，即明日之官吏，是官吏的来源，因此，培养官吏的工作必须从生童开始。他在《说学政事宜》中提出，生童六岁入学，蒙师首先要教以有关“事内外亲族尊长隆杀之节，书房坐立之次”，以“小学”为教材，“须为讲明其讲义”。如有“不能讲明《小学》字义仪节者，长正稽察毋许教授”。各级官吏尤其是主管学政的官吏，也要加强其监督和检查，帮助解决存在的实际问题。“凡令丞至乡，皆就近召蒙师劝加勖谕”。对那些“端秀聪颖而力不能终其学”的“下贫人户”子弟，经长正报告后，主管学政的官吏应及时“召验经画培植之”。他还要求知县对全县的生童要做到心中有数，并登记造册，“条记行学举止”，对品学兼优者加以奖励，对品学低劣者则限令改正。同时由藩司主持生员的考试，如果“考核如法，入等者署为贡士，而贡于礼部，礼部试如法，入等者为进士”，一旦成为进士，就具备了出任官吏的资格，“上者立隮侍从，其下乃膺民社”。（卷二十七《却寄戴大司寇书》）因此士子的德才如何，与吏治的好坏有直接的关系。

包世臣尤其强调要对士子进行义礼廉耻的教育。他引孔子的话说：“行己有耻，可谓士矣，道政齐刑，民免而无耻，道德齐礼，有耻且格。”在他看来，当时吏治所以腐败的原因之一，是官吏们无“无耻”之心，“无耻则营私而不能奉令”。比如，他举例说：今富民出资财使人司贸易，而其人干没其息，侵吞其本，则无以自比于人，不见容于同业，但吏收钱漕，既已恣欲浮取，又复任意亏空，至于杂项钱粮，征而不解，尤为习常，而皆恬然不以为怪。这是官吏无“无耻”之心的表现之一。穷檐匹妇，如有外私，则为族里所鄙弃，为吏而市狱，与妇人外私而无异，然市狱者相环，恬然不以为怪。这是官吏无“无耻”之心的表现之二。士民家用雇工，如所雇之人，不能供其役，则自行求去，为吏而不明吏事以旷其职守，与雇工不能供役无异，但内而六曹，外而郡县，居其官而不能举其所当有事者，盖比比已，而恬然不以为怪。这是官吏无“无耻”之心的表现之三。因此，要整饬吏治，就必须从其源头入手，加强对官吏的来源——士子进行义礼廉耻方面的教育，使他们认识到“利心胜则耻心微，是故利者义之反，而耻者义之源，廉耻不明，则礼义路塞”。这样他们日后从政，就可奉公守法，勤政廉洁。（卷

二十八上《庚辰杂著一》）

为了慎选官吏，包世臣主张“仿西汉孝弟力田”的办法，从农民中选拔吏治人才，其具体做法是：饬直省大吏转饬州县，实力访求农民中敦笃力作，数十年不入公门，行谊为族里所称的人，由州县官吏对他们进行考察，分别详情呈报上级，以“量给职衔”。他建议，“其选不必太精”，但必须“善善从长，拔十得五，使足以劝诱而已”。包世臣认为，这样做的好处，能使从前报捐之职员贡监，日少一日，而孝弟力田得举者，日多一日。如此，则齐民深信非笃行勤，莫可邀荣宠。其结果，“父兄教而子弟率，莫不鼓舞振作，以求无忝于圣人之氓”。（卷二十八上《庚辰杂著一》）

除了主张从农民中遴选吏治人才外，包世臣还对清代的主要选官制度——八股取士的科举制的弊端提出了严厉的批评。科举制兴起于隋唐，并为以后历代王朝所采用，成为中国古代社会的主要选官制度。如果说在明代以前，尤其是隋唐时期科举制对于打破门阀士族对于政权的垄断，为历代王朝选择吏治人才起过积极的进步作用的话，那么到了明清时期，由于实行八股取士及考试内容和形式的僵化，科举制已是弊端丛生。包世臣认为，科举制的最大弊端是以“八比小技”取士，束缚人才，难于择优入仕。他指出：科目进身，原其本意，欲因文以见学，使出学以为治，是故领于礼部，以驱率天下之人才，大而封圻，小而州县，什七八出于此。然而，“决得失于一夫之目，且弊端百出，以坏廉耻之防于就傅挟荚时，推其究竟，可不为之寒心哉”！（卷二十五《齐民四书·目录序》）比如，就怀挟而言，他举例道，他本人自领荐预试十有一次，矮屋相比，莫不携有坊间出的“揣摩连科墨裁”的细字小本，可信没有怀挟的唯阳湖张琦以及他和他的胞弟包世荣等四人，而这四人皆在被屏之例。如此举行的科举考试不仅不可能选拔出真正的吏治人才，而且会导致吏治的败坏，因为怀挟坊本，规抚时墨，是士之丑

行，甘从丑行之人，异日从政，就难免不“剥民以肥家”，“亏帑以要上”。（卷二十九《却寄戴大司寇书》）

在对科举制的弊端提出了尖锐的批评之后，包世臣认为，要通过科举制度选拔出真正的吏治人才，就必须革除科举制的种种弊端。对此，他建议，第一，改革科举考试的内容，除考《四书》《五经》之外，还考“史事疑义与时务有比附者”。具体而言，治乱兴衰，唯主《通鉴》，制度文为，唯主《通典》，使学者有所法守。同时于从容造膝之时，详陈利病，以便圣明采录。第二，严格录取程序，头场上堂，主试官不得遽行批中，必候三场并荐，共同校核，方定去取。揭晓后，败卷到部，责成堂官分派司员查核，如分校有于二三场竟不寓目，及使随丁照对读黄点断句舛谬者，严参重处。覆奏下，乃发败卷，士子领卷后有后言得实者，兼坐部员主试。为防止主试官玩职忽守，行私舞弊，主试官还必须将“二三场佳文同头场一并刊行，批明去取之故”。（卷二十九《却寄戴大司寇书》）第三，加强对考生“办夹带”、“倩枪手”和“打关节”等舞弊行为惩罚的力度，凡败露之案，逐节追究，上及其父师，旁及居间说合造作之棍徒，依律重究。包世臣认为，若能采取以上三条措施，那么“试弊必除”，而“真才始见”，（卷三十一上《读律说下》）“绩学之士”就能被选拔上来。

出于为国举贤才，为老百姓求良吏的目的，包世臣还特别重视和热心于吏治人才的举荐，如两江总督陶澍所用的“委员”就“多采”他的“指引”。（卷二十六《答族子孟开书》）就他所举荐的人才来看，他举荐的：

第一是为民爱民之才。比如前面提到的石家绍能恩威并用，爱民如子，深得老百姓的爱戴，因此，当陈玉生出任江西巡抚后，包世臣即向陈举荐，认为陈如果有紧要难办之件，委之石家绍，“必能洽民情，而蒇公事”。（卷二十七《留致江西新抚部陈玉生书》）

第二是经世实用之才。他曾向两江总督陶澍举荐治河筑坝专家河南守备卢永盛，说卢“练工程，识机宜，世臣与共事五十余日，南河文武无与比方者”，建议将其调赴夏驾浦，委办此坝，得地得人，何事不成？他并且希望陶澍本人能亲自对卢进行考察，“阁下收工时接见之，亲询之，自知世臣之言不谬。”（卷七《却寄陶宫保书》）

第三是操守清谨之才。包世臣经过多年“访问政事”发现，官吏中有才者不少，但操守清谨者不多，而洁己率属办利民实事者尤少，因此，他主张“为劳民择良吏”。（卷二十九《上吴侍郎书》）他在举荐人才时，就十分注重其人操守是否清廉，有无贪赃枉法的前科，凡操守有亏者，他都一概不予举荐。

第四是政绩卓著之才。他在回答“以人才下访”者时说，世臣比荐广东知府罗含章，能兴沟洫；甘肃知县周爊，能兴机杼；新疆降调笔帖式和书，能持大体；新疆放回江巡道朱尔赓额，能任难巨。他并指出，他之所以举荐这些人，是因为这些人“识力具有本末”，“其政事彰著有纪”。（卷四《与秦学士书》）

包世臣认为举荐吏治人才，首先必须“期于归实”，（卷一《筹河刍议》）即根据人才的各自特点，举荐他们担任与之相适宜的职务，以便人尽其才，才尽其能。同时，他提出举荐人才应不拘一格，而不能苛全责备，因为人无全人，金无全赤，所谓全才通才是十分罕见的，精通水利的人，并不见得精通漕务，善于治理地方的人，对于带兵打仗可能一窍不通，所以，一个人只要具有某方面的才能，又大节不亏，就应用其所长，充分发挥他们的聪明才智。他还要求举荐者举荐吏治人才必须出于公心，而不应夹带一丝一毫的私欲杂念，更不能因此而拉帮结派，结党营私。他在《与秦学士书》中说到他所以不顾某些当道者的“排摈”与冷落，而一而再，再而三的举荐各方面的吏治人才的动机时说：“世臣举出所知”，完全是为了为国举贤才，为老百姓求良吏，除此“又岂有他意哉”？正因为包世臣举荐吏治人才是出于公心，所以能不避“亲”、“熟”之嫌，光明磊落，一身正气。如他举荐与自己有乡梓之谊的胡玉樵为曹县知县，胡知曹时，“疆吏飞章劾州县数十人，而荐称职者唯胡君”。事后“故人移书诫之曰，因不失其亲也可宗也”。（卷二十七《答陆曹县书》）再如前面提到的朱尔赓额，在治南河时与包世臣是同事，且彼此“相知之深”。包世臣认为朱是治河方面的人才，于是积极举荐他出任江巡道。当时，有人攻击包世臣举朱是“淮朱君之毂，以为进身地步”。因为在这些人看来，朱习河事，有赖于包世臣，所以如果朱出任江巡道非得包的襄理，“未必有功”。就此，包世臣一方面向当道者说明朱“能独任河事”，可以委以江巡道的重任，并愿为朱担保；另一方面他考虑到朱对自己的信任，“朱君若果起用，势不听世臣他去”，而自己“近年精力衰耗”，已不能像从前那样治文书常至分夜，为朱出谋划策，因此决定先决归计，并于朱正式出任江巡道之前接受了江苏刑提诚公之聘。他并表示：“人生但期有益于世耳，身虽不显，而所言得行，苍生实受其福，夫复何憾！”（卷四《与秦学士书》）包世臣以他的行动证明，他举荐吏治人才，纯粹是为国为民，攻击他举荐吏治人才是为了自己捞好处，不过是以小人之心度君子之腹而已。

3. 精通吏事

鉴于当时“居其官者而不能举其所当有事者”的现象十分严重，（卷二十八上《庚辰杂著一》）包世臣不仅特别强调为官必须为民爱民，而且还要求官吏“明吏事”，努力提高自己的为政能力和统治技巧，他并就此问题进行了认真探讨，提出了许多好的意见。他认为，“学为政者必先求民生之要，初任职者必先求风俗之略”，因为“千里异风，百里殊俗，淳漓相较，去若楹莛”。（卷二十八上《说学政事宜》）而要“求民生之要”，和“求风俗之略”，就必须深入实际进行调查研究。故此，他建议：凡藩司到任，限二月内查清图籍，及访问僚属，究前任得失之概，并遍巡所辖，见各长贰文武官员，问其政治所先，与地方是否切当，同时召见各乡耆老，参问得失，观其城市乡里，币穀贵贱，风俗奢俭，阛阓贫富，畜物盛衰，实时登记册籍，并于阅遍回省之日，向吏、户、兵三部汇报，约陈该地习尚，应如何补偏救弊，孰先孰后之概，以凭参验。凡府到任，限一月外，即遍巡所辖，回署上之司，如司上部法。凡县到任，限一月外，即遍巡所辖，详考得失上之府司，如府上司法。（卷二十九上《说课绩事宜》）他特别向藩司、知府和知县建议，他们在巡城下乡时，不仅要“必勤问劳”，而且要“不简细民”，因为百姓的舆论最能反映官吏贪廉勤惰的实情。他还提醒他们在遍巡时要“不骄巨室”，“慎无先于富绅”，因为“富绅”往往与贪吏沆瀣一气，“交蟠互结”，表里为奸。他并指出不可忽视对八十以上的长者的“请教”。然后，将从城乡所了解的情况，“以交错互”，对比研究，则水利设施，耕织现状，课否恰当等诸方面的吏治民情，“亦可十得五六矣”。他认为只要官吏“巡辖既周”，对“民生之要”和“风俗之略”能做到胸中有数，“实心谦德，以张信威”，这样“令之下也”就一定会像“流水”一样容易执行。（卷二十八上《说学政事宜》）

包世臣认为，为政应宜“乐易”，避免“烦苦”。他在《送毕子筠分发浙江知县序》中写道：知县为什么既被人们称之为“父母官”，同时又被人们称之为“盗贼”呢？这是因为如果知县以乐易为政，故民爱之如父母。乐之反也苦，易之反也烦，如果以苦烦为政，则民恶之如盗贼。他还举《诗》和《易》的内容为例加以说明——《诗》曰：“谁能烹鱼，溉之釜鬵。”说之者曰：“烹鱼烦则碎，治民烦则扰。”《易》曰：“易则易知，简则易从。”易知则有亲，易从则有功，既“有亲”又“有功”，这是父母之行为。他进一步指出：世代圣贤所恶之事莫过于遇事“不可知”，而近时州县官吏“举事而使人不可知”，无非“是其心深恐人之知也”，这种阴暗卑劣的不端心术，无异“是盗贼之行也”。（卷三十二）

从为政应宜“乐易”，避免“烦苦”这一思想出发，包世臣主张“去太甚”。所谓“去太甚”，即凡发布命令，执行政策，要做到宽猛相济，张弛有度，否则是“过犹不及”。他在《答姚伯山书》中指出：为官举事唯去其太甚，发令勿骇乎众情，潜更弊俗而不觉，乃为善之善者耳。否则，若信未孚于人，而求治太骤，则吾心未足以喻良民，而奸民得以簸弄是非，以簧惑听闻，“甚且持吾短长则吾方自救之不暇，遑言治人乎”？（卷二十七）所以他一再强调，为政“举事骇众则败成”，只有“顺人情，去太甚，默运转移”，才能政通人和，“天下晏然”。（卷八《读亭林遗书》）为了说明为政必须“去太甚”，而不能一味“持威”，他打了一个“用盐”的比喻，他说：威之不可专持，若盐之于味，凡盐之用有所托，不适则败托。因为盐是调味品，用之过量，势必败味。同样，如果求治太甚，专以威势治民，也是不会有善政的，这已被历史充分证明，“数十年来，上游之欲威民甚矣！故任武健之吏，以疾其威”，其结果“威之疾至过于乱民，而民之乱未见其有瘳也。”（卷三十二《书饶啸渔文后》）他引用与自己有三十年道义之交的张琦的话说：官吏为政，与医生治病，事异理同，医诊得情，而用药过其情，则病解而药伏余毒，常酿巨症；吏听讼得情，而用法过其情，则讼结而人积余憾，常酿巨狱。（卷二十七《张馆陶墓志铭》）这也就是说，无论是“治病”，还是“治讼”，是用“药”，还是用“法”，都应恰如其分，不能过量，过量就会留下严重的后遗症。

包世臣特别强调为政要“求实效”，不能搞表面文章，哗众取宠，自欺欺人。他在《覆陆蓬莱书》中讲了这样一个故事：有一年他的一位朋友路过齐中，见到处都张贴着蒙阴县的吴县令所写的种树歌，其“劝民之意流露行间，颇委至可诵”，因而，“心仪之”。数年之后，这位朋友又过其境，此时吴县令已改官而去，而恩碑树立道左，上面大书吴县令“治蒙六年，劝民种树”的政绩。然而他的这位朋友“行尽百里，一望山原竟秃，无可息荫饮马处，不禁哑然”。光秃秃的山原无疑是对吴县令的劝民种树歌的莫大讽刺，所以他希望新任蓬莱县的陆县令应引以为戒，千万不能“饰虚声以博超擢”，而要晓得“为政不在多言，顾力行何如”的道理。（卷二十七）在《答陆曹县书》中，他也希望陆曹县为政能“捐名心以求事实”，扎扎实实办一些于民有利的事情，而少图虚名，这样，“果有成效，曹虽下邑，舆诵何遽不达远，而必足下自言乃为信乎”？（卷二十七）作为州县长官，其名声不应靠吹牛皮，说大话，搞表面文章获得，而应通过自己的政绩，由老百姓来公认。

包世臣还主张为政要“细心以审真势”。（卷二十八上《说学政事宜》）所谓“细心以审真势”，也就是认真研究不同问题的不同情况，并根据研究所得，采取不同的措施和政策。如他根据曹县的自然条件，就如何发展农桑等问题，向新任曹县的陆县令建议，“北方水利久废，稻田不习，风沙数至，蚕事对碍，审势即可举行，为力殊非旦夕”。（卷二十七《答陆曹县书》）包世臣本人在出任地方官吏期间，就特别注重为政要“细心以审真势”，这也是他做官时间不长而多有政声的重要原因。

如他在试令新喻县时，赴任不久，该县因“预为加漕”问题，“致兴大狱”。他通过调查研究了解到实际情况后，即“集绅耆与户粮书吏廷谕之曰：‘漕，正供也，民习输而令习征’”，对于老百姓来说纳漕是应尽之义务，对于县令来说征漕是例行公事，并表示“前此虐民诸政，仆已访悉”，今后他一定力能划除之，一遵漕运则例。经向各方人士晓之以理，申之以法之后，则“邑人踊跃输将”，很快就完成了漕粮征收的任务。这表明包世臣能从实际出发，在“细心以审真势”的情况下，采取了与以往不同的措施和政策，均徭恤狱，公正严明，使民众翕服，从而收到了很好的效果。通过这件事，包世臣得出结论：“民情大可见而漕事非必不可办亦可见矣。”（卷首《总目序》）就此，作为包世臣翰墨至交的姚柬之在《书安吴四种后》中写道：“读倦翁书惟言漕者，必疑为世不可行，及倦翁自办漕事，则天下人共犯之法，倦翁独不犯，以此知倦翁之言，无不可见诸事实者。”（卷三十六）

包世臣还就如何办案、救荒、治民等具体施政问题提出过建议。就办案而言，他建议，审案之前，须将全卷先看一遍，摘出紧要之人，再将全卷逐人摘出其紧要情节，遇有岔出头脑，必须细想前后，看它是否与本案有关。由于岔出情节每有股大于腰，指大于股者，一经挑制，常至本案不可收拾，因此，此种情节只需于摘略内注明，而不可追究，以免影响正案的审理。摘节略时，务要详明，日后堂讯，但看节略，而无须再查卷宗。摘定节略，把鼻已得，必须细检律例，量罪定刑。堂讯时，“如果真情与卷载迥异”，则“不可执略硬做”，而应认真进行勘复，“务求平允而宽厚”，使“问官与犯人两无所憾，而讼师不能簸弄其间”，方为妥帖。（卷三十一下《与次儿论谳狱第二书》）

就治民而言，他认为要治民先须“得民”。所谓“得民”，也即得到老百姓的拥戴和信任，而“得民”，“至捷莫如击猾吏，至信莫如革陋规”。因为猾吏在外，“肆其需索”、贪污、勒索和压榨，给老百姓造成了极大的痛苦，“击猾吏”就可以达到惩治“外奸”的目的。陋规，如捐例、进献、亏欠、摊派等，极大地加重了老百姓的沉重负担，陋规改革，则“内愧”可绝。（卷二十八上《说学政事宜》）故此，他建议州县官吏上任伊始，就要把“击猾吏”、“革陋规”作为大事提上议事日程。

就救荒而言，他建议，第一，宜清理庶狱，以免重累。因为民间雀角，最苦拖延，至遇歉岁，富者以一身护家，贫者以一身糊口，若遭讼累，为害尤甚，所以，救荒首先就应饬有司将现审易结之案，缮出清单，计日审结，但得实情，从宽发落，使贫富各能归业，良莠俱免怨咨。第二，宜速禁糟坊，以裕口食，既不许槽坊酿酒，使它们将所囤米麦，自渐粜卖。第三，宜派人密查囤户，以定策应，如果囤户数多，约有四五十万石则可严示平价，其不足者官粜循环，以补亏欠；如果囤数无多，则断不可官定市价，致米商裹足，全城坐困。第四，宜确查极次户口，分别平赈。其具体办法是：根据其收入和人口情况，将贫户定为次极两级，给以票式，该户持票到官府指定的地方购买官米，次贫但准平粜，极贫先以平粜，继以粥赈。第五，宜严巡盗贼，以清闾阎，因为歉岁盗贼最多，他们既为民害，又为官累，故应加派兵役，督率甲捕，昼夜巡防，以确保地方安宁。（卷二十六《为秦易堂侍读条画白门荒政》）

4. 清除腐败

中国历代吏治中的一个重要弊端是官吏腐败，官场中贪赃枉法，贿赂公行，敲诈勒索，横征暴敛，吹牛拍马，鱼肉百姓的现象司空见惯。历史进入乾隆晚年以后，随着政治的日益黑暗，吏治也越来越腐败，至嘉道年间达到极点，“政以贿成，蠹国祸民”的现象十分普遍，“为大府者，见黄金则喜，为县令者，严刑非法以搜刮邑之钱米”。（张际亮《答黄树斋鸿胪书》）州县长官以钱漕为利薮，案牍为威权，始尽夺丞薄之职，“至风俗之澶漓，闾阎之安扰，以其无利于已也，而置之不问”。（卷三十二《永康州知州方君寿序》）据时人洪亮吉在《守令》篇中描述，一个官员赴任前，亲戚、朋友都公然替他盘算，此缺出息若干，应酬若干，自己一年里可得若干，至于民生吏治从不过问，官员到任后也是先问一年的陋规收入多少，属员的馈赠有多少，钱粮税务的赢余（贪污）有多少，他的妻子、兄弟、亲戚、朋友以至奴仆、妪保也都得赶到任上，帮他谋利。离任时往往要用十只船，百辆车来运送财物，比到任时多上十数倍。洪亮吉估计，当时十个官员里头，能稍知自爱，实心为民办事的最多只有一两人，而这一两人常要受到那八九个贪官的讥笑，说是迂腐，不会做官，上面的大官也认为这一两人不合时宜，“遇有过失，尽快赶走”，其结果这一两人也只好与那八九人同流合污，一起腐败。(转引见蔡美彪主编《中国通史》第十册第一五七页）作为“文成而后学政”的改革思想家包世臣对于这种现象深恶痛绝，认为清除腐败是整肃吏治，缓和当时尖锐的社会矛盾的关键问题，并就如何清除腐败提出了自己的主张和建议。

首先，上司要以身作则，成为属吏的表率。包世臣认为上司是清廉，还是腐败，直接关系到吏治的好坏和仕风的转移，上司如果清廉，不贪不墨，属吏尽管难免有贪赃枉法行为，但必有所顾忌，不敢为所欲为；上司如果腐败，贪污收贿，属吏则上行下效，嘉道年间的吏治所以会败坏到极点的一个重要原因，就是上司不能正己，带头腐败。因此，他一再呼吁那些朝廷命官，尤其是封疆大吏，要以身作则，洁身自好，遵守法纪，成为属吏的表率，不要贪赃枉法，给属吏树一个坏的榜样。在他看来，署饶州、赣州知府石家绍和山东馆陶知县张琦是能正己的上司，这也是他为这两人树碑立传的重要原因。

其次，惩贪奖廉，加大对贪官污吏的惩罚力度。包世臣认为，“赏罚者为治之大柄”。(卷二十八上《庚辰杂著一》）但自乾隆后期以来，赏罚则日益不明，为官清廉者不能得赏升迁，为官贪墨者很少被罚降级，更有甚者，由于贪官与上司朋比为奸，他们不仅没有受到惩处，相反还得到重用，委以要职。这是造成嘉道年间吏治日益腐败的另一重要原因。因为清官未得奖赏，是未使他们获“仁义之利”，这必然挫伤他们的积极性；贪官未受惩罚，是未使他们得到“应有之咎”，这必然鼓励他们进一步贪墨。所以，他建议朝廷要“精考课绩”，惩贪奖廉，“优者累考而迁，劣者因事而黜”，（卷七下《上篇第四目附论》）加大对贪官污吏的惩罚力度。他并且建议朝廷精选院卿，委澄京职，亦即精选京职，使监外郡，既革瞻顾之源，复授举刺之柄，责核名实，“弹劾贪官”，鼓舞廉耻，下愚不移。他甚至认为，惩贪奖廉是“止乱兴治”的“要枢”之一。（卷七下《上篇序目》）故此，他在回答一些地方官员的问政时，建议他们把惩贪奖廉，弹劾贪官污吏作为大事提上议事日程。

第三，提高官俸，以丰养廉。清代官俸与历代比较，最为苛薄，以一品大学士之贵，其俸禄也不过“二百五十金，二百五十斛米”，还不及“周之上农”，“汉之小吏”。包世臣认为，清代官俸过于苛薄，这是造成吏治腐败的又一重要缘由，因为，“饔飧不给，非所以优尊贤，经费不敷，则无以责廉耻，官贫志污，寖忘本职”。（卷七下《上篇序目》）故此，他建议朝廷“俯愈外官廉俸不敷办公，饬大臣确查向来陋规之不至病民者，明以予之，使君子受野人之养，而可无愧于其心，无患于其后”。他并且相信，如果朝廷能提高官吏的俸禄，那么“直省臣工共见圣心之贱货贵德，愧励兴起”，清官更会“日增其修”，贪官也将“立改其行”，这样，“作人之化”就“可计得而成”，（卷二十八上《庚辰杂著一》）从而使吏治腐败的问题，因官吏无需贪污掠夺也能生活下去而得解决。

第四，停罢捐纳，纯洁吏治队伍。所谓捐纳，亦就是中国历代王朝实行的卖官制度，一个人只要捐纳一定数量的银两或实物即可获得授予的官衔（虚衔或实受）。据历史记载，秦王政（始皇帝）四年（前二四三年）因蝗虫大疫，准百姓纳粟千石，或自愿徙边者，拜爵一级。汉文景时期，接受晁错建议，下诏准许民人入粟塞下以拜爵免罪，捐纳之例始此。以后历代王朝多所沿袭。清顺治六年，以军旅繁兴，岁入不给，开始实行监生、吏典的捐纳，非生贡出身欲入仕途者，必先“纳粟入监（国子监）”但不一定就读。康熙十三年（一六七四年），因平定“三藩之乱”，实行捐纳以补充军费不足，至十六年，收入银二百余万两，捐纳知县五百余人。三藩之乱后一度停捐，后陕西灾荒，修永定河工及青海用兵，又开捐例。雍正时，因西北用兵，耗饷甚巨，财政拮据，开捐纳以补不足，除道府不准捐纳，以下各官皆可捐纳，并扩大到武职。乾隆以后捐纳逐渐成为清常制。捐什么官，要多少银两，皆定有章程，京官郎中以下，外官道台以下，都可按规定银两数捐得，捐纳和科举考试一道，成了清王朝官吏的主要来源。就此，包世臣指出“有钱即可得官”，“文自从九以至道府，武自千把以至参游，少者仅数十金，多者二三千金”，这不仅“使民心日趋于争利，而害及廉耻”，严重毒化了社会风气，而且也是造成吏治腐败的重要根源，因为那些花钱买官的人，他们为官之后，为了捞回买官花的钱，往往不惜一切手段，变本加厉地贪污受贿，敲诈勒索，鱼肉百姓。故此，他希望朝廷能俯念风俗至重，标准攸关，停止常例，废除延续了一千多年的卖官制度，并“命内府大吏将捐班严行考察，罢进献，贷亏欠，数至不赀”，纯洁吏治队伍。（卷二十八上《庚辰杂著一》）

第五，清理亏缺，堵塞贪污漏洞。所谓亏缺，就是官吏因贪污挪用而亏空库银。本来亏空库银是一种违法失职行为，应受到严惩，但当时却出现一种怪现象，官吏“有亏者，常进用，偶有谨慎不敢做亏者，则群啄之曰是子发财矣，不发财何以无亏，上游遂锢之闲散，是以无亏者常废弃”。（卷二十七《答杨承室书》）之所以会出现这种怪现象，其原因就在于上司与下属同流合污，狼狈为奸，共同贪污挪用库银，他们尽管“深悉”其下属“不职”，但“以牵掣重大，莫敢轻发，既不能退，则转与为进计，设法弥缝，虽素能自结者，其获上不是过也”。更有甚者，新官上任时，上司还必欲新官接受原任官吏的亏欠，不接不准到任，新官如果胆敢揭发，上司则采取种种手段加以打击，乃至罗织罪名，诬陷弹劾。由于那些有亏欠的官吏深知上司不敢将自己怎么样，故“因以求利，益肆意于地方”，敲诈勒索，鱼肉百姓，无恶不作，“是以民生日蹙，帑藏日虚，循环相生，遂成沦胥之势”。而那些本来胆小谨慎不敢贪污挪用库银的官员，“见亏缺之无害而有利”，于是也加入到贪污挪用库银的行列。因此，当时州县官吏几乎是无官不贪，无官不亏，其数目也越来越大。如山东嘉庆八年初次清查，实亏八十万，议以缺分肥瘠，提节省银归司，通力合作，以六年拨补充完款，及十三年限满，二次清查，则增亏至三百万，十九年三次清查，达到五百万。有鉴于此，包世臣认为，要整肃吏治，清除腐败，其当务之急应清理亏缺，填塞贪污漏洞，而“当此凋敝已极之时”，要清理亏缺，“非截断众流固无可以言为治者”。具体而言，他主张先审缺分肥瘠，分为三则，明定调济章程，仿李悝丰歉敛散之意，以一年而代。因久处累缺，则奸侩权子毋以剥官，至不可复。其需项之私债重而度之宽者，察去之，使其不得以人累缺。其亏数较轻，实系因公而居官尚可者，如果不符调济之章，则度其缺数，使之力崇节俭，勒艰自补，逾限者严惩。为防止道府“以酖毒为宴安”，与州县官吏狼狈为奸，共同贪污挪用库银，在弹劾州县亏重者时，“于折尾附参道府徇芘，俟定案再行照例摊赔”，这样“道府各知自爱，而无不发之优亏”。至于分忙解款，则于抵限之时，核其欠数，立提库书户吏到省监追，解足乃释，以保证其掌管司库钥匙的官吏不得私挪库项。包世臣相信，只要采取以上措施，就能使新亏永绝，旧缺渐少，凡属吏之贪酷阘茸不可训饬者，可以决意锄去，而无所顾忌。同时“属吏知上游之无可挟也，亦必洗厉濯磨以自保考成，庶可以培国脉而阜民生，举屏翰之职矣”。（卷二十七《答杨承宣书》）

第六，摒弃幕友，裕官财以教廉。所谓幕友，俗称师爷，是明清地方官署中无官职的佐助人员，分管刑名、钱谷、文案等事务。他们由长官私人聘请，只为聘请者（又称幕主）服务。由于这些人或精通政务，笔下流畅，或善理钱财，熟悉律令，正好弥补科甲出身的官员不习政务的短处，所以，他们往往能凭借某一方面的专业知识和办事能力，包揽钱粮，代办司讼，掌握很大一部分实权，乃至操纵把持，以权谋私，巧取豪夺，鱼肉百姓，从而使本已腐败的吏治更加腐败。同时，地方长官聘请幕友，必然要增加他们的开支，因为幕友是无官职的佐助人员，朝廷不给予俸禄，据包世臣称，当时地方长官给予幕友的薪俸，重者及千，轻者半之，征号书批诸小席，膳设仆从之费每友亦不下岁二百两，计一县延友之费，约岁二千五百两。而清代“大县之廉，不过千两”。就是县令自己分文不要，其俸禄也不敷开支幕友。为了弥补不足，其唯一的办法，就是贪污受贿，对老百姓进行敲骨吸髓的掠夺。包世臣本人曾长期充当幕友，对于凡此种种了解得十分清楚。故此，他认为要清除腐败，“裕官财以教廉”，就必须摒弃幕友。依据这一认识，包世臣在《说储上篇第四目附论》一文中正式提出了“去幕”的主张，并且强调，这是“人情之大原，而王政之急务”。（卷七下）他在此文中还批驳了那种认为“去幕”不利于人才任用的谬论，指出，如果幕友有才，朝廷就应罗而用之，而不应听其“伏佐入幕”；如果无才，而使之辅助官吏、治理人民，只能使吏治更为腐败。

包世臣提出的清除腐败的建议和措施来看是很有见地的，对于我们今天反腐倡廉仍有积极的借鉴意义，尤其是清除腐败上司要以身作则，这是不刊之论。

五、包世臣的文艺思想及文学成就

包世臣不仅是嘉道年间著名的思想家，慷慨热情的爱国志士和经世致用的渊博学者，同时又是一位多才而勤奋的诗人、文学家和书法家。他一生创作了大量的散文、诗词和书法作品，并探讨过文学和书法创作的理论问题。下面我们就他的文艺思想及文学成就作一介绍。

1. 文论

我们在前面介绍包世臣的著作时已经提到，他的《艺舟双楫》分为“论文”和“论书”两大部分，而在“论文”中他首先探讨的是文法问题。他认为行文之法，有奇偶、疾徐，垫拽、繁复、顺逆和集散六种，如果对此不甚明了，就很难于古人之文，测其意之所至，而第其诣之所极。所谓垫拽、繁复，指的是“回互之事”，顺逆、集散，指的是“激射之事”，而奇偶、疾徐，则行于垫拽、繁复、顺逆、集散之中。所以，只有回互、激射之法备，文之义才能隐而显见。故此他指出，讨论文章的体势，应以奇偶为先，凝重多出于偶，流美多出于奇。体虽骈必有奇以振其气，势虽散必有偶以植其骨，仪厥错综，致为微妙。比如，他举例道，《尚书》钦明文思句，一字为偶；安安迭字为偶；允恭克让句，二字为偶，偶势变而生三奇，意行而若一；光被四表句，格于上下，语奇而意偶；克明峻德句，四字一句奇；以亲九族句，十六字四句偶。由《尚书》的用句可见，双意必偶，而单意则可奇可偶。就此，他得出结论："虽文字之始基，实奇偶之极轨，批根为说，而其类从，慧业所存、斯为隅举。"

如果说讨论体势应以奇偶为先，那么，讨论气格则莫如疾徐。因为文之盛在沉郁，文之妙在顿宕，而沉郁顿宕之机，操于疾徐。例如《论语》觚不觚句，为疾；觚哉觚哉句，为徐；其然句，为徐；岂其然乎句，为疾。《大学》一家仁一国兴句，为疾；尧舜帅天下以仁句，为徐；《孟子》王曰何以利吾国句，为徐；未有仁而遗其亲句，为疾；天子适诸侯曰巡守一百四十九字，为徐；先王无流连之乐十六字，为疾；国君进贤一百二十二字，为徐；故曰国人杀之十七字，为疾。上述例句说明，古文多是由疾徐组成的，有徐而疾不为激，有疾而徐不为纡。"夫是以峻缓交得，而调和奏肤也。"

包世臣进一步指出，讨论体势虽应以奇偶为先，讨论气格虽莫如疾徐，但奇偶疾徐则必须行于垫拽、繁复、顺逆、集散之中。首先，就垫拽而言，因其立说之不足耸听，故垫之使高，因其抒议之未能折服，故拽之使满，"高则其落也峻，满则其发也疾"。而垫之法，有上有下，拽之法，有正有反。比如，《孟子》知而使之是不仁也，不知而使之是不知也，是上垫；非所以纳交于孺子之父母也，非所以要誉于乡党朋友也，是下垫；万取千焉，千取百焉，不为多矣，苟为后义而先利，是正拽；天子能荐人于天，不能使天与之天下，诸侯能荐人于天子，不能使天子与之诸侯，大夫能荐人于诸侯，不能使诸侯与之大夫，是反拽；而知虞公之不可谏而去之秦一百二十二字，旋垫旋拽，备上下反正之致。包世臣认为，"文心之巧，于斯为极"。故此，他强调，垫拽之法是先觉之鸿宝，后进之梯航，未悟者既望洋而不知，闻声者复震惊而不信，"然得之则为蹈厉风发，失之则为朴樕辽落。”

其次就繁复来看，他指出，繁复虽与垫拽相需而成，但为用尤广。声不过五，五声之变不可胜听；色不过五，五色之变不可胜观；味不过五，五味之变不可胜尝；战胜不过奇正，奇正之变不可胜穷；这是繁。奇正相生如循环之无端，不能穷之，这是复。在他看来，《荀子》中的《议兵》、《礼论》、《乐论》、《性恶》诸篇，《韩非子》中的《说难》、《孤愤》、《五蠹》、《显学》诸篇，无不繁以助澜，复以鬯趣，复如鼓风之浪，繁如卷风之云，浪厚而荡万石比一叶之轻，云深而酿零雨有千里之远。所以他对《荀子》、《韩非子》特别推崇，认为它们是“文阵之雄师，词囿之家法”。

再次就顺逆而论，他指出，文势之振在于用逆，文气之厚在于用顺。因此，顺逆之于文，如阴阳之于五行，奇正之于攻守，其意义是十分重要的。如《论语》公叔文子之臣大夫僎，是逆而顺；君取于吴为同姓谓之吴，是顺而逆；《孟子》无恒产而有恒心者惟士为能句，是逆之逆；天下大悦而将归己章，桀纣之失天下章，是全用逆；君子之所以异于人者章，是全用顺。

至于集散，他指出，或以振纲领，或以争关纽，或奇特形于比附，或指归示于牵连，或错出以表全神；或补述以完风裁，是故集则有势有事，而散则有纵有横，如《孟子》劳心者治人，劳力者治于人，治于人者食人，治人者食于人，是集势；说不违农时，五亩之宅句，是集事；《史记》二帝同典止纪都俞，五臣共谟，乃书陈告句，是纵散，廉颇矜功争列，与蔺相如避车连文，以美震悔之忠句，是横散。（卷八《文谱》）

包世臣对文法的重要意义十分强调。他指出：“天下之事，莫不有法，法之于文也尤精而严。”只有“六法备具”，才称得上是好的文章，这就像人莫不具备四体，但形质配合乖互，则贵贱妍丑分焉。所以，他要求人们对于文法要“精而至博，严而至通”。（卷八

《与杨子季论文书》）他本人写文章就特别讲求文法。他还从文法的角度上对古文与时文进行了一番比较区别，他指出，唐以前无古文之名，北宋科举业盛，名曰时文。而文之不以应科举者，乃自目为古文。时文之法，揭而隘，古文之法，峻而宽。宽则随其意之所之，或大缅于法。所以言古文者必以法为主，只有以法为主，其言才会有序。所谓“有序”，也就是“使其言为吾所可言，所当言，又度受吾言者，所可受，所当受，而后言之”。这也是古文与时文的根本区别所在。故此。他认为衡量一个人是否懂文、会文的标准，是看他能否“深求古人文法而以吾身入其中”。就为文能遵守文法而言，他认为近世桐城姚氏学派，其造诣实能别时、古之界，所言信为有序”。（卷十《雩都宋站台古文钞序》）

除了强调为文必须严守文法，做到“其言有序”外，包世臣还特别强调必须“其言有物”，而且，就“其言有序”和“其言有物”比较而言，他认为后者具有更为重要的意义，因为文之盛在其言有物，文之成在其言有序，“无序而勉为有序之言，其既也可以至有序，无物而貌为有物之言，则其弊有不可胜说者”。（卷十《雩都宋站台古文钞序》）正是从为文必须“其言有物”这一思想出发，包世臣对宋明以来那些思想肤浅，内容贫乏，只写花卉风月，文人雅事，而很少涉及国计民生的文选提出了严厉批评。他要求人们为文要尽量“言事与记事”，并且就如何写“言事与记事”之文提出了自己的意见。他认为言事之文，必须先说清所事之条理原委，抉明正义，然后述现事之所以失，而条画其补救之方。记事之文，必先表明缘起，而深究得失之故，然后述其本末，则是非明白，不惑将来。他还批评了那种认为只有大事才可为文，而小事则于文中不值一提的观点，他指出“夫事无大小，苟能明其始末，究其义类，皆足以成至文”。（卷八《与杨季子论文书》）

包世臣的“其言有物”的思想，实际上是他的文学经世主张的反映。包世臣的一个基本观点就是认为，“文字之教”的基本功能或主要功能是“成其俗”。因此，他主张文学家要介入社会，关心国计民生，“深思天下所以化成者，求诸古，验诸事，发诸文”，（卷八《文谱》）多写一些“救时指事之章”，多发一些“防患设机之论”，使人们能“观其文以知俗，推其俗以知治”，从中得到一些“劝惩之方”和“补救之术”。（卷八《扬州府志艺文类》）

与“其言有物”思想相联系，包世臣主张为文要“崇实”而反对“致饰”。他在《扬州府志艺文类》一文中指出，既然“文字之教”的基本功能是“成其俗”，因此人们为文就应“崇实”，而不能“致饰”。“崇实”则“其文质朴，征嗜好之不华；其文清邃，验习尚之不浮”。与“崇实”相反，“致饰”则“藻缋求丽，则缘情有歉；摭采务博，则穷理不真”。（卷八）他甚至斥责“致饰”是“藻采雕绘之末技”，（卷八《文谱》）他还提出为文要有新意，“不可落人窠臼”，尤其不能模仿抄袭前人，和前人的文章“雷同”。他批评当时一些人往往“焬绎前人名作，摘其征疵，抑扬生议，以尊己见”的作法，是“蠹生于木，而反食其木”。（卷八《与杨季子论文书》）

为文怎样才能有“新意”呢？包世臣认为，为文要有“新意”就必须“善学”，而“善学”的关键是“博观而约取，厚积而薄发”，努力实践，刻苦学习。他借用别人的比喻说：为文就和种庄稼一样，富人的庄稼，因其田美而多，其食足而有余，田美而多，则可以更休，而地力得完，食足而有余，则种之常不后时，而敛之常及其熟，故其稼少秕而多实，久藏而不腐。为文又和游泳一样，“南人日与水居，七岁而涉，十岁而浮，十五而没（指潜水——引者）”。南人所以能十五而没，是由于他们日与水居，深得游泳之道。如果“使北方之勇者，问于没人，而求其所以没，以其言试之河，则未尝不溺”。为文也是如此。如果“不学而务求道”，那只好模仿抄袭前人，其结果就像“北方之学没者”一样被水淹死。（卷十《赠方彦闻序》）

包世臣认为，为文只有“博观而约取，厚积而薄发”才能写出“新意”，才能成为好的文章，这是很有见地的。

2. 诗论

包世臣诗论的核心，是儒家的诗教原则。他在《韦君绣诗序》中写道：“夫诗之为教，上以称成功，盛德致形容，为后世法守；次乃明迹怀旧，陈盛衰所由。以致讽谕；下亦歌咏疾苦，有以验风尚醇醨，而轻重其政刑，繄古流傅之什风。”（卷十）故此，他特别强调诗的教化作用，认为一首好诗可以夺造物之权，变人心之度，使寒燠不能操其舒惨，哀乐不能主其欣戚。他之所以大力提倡写诗，并为朋友们的诗集作叙介绍，自己还“性癖于诗”，于问农、兵、刑、名诸学期间写诗上千首，一个主要原因，是因为在他看来，“先王治世之大经，君子淑身之大法，必以礼乐，而礼坏乐崩，来自近古，端诸仅存，唯藉诗教”。尽管他也认识到“夫言诗教于今日难矣”，但他认为纪述必得其序，指斥必依其论，这是礼；危苦者等其曲折，哀思者怀其旧俗，这是乐。“凡所以化下风上，言无罪而闻足戒者，今之诗不犹之古乎？”（卷八《(答) 张翰风书》）

依据儒家的诗教原则，包世臣认为，“诗之用有美有刺”，温柔敦厚，意其主于美。但古今传诗之用于美者什一二，而应制教、希恩泽、充羔雁不足与于诗教者居其大半，其他风云之月露体物即事之章句，苟有善者，亦必出于比物连类，以致寄托。儒家的圣人曾用“言之者无罪，闻之者足以戒”来说诗，然则诗教殆寓于刺，因为诗义六而用在于风与兴，一气相感谓之风，微言谕志谓之兴，而所以妙风与兴之用者，则曰离合，曰隐显。显则与人以可见，隐则与人以可思。可思故无罪，可见故足戒。离合又所以妙隐显之用，是因为隐显之用彰，故其词温柔，故无罪，其旨敦厚，故足戒。已无罪而人足戒，且何愚之有？所以，“以此为教”，为教亦深，“其深者必于温柔敦厚而不愚”。他并且指出，一个人如果对儒家的诗教原则不甚了解，就不足以为诗，甚至不可与言诗，用他的话说：“非其教深也，而言之实难。”（卷十《王海楼（劼）诗序》）

包世臣的上述观点，尤其体现在他对《诗经》体用的阐述上。他认为《诗经》之体用，曰四始，曰六义。体为作诗之本，用为作诗之法。四始体也，六义用也。故《毛诗·关雎序》以始始之，以义终之，而学者罕能通其学。学者所以不能通其学，一是误于《史记》述夫子正乐之次，因举《关雎》之乱以为风始，而以《鹿鸣》《文王清庙》为雅颂始者配为四，后儒遂援为四始之正训；一是误于以风雅颂为体裁之名，使六义止存三，而三经三纬之陋说以起。实际上，他指出，按序言后妃之德风之始，所以风天下而正夫妇。所以序言强调，风风也，教也，风以动之，教以仕之者，未明《关雎》之诗，先有后妃之德，先王所以能风动天下，其原因是以后妃之德实始之，故曰风之始。上以风化下，下以风刺上，而复说之曰止乎礼义。由先王之泽，明风仍自上行，是故一国之事系于一人之本者，风之始；言天下之事形四方之风者，雅之始；人君以盛德致成功，而可告神明者，颂之始，达事变怀旧俗吟咏性情以风其上者，变之始；总而称之为“四始”。他认为“四始”是诗之至也，不明乎此，就不能理解“先王以是经夫妇成孝敬厚人伦美教化移风俗”的良苦用心。如果对此不能理解，又“安能言诗之为至哉”？（卷九《书毛诗关雎序后》）至于“六义”，他指出也并非体裁之名，因为风之义是“成孝敬厚人伦美教化移风俗”，雅之义是“言王政之所由废兴”，颂之义是“述功德以告神”，故“风雅颂之于诗，其用与赋比兴同”。编诗者往往就诗中得其义之多者而别其名，但立义在诗先，定名在诗后，与后世赋物而名为赋是同样的道理。尽管编诗者虽取风、雅、颂之名以名诗，然而，实际上“六义”实多互见，

而唯《关雎》为备。他认为，如果不明“六义”之用，也是不可“与言诗”的。（同上）

除了强调作诗要遵循儒家的诗教原则，充分发挥其教化社会的作用外，作为嘉道年间的重要诗人，包世臣还特别重视诗的艺术性。首先，他认为写诗要直抒胸臆，“言为心声”，（卷八《答张翰风书》）自己怎样想，就应怎样写，“触景物而情有所寄”，反对矫揉造作，故弄玄虚，言心不一。在他看来只有那些“直摅心意”或“微言相感以谕其志”的作品才是好作品。其次，他主张华实结合，朴质得宜，反对华而不实，浓词丽藻，尤其反对“侈于声色”。在《澹菊轩诗初藁序》中，他对“近世论诗，类以俳色揣声为工，若其出于闺阁，则群诧以为奇”的现象提出了批评，指出在先秦和汉魏时代，人们写诗是为了言志，并不过于追求声色，只是到南朝，因“汉魏既远”，专取词藻，到了有唐，才“力穷声调”，从此“俳色揣声之业以日盛，至以诗为羔雁，而声色之外殆于无诗矣”。（卷十）在他看来写诗应“沉郁而不激诡，清回而不促数”。（卷十《方岩夫轸诗序》）第三，他虽然反对“侈于声色”，反对“以排比靡丽为工”，但他并不反对韵律，认为写诗要讲求平仄，要“求顿挫悠扬，以毖目送手挥之旨”。是故，他尽管对南朝诗人“专取词藻”提出了批评，然而对陆机、谢灵运的诗还是很推崇的。在答好朋友张琦的信中，他不同意张“专推阮陶”，而认为还应“兼崇陆谢”。（卷八）同时，他认为写诗不能千篇一律，过于死板，而应“为境万殊”，形式多样，“或无端矗起，万类惊心，或文外旁情，一缕弥布；或群流迸赴，而束以一峡；或一源下注，而散为众派；或崖勒奔马；或梁绕泛声”。（卷十《读白华草堂诗集叙》）

基于上述见解，包世臣将诗分成上、次、下三类，认为那些发伦类之淳漓，讽政治之得失，闾阎疾苦，由以上闻，云霄膏泽，于焉下究，言必有物的作品，是“其上也”；那些风云月露，文焕于天，山川草木，文交于地，忧愉欣戚，文成于人，于以发抒抑郁，陶写襟怀，程其格式，平险分焉，是故气盛者，至平流而多姿，势健者，履险隘而不踬，气以柔厚而盛，势以壮密而健，风裁既明，兴会攸畅，故其所作，直摅胸臆，遂感心脾，日选常言，弥彰新色的作品，是“其次也”。那些以形声求工，倍犯为巧，排比故实，以多为贵，搜罗隐僻，以异为高，聊充筐篚之需，比于角抵之尚，虽臻绮丽风的作品，“斯下矣”。（卷八《扬州府志艺文类》）

包世臣还指出，作诗就免不了学习和借鉴前人，而“善学者，必别其流。善鉴者，必辨其源”。（卷八《答张翰风书》）就诗的源流而言，他认为诗本合于陈思，而别于阮陆，至李杜而复合，既合而其末遂分而不可止，“此则同之微异者也。”在所有的魏晋南北朝隋唐的诗人中，包世臣最推崇李白和杜甫，认为诗作为一门文学艺术，“极于李杜，所谓一字一句，若奋若搏，彼建安词人不得居其右者矣”。（卷八《答张翰风书》）

包世臣还探讨了诗与词赋的关系问题。他认为诗是“微言相感，以谕其志”，词是“意内而言外”，赋则是“古诗之流”，“诗人之赋丽以则，词人之赋丽以淫”。如果说诗与词有“分疆画界”的话，那么，“岂非以其触景物而情有所寄，托于美人珍宝以为讽谕，虽本兴之一义，而流弊有驯致乎”？他指出，诗自汉代分五、七杂言，迄唐代末温柔敦厚之教荡然无存，于是“倚声乃出，其体异楚，俗袭词名者盖意内言外之遗声也”。然其时流传之章，委约微婉得骚人之意为多，与其诗大殊，因其引声也细，其取义也切，细则故么而善感，切则故近而善入，乃至五代两宋，其能者“并臻兹妙”。从此之后，“靡者沿流扬波而不知其本，俳谐谑浪以为能事”。（卷十《金筤伯竹所词序》）

就词的创作而言，包世臣指出，词虽意内而言外，然意内不可强致，言外非学不成，是词学得失可形论说者言外而已，言成则有声，声成则有色，声色成而味出，三者具则足以尽言外之才。词又称“倚声”，倚声得者也有三：曰清、曰脆、曰涩。不脆则声不成，脆而不清则腻，既脆又清但不涩则浮。在他看来在两宋词作家中，“屯田梦牕以不清伤气，淮海玉田以不涩伤格，清真白石则殆于兼之矣”。（卷十《为朱震伯序月底修箫谱》）

3. 书法论

作为嘉道年间著名的书法家，包世臣对书法理论有精湛的研究。他认为，“书艺始于指法，终于行间”。（卷十二《述书下》）就指法而言，主要有两种，一是引食指加大指之上，置管于食指中节之端，以上节斜钩之，大指以指尖对中指中节拒之，则管当食指节弯，安如置床，大指之骨外突，抑管以向右，食指之骨横逼，挺管以向左，则管定，然后中指以尖钩其阳，名指以爪肉之际距其阴，小指以上节之骨贴名指之端。此种方法能使五指疏布，各尽其力，“形如握卵而笔锋始得随指环转，如士卒之从旌麾矣”。这也就是古人所讲的“双钩法”。二是使管向左，迤后稍偃以取逆势，因笔后偃则虎口侧向左，腕乃平而覆下如悬，于是名指之筋环肘骨以及肩背，大指之筋环臂弯以及胸胁。此种方法犹如凡人引弓举重一样，“筋必反纽，乃悬长得力”。这也就是古人所讲的“悬腕法”。他指出“悬腕法”的关键是要做到“指实掌虚”。所谓“指实掌虚”，是指五指都要贴管为实，其小指实贴名指，空中用力，令到指端，而“非紧握之说”。握之太紧，力止在管，而不注毫端，其书必抛筋露骨，枯而且弱。笔既左偃，而中指力钩，则小指易于入掌，故此以虚掌为难。如果小指助名指揭笔，用力尤甚，从而使“名指之力可与大指等者，则其书未有不工者也”。但名指如桅之柜帆，而小指如桅点之助桅，故必小指得劲而名指之力才能实。

包世臣认为，纸上书法如同石上镌字，右行者其錞必向左验，纸犹如石，笔犹如钻，指犹如槌，锋既着纸，即宜转换，写下行时，管转向上，写上行时，管转向下，左行时，管转向右，“是以指得势，而锋得力”。但“惟小正书”，由于画形既促，末乃换笔，而画已成，因此“非至精熟难期合法”。在他看来，自柳公权后“遂无复能工此艺者”。因为后人书法皆仰笔尖锋，锋尖处巽，笔仰则锋在画之阳，其阴不过副毫，濡墨以成画形，故至坤则锋止，佳者也仅能完一面，而不能像柳公权那样于“一笔中自备八方”，只有管定而锋转，才能“逆入平出而尽之八面，无非毫力所达，乃后积画成字，聚字成篇”。这也就是人们所认为“一笔成一字之规，一字乃通篇之准者”。所以，他强调指出，书法不能“任笔为体，聚墨成形”。例如，行草之笔多环转，如果信笔为之，那么转卸皆成扁锋，故须暗中取势，换转笔心，以成“始艮终乾之妙”。在他看来，六朝碑拓于“行处皆留，留处皆行”，凡横直平过之处，必逐步顿挫，不使率然径去，凡转折挑剔之处，必提锋暗转，不肯擫笔，使墨旁出，达到了“始艮终乾”的境界，堪称书法杰作。（卷十二《述书中》）

包世臣进一步指出，书艺虽始于指法，终于行间，但积画才能成字，聚字才能成篇，而“画有八法”。因此，如果对这八法理解或掌握不当，也不能创作出好的书法作品。所谓“八法”，即“点为侧，横为勒，直为努，钩为趯，仰横为策，长撇为掠，短撇为啄，捺为磔”。具体来说，作点势，在篆皆圆笔，在分皆平笔，既变为隶，圆平之笔，体势不相入，故示其法曰侧。所谓平横为勒，是说作平横，必勒其笔，逆锋落纸，卷毫右行，缓去急回，因为勒字之义，强抑力制，愈收愈紧，又分书横画，多不收锋。云勒者，示隶画之必收也。后人为横画，顺笔平过，这有失其法。所谓直为努，是说作直画必笔管逆向上，笔尖亦逆向上，平锋着纸，尽力下行，有引弩两端皆逆之势，故称之为弩。钩为趯者，如人之趯脚，其力初不在脚，猝然引起而全力遂注脚尖，故钩未断，不可作飘势挫锋，有失趯之义。仰画为策者，如以策策马，用力在策本，得力在策末，着马即起。他认为，一些书法家或作仰横，多尖锋上拂，这是策末没有着马，或顺压不复仰卷，这是策虽着马而末不起，其策不警。长撇为掠者，是指弩法下引左行，而展笔如掠，要是撇端多尖颖斜拂，是当展而反敛，非掠之义，这样写出来的字，飘浮无力。短撇为啄者，犹如鸟之啄物，锐而且速，亦言其画行以渐而削如鸟啄。捺为磔者，则要求勒笔右行，铺平笔锋，尽力开散而急发。故此，他对有的人尚兰叶之势，波尽处犹袅娜再三，提出了批评，认为“斯可笑矣”。(卷十二《述书下》)

画有八法，而字有九宫，所谓“九宫”，意指每字为方格，外界极肥，格内用细画界一井字，以均布其点画。包世臣指出，凡字无论疏密斜正，必有精神挽结之处，是为字之中宫。然中宫有在实画，有在虚白，必审其字之精神所注，而安置于格内之中宫，尔后以其字之头目手足分布于旁之八宫，则随其长短虚实，而上下左右皆相得宜。每三行相并至九字，是为大九宫，其中一字即为中宫，中宫必须统摄上下四旁之八字，而八字皆有拱揖朝向之势，如果逐字移看，大小两中宫皆得圆满，则俯仰映带，奇趣横出。他指出，九宫之说，虽始见于宋，但说者皆以尺寸算字，专为移缩古帖而说，不知求条理于本字，故自宋以来的所有书法家没有一个能会九宫。他自己则是根据所见北魏南梁之碑数十百种，悉心参悟，而得大小两九宫之法的。(卷十二《述书下》)

他还认为，画法字法，本于笔而成于墨，因此，墨法也是“书艺一大关键”。具体而言，笔实则墨沉，笔飘则墨浮，所以，凡墨色奕然出于纸上莹然作紫碧色者，皆不足与言书，必黝然以黑，色平纸面，谛视之，纸墨相接之处仿佛有毛，画内之墨中边相等，而幽光若水纹徐漾于波发之间，“乃为得之”。而要达到如此境界，就须墨到处皆有笔，笔墨相称，笔锋着纸水即下注，而笔力足以摄墨不使旁溢。因此，对于书法家来说，仅得笔法而不得墨法不行，仅得墨法而不得笔法也不行，只有笔法墨法都得，才能相益得彰，创作出好的书法作品。

除了笔法与墨法之外，包世臣还特别强调书法家要处理好性情与形质的关系问题，他指出：“书道妙在性情而能在形质，然性情得于心而难名，形质当于目而有据。”（卷十二《答三子问》）他打比方道，书之形质，如人之五官四体，书之性情，如人之作止语默。所以必“五官成四体称，乃可谓之形质完善，非是，则为缺陷”，必“九容”具备，乃得性情之正，非是，则为“邪僻”。而无论缺陷，还是邪僻，都不能“为人”。（卷十二《答熙载九问》）那么什么是书法的形质与性情呢？就真书与草书而言，他认为，真书以点画为形质，使转为性情；草书则与之相反，以使转为形质，点画为性情。但世人只知道真书之妙在使转，而不知草书之妙在点画，也就是说没能处理好形质与性情的关系问题，所以真书“人人共习，而习焉不察”，草书“则习之者少”，乃至“不传”。比如，他指出草书应一笔环转，如火筯划灰，不见起止，然精心探玩其环转处，则又悉具起伏顿挫，皆成点画之势。而要能如此，就须笔力精熟，无垂不缩，无往不收，正确处理好形质与性情的关系，真正做到“形质成而性情见，所谓画变起伏，点殊衂挫，导之泉注，顿之山安也”。但一些书法家在“作草”时，心中之部分，既无定则，毫端之转换，又复卤莽，任笔为体，脚忙手乱，形质尚不备具，更何从说到性情？其结果是点画寓使转之中，即性情发形质之内，望其体势，肆逸飘忽，几不复可办识，而节节换笔，笔心皆行画中，与真书无异，从而抹杀了真书与草书的区别，草法也因此而不传。

包世臣还根据自己的亲身经验，指导过人们如何学习书法，这也是他书法理论的重要组成部分。他认为，凡有志于学书法的人，开始时最好择唐人字势凝重，锋芒出入有迹象者数十字多至百字习之，先用油纸悉心摹出一本，次用纸盖所摹油纸上，张帖临写，不避涨墨，不辞用笔根劲，纸下有本以节度其手，则可以目导心追，取帖上点画起止肥瘦之迹。以后逐本递夺，见与帖不似处，随手更换，以使渐得古人回互避就之故。经过一段时间的临摹，熟悉了古人的“意体”，则可离本展大加倍，尽己力以取其回锋抽掣盘纡环结之巧。同时经常“闭目凝神，将所习之字，收小如蝇头，放大如牓署，以验之皆如在睹，乃为真熟”。所以，他一再强调，这一阶段“字断不可多”。当确定自己对古人的“意体”有了真正的理解之后，即“进求北碑习之，如前法，以坚其骨势”。然后纵临所习之全帖，渐遍诸家，以博其体势，闲其变态。学习真书，起初以前法习褚兰亭（褚遂良临《兰亭序》）的肥本，待笔能随指环转后，乃入阁帖。他认为这一阶段所要注意的问题，是“每习一帖，必须笔法章法透入肝膈，每换后帖，又必使心中如无前帖”。这样积力既久，习过诸家之形质性情，无不奔会腕下，虽曰与古为徒，实则自怀杼轴矣。学习草书，先以前法习永师千文，次征西月仪二帖，待遍熟其文之后，乃纵临张伯英二王以及伯高残本千文。就真书与草书比较而言，他认为学习后者，要比学习前者难得多，而关键要“以不真而点画狼藉一语为宗，则拟之道得也”。（卷十二《答三子问》）

包世臣尤其强调学习书法要“察之尚精，拟之贵似”，而“拟与察皆形质中事也”。他在回答别人提出的“古帖真伪优劣，如何能精其察”这一问题时指出，古帖之异于后人的地方，在善用曲，阁本所载张华、王导、庾亮、王廙诸书，其行画无有一黍米许而不曲的，右军已为稍直，子敬又加甚焉，至永师则非使转处不复见用曲之妙。所以要察古帖之真伪优劣，就“非明曲直之故”不可。换言之，“能辨曲直，则可以意求之有形质无形质之间，而窥见古人真际也”，而“曲直之粗迹，在柔润与硬燥”。凡人物之生，必柔而润，其死，必硬而燥。莫木亦然，柔润则肥瘦皆圆，硬燥则长短皆扁。是故曲直在性情而达于形质，圆扁在形质而本于性情。他指出，如能以是察古帖真伪优劣，“则近于精矣”。（卷十二《答三子问》）

他还把学习书法比之学拳，指出：学拳者身法、步法、手法，扭筋对骨，出乎起脚，必极筋所能至，使之内气通而外劲出。学习书法也是一样，临摹古帖之笔画地步，必须比帖肥长过半，这样才能尽其势而传其意。至学拳已成，真气养足，其骨节节可转，其筋条条皆直，虽对强敌可以一指取之于分寸之间，而若无其事。“书家自远之道，亦如是矣，盖其直来直去，已备过折收缩之用。”故此，他再三强调：学习书法的人，如果只见落笔如飞，而不察笔先之故，径以直来直去为法，不从事于支积节果，“则大谬矣”。（卷十二《答熙载九问》）

包世臣的《历下笔谭》，是一篇不可多得的专论书法史的文章。关于隶书、分书和真书的源流及其区别，他指出，秦程邈作隶书，汉谓之今文，盖有篆之环曲以为易直。世所传秦汉金石，凡笔近篆而体近真者，皆为隶书。及中郎变隶而作八分、八背，言其势左右分布相背然也。魏晋以来，皆传中郎之法，则又以八分入隶，始成今真书之形，是以六朝至唐皆称真书为隶，自唐人误以八为数字，及宋遂并混分隶之名。他认为，大篆多取象形，体势错综，小篆就大篆减为平直，分则纵隶体而出以骏发，真又约分势而归于遒丽，相承之故，端的可寻，故“隶真虽为一体，而论结字，则隶为分源，论用笔，则分为真本”。

在他看来，两晋分书，孙夫人碑是孔羡法嗣，用笔沉痛不减，而体稍疏隽。太公望碑是乙瑛法嗣，结字宕逸相逼，而气力凝整。大率晋人分法，原本钟梁，尤近隶势，自北魏以来唐初皆宗孙夫人，及会稽晚出，始尚太公望，极于韩史，益趋便媚，分法不古，隶势因之。因此，晋人隶书虽然世无传石，但研究二碑，可以看出，中郎立极，梁传其势，钟传其韵，后遂判为二派，至近人邓石如始合二家，以追中郎。

北魏隶书，虽率导源分篆，然皆极意波发，力求跌宕。凡以中郎既往，锺梁并起，名矜巧妙，门户益开，踵事增华，穷情尽致，而般若碑，浑穆简静，自在满足，与郙阁颂析，里桥同法，用意通近章草，当是西晋人传。精蔡体之书，无一笔阑入山阴，故知为右军以前法物。他认为北朝隶书，尽管“反复玩味，绝无神奇”，但“点画朴实，八面深稳，更无欠缺处耳”。

就北碑而言，他指出，北魏体多旁出，郑文公碑字独真正，而篆势分韵草情毕具其中，布白本乙瑛，措画本石鼓，与草同源，故自署曰草篆，不言分书，体近易见。南朝遗迹，唯鹤铭石阙二种，萧散骏逸，殊途同归，而鹤铭刓泐已甚，石阙不过十余字，文章反刻，此碑的空白之处，乃为摩崖石坳，让字均行，而非剥损，此是“文苑”一大“奇珍”。

包世臣对北碑评价甚高。他指出，北碑书势甚长，虽短如黍米，细如纤毫，而出入收放、偃仰向背、避就朝楫之法备具，起笔处顺入者无缺锋，逆入者无涨墨，每折必洁净，作点尤精深，是以雍容宽绰，无画不长。与此相反，后人着意留笔，则驻锋折颖之处，墨多外溢，未及备法，而画已成，故举止匆遽，界恒苦促，画恒苦短，虽以平原雄杰，未免斯病。至于作势里锋，敛塞入内，以求条鬯手足，则一书既不完善，数画更不变化，意恒伤浅，势恒伤薄，得此失彼，殆非自主，他还就北魏与唐人的书法进行了一番比较，认为北碑字有定法，而出之自在，故多变态，唐人书无定势，而出入矜持，外形板刻。

他还探讨过如何辨别古人书法作品的真伪问题。他指出万古名家，无不由积学酝酿而得，虽在体势既成，自辟门户，而意态流露，其得力之处，必有倪端。故自宋代以来，知名的书法家虽十数，但无论东坡之雄肆，漫士之精熟，思白之秀逸，师法具古本来。而作伪谢利之徒，尽管专取时尚之一字画依托，力求貌似，然而断不能追踪寻源，以求合于形骸之外。所以，凡得名迹，一望而知为何字者，字字察其用笔结体之故，或取晋意，或守唐法，而通篇意气归于本家者，这是真迹。一望而知为何家之书，细求以本字所习前人法而不见者，这是仿书。他并且相信，以此之法辨别古人作品真伪，“百不失一”。（卷十二《答三子问》）

4. 文学成就

包世臣的文学成就，主要表现在两个方面，一是文，二是诗。他的文章大致可分为六类：一是政治文章，如《庚辰杂著》、《小倦游阁杂说》、《说储》、《说保甲事宜》、《说学政事宜》、《论课绩事宜》、《读律说》、《议刑对》等；二是替别人写的传记，碑文和墓志铭，如《郭君传》、《钱鲁斯传》、《皇崇祀名宦浙江余姚知县张君行状》、《张馆陶墓志铭》等；三是给别人文集、诗集写的序，如《齐物论斋文集序》、《乐山堂文钞序》、《钱东湖诗序》、《方岩夫轸诗序》等；四是读书札记，如《论史记六国表叙》、《书史记魏其武安传后》、《读亭林遗书》、《书东坡晁姚论后》、《萧何功第一论》、《蒯通论》等；五是信函，说帖，条略，折子，如《上陶宫保书》、《答谢无锡书》、《南河善后事宜说帖》、《代议改淮醝条略》、《代杨桂堂给事中上防河折子》等；六是游记，如《娱园记》、《十亩园林记》等。

包世臣思想敏捷，才情横溢，其政论文章写得恣意汪洋，气势磅礴，而又持之有故，言之有理，层层推论，丝丝扣紧，说理严密，颇与战国时的孟子、荀子、韩非和西汉时的贾谊的文风相近。姚柬之就认为：“倦翁之文，义本孟荀，笔得韩贾，体势则兼汉魏唐宋，而尤近兰台。少事谨严，老弥健肆，一洗数百年门户依傍之陋”。（《书安吴四种后》）如他专论漕务的《庚辰杂著三》起笔就写道：“漕为天下之急务者，以其为官吏制薮也，贪吏之诛求良民，奸民之挟制贪吏，始而交征、终必交恶，关系政体者甚巨。”接着他笔锋一转，批驳了那些或以为“漕弊已极，情理实无善策”，或以为“州县一年用度，取得于漕，故不能不纵之浮收勒折”，或以为“帮丁需索兑费，盈千累万，裁革此项则势必误运”等种种观点，指出“凡此皆贪黠州县造作言语，愚弄上司，以遂其朘民肥橐之私，而为之者或受其愚而不加省察，或利其贿而为之饰词，以致浮勒日甚”。然后，他提出了自己整顿漕务，严禁勒索的措施和主张，并旁征博引反复论证自己的措施和主张的可行性。最后他警告当道，如果不采取有力措施，彻底整顿漕务，“浮收勒扣，日增一日，竭民力以积众怒”，那么“东南大患终必在此矣”。（卷三）由于这篇文章气势磅礴，有论有据，因此一时风靡全国，人们争相转抄，造成洛阳纸贵。其他如《说储》、《小倦游阁杂说》等，也都深得读者的好评。中国现代史上著名历史学家柳诒征就对包世臣的《说储》评价甚高，专门写了一篇《说储跋》。

包世臣的读书札记也具有类似的特点，如他的《书史记魏其武安传后》独具匠心，以“或问”开篇：“或问史公传魏其武安，既云魏其不知时变，灌夫无术，不逊相翼以成祸乱，又云武安饋好权，则曲直显明，祸源昭著，而复继以祸所从来者何谓也？”接着他答：“此自序之所谓原始察终，见盛观衰者也，盖忧世之微言，而重斥外戚矣。”通过这一问一答，既点明了文章的主题思想，可使自己的立论具有了高屋建瓴之势，然后围绕魏其武安皆以外戚重而被杀层层展开，反复论证，将汉代统治集团内部争权夺利的斗争揭露得淋漓尽致。再如他的《蒯通论》开篇就非同凡响：“世人多言汉高帝杀戮功臣，余观高帝之不杀蒯通而决其不然也。”汉高帝为什么没有杀戮功臣？包世臣通过蒯通与韩信、英布等人在西汉王朝建立过程中的功绩以及汉初政治、军事地位的比较分析得出结论，杀戮功臣是吕后所为，而非高帝所为，吕后杀戮功臣的目的是为日后篡权扫清障碍。整篇文章逻辑严密，说理充分，文字质朴，具有很强的说服力。

如果说他的政论文章和读书札记以说理见长，那么，包世臣为别人写的传记、碑文和墓志铭则以情见长，表现了作者分明的是非和强烈的爱憎。如他的《郭君传》就远非一般传记文章可比，此文不仅深情地记述了治河专家郭大昌一生的坎坷经历，对传主博学多才，然而怀才不遇，满腹治河良策但却不为当道采纳重用，以致穷困潦倒一生表示出了深切的同情，同时又无情地揭露了清朝大小官吏的无知、无能和腐败，对封建专制统治之下的人才压抑吏治败坏现象进行了鞭挞和谴责。此文的结尾这样写道："河自生民以来为患中国，神禹之后数千年而有潘氏（指明朝相治河名臣潘季驯——引者），潘氏后百年而得陈君（指清初助靳辅治河的治河专家陈潢——引者），陈君后百年而得郭君，贤才之生如是其难，陈君见用而不尽，郭君偶试而竟不见用，而河之为患无虚日。"（卷二）

此文还高度赞扬了郭大昌为民请命，嫉恶如仇的高尚品格。文中写了这样一件事：乾隆后期的权臣和珅尚未发迹之时，有一天派遣仆人刘全徒步往返五千里，至其外祖父嘉谟家"求资助"。当时，嘉谟任河库道，郭大昌为其幕僚。嘉谟仅资以五十两白银。和珅因等钱急用，于是私自出都向嘉谟借钱，言语之中顶撞了嘉谟，嘉谟怒甚，欲治以逃人之法。郭见状，劝嘉谟"毋薄其资"，借给和珅三百两银元，并且自掏了三百两银元的腰包给和珅，和珅感激不尽。不久和珅发迹，官至户部尚书，军机大臣，权倾朝野。有一次和珅随乾隆到江南巡视，专门遣刘全带厚礼到郭处致谢，郭不仅拒之不受，而且要刘带语给和珅，说昔日自己之所以劝嘉谟资助他，是认为他具有济世之才，能“为天下穷黎乞命”，没有料到他发迹后乃“拥权纳贿，为赃吏逋逃薮，毒流生民”，自己真后悔“尔时不怂恿（嘉谟）治以旗人外逃之罪”。（卷二）

包世臣还特别善于描写人物的形象，几笔就能将人物的外表特征勾画出来。如他写郭大昌：“为人赤颧披颐，髯长七八寸，连鬓皆苍白。”（卷二）一个落魄而品德高尚的士人形象活脱脱地显现了出来。其他如《皇敕授文林郎山东馆陶县知县加五级张君墓表》等文也都高度赞扬了传主勤政爱民、为民兴利除弊的品德，同时对弥漫于官场的腐败现象进行了揭露和谴责。

由于包世臣是嘉道年间著名的思想家、文学家和书法家，因此不少人出了文集、诗等都请他作序，他也乐此不疲，据初步统计，他一生为别人文集诗集写的序或跋不下百什篇。和别人写序不同，他主要是利用写序的机会来阐述自己对于写文作诗的看法。我们前面所介绍的他的“文论”、“诗论”，其主要观点就散见于他为别人文集、诗集所写的序或跋中。所以，实际上这些序也是他写的有关诗文创作理论的论文，具有颇高的学术价值。当然，既然是为别人文集、诗集写的序，因此包世臣也免不了对所写序的文集、诗集的内容介绍和评价，但他在介绍和评价文集、诗集的内容时，不像其他写序的人，只说好话、奉承的话，而是实事求是，好就是好，不好就是不好，好的肯定赞扬，不好的提出批评，不为作者文过饰非，即使是他的好朋友，也是如此。包世臣的这种实事求是、秉笔直书的文风，不仅在当时，就是在今天也是难能可贵的。

包世臣一生虽然游历过不少名山大川，但与他替人文集、诗集写的序或跋比较，他创作的游记的数量并不多，但这些为数不多的游记，或依图立论，或借景抒情，或状物写景，文采斐然，都不失为优美的散文佳作，具有很高的美学品位。就此而论，他被公认为是嘉道年间著名散文家，当之无愧。

与文相比，包世臣的诗的成就或许更高一些，就形式而言，四言古诗、五言古诗、七言古诗、五言律诗、五言长律、七言律诗、七言长律及绝句等诸体在包世臣的诗中赅备；就题材而言，他的诗涉及非常广泛，大致可分为政治诗、山水诗、田园诗、说理诗、爱情诗、咏史诗以及与朋友唱和的应酬诗等类别；就质量而言，虽然受时代风尚和其地位的影响，他写的一小部分歌功颂德的官场应酬及表扬封建节孝的作品内容空洞，思想平泛，但大多数作品尤其是他的政治诗和山水诗则能做到思想性与艺术性的结合，不少堪称优秀之作。总之，无论形式的多样性，还是题材的广泛性，以及内容的思想性与艺术性的统一，包世臣在嘉道年间的诗人中都是一流的，可谓名符其实的著名诗人。下面我们仅就包世臣政治诗和山水诗的内容作一具体介绍。

·政治诗

在包世臣的诗中所占比重不大，但其价值最高。包世臣的政治诗的价值首先就在于他以现实主义精神，相当真实地反映了那个时代人民的痛苦生活。如《丙午春入江宁城见文武各署演土地会剧感赋》描述他在南京一带的所见所闻："去秋地尽赤，冬雪尚存岫。二麦浪翻处，白骨无老幼。孑遗十四五，手足面皮皱。活于赈给者，近复疫疠沟。算到青黄交，尚须百日后。"（卷二十）已经一无所有、九死一生的农民又怎么能度过这青黄不接的百日呢？等待他们的只能是离乡背井，辗转沟壑！《哀竟陵寄舫斋承宜》描写水灾之后湖北襄江沿岸的难民生活："家产籍神君，捕鱼活子母。鱼随南风起，饘粥尚可取，近日北风多，儿啼已无糗。芦棚依薄洲，寝食蛇虫偶。"（卷二十一）《乙巳杂诗》记录灾荒过后深秋农村的荒凉景象："寒蝉鸣自稠，栖禽啼不喧。晨出望墟落，抵暮无炊烟。长夏既不雨，秋末已严寒。质卖亦略尽，流亡日以繁。灾情既不达，谁贯下忙钱？”（卷二十）《己卯岁朝松江即事》讲述农民地租、漕粮负担沉重：“今年又收十分租，捐银折漕骨髓枯。石米块八价在市，官漕石折六块四。豪衿交米二石三，民户入仓横笞詈。松漕亩已斗五升，折色倍蓰何能胜。”（卷二十二）包世臣的政治诗以其沉重的笔触，给我们描绘了一幅人民濒于死亡辗转沟壑的悲惨画卷，这幅画卷无疑是对千疮百孔腐烂丑恶的嘉道年间的黑暗现实的揭露和鞭斥。

包世臣的政治诗不仅真实地反映了那个时代人民的痛苦生活，而且还寄托了作者对在苦难中挣扎的下层群众的关心和同情。比如在他的《乙巳杂诗》如实地记录了灾荒过后深秋农村的荒凉景象后写道：“哀哉鞭挞余，舍命自投渊。万里成金汤，哀鸿抑可叹。曰余虽孺子，念兹忧如煎。”包世臣是多么地希望“良臣致忠爱，唯在仁化宣。谁其念灾黎，驰传速一言”。赶快上奏朝廷，请求赈灾，以缓解人民的苦难。在《哀竟陵寄舫斋承宣》一诗中他也希望朝廷赶快采取措施，赈济难民，否则“但恐赈到时，难民骨已朽。又恐安集难，流亡终十九”。他尤其担心“熟田偶被灾，荒弃遂泽薮”。因为要是如此，那么今后广大难民又靠什么生活？这里需要指出的是，包世臣对人民的深切同情与一般文人的即景兴叹，虚假同情，无力呻吟迥然不同，他努力把这种感情和思想付诸实践，他的许多政治经济活动和改革建议，虽然是从维护清王朝出发的，但其中也不乏救民于水火的目的与思想。就是他发明了一种机灌方法，首先想到的也是“推此利吾民，庶几霸者泽”。（卷二十一《机灌》）

包世臣的政治诗的价值，还体现在对清朝大小官吏的腐败无能和愚庸的揭露上。如他揭露官吏的腐败：“赫斯亲民候，料入乘锦轺。曰吁德无哗，宦况兹萧条。蝇头长亦微，勿谓肆渔牟。居贵岂无心，升阶有处高。爪牙胡假威，血枯腹其骹。入封块作银，量小飧无朝。”（卷二十《乙巳杂诗》）封侯拜爵的封疆大吏都像苍蝇一样，肆意鱼肉百姓，搜刮民脂民膏，就更不用说那些以鱼肉百姓为能事的州、县官吏了。在这种上下齐手的鱼肉之下，广大农民又怎能安居乐业，从事稼穑呢？“民苦渔侵事非一，害稼何须蟊与贼。邻鸡果见月一攘，身后具知堪庙食。”（卷二十二《初二日莘塔艨舟看中天王令》）妨害农业生产的不是所谓的蟊贼，而是各级官吏的腐败和他们对于农民的鱼肉。再如他揭露官吏的无能和昏庸：面对赤地万里的旱灾，南京城内文武百官束手无策，不知道如何领导灾民抗灾自救，而只会“祀神致冥佑”，“演戏为神祷”，祈求神灵的开恩下雨，但结果是雨未下，而灾情更加严重起来，到处都能听到饿死的冤魂在荒野哭泣，然而此时的文武百官不仅没有任何“失职当自疚”之感，也没有采取任何补救措施以减轻灾害造成的损失，相反，他们仍然在那里歌舞升平，醉生梦死，过着花天酒地的糜烂生活。官吏们的无能和昏庸不能不使包世臣感到愤怒，他厉声质问：“饿鬼哭遍地，焉能乐笙奏？”同时这也使他对唐朝大诗人杜甫的名句“朱门酒肉臭，路有冻死骨”有了进一步切身体会（“信矣杜陵言，朱门酒肉臭”）。（卷二十一《丙午春入江宁城地文武名署演土地会剧感赋》）

包世臣的政治诗还比较深刻地表现了当时尖锐的社会矛盾，如嘉庆初年先后爆发的川楚白莲教大起义，湖南、贵州苗民大起义以及江南各地风起云涌的农民抗漕抗粮斗争等，在包世臣的政治诗都有反映。尽管由于时代和阶级的局限性，他把川楚白莲教起义军和湖南、贵州苗民起义军称之为“盗”或“匪”，但他并不赞成清统治者对起义军的一味屠杀政策，而主张“剿”“抚”并用，以抚为主，采取轻徭薄赋措施，缓和社会矛盾。对于江南各地风起云涌的农民抗漕抗粮斗争，他则在一定程度上予以同情，希望清政府能整顿漕务，取消勒索，以减轻农民的漕粮负担。概而言之，包世臣的政治诗是那个时代的歌声，通过它们，我们可以对嘉道年间的社会现实有一感性的了解。

· 山水诗

在包世臣的诗中数量最多。这有两个方面的原因，第一，他一生大部分时间是为各地封疆大吏做幕僚，流动性很大，这就为他游览各地名山大川提供了绝好的机会；第二，他一生特别酷爱山水，凡祖国名胜古迹，只要有条件，他都要去游览凭吊，如黄山、庐山、钟山、兵书峡、龙门渡、乐山、峄山、天门等他都游览过，名山大川游览得多，山水诗也就自然写得多。

包世臣的山水诗继承了我国山水诗的优秀传统，南朝著名诗人谢灵运，尤其是唐朝大诗人李白的山水诗对他的影响最大，其作品具有李诗所具有形象飞动，描摹细致，文笔雄深遒劲，气势宏伟奔放的特点。如他的《游钟山》的第一首：

昔闻沈兴禄，愿从鬼心游。
今来北阜崚，桂枝杨劳秋。
雾卷江树薄，一览青徐收。
地脉洁南戎，流英锺七州。
岂无草堂秀，云窟减名遒。
赤岩绿萝古，鸟迹飞真留。
风泉泻松涧，万壑龙鸣修。
耳尘涤仙乐，胜洗清颍流。
何当遇青饕，紫金经可求。
跪读三千日，一雪山灵羞。
石扇不我辟，空望镂霞楼。
瞩彼楼中人，万里霜烟愁。

诗中写云、写雾，气势磅礴，形象逼真；写岩、写树，生机勃发，静中见动；写泉、写壑，瑰奇壮观，惊心动魄。全诗对钟山自然景色的描写，雄伟多采，奇美突兀，堪称佳作。

除了气势磅礴，雄伟多采之外，包世臣的山水诗还往往能把大自然的优美景色，写得和谐纯洁，充满生机，气象万千，引人入胜。如他的《山游》二首：

山僻知春好，翠微樵径深，
和风交麦气，老壑养云心，
鹿迹留苔浅，松涛出谷沈，
此中闻犬吠，按响任幽寻。
仄径偏环丽，阴阴行几茎，
深云通鸟语，高日听鸡声，
花过山逾静，心闲梦觉清，
倚林问牧竖，借我一牛行。

在包世臣笔下，大自然是那样的富有生机和活力，又是那样的和谐秀丽，崇高纯洁，一切都充满着诗情画意，这与他在政治诗中所揭露批判的黑暗、腐败、死气沉沉的社会现实形成鲜明的对比。

包世臣的山水诗的另一显著特点是形象饱满，色彩鲜明。不论描写山水的万千形状，还是喧豗的声响，变幻的色彩，都能惟妙惟肖，貌似神合。如他写兵书峡的险："下峡飞擢迅，冈峦不延妙。耳目变湍涛，崩奔更奇峭。平壁三十里，长年忽我诏，是名兵书峡，神师藏剂约。"（卷二十一《兵书峡》）写箬岭的高："箬岭歙北门，黄岳浮岭头。望望欲到天，远令行者愁。绕谷及其麓，豁若行道周。始信馊馋功，能荡天地幽。"（卷二十一《箬岭》）写峄山的云："雨遍不崇朝，云唯泰山有。岌垣既相属，郁蒸气遂厚。隮如一突炊，翕若万马走。此出果不归，殷望成川薮。"（卷二十一《行峄山下喜望大云》）写匡庐的倒影："寻山仰齐云，扬帆俯澄练。云虚练影美，帆转山形变。烟紫火雯朝，镜白月船晏。"（卷二十一《江上望匡庐》）从这些诗句中可以看出，包世臣很善于把握自然界瞬息万变的景色，并能形象的把它们描绘出来。当然在形象的塑造中，他又给它们涂上了一层浪漫的色彩，从而更增添了他山水诗的艺术光辉。

作为嘉道年间经世致用思潮的著名代表人物，包世臣写山水诗时，还常常好发议论，不但见景生情，而且还因情悟理，借景发挥，不少作品具有很强的哲理和现实主义的特征。如他的《行黄山下》第二首：

余雪散穷岩，苍黄互低高。
畛陌艺麻菽，粤集流亡曹。
聚散均齐民，此政非吾嗃。
不以隶编氓，异性驯则劳。
何术驭其渠，乃在乡贤豪。
礼可维其心，威可制其剽。
维制果有素，曲突功无儌。
不然有粮秀，与成市井交。
山谷倘不登，万口齐嗷嗷。
用六戒履霜，山越斯其嗃。
斧柯竟谁有，引领遂长谣。
贤豪信兹乡，行子毋忉忉。

再如他的《龙门渡》，前六句以浪漫主义笔锋写龙门渡口的水急滩险和渡口附近的自然景观，但从第七句开始，笔锋一转，则从写景变为写人，写他在渡口看到的逃荒饥民："顾见呼渡人，男女颀且顽。汹汹百十辈，手刃或长竿。千里避水灾，骨肉弃团圆。"

写完他在渡口看到的逃荒饥民后，开始发议论："以礼食则死，何能苦自完。我本为饥驱，穷岁扳巉岩。况闻流亡言，遂深漆室叹。蚁穴有溃防，善厝故匪艰，寄语专城人，信此涕泛澜。"（卷二十一）这样的作品堪称浪漫主义与现实主义结合的典范。

包世臣的山水诗表达了诗人对祖国大好山河的无比热爱，在他的笔下，既有粗犷雄伟、奇特险峻的山峰、老树、飞瀑、巨石，也有肃穆恬静、柔和轻美的月色、江影、箫声、棹歌，还有变幻莫测、蔚为壮观的浮云、晨雾、松涛、飙沙，这一切都构成了我们祖国的丰富多彩、锦绣花簇似的河山图画，如《游钟山》二首，《山游》、《月下》、《拟塞下曲》、《兵书峡》、《江上望匡庐》、《龙门渡》、《行黄山下》二首，《箸岭》、《古朗月行》、《行峄山下喜望大云》等都是这类好作品。

除了政治诗和山水诗外，包世臣的田园诗、说理诗、爱情诗、咏史诗以及与朋友唱和的应酬诗等也都写得各具特色。如他的田园诗深受东晋陶渊明的影响，以其愉悦的心情，写出了田园物景的美好和他对田园生活的热爱："蔬圃力可胜，邻地幸有隙。方开三十队，租之二斛麦。依墙植山药，瓜藤缘之密。罗芥期御冬，蘡莌永夏日。采采上村市，朝夕无壅积。差足供水柴，余以买药物。书史几荒芜，温故趁暇夕。"（卷二十《租圃》）这些平凡不过的事物和生活，在包世臣的笔下，都充满了诗情画意，让人流连忘返，不愿离去。因此，当他不得不暂时告别田园生活，去实现自己的政治抱负时，他是那样的依依难舍。请看他的《别圃》："种菜且一年，诸菜颇熟习。各种标新名，一一皆相识。父老怜我疲，为我设讲席。明日来圃中，便是路行客。予性最肮脏，与菜情相得。新雨土未坚，足留故人迹。长楫别吾圃，吾菜惨颜色。汝何患无主，暂别漫戚戚。"（卷二十）这首诗无论遣词造句，还是立意构思，与陶渊明的田园诗相比都毫不逊色。其他如说理诗、爱情诗、咏史诗以及与朋友唱和的应酬诗也有不少上等之作。由于篇幅的关系，我们就不一一加以介绍了。总之，包世臣的诗在清代文学史上占有极其重要的地位。

六、包世臣的历史地位

人们在研究清嘉道年间的历史时，往往是龚（自珍）魏（源）并称，将他们与林则徐一起视为那个时期执思想界之牛耳的人物。因此，我们评价包世臣的历史地位，可以将他与龚魏作一比较。

龚自珍，原名巩祚，字瑟人，号定盦，浙江仁和（今浙江杭州）人，出生于清乾隆五十七年（一七九二年），卒殁于道光二十一年（一八四一年），其出生比包世臣晚十七年，而逝世比包世臣早十四年。龚自珍所以被人们视为执嘉道年间思想界之牛耳的人物，是由于他对现实社会尖锐而辛辣的批判，开启了嘉道经世思潮的新风。比如他认为当时的社会已经到了“日之将夕，悲风骤至”的“衰世”，如同行将萎落的花朵。他猛烈抨击清朝吏治的黑暗和官僚制度的败坏，写道：“不论盐铁不筹河，独倚东南涕泪多。国赋三升民一斗，屠牛哪不胜栽禾？”（《己亥杂诗》）他无情揭露封建士大夫谄媚专制帝王的丑态，指出：“官益久则气愈偷，望愈崇则谄愈固，地益近则媚亦愈工。”（《明良论二》）他甚至把官吏比之为行尸走肉：“缚草为形，实之腐肉，教之拜起，以充满于朝市。”（《与人笺五》）他对清朝封建专制制度下所出现的死气沉沉的政治局面表示出强烈

的不满："九州岛生气恃风雷，万马齐喑究可哀。我劝天公齐抖擞，不拘一格降人才。"(《乙亥杂诗》)

龚自珍对现实的批判尖锐而辛辣，愤激之词，怒骂之语，在其文中俯拾皆是，这是包世臣远不能相比的。包世臣虽然也揭露和批判过清王朝的政治黑暗和吏治腐败，但不仅言辞要缓和得多，而且内容也不如龚自珍那样广泛。但这只是问题的一个方面，问题的另一方面，龚自珍对现实的批判虽然尖锐而辛辣，但他对未来的呼唤，却显得"浅薄"和"平庸"，对民对"夷"，对工对商认识均多不足，其社会改革思想，远在包世臣之下。比如作为嘉道年间经世思潮的开启者，尽管他针对当时的"弊政"，提出过"更法"、"改图"、"变功令"的主张，然而就他经济改革的主张来看，仅限于按封建宗法关系来分配土地，即从人的血缘关系出发，划分为"大宗"、"小宗"、"群宗"和本血缘系统之外的"闲民"四个等级，大宗授田百亩，役使闲民五人为之耕种，小宗和群宗各授田二十五亩，役使闲民一人为之耕种，闲民不受田，役使于人为佃户，而没有涉及诸如漕运、河工、盐政、币制等其他社会所关切的热点问题。和龚自珍不同，包世臣不仅对当时严重存在的社会经济问题作过多方面的研究，就漕运，河工，盐政，币制等问题提出过具体的改革主张和方案，是嘉道年间首屈一指的经济专家，而且他提出的改革主张和方案不像龚自珍那样"只贩古时丹"，企图从传统的思想和经验中觅寻医治"今病"的药方，而是顺应历史发展潮流，从新的思想和经济因素中寻求新的药方，如他主张农商并重，在发展农业的同时，积极发展工商业；主张充分发挥商业资本的作用，通过商业资本的势力即上海一带的"沙船"海运漕粮；保护商人的利益，只要他们照章纳税，就允许他们自由运销食盐。

包世臣的改革思想不仅远在龚自珍之上，就是与魏源相比也毫不逊色，有些地方甚至有过之而无不及。如我们在第一节"交友”中所提到的，论漕盐实政，务实重行，包世臣与魏源难分伯仲，但由于包世臣年长魏源十九岁，因此他有首倡漕运、盐法改革之功。就漕运而言，包世臣早在嘉庆九年（一八〇四年）就写有《海运南漕议》，提出了利用上海一带的“沙船”海运南漕的主张，而魏源最早主张海运南漕的文章《筹漕篇》上写于道光五年（一八二五年），比包世臣的《海运南漕议》晚了整整二十一年。包世臣主张改革传统的“纲盐法”，允许商人自由贩运是在嘉庆二十五年（一八二〇年），而魏源佐陶澍进行盐法改革是在道光十一年（一八三一年），比包世臣晚整整十一年。由于魏源提出海运南漕，改革盐法的主张比包世臣晚，因此其具体改革方案明显接受了包世臣的影响，比如，他提出的海运南漕的方案是：借商道为运道，雇商船为粮船，雇商人为运丁，道不待访，舟不待造，人不待募，费不别筹，利国计，利民生，利海商，这也是包世臣《海运南漕议》所提出的方案。他佐陶澍进行盐政改革，改传统的“纲盐法”为新的“票盐制”，其具体措施也基本上没有超出包世臣在《代议改淮鹾条略》（写于道光十年）中所提出的措施之外。

如果说包世臣和魏源所提出的改革漕运和盐法的具体方案大致相同的话，那么他们对治理黄河和改革币制的具体方法则很不一样。比如，他们都主张积极治理黄河，但包世臣主张采纳潘季驯的“筑堤束水，以水攻沙”的方法，“堵御坝以浚运淤，疏引河以导湖溜；接长盖坝以发清势，补筑顺坝以杀黄怒；截港接堤以敌潮汐，外柳内芒以防漱漫；对坝通溜以攻积淤，引溜归泓以减险工”。而魏源则主张黄河改道，其具体办法是：“乘冬水归壑之月，筑堤束河，导之东北，计张秋以西，上自阳武，中有沙河，赵王河，经长垣、东明二县，上承延津，下归运河，即汉唐旧河故道。”（《魏源集》第三七一页）包世臣反对黄河改道，曾于嘉庆十三年阻止过江督请帑六百万议改河道的建议。魏源认为疏浚旧河道毫无希望，要治理黄河非改道不可。由于包世臣和魏源的主张都没能付诸实践，因此很难说它们谁优谁劣。这里需要指出的是，虽然在治理黄河的具体方法上魏源与包世臣意见相左，但在其他水利工程上他则经常征询包世臣的意见，直到晚年他出任高邮知州，其第一件事也是写信给包世臣，“垂问以清送漕，不治下河而下河自保之法”。（卷七下《覆魏高邮书》）为了解决当时严重的银贵钱贱的危机，他们都主张币制改革，但包世臣提出的方法是：发行纸钞，但“不废钱，一切以钱起算，与钞为二币”，“亦不废银，而不以银为币，长落听之市人”。而魏源则反对发行纸钞，主张“仿铸西洋之银钱”，并“兼行古时之玉币、贝币”。（《圣武记》卷十四）应该说，魏源主张“仿铸西洋之银钱”，使货币制度由秤量货币阶段进到计数货币阶段，这不仅对商品经济的发展有好处，也有利于排挤外国银币在中国的泛滥，但他主张“兼行古时之玉币，贝币”，在白银已充作一般等价物的情况下又是不现实的，根本不可能实行；他反对发行不兑现纸币，以防止清政府利用币制改革对人民进行掠夺这是有一定根据和进步意义的，但他不知道，不兑现的纸币在它的发行量不超过它所代表的流通所需要的金属币的数量时，是不会贬值的，他更不知道以纸币取代金属币这是货币制度发展的方向，所以他关于纸币的理论不能认为是正确的。和魏源不同，尽管包世臣的币制改革主张存在着严重缺陷，但他主张发行纸币，并要求以一定的实物作基础，限制发行总量则符合现代货币理论。

论社会改革思想，包世臣虽然比之魏源毫不逊色，甚至在有些方面还有过之而无不及，但论向西方学习，他则根本不能和魏源相提并论。尽管他在鸦片战争中也认识到“英夷之长技，一在船只之坚固，一在火器之精巧，二者皆非中华所能”，因而主张在加强水师建设的同时，招募在英夷之馆学习过其“制炮之法”的嘉应一带的“贫士”，从而使“天下物之利者”为我所用，但他并没有明确提出向西方学习的主张，至少他向西方学习的思想是相当模糊的。也正因此，所以鸦片战争后他在总结鸦片战争失败的教训时，认为“居今日而言补救，唯在收摄人心，物色人材而已”，而没有提出任何向西方学习的建议。与包世臣不同，魏源则在《海国图志》中继承和发展了林则徐向西方学习的思想，提出了近代中国向西方学习的第一个完整的口号“师夷长技以制夷”，提出了推动中国从中世纪走向近代的第一个近代化方案——引进西方先进技术，发展中国的近代军事工业和民用工业，改革军事制度，建设一支近代化的海军，第一次对西方政治制度作了比较全面的介绍，并认为这种制度“可垂亿世而无弊”。

由于包世臣的改革思想及其方案涉及当时社会所关切的漕运、河工、盐政、币制等热点问题，加上他又工书法，善诗文，为人能言善辩，因此生前名气很大，向他请教或请他写序题名的人是络绎不绝，就是一些封疆大吏，遇漕务、河工、盐政、刑名及军事诸政，也往往屈节向他咨询。就其影响而言，包世臣生前在魏源之上。然而由于他没有提出向西方学习的主张和方案，所以当历史进入近代，向西方学习成为社会的主题之后，包世臣的影响则很快丧失，乃至几乎被人们遗忘。与包世臣的这种命运相反，魏源则因其《海国图志》提出的“师夷长技以制夷”的主张及其具体方案，开近代中国人向西方学习的新风，并为后来的中国先进分子继续寻找救国救民的真理指明了前进的方向，而影响日益扩大，乃至今天成为学术界研究的热点课题。

总之，与龚自珍比较，对现实社会的批判，包世臣不如龚自珍，而社会改革思想，龚自珍又不如包世臣。与魏源比较，就社会改革思想及其方案而论，包世臣比之魏源毫不逊色，甚至略高一筹，但在向西方学习方面，他则难望魏源的项背，因而其对近代中国社会的贡献不能与魏源相提并论，这就是包世臣的历史地位。

参考书目

《安吴四种》，包世臣，光绪十四年木刻本。

《小倦游阁文集》，包世臣，一九一七年华阳氏据包氏原稿本排印本。

《包慎伯（世臣）先生年谱》，胡韫玉（字朴安），台湾，文海出版社影印本。

龚自珍

陆宝千　著

目　录

一、传略

龚自珍又名巩祚，字璱人，号定庵，浙江仁和（杭州）人。他生于一个世宦之家。祖父敬身（字屺怀，号匏伯），官至云南迤南兵备道。本生祖禔身（字深甫，号吟臞），官至内阁中书，军机处行走。父亲丽正（字暘谷，号暗斋），官至江南苏松太兵备道、署江苏按察使。母亲是小学名家段玉裁的女儿。所以他幼年受着良好的家庭教育。七岁，即由其母亲口授吴梅村的诗。十二岁，由外祖父授以《说文解字》的部首。在八股文盛行、启蒙幼童普遍背诵三百千千的时代，这是一件很不平凡的事。但是他在科举上并不顺利：二十七岁方得举人，三十八岁才会试中试，殿试居于三甲，朝考后以知县用。早在二十九岁那年，他以举人的资格为内阁中书，至是不愿外任，自请归中书原班。以后历任宗人府、礼部祠祭司、主客司等主事。在政治舞台上始终扮演着一个闲曹微员的角色，极不得意。四十八岁终于弃官而归，两年后，就丹阳云阳书院及紫阳书院讲席，八月，暴疾捐馆。

他生于清乾隆五十七年（公元一七九二年），卒于道光二十一年（一八四一年），享寿五十岁。他出生的时候，值高宗晚年，清廷的盛世已过。死后第二年，清廷因鸦片战争失败，与英国订立了《江宁条约》，此后世局大变。所以他虽然仅得下寿，然而这五十年正是清室由盛而衰的时期，而他也适巧成为这一时代中思想界的代表人物。

定庵在政治上虽然侘傺终身，但在社会上他却是一个贵公子，一个名士，一个才子。诗酒风流，声名藉甚。他和他的夫人被称为“国士无双，名姝绝世”。揆其所以能倾倒一世者，乃是因为他的文字富有感染力。他的诗，以璀璨瑰丽之词写其灵思异想，在当日诗坛上别树一帜。他的文，谋篇构句类似律绝中之拗体，以发其非常异义可怪之论，亦逸出于桐城、阳湖之外。但是百余年来，一般人谈到定庵者，往往对于他的诗酒风流，津津不倦；对于那些灵思，那些异论，却解者寥寥。不知定庵之为定庵者，乃是在他的深湛之思，不能仅以文人视之的。

二、学术思想

在定庵动人的文字后面蕴藏些什么思想呢？在分析这个问题之前，我们先来了解定庵那个时代的社会经济。

满清自康熙以来，承平日久、生齿日繁。按实录记载，嘉庆二年（一七九七年）全国人口为二亿七千一百三十三余万，到了道光元年（一八二一年）竟达三亿九千五百五十四余万。短短的二十四年之间，增加了一亿二千四百二十一万。但是中国是一个多山的国家，耕地的面积，受了地形的限制，不能依人口增殖的比率而增加。同时土地兼并之风自雍正以来，愈趋激烈，嘉庆十七年，全国耕地共七百八十八万顷，就中皇室便占了八十三万顷，此外官僚、富商也都以土地为投资对象。这些地主们有的甚至“用担石程田契，乘马不牧，游食田野数十里”。人口激增，土地集中，遂使很多人游离于农田之外。

土地既成为竞争投资的对象，必然会引起地价的高昂，若干地方，在顺治初年，每亩地价不过二、三两，到乾隆晚年竟涨到五六十两。地价高昂，地主当然要取偿于佃户，按当时通行的地租额，农民耕种所得的半数，都要交付地主。江南一带，地主们更以货币作为地租，每年秋熟，往往粮价大跌，农民被迫贱售血汗所得以换取货币，生活更趋艰苦，而贫富的距离也越来越远了。

游离的人口及贫穷的农民，那时并无工业可以消纳他们。尽管自康熙以来各种手工业都已恢复到明季的水准，如长江流域有江南的棉织业和丝织业，江西的制瓷和造纸业，四川的井盐、制糖和丝织等，黄河流域有山东峄县的采煤和章邱的铁器，陕南的伐木、造纸和炼铁等，粤江流域有广州的冶铁，珠江三角洲的制糖，云南的采铜等，但是就技术而论，却停滞在手工生产的极限上，不能再有进步了，生产的技术限定了生产的规模，那时的生产规模是不能容纳大量的失业人口的。

另外一方面，清廷自康熙二十四年（一六八五年）以后，开放海禁，设立粤海、闽海、浙海、江海四关，允许洋人来华贸易，洋货逐渐流入中国内地。在定庵出生以前二十八年，英国人瓦特发明了蒸汽机，接着便是工业革命，欧洲乃产生了资本主义的国家，它们亟需要原料和市场，广土众民的中国，成为它们最主要的目标。尽管乾隆二十二年（一七五七年）下谕将外人的通商口岸限于广东一处，但洋货仍然不断地源源拥进。所谓洋货者包括各种被当时人视为奢侈品的衣料、玩好，及鸦片。中国人购买这些洋货都用白银向洋商交换，大量白银外流的结果，是银价腾贵，物价飞涨。人民的生计益艰。

以定庵感觉之敏锐，上面这种情势，他当然早已触及了。二十五岁那年，他作《乙丙之际箸议》时即说道："天下生齿庶，原之出也不饶，故金之权日尊。"又说：食诚不足"而货之不独盈也又久"，"不睹挟金市海者乎？市海者溃"。但是如何解决这两个问题呢？

对于由人口增加及土地集中所引起的贫富不均问题而言，他先是主张均贫富，认为一国家内部的社会经济"浮不足之数相去愈远，则亡愈速"。因为贫人们因生活困难而互相冲突，富人们因财富丰足而互相夸耀，贫人们的生活一天困难一天，富人们的生活一天腐化一天，贫人们由羡慕而愤怨，富人们由骄汰而啬吝，在社会上郁成一种不祥之气，最后必然发为兵燹和疫疠，生民噍类，靡有孑遗，所以他主张"取其浮者而挹之"，"不足者而注之"，但是他并未提出任何具体而可行的办法来。七年以后，他写作《农宗》篇，对于这个问题乃有一套设计：所谓农宗者乃是以宗法的长子继承制施之于农田，大概的构想是这样：

（1）以大宗为第一等，小宗为第二等，群宗为第三等，闲民为第四等。

（2）大宗之长子世袭为大宗，余子由宗子向政府另请田二十五亩为小宗。

（3）小宗之长子世袭为小宗，余子由宗子向政府另请田二十五亩为群宗。

（4）群宗之长子世袭为群宗，余子为闲民，政府不再给田，惟在本宗内为佃工。

（5）政府官吏自五品以上皆给禄田，不另予俸。六品以下则有俸而无田。禄田可以世袭，一品者四世，二、三品者三世，四品者二世，五品者一世。

（6）凡大宗、小宗、群宗年满六十岁时，即行退休而由长子继承。宗子有抚养父母之义务。

(7) 以二十五亩为基本面积，大宗之耕地在二十五亩以上，且不设最高限额，俾能收容同族。

如此每一农户有最低限额的土地，则贫富不致相去太远，闲民可以为本宗的佃工，不致于游离于土地之外了。

对于业已过剩的人口，定庵主张向西域移民。他曾着《西域置行省议》。大意谓“中国生齿日益繁，气象日益隘，黄河日益为患”，而嘉峪关以外“地纵数千里”，屯田仅“二十八万八千一百零八亩，田丁，南北合计才十万三千九百零五名”，实在谈不到“以西域治西域”。所以应当“大募京师游食非土著之民，及直隶、山东、河南之民，陕西、甘肃之民，令西徙”，“其余若江南省凤、颍、淮、徐之民，及山西大同、朔平之民，亦皆性情强武、敢于行路”，募之往，而“种烟草之奸民最多，大为害中国，宜尽行之无遗类”。同时划分府、州，设立总督、巡抚、布政使、按察使、提督、总兵等，完全和内地一样。他认为这一举动虽然现在所费极厚，所建极繁，所更张极大，但“所收之效在二十年以后，利且万倍”。定庵对于此一建省计划，不仅在社会上作私人的文字鼓吹而已，并且曾在殿试时正式向清廷建议。后来光绪四年（一八七八年），左宗棠在新疆平定回乱，果然奏请开设行省。李鸿章将此举归功于定庵忧患之所得。西域自西汉以来，即入中国版图，但因地位穹远，民族复杂，行政设施与内地相异，以致不时喧豗脱辐。自建省以后，一切建置同于本部，故以清季国势之陵夷，新疆在强邻虎视之下，竟能不步外蒙、西藏之后尘者，推源溯流，实出于定庵的卓见。

定庵另有一文，和《西域置行省议》同样地脍炙人口的，是《东南罢番舶议》。这是针对着白银外流、物价高涨而发的。可惜全文已佚，不过我们可以在定庵其他的文章中窥知其大意。当鸦片战争前夕，林则徐受任钦差大臣之命，赴广东查办禁烟时，定庵向他建议几点，大约即是《罢番舶议》的要旨所在。大意谓中国自古以来食货并重，但自明初开矿后，已四百余年未尝增产白银，人事火患，每年要消耗三四千两，所以不能再使之漏于海。中国之所以和外夷通商者，其“大利在其米，此外皆末也”。鸦片烟为食妖，吸食、贩卖者都应诛戮。其他应禁止呢羽毛等纺织品入口，使本国的“蚕桑之利重，木棉之利重”。又凡钟表、玻璃、燕窝等奢侈品一切禁绝。宜勒限使夷人徙澳门，广州“留夷馆一所为互市之栖止”。只要实行两年，便可“使中国十八省银价平、物力实、人心定”。由此看来，所谓罢番舶者，并非完全断绝对外贸易，仅对贸易地点、贸易内容加以限制而已。在定庵早期的思想中，主张民间贸易以物易物，田赋亦以实物缴纳。至此却改称食货并重，可见其并不故步自封。以上是定庵对社会经济方面的灵思异想。

再就政治而论，清代的政治机构大体是沿袭明代的。这是一副高度集权的政治机器，操纵这一副机器者，必须要有过人的智力和体力。清代前期自康熙至乾隆早年大致都能驾驭它。但自和珅当宠以后，这副机器有时不免由他来转拨枢纽，于是弄权纳贿，政风大坏。凡中央大吏，地方长官，如欲保全禄位者，无不向其逢迎，向其报效，稍有批其逆鳞者，谴责立至。定庵集中有记御史曹锡宝劾和珅家人，为侍郎吴省兰出卖事，可见当时和珅窃权及士大夫无耻之一斑。仁宗亲政后，虽然诛戮了和珅，但是官常败坏之积势已成，无人能挽狂澜于既倒了。自仁宗至宣宗，二人都是才具平庸，不能有效运用高度集权的政治机器。于是养成了一种风气，内自内阁、军机处，外至省、府、州、县，凡事都按成例办理，事无前例者，无人敢倡议改弦易辙。定庵称此时为衰世，所谓衰世者，“文类治世，名类治世，声音笑貌类治世”，然而“左无才相，右无才史，阃无才将”，抑“巷无才偷，市无才驵，薮泽无才盗”，不但君子很少，连小人也很少了。他认为如此下去，“乱亦竟不远矣”。因此必须自动改革，假如“拘一祖之法，惮千夫之议，听其自陊”，适足为未来新王朝踵兴之资而已。

关于自动改革方面，定庵曾提出一套方法：

（1）内阁中每日有大学士一人阅疏。

（2）以内阁中书为军机章京。

（3）内阁中增设汉侍读名额。

（4）六科给事中移驻隆宗门外，专领军机处上谕。

此四点建议，定庵实有微意，应稍予解释。原来明太祖废相以后，天下庶务由六部分理而上总于皇帝。但后来的皇帝并不能有如许的精力和才能，真正去日理万机，于是从翰林院中选出若干人以备顾问。这些人称为殿、阁大学士，他们的职掌是“献替可否，奏陈规诲，点检题奏，票拟批答”。因为他们“授餐大内，常侍天子殿阁之下，避宰相之名，又名内阁”。全国所有的奏疏都先经他们阅过，拟好处理奏疏内容的意见，再呈皇帝批准，所以后来变成事实上的宰相，不过权限远不如前代宰相之大之重而已。清代初年沿用明代的官制，也设内阁，置大学士。但有一点和明代不同，明代的内阁大员其本身仍是翰林院官员，不过在内阁当差而已，其品秩只有五品，而清代的内阁大学士则官至一品，位尊权重。所以明代的内阁是内廷机构，清代的内阁则是外廷机构，是政府正式机构的一部分，不是皇帝私人的秘书处。雍正十年（一七三二年）用兵西北，为了军事保密，乃设立办理军机处，密办军需一切事宜，主其事者为军机大臣，大臣之下为军机章京。军机大臣初以亲王、大学士等为之，军机章京则由内阁中书为之。故军机处最初本内阁之分支，所办工作只限于军事范围，后来则军事以外的要事，也由军机处办理了。它和内阁的权限是这样的：臣下向皇帝有所报告时，常事用疏，由通政司转上，下内阁拟旨。重要的事情用折，由奏事处转上，下军机处拟旨。于是要事归军机处办理，大学士若不兼军机大臣衔，则不得预闻政事，内阁成为军机处的附庸了。军机章京本来都由内阁中书充任，后来六部部员亦得保送，其人数且超过中书，内阁和军机处的联系更疏了。到道光之初，大学士又不再看本，实际看本者由汉学士三人轮流，于是大学士遂成虚衔，一切大政都出自内廷了。又明代设立吏、户、礼、兵、刑、工六科给事中，职掌封驳。皇帝的谕旨一定先下六科，凡给事中认为不便者，可以驳正到部，谓之科参，六部之官没有人敢抗科参而自行者。清代也设给事中，官廨设在午门外，以便领旨、封驳。后来要事上谕发自军机处不经内阁，给事中也成为闲曹冗员了。定庵的第一条建议要大学士到阁看本，便是想恢复大学士原来的职掌，成为真正的百僚之长，不但“熟悉侍读以下之贤否”及“辅臣掌故”而已。其第二条建议是想把军机处的办事人员都变成内阁的派遣人员，一方面军机处所办的要事，内阁不致隔阂；一方面使军机处变成内阁的附庸，使政治的权力中心再由内廷回到外廷。其第三条建议乃使汉侍读掌管典籍厅。因为“典籍厅为储藏之薮”，该厅原有二员汉缺，但都调在别处“行走”，而满人典籍者视此为文移档案之区，不欲令汉人分权。今若以汉员为此厅主管，则掌握了内阁的机密了。其第四条建议乃使军机处对外所发的上谕，先经给事中之手，若有不便者，给事中可予封驳，对军机处设了一重限制。以上四条如果都能付诸实行，则满洲人用以统治中国的这一副政治机器，因皇帝本身的才具平庸，其实际操纵之权可移于内阁，只要内阁得人，一切庶政都可由此发动改革，不难变“衰世”为“治世”。军机处虽处内廷，但因其中实际办事者皆来自内阁，不能不受大学士之影响，而且由它所发的上谕可由给事中封驳，则不容再有和珅那样的人可藉军机处来弄权了。

然若政在内阁而内阁无人，也不能进行政革，则又如何？至此，定庵是主张革命的。他认为一个皇朝“将败，则豫师来姓，又将败，则豫师来姓”。而来姓之兴，一定有藉于社会大众之拥护，不能仅恃力征，因此他说“全德不恃力，莫肯不服”。他设计农宗时，只规定每户农民应有最低额的耕地二十五亩，而不限止大宗农田的最高面积，目的即在养成强大的社会力量，使专制帝王有所顾忌，他引用孟子的话：“为政不难，不得罪于巨室。”假若真的引起了革命，则革命者有强大的社会势力可以利用，一定易于成功，因此定庵说：“如此一代之祖，可省十年用兵”，强大的农宗乃“亡国之所惧，兴王之所资也”。

定庵既肯定了革命之价值，同时也肯定君主之本“出于下”。中国过去的学者，都认为君主为天之子。天子之所以能统治人民，乃是因其接受了天命，所以皇帝的诏书上自称“奉天承运”。君臣之分，不可逾越，被视为一种大义。真正能推翻前朝取而代之者，必须假借于神话如汉高祖、明太祖，或假借于禅让如唐高祖、宋太祖，来化除其内心中道德上的不安感及人民心理上的不义感。定庵则认为“古者未有后王君公，始有之而人不骇者何？”因为上古之时，“能以尺土出谷者，以为尺土主”，“帝若皇，其初尽农也”。只要土广而谷众，自然“力能致其下之称名”。后代儒者不究其本，以为天下之大分自上而下，“卒神其说于天”。故定庵以为“先有下，而渐有上”。因此天子本为人民所自推，自然不用惊骇了。天子既然出于下，则后世一样也可以“有德此有人，有人有此土矣”。从前严几道曾说中国过去的圣贤只知道教统治者如何治理人民，而不知统治者正出之于被统治者之中。他显然是忽略了龚定庵的卓见。

以上是定庵对于政治方面的灵思异想。

再从定庵当时的学术环境而论，那时考据学的高潮甫过，在他出生以前三十四年，汉学的吴派大师惠栋已卒，前十五年，皖派大师戴震亦卒，但此学的声势尚盛，依然是当时学界的主流。定庵犹能亲受小学、训诂于外祖父段玉裁，并饫闻“以小学说经，以小学校经”之说于座师王引之，所以他在这方面也有很深的造诣和创见。举例来说，清末康有为著《新学伪经考》，认为东汉以来经学都出于刘歆伪造，尤其是《左传》和《周礼》，出于伪撰的成分最大。一般人都以为此说乃康氏得之于廖平者，而康氏则承认乃受了龚定庵的影响。定庵在《乙丙之际塾议》中说：“汉臣采雅记古仪官书，造《周礼》，又颇增益《左氏传》。”所以康氏自承之说实是信而有据。定庵发表此项意见时，只有二十五岁，尚在独学阶段，不可能转贩他人的意见为己见，不管此说是否正确，总是一项石破天惊之论。就小学方面来说，那时的小学家都在故纸堆中打滚，一部《说文》，一部《尔雅》，不知道吸引了多少学者的精力。而定庵则轶出了这个圈子以外，他曾拟创作《今方言》一书，收罗的范围包括满洲、十八省，并及流求、高丽、蒙古、喀尔喀等。他认为语言是变化的，天道十年小变，百年大变，人亦是一个小天，所以也要变，人“声之变以无形而变者也”。并且除了因时间的不同而变化外，语音又有空间上的流动现象，“音有自南而北、东、西者，有自北而南、东、西者，孙曾播迁，混混以成”。因此他这部新颖的著作，是以现存的语音为标准，“凡是古言之存者，疏于下方”，使人知道“今之不自今而始”，各地方言之变化，如果有端绪可以寻究，“虽谢神瞽，不敢不聪也”。在注音的方法上，他又摒弃了以汉字直接注音或反切的旧法，而“旁采字母翻切之旨”。我们已知他可能懂得蒙古话和满洲话，所以能利用拼音文字的方法来注音，“可以一行省音贯十八省音，可以纳十八省音于一省”。这些见解都不是当时一般钻研故纸的小学家所能梦想的。

但以定庵天才之横溢，考据之学实在羁勒不了他。当时学术界上又有几道支流，定庵都一一挹饮了，此即公羊之学、经世之学和佛学。

公羊之学在中国学术史上自汉末以来，中绝已久，至清代乾隆中叶始由庄存与加以复兴。在定庵出生前五年，存与已卒，但当定庵二十七岁时，存与孙庄绶甲馆于龚家，曾和定庵谈及其祖的事行，次年，认识了刘逢禄和宋翔凤，刘、宋都是存与侄述祖的外甥，述祖传存与家学，尝说 ：“吾诸甥中刘申受可以为师，宋于庭可以为友。”中受为逢禄字，于庭为翔凤字，二人都精于公羊之学。定庵在未登乡榜以前，曾在《乙丙之际箸议》中指出以日食等天象来儆戒时君，并非孔氏家法。在为江藩所著书作序时，又有“三王之道若循环”，“不用文家废质家，不用质家废文家”等说法，可见他早已独自研究《公羊春秋》了。等到遇见刘逢禄以后，便正式向刘氏受《公羊春秋》。公羊之学乃别开生面。

定庵早年曾主张学问和政治不能分开，他说 ：“一代之治即一代之学”，后世的师儒各守所闻，仍然志在以其所学“措之当世之君民”。庄存与初兴公羊之学时，其性质仅是“书本知识”，但到定庵手中，公羊学便成为论政的工具了。《公羊春秋》中有“通三统”的说法，这个观念有两种意义，一是政治的。一个皇朝对于前二代的后裔应给予封地，使他们各能保其固有文化，这样在新皇朝中包含了两种旧文化，便谓之通三统。另一种意义是书法的。传说孔子作《春秋》时，记载“春王正月”后又有“王二月、王三月”。第一个“正月”是指周朝的正月，正月上面的“王”是指周朝的王。此后王二月是指殷的正月，王三月是指夏的正月。二月、三月上面都有“王”，乃表示夏、殷二王之后与周王同时存在。这便是通三统这个观念在《春秋》书法上的表现。定庵如何利用通三统以论政呢？第一，他扩大了“三统”。认为“王者，正朔用三代，乐备六代，礼备四代，书体载籍备百代”。此谓文化是累积的，除了正朔以外，其他礼、乐、书体载籍都不应只保存三代。这很可能是对清廷禁毁若干书籍而发的，他曾有诗道 ：“避席畏闻文字狱”，足见其对清廷此举之不满。第二，他主张宾宾。所谓“宾”，是指“异姓之圣智魁杰寿耇也”，“宾宾”是以宾客之礼对待这些人，这些人也应自求为宾之道。这是通三统的另一说法，但是定庵所重却在后者，他认为满清政府对于异姓的态度是：祖宗的兵谋，不使别人知道；本族人的俸禄，不愿和别人共享；自卫的军队，不愿受别人的节制，所定的制度规章，不愿别人加以批评，所以为宾之道，一方面是“上不欺其所委贽，下不鄙夷其贵游”，一方面是“不自卑所闻，不自易所守，不自反所学”。这表示他与满清政权的不合作。同时他说：“宾也者，生乎本朝，仕乎本朝，上天有不专为其本朝而生是人者在也。”又说：“文质再而复”，则在定庵心中实有期望新朝兴起之意。

通三统之外，公羊学中尚有一个重要的观念——张三世，也为定庵所活用了。所谓“张三世”者，《公羊传》上说：“所见异辞，所闻异辞，所传闻异辞。”这是说孔子作《春秋》的时候，对于历史事件的记载，因发生先后次序的不同，而用不同的文辞记载之。公羊学者又认为这些不同的文辞，乃孔子用来表示其理想的。即对于发生在“所传闻世”时代的事件，其用辞乃表示了“治起于衰乱之中”，发生于“传闻世”中者，表示了“见治升平”，发生于“所见世”者，表示了“著治太平”。发挥这三世之义，谓之“张三世”。这是公羊学者表示历史发展有此三阶段。定庵则据此观念把儒家的经典分配于三世中。这类似佛家的判教。佛教中譬如法华宗，把所有经典分为一华严时，二鹿苑时，三方等时，四般若时，五法华涅槃时。认为释迦牟尼乃依此先后之次序而说法者。定庵则作《五经大义终始论》，认为圣人之道，“有始有卒”，“始乎饮食，中乎制作，终乎闻性与天道”，五经皆表此义。而饮食为据乱世，制作为升平世，闻性与天道则属太平世。例如《诗经》中《后稷》篇属据乱世，《公刘》属升平世，《般》与《我将》属太平世。而《尚书·洪范》中共含三世：食货为据乱而作，祀、司徒、司寇、司空为治升平之事，宾，师乃文致太平之事。定庵此文真正的用意，乃表示政治应以民生为重。

定庵又以为历史是不断地发展的，亦即政治应不断地进步的，乃把三世之义扩而大之，他说春秋时代可以分为三世，而通古今亦可以为三世。在此观点下，他认为到了太平之世，天下一统，就不必再有夷、夏之分了。因为“圣无外，天亦无外”，不过在据乱、升平之世则仍应讲民族主义的。他这一说法后来也深深地影响了康有为。康氏以为据乱之中有升平、太平，升平之中有据乱、太平，而太平之中亦有升平、据乱，依次转辗发展，可至无量世。推溯其源，无疑是得之于定庵的。

《公羊春秋》在汉代常被用为施政决策的依据，清代既已复兴了公羊，则自然也被人想到用于政治上去。汉代董仲舒曾有《春秋决狱》十六篇，其书已佚。定庵也仿效董氏作《春秋决事比》十一篇，可惜此书已和董氏所著一样地散失了。不过从残存的“问答”中，尚可见他以“今律”某罪比附《春秋》某律，显然是想在今古对比之下，以求今律之能合乎春秋大义的。定庵生时，去乾隆朝的文字狱已远，但余悸犹存，所以他以公羊论政，其辞甚微。不过书生论政之风由他所启，此后内乱外患纷至沓来，朝野上下，求自强，求变法，万喙齐鸣，不可复遏。定庵有诗道：“但开风气不为师”，他确已做到了。

知识分子之论政，目的在于为国家社会服务，所以论政之外，经世之学自然也为当时的知识分子所讲求。经世之学以历史为首要，因为要研究时务，必须从研究古今治乱得失入手。当定庵之世，一般知识分子竞趋于边疆史地的探讨，定庵也用心于此，对于“西北塞外部落、世系、风俗、形势、原流、分合”，极有心得。当时清廷重修《一统志》，他正在内阁中书任内为国史馆校对官，曾上书于国史馆总裁，建议在新修的《一统志》内应当加入乌梁海、巴尔虎、祃木特等事迹，以及科布多七旗之土界、旗分等十八条。他又曾因新疆一地的山川形势及政治沿革已由政府编成《西域图志》，而蒙古方面尚付阙如，于是计划私撰《蒙古图志》。其内容包括图二十八、表十八、志十二共“三十篇”（按：此系定庵《拟进上蒙古图志表》文中原文如此）。已经完成了十之五六，不幸在道光二年冬天，他家中失火，把原稿毁了一半，并把所有的参考数据也都付焚如了，因此无法继续写作，此书终未完成，真是学术界上的一大损失。现在于其文集中还保存了若干篇表、志的序文，都精博绝伦，足见他于此学造诣的深邃。他也自称于西、北史地“虽非绝诣，自是孤学”，其实不但在当时他攻研的是“孤学”，即在今日，有多少人能对蒙古的山川形势，部落分合可如数家珍呢？

定庵在青年时代曾写过一篇文章阐发告子的学说。告子的主张是人性无善无不善。定庵也认为人之善恶都是后起的。因为人性无善，所以可以为夏桀那样的暴君。因为人性无不善，所以也可以为尧那样的圣君。当他为暴君的时候，可以为圣君的本性并没有消失，当他为圣君的时候，可以为暴君的本性也没有消失；仅是尧性和桀性互为主客而已。政治的力量只能对人的外在行为加以奖惩，并不能深入影响到人的本性。所以他许可告子为“知性”。儒家自孟子以来都说人性本善，以后经过宋儒的发挥，此说更深入人心，幼童启蒙，都知道“人之初，性本善”，定庵居然对这种已被社会视为当然的说法，加以否定而另阐别说，足见其卓荦不群处。

对于人性无善无不善的说法，并不是定庵在文字上的游戏，而是认真地予以肯定的。这一肯定影响了他的宗教信仰。他在三十多岁时，与江沅（铁君）为友，江沅是信仰佛教的，定庵受其诱导，也从而学佛。所以他曾说“铁君是予学佛第一导师”。但是江沅宗净土，而定庵则宗天台。天台宗主张诸佛心体兼具染、净二性，而无差别之相。一味平等，古今不坏。此二性但依熏力起用，先后不俱。阐提断修善尽，但性善在；佛断修恶尽，但性恶在，盖此二性实无成坏。在定庵看来，这和告子之说无异。因此他之倾向于天台，乃是由于天台宗的学说和他的人性论相契之故。佛教自唐末以来，禅宗大盛，其余各派都颓而不振，天台宗到了明代才有智旭等的提倡，但大体而言，声势不壮。定庵独能心契此宗，此和一般谈禅的知识分子是大不相同的。

定庵从小就接受小学训诂的训练，凡汉学家所有考证、辨伪、辑佚之术，他都优为之。自从接触佛学以后，又把汉学之法施之于佛经。他研究的结果，认为释迦牟尼时代有语言、无文字，有付嘱法而没有付嘱经。现存的佛经为后世所结集。印度方面既然尊崇佛教，佛教一定也演为利禄之门，他们一定也有门户之争、朋党之立。于是各造文字，或损改、或颠倒、或附益。定庵按佛经有"我如师子王，一切无畏，畏师子身自生蛆虫，食师子肉"之言，称这些伪造佛经、窜乱佛经之人为"蛆虫僧"。依定庵看来，今本《法华经》是由两种不同的本子合成的，一本十品，一本十一品，另外的七品是伪经，而且二经都有蔓衍颠倒失次之处。今本《大般若经》六百卷十六分是西土伪经，仅第二分《摩诃般若波罗密经》是真经。今大本《弥陀经》中有阿弥陀佛发四十八愿之说，乃"蛆虫师"之言，因为"佛有愿而已，不胪愿之数也"。凡是有宗教信仰的人，对于本教的经典，往往视为神圣，不敢轻有所疑，而定庵居然对佛经施以考据之术，这也足以表示他的卓荦不群处。

中国的学术思想中，最薄弱的一环是思辨之学。在先秦时代，墨子、公孙龙子等颇有名理之言，但是他们的后学并未能步武前尘，发展出一套类似希腊的逻辑之术来。后世的中国人，虽有深湛之思，因为没有客观的思考之术为工具，往往不能善自宣说，持论不能圆莹。但在印度方面，却有因明之术，它类似希腊的三段论证法。佛教东来后，此学亦随而进入中国，然而并未为国人所广为应用。定庵接触佛教后，自然也接触到因明，他却能运用此术以立论，今文集中有“中不立境”，“法性即佛性”，“不堕四处堕”等都按“宗”、“因”、“喻”三支的形式来立论，这是中国僧侣以外的著作中所绝无仅有之事。虽然立论内容只限于佛教方面，但此亦表示了定庵的卓荦不群处。

以上是定庵在学术方面的灵思异想。

定庵虽为一个天才型的人物，但是未能得享高寿，致其思想未及形成一个系统，只是凭着他的感觉敏锐，思考深刻，针对着政治、社会、学术诸方面，抒其所见，尤其是对当时的学术界，各方面都能有其创见。从前梁任公一度说过他最初读到定庵的文章时，好像触电一般地感到震动，久之乃觉其浅薄。任公的话只说对了一半，定庵的文章，确有使人振动的力量，但是如上所述，他的思想谓其散而无统则可，谓其浅薄则不可。清末维新派的人士，除任公而外，任公的老师康有为，好友谭嗣同，以及革命党中南社诸君子无一不受定庵的影响。许我们作这样的结论：龚定庵是近代思想界上最早的一位启蒙人物。

如果要对定庵思想作进一步的研究，则必须先读定庵的全集，较好的本子有两种：

(1)《龚定庵全集类编》世界书局刊。

(2)《龚自珍全集》河洛出版社影印本。

前者字大清晰，若干文章后附有批语，为他本所无。后者搜罗较备。此二书后皆附有年谱。读者如欲求一简明年谱，则可参考：

《龚自珍先生年谱》，王寿南著，载《大陆杂志》十八卷，第七、八、九三等期。

上举年谱叙述虽简，然所摭拾颇有出前述二谱之外者。至于有关定庵思想之论文，则可参看：

《龚定庵》，钱穆著，收于《中国近三百年学术史》中。

钱氏此文，情文并茂，依愚见所及，似系近人研究定庵思想诸文中之最佳者，亦系该学术史最佳之一章。

《龚定庵（自珍）研究》，朱杰勤著，香港崇文书店刊。

上书共收文六篇：《龚定庵别传》、《龚定庵之革命思想》、《龚定庵之掌故学》、《诗人龚定庵》、《龚定庵之史地学》、《龚定庵之金石学》。有关定庵之思想者为第二篇，然未能深入。余篇以《诗人龚定庵》一章较佳。

《龚自珍汉朝儒生行本事考》，张荫麟著，《燕京学报》第十二期。

《与陈寅恪论汉朝儒生行书》，张荫麟著，《燕京学报》第十五期。

此二文皆收于《中华丛书·张荫麟文集》中，而第一文亦收于上举《龚自珍研究》一书内。定庵之文笔善巧，凡涉及时忌者，每隐约其词以出之，或故作反面语。张氏之文乃对定庵诗中“汉朝儒生行”之探讨，其考证之确否，可置勿论，然读之可使吾人对定庵之诗文不致有轻忽放过之弊。

魏源

王家俭　著

目　录

一、前言

鸦片战争是我国由传统走向近代化的一个转折点，也是无数怀有压迫感与挫折感的有识之士，在面临着祖国败北、受创以后，企图寻求一个新对策和新出路，所发动的一连串变法与图强事业的开端。在那些目光远大、爱国情热的学者与政治家中，魏源无疑的是一位重要的先驱。他生平留心时务，注重经世，治学的范围相当广泛。对于经学、子学、史学、地学、小学无不虚心的加以钻研，且都有丰富的著述传世。后来的传记作者，有的把他看作经学家，有的把他看作文学家，有的又把他看作史学家、地理学家或思想家，在我国学术思想史上所占地位的重要于此可见。

二、家世与教育

魏源字默深，或墨生。乾隆五十九年（公元一七九四年）出生于湖南省的邵阳县。金滩魏氏，世居于城北的龙回里，历代以务农为业，家道颇称殷富，恤贫救灾，以乐善好施闻于乡里。可是自从康熙年间他的祖父魏大公急公好义，变产代完一县的积欠，经济乃顿转窘迫。等到魏源幼年的时候，家境更是每况愈下。他的父亲邦鲁，本是一名武举，为了养家糊口，经常在外奔走。母亲陈氏，要侍奉一位病瘓的婆母，又要抚育一群幼弱的子女，茹辛含苦，艰难备尝。他七岁入塾，悟性很高，受书能解大义，又好学，常废寝忘食。十五岁，中秀才，求知心更切。家贫无书，常向家塾中借读。例课以外，还喜欢阅览一些诸子及历史等书籍，因此学问大进。这时，他对于阳明之学也开始留心研究。尝说："文成公'道学传孟陆之统，事功如伊尹之任，与程朱皆百世之师。'"后来，虽说他的治学方向略有改变，逐渐地转移到今文学方面，可是王氏的心学在他的思想深处，却依然留有极为深刻的影响。进学之后，他的才华更是传播远近，时人常将他与桂东的李希廉和郴州的陈起诗，合称为"桂东三子"。

嘉庆十八年（一八一三年），举拔贡，是年他刚二十岁。明年，由父伴同前往北京，入国子监就学。清代的国子监虽号称为国家的最高养士之所，可是学生并不上课，只有在每月的初一和十五两天才到国子监去，随同祭酒及司业行礼，或聆听堂官与博士讲解四书、五经、通鉴、性理。此外，再做一篇短文，即为课毕。考试分为二种：一是季考，每三月一次，由祭酒主持；一是月课，每月一次，由司业主持。修业的年限从三月到二年不等。这种教育完全是一种形式，除了混得一个出身的资格以外，对于他并没有多大的意义。不过，这时他却发愤苦读，在学问方面打下一个更坚实的基础。为了探索古籍的奥义，他几乎经常的敝冠垢履与破屋昏灯为伍。有一次为了研究《大学古本》，竟至五十余日未到座师汤金钊那里问候。汤氏疑其病，前往探询，见他"垢面出迎，鬓发如蓬"，方知究竟。对于他的好学精神不禁大为感动！不意，终因用功过度，生活违常，染上肺疾。不得不于两年之后返回故里。

经过将近二年的乡居休养，直到嘉庆二十四年（一八一九年），他才启程再度入都。这时，他的健康与斗志已经全告恢复，期望能通过考试，谋求一条新的出路。不料考运不佳，前后三年之间，仅仅两中顺天乡试副榜。至道光二年（一八二二年），方才得中南元（顺天乡试举人第二名），稍为春风得意。当他的试卷进呈的时候，很得宣宗皇帝的激赏，曾经特加手批，予以嘉奖。从此他流寓京师，前后数年。一面以教家馆维持生活，一面与都中文人名士交游往来。在他所认识的人士之中，有不少的人堪以称为良师益友。如同讲求边疆地理的徐松、张穆与何秋涛，讲求汉学的胡承珙，讲求宋学的姚学塽与董桂敷，以及讲求公羊学的刘逢禄，讲求经世之学的姚莹与汤鹏等人，都是名噪一时的饱学之士。这时他既曾“从胡承珙问汉学家法，从姚学塽问宋儒之学，从刘逢禄学公羊，古文辞则与董桂敷及龚自珍相切磋”。在学问上进境自然不少。尤其重要的是常州学派的今文学大师刘逢禄（一七七六——八二九年）对于他的影响。其后他之成为今文学的中坚，即是受刘氏的启发。与他同时跟从刘氏学习公羊的，还有他的挚友龚自珍（一七九二——八四一年）。自珍字定庵，浙江仁和人。是一位著名的诗人，也是一位留心时务的思想家。他们不但年龄相若，志趣相投，并且天才焕发，光芒四射，一时被人目为后起之秀中的双璧，号称为“龚魏”。

这时候，他在北京也曾刊刻了几本早期的著作。一是《大学古本》，二是《孝经集传》，三是《曾子章句》，另外还有一本题名为《北道集》的诗。这些著作虽然早已散佚，但由此也可以知道他在年轻时代对于中国的古典学问确曾下过一番埋头研读的功夫，而且也能作考据性的文章。只是因为治学方向的转变，对于那些繁琐的考据训诂，不再发生兴趣而已。

三、讲求经世之学及筹议江南的大政兴革

1. 讲求经世之学

从道光五年到十九年（一八二五——一八三九年），可以说是魏源一生中最重要的一个阶段。这时候，他虽于道光六年和九年两次参加礼部会试都告失败，在政治上仍难有新的开展，可是由于他曾为江苏布政使贺长龄延辑《皇朝经世文编》，及曾一度入赀为内阁中书舍人，乃使他的经世思想更趋稳健，更为成熟。《皇朝经世文编》的纂辑，自道光五年夏开始，到翌年十一月完成。这部书模仿乾隆间陆耀《切问斋文钞》的体例，以经世与实用为宗旨，搜罗了清初以至道光之间巨公、鸿儒、畸民、俊士有用之文，共约二千二百余篇，百余万言，合为一百二十卷。举凡清代前期的政治、经济、财政、社会、学术、教育等所发生的重大问题，以及时人所作的讨论和对策，几乎包括无遗。正当考据之学风靡一世的时候，此书的出版实不啻一个强有力的挑战。同时也在清代的学风和思想上代表一股新的潮流和一种新的转变。进入内阁工作的事是在道光九年。这年春天，他因礼部试再度失败，不得已在内阁里捐了一个中书舍人的差使。这种案牍劳形的生活，对于一个有才气、有抱负的人，自然不会适宜。因此，不到两年的时间他便因父病南归，而将之辞去。不过，从另一个角度来看，这两年的经历对于他也并非

全无意义。因为清代的内阁虽于军机处成立之后，大权旁落。但在行政体制上，却仍然居于中枢地位。他在那里既可以借观大库的档案和畅读史馆的秘籍，熟悉一代的典章制度，又可以冷眼旁观考察实际政治的运作，研究历代政治的得失利弊，无形之中使他在思想与行事方面都增加了不少的裨益。

2. 筹议大政兴革

自道光五年起，魏源的经世怀抱也渐次地获得了发抒的机会。尤其是在他长期的侨居江南以后。由于他学问的渊博，见解的高超，对于地方事务的熟悉，再加上他和历任的江南大吏如陶澍、林则徐、陈銮、陆建瀛等的特殊关系，遂使他成为江南事务的专家和顾问。每遇大政兴革，多延与议。而号称为“江南三大政”的漕、盐、河的改革，便是他经常重视的课题。

（一）漕运：漕运的改革是魏源在江南所筹议的第一件大事。清沿明制，每年将江南各地的白米一百六十万石作为正供，经由运河输送京师，日久相沿，弊窦丛生。一为自然的，亦即运河本身的问题，由于河道狭窄，流量不足，其运输量本来即受很大的限制。再加以黄水的灌注，泥沙日积，竟至会通河淤塞，运道经常不通。漕粮既为天庾正供，一旦不能北上，京师一带即将受到严重的威胁。为了使其畅通无阻，筑闸、疏浚、挽运等项所费不知凡几。二为人为的，亦即漕运制度的问题。江南各地既须以大批的漕米运往京师，在征收与运输的过程之中，也产生了种种的弊端。诸如兑米有费、押运有费，过淮、过闸也要有费。再加上运军的勒索、州县的浮收、胥吏的中饱以及海关税吏的剥削。结果“上既出百余万漕项以治其公，下复出百余万帮费以治其私”。民生日蹙，国计益艰，几使官民交困。历任的督抚虽知其病，然积习已深，竟无人轻议更张。道光五年，当魏源为江苏市政使贺长龄延辑《皇朝经世文编》的时候，适因洪泽湖的高堰又告决堤，运道不通，朝野上下争言济运之策，或主借黄济运，或主盘坝接驳，或主雇舟分运，折漕治河。议论纷纭，莫衷一是。因之他遂以一位三十二岁的青年学人，乘机提出海运之议，这是他生平第一次的参与实际政治问题的讨论，也是他经世思想的首度发挥。

根据魏源的看法，他以为要解决漕运的问题，最主要的便是开辟新的运道，也即是实行海运。盖以海运能行，不仅运河本身的问题可因负荷的减轻而告解决，即使运输制度上的积弊也不难将之附带的剔除。至于海运的实行亦非难事，只要采取招商雇运的方式，将商道变为运道，将商舟变为运舟，将商民变为运丁，将漕费变为商费。那么，运道即可以不必另觅，运船即可以不必另造，运丁即可以不必另雇，运费即可以不必另筹。又以为海运之事难行并非海运本身有何问题，乃系有人从中作梗所致。最主要的即是那些海关的税侩、通仓的胥吏以及屯丁和水手等人。盖以海运的实施，虽云于国于官于商于民有利，可是却使上述的中间人等尽失其利。为了阻挠海运，他们便故意地喊出所谓“海上三难”之说以相恫吓。或言海上风涛太大，漕运易于倾覆，或言海上常有盗贼，漕船可能被劫，或言海上潮湿，漕米容易发霉。其实海禁大开已有百三十年(按指康熙平台湾之后)，南北商船往来于上海、天津与辽东的甚多，试问为何罕闻倾覆遇盗之事？漕船经由运河北上，动辄需时数月，而沙船由沪抵津仅仅不过旬日，试问如何会发生漕米霉湿问题？由此可知其见事的明敏，分析的周到。

道光六年，海运果然试办成功。由于海道便捷，仅十数日即行运抵天津。当江南的洁米一百五十万石到达的时候，北方之民不禁欢声雷动。在清代的漕运史上，实行海运此尚为第一次。不过，由于政治上的堕性太大，而官僚又从中作梗，其后海运的实施并不顺利。以致魏源不得不继续地奔走呼吁。由其以下的活动，即明了他为此事的热心。(1) 道光五年，有代贺长龄作《覆魏制府询海运书》及《筹漕篇》(上)。(2) 道光六年，海运试办成功，代贺长龄辑《江苏海运全案》。(3) 道光七年五月，以河漕受阻，又作《筹漕篇》(下) 呼吁海运，两江总督蒋攸铦见之，疏请于朝，诏准试办。(4) 道光八年，有《代江苏巡抚陶澍答两江总督论南漕书》，议将江苏四府一州一百六十万石南漕全行海运，停收帮费，而为一劳永逸之计。蒋氏再请实行海运，初允行，继又奉旨作罢。(5) 道光二十七年，在江苏巡抚陆建瀛幕，曾就海漕一事，面陈改革意见。继又上书详言海运南漕之利。陆氏据以入奏，得旨下部议行。

(二) 盐务：食盐为民生日用的必需品之一。历代政府多课以消费之税，藉以增加财税收入。故盐课不仅是国家税收的一大来源，也是财政结构中不可或缺的一部分。清代的盐法，大体承明之旧而稍加损益。各省行盐，仍用纲法（或引法），名为政府专卖，实则官督商销。清初时期，天下承平，人口日增，额盐溢销，本轻课微，商人因其有利可图，舞弊之事尚少。及至中叶以后，政风日坏，贪污腐败遍于全国，盐务也随之而渐废弛。于是陋规、浮费几于百病齐出。而两淮一带，地位特殊，积弊尤深。两淮为清代十一个盐区里面最重要的一个。以盐产量来说：两淮拥有盐场三十所，后虽裁为二十三场，仍居全国各区的首位。以引地来说：其盐营销于江苏、安徽、江西、湖北、湖南、河南六省，引地最为广阔。以每岁所销的数额来说：两淮额行纲盐一百六十余万引，实为其他盐区所不及。以所收的盐课来说：每年高达二十余万两，几占全国盐课正额及盈余的三分之一。两淮盐法关系于国税民食的重要于此可见。至于两淮盐法的败坏，则是半由制度本身的缺点，半由人为造成的弊端。其中原因极为复杂，不在本文讨论范围之内。此种弊端自乾隆年间实行“报效”以来，即已渐开端倪。迨至道光初叶，官盐滞销，私枭横行，淮南的窝价，淮北的坝杠，两淮的岸费，“糜费数百万，仰食其间者千亿计”。盐法的疲惫已达极点。因之一时朝野上下论盐法之改革者颇多。魏源自道光十一年以后，即长期的侨居于江南，而且又曾一度的经营盐业，对于其中的利病自然了如指掌，所以他的议论也最为切合实际。

魏源对于两淮盐务的看法：首先即是肯定变法的必需。他认为：“天下无数百年不敝之法，亦无穷极不变之法。”两淮盐法疲惫至极，证明其积弊已深，改革实为不可避免。其次，则以为变法之用意，乃在于兴利而除弊。两淮盐法的积弊，最主要的即是中饱旁蠹与陋规浮费。因有中饱旁蠹，故有陋规浮费，因有陋规浮费，官盐的价格方高过于私盐的数倍，因为官盐的价格过高，故年年滞销而予私盐以猖獗的机会。论及除弊之法，他则以为必须探其本以齐其末，去其烦难而治以简易，先从剔除中饱旁蠹及减少陋规浮费着手。像是淮南的科则、报窝与运费，淮北的岸费、捆费与坝费，都应该大刀阔斧地革除。至于两淮盐法的改革，他以为应从淮北开始。盖以淮北的利弊恒为影响淮南，惟其地区较小，改革易于为力。不过在改革的办法上，他却不赞成将纲法全部废除，而主张实行折衷的票盐之法。所谓票法，即是将纲法稍作改变，废除专商，保留引岸，将淮北的畅岸仍归商运。而将其余的滞岸，仿照山东、浙江的票引兼行的前例，开放与民营。规定不论何人都可前往本场大使公署照章纳税，请票赴局，买盐运贩。政府则仅于淮北择地设局，主管盐场的买卖与发放事宜。道光十二年五月，两江总督陶澍酌采其议，将淮北纲盐所引三十一州县，试行改票。数月之后，果然收到良好的效果。不仅引销课溢，且可以其盈余弥补淮南悬引的不足。关于淮北废引改票的经过，在他所著的《淮北票盐记》一文里曾有简明的记载。其后，他又与章濂联合编纂了一部《淮北票盐志略》，并为之序行。对于其事说的更为清楚。本来他还想把淮北的票法推行至淮南去。道光十九年，曾将其所著之《淮南轻本敌私议》和《筹鹾篇》上之于两江总督陶澍。正拟实施而陶氏卒，遂告搁置。二十七年，他又曾将此文上之于两江总督李星沅，星沅未能用。直到道光三十年，两江总督陆建瀛见之方才决定实施，毅然奏请将淮南改票。为了借重他的经验与长才，且特地调他出任海州分司的运判，相机调剂。未料在办理刚见成效之时，太平军已到达江苏，淮南的盐法遂不堪收拾。

（三）河务：黄河又名为“悬河”，不仅历代泛滥成灾，而河道的本身也常有更改。计自夏禹以来，先后曾经六次大改道。所不同的是：元代以前河自为河，治理比较容易。可是自从元代至正二十五年（一二八八年）夺淮入海以后，河又兼淮兼运，治理倍加困难。因之元明以来，溃决特多，而淮河与运河也连带地受到严重的影响。淮河为黄淮平原的南方水系，支流众多，本来单独入海。自其下游水道为黄河所夺，入海之路遂绝。其后乃转由洪泽、高邮等湖假道里运河流入长江，成为长江的附庸。沿途泥沙太多，每遇汛期，即易成灾。运河为漕粮的通路，自元明入清，即为南北交通的孔道。河身本来水浅易塞，及经黄河横贯而入，泥沙淤积更甚，以致清代中叶以后漕船动辄受阻。因此，治河、济运、救灾，遂为有识之士所经常讨论的课题。

从魏源的《筹河篇》里，可以发现他对于黄河确曾花过一番很大的研究功夫。他不特运用历史的知识，将黄河所发生的问题一一详加剖析，即对黄河两岸的地理形势，也实地地加以考究。尤其值得注意的是他对于当时河患的症结以及河工的积弊也知道的非常清楚。依他看来，黄河屡泛，连年成灾，表面上看似黄河的难治，实际上却是出于人谋的不臧。这种人为的因素大体有二：一为治河方法的拙劣。主其事者只知防河而不知治河，但问决口的塞不塞，而不问塞口的溃不溃；只知筑堤防堵，而不知河堤愈高而愈险。所以每塞每溃，连年治河难收成效。二为河工的糜费。自清初以来，治河之费几乎与年俱增。康熙间，岁费尚不过百万两左右，乾隆中已增加数倍。嘉庆时又多于乾隆时的数倍，最高时竟然达到八百万至千万两之巨。然而河患却依然如故。考求其中原因，实由于“浮费”与“侵蚀”所致。河员为图中饱，久视河工为利薮，朝廷即使派人查询，也不过敷衍塞责以空言入奏，于事毫无所补。因此，他以为要想袪除以上的缺点，真正地达到治河的目的，只有顺应自然，因势利导之一途。也即是与其使河决于南岸，不如使河决于北岸；与其驱河南行，不如导河北流。因为北岸地势低而南岸地势高，河流北趋顺而南趋逆，北趋害少而南趋害多。只有使南河行南，北河行北，仍归故道，由大清河入海方能将河患减少。最后，他甚至于声言：欲治河患，断非改道不可，否则“人力纵不改，河必自改之”。可见其自信心的坚决。不过，由于事体重大，行之匪易。兼以朝臣之中又有南北二派之分，南方人主张导河北流，北方人则力加反对，议论纷纭，卒无结果。直到咸丰五年六月河南铜瓦厢河决，黄河果由大清河入海，时人方才对于他的远见大为叹服。

（四）水利：黄河以外，魏源对于直隶、湖南、湖北、江南各地的水利，也普遍地加以留意。在他的文集里所保留的此类文字颇多，诸如：《畿辅河渠论》、《湖广水利论》、《江南水利全书叙》、《东南七郡水利略叙》、《湖北堤防议》、《三江口宝带桥记》、《上陆制府论下河水利书》、《再上陆制府论下河水利书》等。虽然其中多有为人代笔之作，但他对于河渠水利的重视已经可以概见。

四、目击鸦片战争的失败，有感而筹海防之策

当魏源正在江南讲求经世之学，筹议漕、盐、水利等改革的时候，也正是广东方面中西关系酝酿着巨大变化的前夕。代表西方新兴势力的先锋，便是以工业与海军驰名于世的英国。自从乾隆年间以来，中英之间即因法权、债务、通商、关税以及外交等的问题，时有争执。及至道光年间，随着东印度公司的解散，律劳卑事件的冲突，以及英商的走私贩毒大量将鸦片输入中国等问题的发生，双方的关系更是变得愈来愈为恶劣。终于因为禁烟之事，引发了我国近代史上最著名的鸦片战争（一八三九——一八四二年）。经过首尾将近三年的和谈与作战，中国终因传统式的弓矢刀枪敌不住英国近代化的船炮，而宣告失败。割地赔款，开港通商，种种屈辱的条件，都得被迫无条件地接受，这正是一个历史发生巨大变化的契机，也正是一个国人深思反省知耻图强的时刻。可是，在当时能够察觉出这个变局的人，却几乎寥若晨星。而能够勇敢的接受时代挑战的人，则更是凤毛麟角。只有极少数开明进步的政治家与思想家才能站在时代的尖端，高瞻远瞩，殚精竭虑地在困境之中为国家筹谋一条新的出路。而魏源便是其中的一位佼佼者。

魏源之所以能够迅速地认识到这种变局，并能及时地提出一套海防之策来，其原因并不是偶然的。首先我们可以从他的思想方面去了解。作为一位经世学家，他的眼光总是敏锐的，对于任何现实

问题，都会引起他的关怀。像鸦片战争这类重大的事件，自然会使他特别留意。其次，他在战争中的活动也有很大的关系。道光二十年，他曾应友人之邀，前往宁波军营观审英俘，并将所得的资料加以整理，作成《英吉利小记》，次年，又一度参加浙东战区统帅署两江总督兼钦差大臣裕谦的幕府，亲赴英人所占的定海，办理善后事宜。由此可见他不仅是鸦片战争的一个目击者，而且也是一个实际的参与者。再次则是他与林则徐的关系，林氏是魏源的老友，也是鸦片战争里面的主角。道光二十一年三月，朝廷以办理禁烟不善之罪名，将他发往伊犁效力。六月间，经过江苏，魏源特往京口迎候。二人晤谈终日，对榻而憩，不仅对于中英交涉与起衅的经过，谈得很多，即对国防上所面临的问题也曾加以讨论。林氏于行前尚将其在广东所译的《四洲志》、《澳门月报》、《粤东奏稿》，以及在浙东所搜集的船炮模型图等交与魏氏，嘱撰《海国图志》。可见这位进步的政治家对于魏源是何等的信任，也可知他们对于当时的问题具有一种共同的看法。此外，他所住的扬州，是当时南北交战的中心，消息灵便，距离实地战场的镇江与南京又近，也使他容易观察战局的发展，增加问题的了解。尤其难能可贵的则是他所具有的那一份炽热的爱国情操，以及那一份知识分子所特具的经世怀抱。故他对于中国的战败受辱感到无比的痛心，对于妥协派的屈膝求和表示莫大的愤懑。故他要大声疾呼，唤起国人的觉悟与猛醒。从他诗集中那些洋溢着激昂悲怆忧国忧时的诗篇里，从他在《海国图志》序言中所说的“凡有血气者所宜愤悱，凡有耳目心思者所宜讲画”里，我们即不难察觉他的心灵是如何的震撼与激荡。

魏源对于时局的认识和他的海防政策，可在战后他所刊出的两部划时代的意义深长的著作里，看得很明白。这两部书便是《圣武记》与《海国图志》。前书虽为清代的武功史，但在《武事余记》那一章里，对于海防、战守、练兵、筹饷等问题，却有相当精辟的论述。后书除介绍世界史地知识及西洋技艺之外，卷首的那二卷《筹海篇》，更是他海防思想的精华所在。诸如中外形势的分析，历次战争的得失，内政外交的检讨，都大体在这两部书内包括无遗，以下即拟将他的海防思想分成对外与对内两个部分，加以叙述与介绍。

1. 对外问题

魏源心目中所谓对外问题，也可以说就是如何对付英国挑战的问题。在这里他虽然提出我国历代筹边政策中所常见的“战”、“守”、“款”三个名词，可是旧瓶里装的却是新酒，决不能以其陈旧而加以忽视。战守款三策之中，以守策居于首位。盖“能守方能言战，能战方能言和”。故一开始他即以“议守问题”提出来讨论。

（一）议守：魏源对于守策问题，提出两大原则：一是“守外洋不如守海口；守海口不如守内河”，二是“调客兵不如练土兵；调水师不如练水勇”。第一个原则，乃从防守的地理位置方面立论。认为英人船坚炮利，其长在海，御敌之法，惟有避其所长，放弃大海的第一线，而退守内河近岸的第二线。运用内河港湾的复杂地形，以及种种人为的阻碍，使敌船不能横冲直闯进退自如。万一敌人敢于冒险深入，我军亦可有法拦阻。或者乘风潮，选水勇，驾火舟，前后予以夹攻，或者掘暗壕、伏地雷，以扼其上岸之路，或者坚壁清野，出奇设伏，多方以误。如此，势必使敌焦头烂额，陷于进退维谷。这种“守内河、守近岸”的战略，后来曾经受到许多的批评与嘲笑，认为既不切合实际，也不见得有效。可是，无论如何，这种战略，无疑的却是他从鸦片战争之中长期观察而来的结果，同时也是在他那个时代里所能想出来的最好谋略。我们只要把他的战略加以细心的研究，便会发现他所说的那些“掘战壕”、“埋地雷”、

“坚壁清野”、“出奇设伏”、“多方以误”的所谓“奇兵”观念，多么有类于近代落后国家抵抗先进国家所惯用的那一套“游击战术”。第二个原则，则从负责防守兵员的方面着眼。鉴于鸦片战争期间，清廷调兵遣将半于全国，劳师糜饷，造成极大的骚扰，他以为非常的不妥。原因是八旗与绿营都已腐败不堪，无法再用。徒事征调，实则于事无补。兼之防海以用水师为宜，陆兵并无多大的用处。与其多调糜饷，不如将节省的军饷训练各地的土兵水勇，较能收到防守的功效。根据他的分析，使用土兵水勇的好处甚多，第一，征集容易，花费不多。其次，服水土，熟道路，作战之时可以利用地形地物。第三，乡土观念浓厚，为了保卫身家地方，必能勇于作战。综结起来说，他的最高理想即是：“以一省之精兵，守一省之防地；以一省之兵饷，养一省之精兵。”而他所说的精兵，并非是八旗或绿营，乃是各省所组织所训练的地方团队。魏氏的这种重视乡勇民团的思想，很可能受到川楚教乱的影响，也可能是师法明代乡兵的遗意。但与鸦片战争时期广东的“三元里事件”也有极大的关系。因为在他的书里，对于三元里民的英勇表现，即曾不止一次的大加赞美。在清末，虽然于抵抗外力侵略方面乡勇团练未曾发生多大的作用，可是在平定太平军的内乱当中，却发挥了极其惊人的力量。而魏源自己也曾在其高邮知州任内，组织过团练，阻止太平军的前进。

（二）议战：防守的目的，乃是为了自卫，也是为了使我对敌先立于不败之地。可是在战略上却是被动的、消极的。要想扭转这种劣势，便必须积极的、主动地进而出击，方能瓦解敌人的攻势，获得最后的胜利。魏源对于议守之后，继之以议战，即是由此着笔。在议战中，他也同样地提出了两个原则，那就是“调夷之仇国以攻夷”与“师夷长技以制夷”。并以这两个原则的运用与实施，应以“款”及“不款”为其先后的次第。即“未款之前，则宜以夷攻夷；

既款之后，则宜师夷长技以制夷。”故知，“以夷攻夷”仅不过是一种战时的外交运用，其主要目的乃在牵制敌人。惟有“师夷长技”才是发愤图强的根本之图，才是国家的百年大计。

魏源的“以夷攻夷”之策看起来显得非常的离奇。为了牵制英军而使其陷于孤立，他竟然大胆地设计出一个“东亚大联盟”的构想来，在当时实在是一个石破天惊的奇迹。依照这个构想，他以为中国与英军作战的地区并不限于中国沿海，还应该运用外交与联盟的手段开拓到国外，从各个不同的方向，进攻英国的殖民地。比如说：在北印度方面，即可联合与英为敌的俄罗斯与廓尔喀（尼泊尔）；在南印度方面，即可联络与英为敌的荷兰、法国及美国；在南洋的新加坡方面，即可联合与英为敌而与我友好的安南、暹罗、缅甸等国。安南、暹罗、缅甸、廓尔喀四国都是我国的藩属，固然容易听我调度，就是俄、法、美、荷四国，也可以广东的贸易利益为饵，而使之受我笼络。以是时国际形势的错综复杂，魏源却要联合亚、欧、美的八个国家来共同对抗英国，这简直是一个荒唐的白日梦。难怪与他同时的江苏学者冯桂芬便大不谓然，指其为“策士之论”，万不可行。他说：“魏源论驭夷，其曰：‘以夷攻夷，以夷款夷’。无论语言文字之不通，往来聘问之不习，忽欲以疏间亲，万不可行。且是欲以战国视诸夷，而不知其情事大不侔也。”广东学者陈澧，对于此论也有极其严厉的批评。认为魏源“远交近攻、近交远攻”之说，有类于纵横家的论调，实际上绝对行不通。同时，他对于魏源所谓欲创“海外奇烈”的说法，也大不赞同。以为“内守既固，则彼技无可施，不得不仍求通商，此时虽绝其贸易可也，许贸易而绝其鸦片可也。国威日振，大患即除，何必复攻之海外，以成奇烈哉！”细绎魏源这种“以夷攻夷”思想的来源，固然与他所受传统经世观念的影响和他生平欢喜谈兵这两件事很有关系，可是最主要的还是为当时的传闻所误。这种传闻乃是由于美国领事多利那（Warrest Delano）与法国舰长则济勒（Captain Ceulle）与巴日（Le. Page）的调停行动所引起的。中国方面几乎于一开始就怀着一种利用外夷的构想，如阮元、林则徐、奕山、杨芳、包世臣等都曾有过这种论调，及见美、法二国之人出面活动，便以为真的有机可乘，这当然是一个一厢情愿的幻想。魏源受此影响甚深，又在外国地理及报纸上得到一些零星的国际知识，于是便大作起文章来，实则正可说明他对国际情势的不够了解。可是陈澧与冯桂芬却与他不同。陈澧是广东人，长期的居住于广州，对于外人的认识自然较为清楚。冯桂芬曾于太平军之乱时，避居于上海甚久，所以他的国际知识也较魏源为丰富。然而其时已较魏源为晚，后人比较前人进步毋宁是当然的事。再进一步来说，魏源"以夷攻夷"、"以夷制夷"的策略，固然包涵着不少离奇的成分，但他起码还知道研究一番国际形势，并且知道外交与军事同样的重要，这一点也比那些只知埋首于八股考据而不闻天下事的人要胜过一筹。再说，"以夷攻夷"、"以夷制夷"，不管它是纵横家之言也罢，或策士之论也好，在原则上却也不一定走错。晚清时期，一般人对于外交的看法，大抵可以分为两派：一为曾国藩、冯桂芬、郭嵩焘等人所倡的"诚信派"，主张中国的外交应当建筑在人类的道德基础之上。一为魏源及李鸿章、张之洞等人所倡的"纵横派"（如联甲制乙，或联乙制丙之类），以为中国的外交应当以国际的利害关系为转移。这两派可以说都有所偏，也各有利弊，对于近代的国际外交同样地缺乏弹性和适应能力。

比较起来，魏源的"师夷长技"的主张，却显得非常的睿智而又实际。他对于英人在鸦片战争时期的种种暴行，虽然气愤填膺，但对于英军的训练与装备却感到由衷的佩服。在他看来，守内河与近岸，不过为形势所迫而采取的临时措施。以夷攻夷也是为牵制敌人而作的权宜之策。只有军备方面的优劣，才是关系着敌强我弱的根本大计。尤其是在《南京条约》缔结以后，英人既已占我香港，通商五口，而美法等国也乘机而入，援例要求。日后中外的交涉必将更为棘手，海防的问题必将更趋严重。在这种时代的压力之下，惟有认清现实，接受教训，虚心忍辱地以敌人为师，化夷人的长技为我的长技，以夷式的船炮御夷人的船炮，方能算是一种可大可久的永远之图。然则，什么才是夷人的长技呢？他以为夷人的长技有三：一为战船、二为火器、三为养兵练兵之法。所谓“师夷长技”，也就是从模仿西法造船制炮练兵着手。

在船炮的制造方面，鉴于西方船炮的精利，不容易仿造和修理，兼以政府常为惜费，官吏习于贪污，他曾一度地主张向外国购买。尝言：“造船不如购船，造舟不如购舟。”但是经过多方面的研究考虑，觉得从远处着眼，仍以设立厂局自制为宜。他描述自造的好处是：(1) 我有铸造之局，即可迅速地学会外人的工艺技巧，不论制造、翻修与改装都可不必仰赖于外夷。(2) 自造之费较省，外购之费较贵，设厂自制，可免洋商剥削，利权外溢。(3) 有了铸造局，即可了解工料工食等费，乃至于船的造价和真假，购买之时，不致因昂价赝物而吃亏。(4) 自制船炮可以加强我国的海防，整饬我国的海军，防止纹银的外流与鸦片的走私。(5) 如果扩大来看，自制的利益还不止于此。例如：船厂除了制造战舰以供军用之外，且可制造商船、货船，发展国内与国际的商业及航运，可以便利交通，传达政令。火器局除了制造战船上的攻炮、城垒的守炮，以及各省绿营所用的火箭、火药以外，且可制造千里镜（望远镜）、火轮机（引擎）、火轮舟（小汽艇）、千斤秤（起重机），以及风磨、水锯、量天尺、龙尾车、自来火、自转碓等民生用品，利益之多不可胜计。最后他并为中国未来的科学与工业化描绘一幅美丽的远景说：“今西洋器械借风力、水力、火力，夺造化，通神明，无非竭耳目心思之力以利民用。因其所长而用之，即因其所长而制之。风气日开，智慧日出，方见东海之民犹西海之民，云集而骛赴，又何暂用旋辍之有！”由他所说的这一段话里，我们即可以知道他对于西方科学的发展与进步已有相当程度的了解，也可知他已能看出科学的用途并不限于军事，而与民生社会亦有密切的关系。这实在不能不说是他认识上的一大进步。此外，他认为只要中国人肯虚心认真地向西洋人学习，即可使那种“夺造化、通神明”的科学归于我用。一旦风气大开，知识发展起来，我国的科学研究与工业制造即会像西洋人一样的精益求精不断地进步。这不仅显示他对于自己民族智能的无比信心，且也无异对于科学在中国的必然发展作了一个伟大的宣布。

关于自制船炮的问题，魏源以为应当：(1) 择广东虎门外的大沙角及大角二处设立造船厂与火器局二所。(2) 仿照清初聘用西洋人为钦天监官的前例，分别向法、美二国延聘专家工匠若干人，担任造船制炮的工作。另雇柁师（司机）、水手、炮手若干人，教习行船与演炮。(3) 挑选闽粤的巧匠精兵跟随洋人学习。工匠习其铸造，精兵学习其驾驶用炮。一俟国人可以掌握其先进的技术，“尽得西洋之长技而为中国之长技”，即可将西洋的技匠辞退。(4) 在造船方面，初期可以造中号兵船一百艘、火轮舟十艘，估计用银当在二百五十万左右，此款可由裁师并饷办法中省出，并不必政府另筹。(5) 在海军方面，挑选水手柁手，给予严格训练，以每船配兵三百计，百船合约三万之数，数年之后，即可成为一支劲旅。这个计划虽然在技术方面容或还有再加讨论的必要——如以大沙角、大角二地建立船厂炮局是否适宜？即值得商榷。至于允许美、法二国之人在沙角、大角建洋楼、置炮台，使与澳门、香港鼎足而立，则更成问题。不过，自制船炮之事在原则上，却是无可非议的。日后左宗棠创立福州造船厂所用之法，大体即未脱其范围。还有魏源对于推广船厂炮局的意见，也很值得我人注意。他以为政府只须于广东一地设立厂局即可，而不必再于福建、宁波或天津等地多设。原因是经费较为节省，技艺易于娴熟，人才可以集中，工作有所责成。如果设立太多，反而不容易办好。可是他对于民间的活动却极为赞成，认为政府应当听由人民制造买卖而少加干涉。这个见解颇与近代西方“自由放任”的经济学原理相合，比起清末的“官督商办”之法，着实要好得多。

在练兵方面，他认为西人练兵有三大优点，一是严于挑选，二是精于训练，三是优于薪饷，当我国模仿西法制造船械的时候，对于他们的练兵之法也应加以模仿。在选兵方面，他反对以江南的苏松太仓、浙江的杭嘉湖之民为兵，以为其民习于文弱，难于为精。他认为真正的精兵应当在江苏的徐沛、安徽的寿颖泗亳、江西的赣州、广东的潮惠以及福建的漳泉一带招募。其他各地的乱民，诸如华北的回匪、红胡匪、曳刀匪，沿海的鱼盐私贩和市舶的亡命，也可用之为兵。既可练成一支勇敢善战的队伍，又可于无形之中消除社会的隐患，实为一举而数利。在训练方面，他以为我国水师训练之法，必须做到下列各点：(1) 令其经常巡逻放哨，缉捕烟贩海盗，以便熟悉于战斗，习于风涛。(2) 每年使之护送江浙、闽广、台湾各处的海运米船，或保护出海的商船，增加海上的活动。(3) 水师提镇副参等员，有赴京陛见或引见的，必须乘坐海船，不许经由陆路。文职人员愿乘坐海船的人，也应一律予以鼓励，藉以使其熟悉海道。(4) 开设水师特科，于闽粤二省武试增加水师一科，能造西洋战船、火轮舟、飞炮、火箭、水雷等奇器的，一律列为科甲出身，能驾驶飓涛、熟悉风云沙线或枪炮有准的，一律列为行伍出身。统由水师提督考试，会同总督拔取，而于送京验试之后，分发沿海水师教习技艺。(5) 规定凡水师将弁必由船厂火器局出身，否则由舵工水手炮手出身，使天下知朝廷所注意在是，不以工匠柁师视在骑射之下。(6) 最后则合新修的火轮战船与新练的水军集于天津，奏请大阅，以创中国千年水师未有之盛。在薪饷方面，他曾将鸦片战争期间中英士兵的月饷作一比较，英军上卒月饷银十圆，下卒月饷银六圆，另外尚有安家之费二十圆。但是绿营的兵饷，每月却还不到三两，二者相差几达一至数倍，因此每当战阵，我兵经常弃城而遁，闻风先奔，这也是英胜我败的一个重要原因。为使我兵确能披坚执锐，为国效力，魏源以为必须提高他们的薪饷，改善他们的待遇，最低限度也要能够使之维持温饱。至于经费的来源，则可以裁师并饷之法解决。据他估计，我国旧有的水师名额，闽广每省三万有奇，江浙二万有奇，实则虚冒半之，老弱半之，未必有数千人可用。似此情形，实不如大加改组，将旧有的绿营水师择其健壮可用者，酌留十分之二，其余的皆以沿海的渔户枭民补充之，计闽广一万、浙江六千、江苏四千，为数已足。鸦片战争期间，清代的军纪废弛不堪，魏源洞见其弊，主张模仿西法练兵，尤其蓄意改组绿营水师，创建一支近代化海军，的确具有非凡的见解。可惜清廷对整顿绿营之事却始终没有决心，以致使新海军的发展处处受到掣肘，这实在是近代中国一个悲剧。

（三）议款：议款是魏源海防思想中的最后一个环节，他也提出两个原则，一是“听互市各国以款夷”，一是“持鸦片初约以通市”。前者大体以为外人的来华贸易乃是贪图我国的湖丝茶黄之利，我国正可利用贸易加以羁縻。实际上仍是承袭中国传统驭边政策的老套，并不新奇。后者以中外贸易既开之后，关于鸦片问题，可与英人交涉，或者持夷律以与他们讲理，或者以改善关税扩大贸易，或酌免货税作为手段，换取他们停售鸦片的条件。虽然没有什么高论，也可见其用心的良苦。尤其值得注意的是他要拿夷律与英人讲理。所谓“夷律”，即是近代的“国际公法”。魏源知道国际法的重要，泰半是受林则徐的影响。林氏于禁烟时期为了便于与英交涉，特命美人伯驾（Peter Parker）将瑞士人滑达尔（Vattel）的国际法

（Law of Nations）中有关战争、封锁、扣船、禁毒等条译成中文，后来交与魏源辑入《海国图志》，这是西方国际法输入中国的开始。国际法的价值，不仅在使国与国之间有若干共同遵守的法规，以便约束某些个别国家的特殊行为，同时也为国际之间的交涉开辟了一条正常的途径。在我国刚刚踏进近代国际社会的时候，实为极具意义。可惜后来很少人于此加以留意。直到二十年后，才因大学士文祥的鼓励，由同文馆美籍教习丁韪良（W. A. P. Martin）将惠敦亨利（Henry Wheaton）的国际法要素（*Elements of International Law*）全部译出，而于同治三年（一八六四年）定名为《万国公法》。此外，魏源在这一议论之中，也曾以很大的篇幅，将鸦片战争交涉的经过加以检讨，认为在中英交涉期间，有“三大外助，八大转机”，惜乎当局者未能善加利用，以致一再错过。表面上看来似乎并无多大的意义，甚至可以说有些多余。可是却有意暗示来者，应当利用任何有利的时机，以和平而非战争的手段解决中外的争端。其所以如此的原因，并不是为了息事宁人，或是委曲求全。乃是因为中国的本身存在着很多的弱点。要攘外必先安内，一定要从内部痛加改革。

2. 对内问题

魏源对于内政的改革，没有他的海防思想那么有系统。不过，概括起来，依然有以下几点值得注意：

（一）设立译馆的倡议：明末清初时期，经由西方传教士的介绍，有关西方史地的图籍，传入中国的并不算少，可是由于其后长期的闭关自守，兼以八股取士的影响，域外地理已渐无人讲求。等到中英战争爆发，不但一般士大夫对于国际大势懵然无知，就是朝中大臣也极端的模糊。其他不说，单就当时的第一号敌人英国在哪里？也还要向浙、台两地的英俘询问，这真是一个天大的荒唐。

对敌的认识既然不够，于是在与敌人周旋时，遂犯了许多不必要的错误。不是浪战，就是浪守，或者浪款，几乎一无是处。这样的结果，失败当然是不能避免的。要想弥补这个缺点，就得加强对敌的认识，改变对外的观念，而决不可再像过去那样对于周遭的世界不闻不问。所以魏源一再地强调："筹夷事必知夷情；知夷情必知夷形。"就是这个缘故。魏源设立译馆翻译夷书夷史的建议，是在他的《圣武记》一书里首先提出的。接着在《海国图志》里，他又重复地提及，足见他对此事的注意。他的这个构想，很可能是受到林则徐在广东翻译西书西报的启示；也可能因为他纂辑《海国图志》的影响。此外，英人在新加坡建英华书院，延华人为师，教汉文汉语，刊刻中国经史子集图经地志等的活动，也给予他一个很大的激励。至于他主张将译书馆设于广东，则可能有以下几个原因：(1) 广东与外洋交通便利，西书西报易于购买。(2) 南洋华侨较多，翻译人才易于寻到。(3) 可以与沙角、大角的船厂炮局取得联系。当然，从他议设译馆的动机上来看，还是不免稍感狭隘的。因为他的目的仅在"识夷"或"知彼"，而"识夷"与"知彼"的原因又在"了解彼情伪"，便于控御；"师彼长技"，便于制敌，而非企图对于西洋文化获一全盘的了解。不过，文化是有整体性的，由这一部分的变动必然会牵连到另一部分的变动，决不可能是个别而孤立的。如他的《海国图志》就是介绍西方文化的一个复合体，而并不限于史地。

(二) 政风的改进：魏源早年于北京住得很久，并曾一度任职于内阁。其后又长期的留居于江南，讲求经世之学，筹议改革漕、盐、河诸务。故他对于当时的政治积弊，实有极其深刻的透视。其中最严重的即是官场中的因循风气。遇事互相推诿，不肯多负责任。其次便是形式主义，一切率由旧章，以奉虚文故事为得体。恶肩荷、恶更张。因此政治之中遂变得暮气沉沉毫无活力。鸦片战争的失败，这也是其中的一大原因。魏源以为要想扭转这种政风，必须从心理方面做到以下两点改革：一是从睡梦中警醒。以愤与忧的心情，从内心深处产生出一种忧国忧民的觉悟。二是革虚而崇实。不作伪不粉饰，不养患不遗瘫。以脚踏实地的精神去办实事程实功。这种心理上的革新，其后几已为若干政治家视为挽救国家危机的救世良药。自清末以至民初，倡导者不绝。但是一个人的心理已经难以捉摸，一国国民的心理更是复杂万分，像这种空洞的愿望，究竟能发生多大的功效实在还很难说。当然，要想改革政治，最好是从根本上加以改造，推翻君主专制，改建民主共和。而魏源对于西方的民主政治的确也相当地欣赏。如称："墨利加北洲，以部落代君长，其章程可垂奕世而无弊。"其总统公举，"匪惟不世及，且不四载即受代，一变古今官家之局"。又赞瑞士邦联制度为"西土之桃花源"。凡此，都可以看出他对民主制度的向往。不过要想使民主制度移殖于中国，又谈何容易！

（三）学风的转移：鸦片战争前后的中国，不但军政方面极度的败坏，学术思想方面也与现实脱节。当时的一般知识分子对于现实问题，几乎普遍地抱着一种厌恶而漠不关心的态度，把实学看作是一种俗学，把政事看作是一种俗务，望望然而去之，几于不屑一顾。时局的变化是如此的剧烈，而作为社会中坚的知识分子却丝毫无动于衷，怎不教有心人士"惄焉以忧"？为了移转这种消极颓废的学风，魏源乃不得不对上述的种种谬误观念大力批驳。而对于那些只知埋头于八股考据，不知撑开眼睛看看世界的人，也予以不客气的指责。至于当时的八股取士之法，他则尤为深恶痛绝，訾之为"无益之画饼"、"无用之雕虫"。"不识兵农礼乐工虞士卿之为何事"，实为"误人病国"！因此他大声疾呼，要求士大夫走出象牙之塔，舍弃楷书括帖，讨论朝章国故，讲求综核名实的有用之学。只因社会的风气，并不是一日所形成的，要想很快地转移过来，自然也不是那么容易。如在八股考试方面，他虽然极端的不满，但却未曾像他对武科考试那样大胆地提出改革的意见。可见一种制度行之既久，就会变成一种传统，而传统又常具有相当的权威，即使是一位勇气十足的人，也不能不对之有所顾忌。

（四）鸦片的禁止：魏源生当鸦片流毒中国的时代，对于它的毒害，早有深刻的了解。他认为鸦片的未能有效禁止，乃是由于三误所致。一误于道光初年大吏密奏羁縻，未将零丁洋的趸船焚毁。二误于道光六年设立巡船以后，水师收受月规，放私入口。三误于道光十二年，巡船虽裁，而积习未改，十七年复设巡船，又议每千箱以若干箱送水师报功。以致鸦片的进口由四千箱而达于四万箱。从此禁烟之事遂不可问。鸦片既经大量的输入，不但使中外贸易受到严重的影响，也造成巨额的白银外流。如果不早设法严禁，将来的国计民生必将不堪设想。再加以鸦片不仅耗财，而且伤人，不啻为西人阴谋灭人国家的一种毒计，又焉能不多加防备。论及禁烟的办法，魏源也与林则徐、黄爵滋一样，主张从严处理。布告天下以申大辟之法，先限三个月为戒烟之期，不戒者黥之，再予三个月期限，不戒者判处死刑。又为切实执行禁烟命令计，他并主张十七省各派巡烟御史一人，不责以有犯必诛之事，而专责以有犯必黥之责。又主张实行密告之法，不论贩烟吸烟，准许告发，告发不实的，治以反坐之罪。由此可见他的办法是多么的彻底，假如真能照他的意见去作，那么清末民初的烟祸即可早日祛除，岂不令人痛快！惜以当时的政治腐败，贪污横行，他的办法根本就难以实行。这一点，他自己也知道得很清楚，由他诗集中所咏的那首《阿芙蓉》，即已说得非常明白：

语君勿咎阿芙蓉，有形无形朙（瘾）则同。边臣之朙曰养痈；枢臣之朙曰中庸；儒臣鹦鹉巧学舌；库臣阳虎能窃弓。中朝但斷大官刖，阿芙蓉烟可立尽。

3. 魏源海防思想的反响

自从魏源的海防思想发表以后，不论当时或后世都曾引起广大的反响与共鸣。大体上来说，除了极少数守旧分子对于他的师夷长技之说产生反感外，大多数的人都对他的意见表示热烈的喝彩。我们只要从他所著的《圣武记》与《海国图志》之一再地增修再版，风行海内，即可证明。

最先对他提出批评的是陈澧（一八一〇——一八八二年）。陈氏对于魏源的“以夷制夷”、“以夷攻夷”的说法虽然严厉地攻击，但是对于他的“调客兵不如练土兵”及“裁师并饷”、“水师将并用舵工炮工出身”的主张，却深表赞扬。认为切实可行，非常有用。次为冯桂芬（一八〇九——一八七四年）。冯氏对于魏源以夷攻夷的主张也是一位激烈的反对者，但对于魏源的师夷之策，却极表赞同，并在他的《校邠庐抗议》一书里，对于此点有进一步的发挥。再次是姚莹（一七八五——一八五二年），姚氏在鸦片战争期间曾任台湾兵备道，并因杀俘免官，所以深知识夷的重要。在他的《康辅纪行》一书内，曾一再地对魏源加以称道。最值得注意的还是兵部侍郎王茂荫（一七九八——一八六五年），咸丰八年五月，正当太平军席卷江南，英法联军迫近大沽口的时候，他曾奏请朝廷重刊《海国图志》，作为王公大臣以是教，以是学的御夷张本。虽说其时军务倥偬，未被采择，倒也引起不少人士对于此书的留意。对于魏源海防思想最能欣赏的，恐怕还是自强运动的领袖们，如左宗棠（一八一二——一八八五年）即赞《海国图志》为忧时之作，“所拟方略可行，而大端不能加也”。与左氏同时的湖南学者郭嵩焘（一八一八——八九一年），也以《海国图志》为具有先见之书。所倡互市议款及师夷长技以制夷等说，“言之始通商之日，无不笑且骇者，历十余年，而其言皆验”。晚清时期张之洞（一八三三——九〇九年），则把《海国图志》的出版认为是中国“知西政之始”。并称魏源是豪杰之士。不过，最能了解魏源在近代学术思想史上之价值的，还是梁启超（一八七三——九一九年）。梁氏在其所著的《中国近三百年学术史》、《中国学术思想变迁之大势》、《清代学术概论》，以及其《近代学风之地理分布》和《戊戌政变记》等书里，均曾一再地提到魏源的贡献和影响，而予以赞扬。并认为魏源与龚自珍二人是清代中叶，拟在乾嘉考据学的基础之上，建设顺康间经世致用之新学风、新精神的代表。而此一新学风与新精神的具体表现，即是龚魏所大力倡导的“今文学”。

此外，外籍人士对于魏源海防思想的意见，也很值得吾人重视。如日本的幕末维新志士盐谷世弘、佐久间象山、吉田松阴、梁川星岩、安井衡等，都对于魏源的思想有所评论。盐谷称《海国图志》不仅为地理之书，且为用兵之武经。佐久间象山将魏源引为“海外同志”，吉田松阴则叹魏氏之书不为时用。可见他们对于魏源是如何的佩服。梁启超在论及《海国图志》对于日本的影响时，尝谓“日本的平象山（按即佐久间象山）、吉田松阴、西乡隆盛等都曾为此书所刺激，间接以演尊攘维新之活剧”。大概即系据此而言。他如德籍英人传教士郭实猎（Gutzloff），曾将《海国图志》加以择译，提供西方研究中国士大夫思想的参考。使魏源的海防思想得以向欧洲介绍。

近年以来，中外学人研究中国近代史者为数颇多，举凡西方的挑战、中国的反应、传统社会文化的变迁，以及中国在现代化历程中所遭遇的困难与挫折，几乎无不引起他们的注意。而魏源海防思想的本质与意义也成为一般学者所热烈讨论的主题。除专门性的著述以外，其他如休中诚（E. R. Hughes）所著的《中国被西方世界的侵入》（*The Invision of China by Western World*）、邓嗣禹等所辑的《中国对西方的回应》（*China's Response to the West*）、德巴瑞（W. T. de Bary）所著的《中国传统的源泉》（*Sources of Chinese Tradition*）、赖世和（E. O. Reischauer）等所辑的《东亚的伟大传统》（East Asia the Great Tradition）、小野川秀美所著的《清末政治思想的研究》、野村浩所著的《近代中国的政治与思想》等书内也都以专章或专节的篇幅，将魏源的思想加以介绍与评论。概括起来，他们对于魏源的看法约有以下数点：

（1）他是晚清时期一位著名的今文学家及经世学家。他富于改革的精神，敢于面对清朝的政治制度采取一种批判的态度。

（2）他是一位实事求是的思想家，也是一位提倡近代化思想的先驱。他能够摆脱传统的束缚，承认西洋的长技，并主张向之学习、向之看齐。

（3）他的雪耻图强与富国强兵的思想，不仅形成了清末自强运动的变法基础，而且也成为此后中国人长期奋斗的共同目标。

一般学者对于他的推崇，于此可知。不过，设使吾人从魏源思想的深处去看，还可以发现有下列几点值得一述：

（1）魏源的海防政策并非纯由军事或外交的观点着眼，同时他也主张内政的革新以与之配合。他深知内政与军事、外交息息相关，如无内政的整饬，军事与外交的革新，即将成为空谈。设使能将他的理想付诸实现，则中国可能会于鸦片战争之后，作出若干的调整与适应，一如自强运动时期之所作者为然。自强运动即可提早二十年。

（2）由于时代的关系，魏源的改革思想还是很有限度的。可是，所有的制度与观念都有一个演变的过程。由船厂炮局的设立，新式海军的创建，过渡到科学与工业的进步，由工业科学进步而导致全面工业化的出现。由译书馆的设立，学风的转变，过渡到政治的革新，由政治的革新而导致政治思想与政治制度的转变，并非是不可能的。

（3）魏源对于西方文化的认识，并不限于西方的船炮及军事方面的优点。除此而外，他亦知西洋人在科学方面“借风力、火力、水力、夺造化、通神明，无非竭耳目心思以利民用”的惊人成就。对于美国民选总统、国会，遇事以投票表决，三占从二的民主制度，他也竭诚地加以赞美。而于西方学术的成就，尤主张打破夷夏之防而予以承认。并且认为国人应当消除以夷狄对西人的称呼，而将西方的学者称之为“瀛环之奇士”，引之为“域外之良友”。凡此均可知他思想的开明之处。另外，他还有一种奇特的想法，以为如能打破语言文字的界限，就可以达到人类一家的境地。我们看下面这首诗：

圣有乘桴想，所悲异语言。……所至对瘖聋，重译殊烦怏。若能决此藩，万国同一吭。朝发旸谷舟，暮宿大秦港。学问同献酬，风俗同抵掌。一家兄弟春，九夷南陌党。绕地一周还，谈天八纮放。东西海异同，南北极上下。直将孔周书，不囿禹州讲。

时至今日，语言文字之隔虽然仍未打破，但是魏源所设想的人类一家的境界却已部分地实现。这种见解产生于百余年前的中国，实不能谓非难能可贵。

五、出仕、退隐与完成《元史》与今文学研究

鸦片战争以后，魏源再度参加会试。终于在道光二十五年考中进士，并且在江苏先后做了几任的亲民之官。初署东台县事，次年，因母忧辞官。二十九年，再起，权兴化知县。以佐两江总督陆建瀛兴修水利，改革淮南盐务，很有贡献，遂于道光三十年以“学优才裕、政事精通”为陆氏奏保为高邮直隶州知州。不料，上任未久，太平军之乱即起。咸丰三年二月，南京失守，而他也于是年三月因文报迟误，为江南河道总督杨以增所劾，革去职务。次年十一月，虽因皖北剿匪有功，为副都御史袁甲三奏准复职，但他对于做官已无兴趣，辞而不就。自此退隐，不与政务。日常生活除念佛外，即整理旧作，专心于经史的研究，直到咸丰七年三月于杭州去世为止。在他晚年的著述中，最堪注意的即是《书古微》及《两汉今古文家法考》。这两部书与他早年所著的《董子春秋发微》和《诗古微》，同为发挥今文家说之作。上承庄、刘（庄存与、刘逢禄），下启廖、康（廖季平、康有为），成为今文学运动的中坚，关系于晚清学术思想的发展甚巨。

“今文学”乃系由“今文经”而来。“今文经”起于秦火之后，两汉时代，极为盛行，曾有十四博士立于学官。东汉末叶，因其中渗入若干迷信与神秘的思想而为古文家所排斥。自是“今文学”一蹶不振，不仅两汉十四博士的学说无一幸存，即惟一存留的《春秋

公羊传》何休注也不为学者所注意。意想不到的是，此一“二千年之绝学”，对于清代中叶以后又告复活，并且成为晚清学术思想界中的宠儿。今文学的兴起，自与当时的学术风气具有很大的关系。以考据相尚的汉学既日趋于式微，而以心性相尚的宋学也难以满足人意，于是后起之秀乃不得不另辟蹊径，以期有所树立。最后他们终于发现：在汉儒之中，惟有董生之言最为精辟；在六经之中，惟有春秋改制之说最为动人。且以两汉今文之学虽绝，但《公羊》全书则尚幸存，且可与《繁露》、《白虎通》及何休注等互为发挥，因之“今文学”遂得应运而起。而时局的转变也对今文学的复活具有相当的影响。清代中叶以后，国势日益陵夷，海内亦渐多故，有识之士，感时伤事，常觉不胜杞忧。深悟笃守古经、钻研书本，对于实际并无帮助。故不得不于经典中的微言大义之处多下功夫，藉以达到改制的目的。今文学的倡导者，首推乾隆年间的庄存与（一七一九——七八八年）。存与字方耕，江苏武进（常州）人。他与戴震（东原，一七二三——七七七年）同时，但在治学的态度上，彼此却有很大的出入。戴氏精通汉学，长于考据。庄氏不专重训诂名物，而讲微言大义。清代今文学的研究，即由其所著之《春秋正辞》一书为嚆矢。继承庄氏之学的为刘逢禄与宋翔凤。逢禄字申受，武进人；翔凤字于庭，长洲人。二人对于今文之学均曾有所发挥。所谓“常州学派”，至此方得确立。而逢禄著有《公羊何氏释例》及《公羊何氏解诂笺》二书，且以其说授之于魏源与龚自珍，关系尤巨。不过，今文学的发展，到了龚魏时期也有相当的转变，而为治思想史者所不能不注意。其一是观点的转移。刘逢禄特尊何休，以为惟有何氏一家独得儒门的微言大义要旨。可是龚魏却将董仲舒的地位置于何休之上，而“崇董于何”。龚自珍自言其著《春秋决事比》一书“独喜效董氏例”；魏源著《董子发微》，也称董书三科九旨灿然大备。宏通精淼，内圣外王，远在胡毋生与何休之上。

凡此均足证明此一转变的趋势。二是范围的扩大。今文学的初期，尚仅言《公羊春秋》而未及于他经。至魏源作《诗古微》与《书古微》，始将今文学的范围扩大。自是研究他经者渐多。三是真伪问题的提出。以往今文学的研究，大多限于家法的同异，而未及于真伪的问题。刘逢禄虽疑《左传》，然仍未脱《春秋》的范围。至魏源时，方将真伪的问题提出。而于其所著之《诗古微》中，发挥齐鲁韩三家的微言大义，攻击《毛传》及大小序为晚出的伪作；于其《书古微》中，发明西汉《尚书》今古文的奥旨，认为非惟《古文尚书》为东晋晚出的伪书，即东汉的马融、郑玄的古文之说，也非孔安国之旧。于是，疑经之风自此大盛，至康有为著《新学伪经考》，遂将所有的古文经皆归于刘歆的伪造，而使清末的“今古文之争”达于高潮。四是学术与治道的结合。庄、刘等治《春秋公羊传》尚仅限于学术，而未及于时政。至龚魏始喜缘经术以作政论，而使学术与政治相结合，此举实为晚清学术思想的一大解放，影响于清末政治的发展与方向者至大。五是今文学派地域的日广。常州学派自宋翔凤即已脱出常州的范围。至魏源、龚自珍继起，又扩展至湖南、浙江二地。及至廖季平与康有为，则更扩展于四川、广东等处，浸假而至于“举国若狂，不可收拾”的地步。传播之广，影响之大，不言可喻。六是今文学与西学的合流。今文学于西汉时代即以“通经致用”相尚，重视经世思想。清末时期，西力东渐，国事日非，今文学者遂因留心经世而主张迎接科学，吸收新的西方技术与知识。魏源的“师夷长技以制夷”之说，即代表此一倾向。故今文学实可谓为近代中国融合中西学术思想的媒介。

六、著述及影响

魏源终生与学术为伍，著述相当的宏富，兼以他才气纵横，个性兀傲，每遇论学论事均喜独出己见，而耻于因袭模仿，因此不独其议论条分缕析。常有新见，即其诗文也独创一格，不落前人窠臼。以下拟分为经学、子学、兵学、史学、地学、文学、字学等类分别加以介绍：

（一）经学：魏源为晚清有名的今文经学家，故其有关经学的著作颇多。计有：

（1）《公羊古微》，一名《公羊春秋古微》，该书为其早年所作，据其子魏耆所作的家传及其友人的记载中均曾提及，惟今已佚。

（2）《诗古微》，初刊于道光九年，仅二卷一册，李兆洛、刘逢禄均为之作序，大加赞美。惟其全书则至道光二十年方于扬州完稿，共二十卷。光绪十一年杨守敬刻本则变为八册十六卷，王先谦之《皇清经解续编》又分为二册十七卷，前后颇为不一，该书虽在发挥齐鲁韩三家之微言大义，以昌绝学，然于《毛诗》却并不加排斥，并认为可与三家诗并行而不悖。梁任公对之颇为推崇，谓其论诗不为美刺而作，深含“为文艺而作文艺”之旨；能自创新见，使古书顿带活气。

（3）《书古微》，十二卷，咸丰二年五月初刊于高邮，后为王先谦收入《皇清经解续编》。

（4）《两汉经师今古文家注考》，该书今已不存，惟其文集中尚保留一序。钱穆对之颇有讥评，认为魏氏有志经世，而晚节仍以辨汉儒经学今古文名家，其先转为考据之反动，其终汇于考据之颓流，足见时风世业之难回。其实魏源的目的乃在恢复传统儒学的经世精神，使学术归之于实用，并非为“考据而考据”，此点则与考据学家不同。

（5）其他：尚有《大学发微》，疑即《大学古本》，该书于道光元年刊于北京，凡二卷，今已佚，文集中尚留一序。《易象微》，《湖南通志·艺文志》作六卷，今已佚，文集中有《庸易通义》一文，或即此书。《孝经集传》，道光元年刊于北京，今已佚，文集有序。另外文集中尚收有《学校应增祀先圣周公议》一文，也与其今文学有关。

（二）子学：计有《孔子年谱》、《孟子年谱》、《曾子发微》、《子思子发微》、《董子发微》、《老子本义》等。

（1）《孔子年谱》、《孟子年谱》：不知著于何年，见《古微堂外集》。

（2）《曾子发微》：可能即《曾子章句》，道光元年刊于京师，今已佚，文集有序。

（3）《董子发微》：又名《春秋繁露注》，约刊于道光初年，共二十五卷，亦佚，文集有序。

（4）《老子本义》：刊于道光二十年，共二卷，刊本颇多，《渐西村舍丛刊汇刊》本中有袁昶庚子手跋。谓其书截翦诸本，下以己意，左右采获，所得较多。颇有疏导荡涤之功，不可没也。

（三）兵学：魏源喜谈兵，故其生平对于兵学颇为留意研究。先后著有《六韬》、《孙子注》、《吴子注》等，惟其书多已不存。仅文集中留有《孙子集注序》一文。另其《圣武记》中《武事余记》一章亦为谈兵之作。

（四）史学：计有《圣武记》、《夷艘入寇记》、《元史新编》、《辽史稿》等。

（1）《圣武记》：初刊于道光二十二年（一八四二年）七月，是时，英舰已泊石头城下，江宁岌岌可危，中国之战败已成定局，魏源有感而著此书，历述清代武功，推求盛衰之理，思以清朝前期的光荣史迹，振奋战后萎靡的人心。此外，也兼论海防、战守、练兵、筹饷之策。非特为有清一代的武功史，且亦为谈海防者所必备。刊刻以后，不久即风行海内，为应各方之需，以致不得不先后加以再版，修改内容，扩大篇幅。该书初刊于扬州，仅十一卷。道光二十四年（一八四四年）再版于苏州，增为四十卷。道光二十六年（一八四六年）复于扬州三版，卷数虽未续增，而内容与体例却略有改变。该书经人缩编及补辑者颇多，如《圣武记采要》、《圣武记拔粹》及《十一朝圣武记》、《绘图圣武记》等皆此类之作。日后且舶载传入日本，而为彼邦学者所重视。首于嘉永三年（道光三十年，一八五〇年）将《圣武记采要》三卷刊刻。安政三年（咸丰五年，一八五五年），又将《圣武记附录》十二卷及《圣武记附录武事余记补遗》出版。而经山中信古所校的《圣武记拔粹》八卷，且有三种以上不同的版本。

（2）《夷艘入寇记》：二卷，刊于咸丰初年，是时，太平军已起于广西，东南沿海亦不平静，但是文恬武嬉，依然如故。魏源惄焉以忧，再著此书，对于鸦片战争的经过加以评述，藉使前事不忘，作为后世之师。初刊时以恐触时忌，不著作者。后始经人发现为魏氏所作。由于原系钞本，故其名变更颇多，如《英夷入寇记》、《夷舰入盗记》、《夷船入盗记》、《夷舰寇海记》等。直至光绪二十五年，扬州六艺书局石印时，方将此文收入《圣武记》一书之内。该书对后世影响甚大。同光间芍唐居士的《海防略记》即为其化身或别名。一九一一年以来，若干教科书对于鸦片战争一段也几为此记的缩影。

姚薇元曾著《魏源道光洋艘征抚记考订》，订正其中的错误。后易名为《鸦片战争史事考》。

(3)《元史新编》：脱稿于咸丰六年（一八五六年），九十五卷。以时值太平军之乱，未能刊刻。不久杭州陷，其稿首落于仁和龚氏，后复入莫祥芝手。直至光绪十六年，始以王先谦之议索还。二十三年，由其族孙魏光焘嘱欧阳辅及邹代过校刊，历八年方才编就。然距魏氏之殁已五十年。该书乃由于魏源不满《元史》之疏漏所作。以今日之眼光观之，其价值固无法与柯劭忞的《元史新编》及屠寄的《蒙兀儿史记》诸书相比，可是在学术上也有相当的贡献，其一为完成旧《元史》的第一次大改造。其二为作元史者首次注意并使用域外的数据。其三为合传体的创造。

(4)《辽史稿》：自云作于扬州，后以太平军之乱佚。其文选中仅有《书辽太祖事》一文。

（五）地学：计有《海国图志》、《禹贡》二书及《元代西北疆域沿革考》、《北印度以外疆域考》、《五大洲释》、《金沙江考》、《昆仑释》、《冈底斯山脉考》、《葱岭三干考》、《北干考》、《英吉利小记》、《俄罗斯记》等文。

(1)《海国图志》：该书历时十年（一八四二——一八五二年）方才完成，其间曾三次改版。第一次刊于扬州，时在道光二十二年（一八四二年）十二月，仅五十卷，即世称之“五十卷本”。是时，《南京条约》虽已订立三个多月，可是战争的疮痍却依然满目。魏源愤于中国的挫败，深感国人不识夷情，因之乃将林则徐所译的《四洲志》予以扩大，藉以增进国人对于国际形势的了解。第二次于扬州重刊，时在道光二十六年（一八四六年），增加十卷，是为“六十卷本”。第三次刊于高邮，时在咸丰二年（一八五二年），复增四十卷。所补入者计有葡萄牙人玛吉士（Machis）的《地理备考》（道光二十七年出版）、美人高理文（或裨治文 Elijah C. Bridgman）

的《合省国志》（道光二十四年出版）、徐继畬《瀛环志略》（道光二十八年出版）、姚莹的《康輶纪行》（道光二十七年出版）等书，以及新出的《水战火攻》、《船械模型图式》、册页地图等，合原有的六十卷共有百卷之多。即今所传的“百卷本”。该书包罗宏富，内容相当的广泛。计有：①世界地理，凡属东南洋、西南洋、大小西洋、北洋、外大西洋等国之疆域大小、地理位置、物产风土、历史沿革，无不加以介绍。②西洋技艺，包括西方军事技术、轮船的驾驶与制造、火器弹药的使用，以及水雷、地雷、望远镜、水战、火攻之法等。③西洋文化，诸如西洋的历法、货币、语文、宗教、轮船、铁路、工业等，均曾提及。④筹海之策，检讨鸦片战争历次和战的得失，议论中国抵抗西洋的战术战略，倡议设立译馆、船厂、炮局、训练海军等，洋洋大观，应有尽有。该书所用的参考数据也相当丰富，计有西人所著之书十余种，国人所著之书七十余种，其他尚附有各洲各国总图分图七十五帧。轮船、火器、战船、水雷、地雷等模型图八十八幅。鸦片历年输入中国表、西洋教门表、中公历法对照表等九张。至于该书所倡的“以夷制夷，以夷攻夷，师夷长技以制夷”之说尤为脍炙人口，影响于清末的变法运动甚大。《海国图志》出版后，由于其流传甚广，曾经引起学界的广泛注意，有人为之誉扬，有人为之纠缪，有人为之征引，甚至还有人师其遗意，而将其书续予补辑，如林传甲的《图志通义》、林乐知（Young G. Allen）的《续海国图志》、孙灏的《海国图志征实》等皆是。而王韬也曾辑成《海国图志续编》一部，惜以印刷之费无着，未能付刊。至于《海国图志》之传入日本，则始于道光三十年（一八五〇年），时仅有三部。因受幕末天保禁书令的影响，且曾一度被禁。惟以安政元年（咸丰四年，一八五四年），“日米和亲条约”的缔结，日人对外知识需要的大增，方才改变态度，不仅将原先舶载入日之书加以解禁，而且更进一步的大量搜购，因之是年《海国图志》输日者竟达十五部之多，翻译、训解、和解、刊刻者络绎不绝。一、二年内《海国图志》的“训点翻刻本”及“邦译本”等即有二十余种。举凡英国、法国、俄国、普鲁士等地理，以及《澳门月报》、《夷情备采》、《筹海篇》、《国地总论》等无不经人翻译介绍。而金泽、福井、神户、伊势等处的学馆，且曾采用《海国图志》作为其教授生徒世界地理的教科书。影响之大不可言喻。

魏源手书陈沆《简学斋诗稿》题辞（采自《简学斋手书诗稿》）

(2)《禹贡》：二卷，成于咸丰二年（一八五二年），时魏源尚在高邮知州任内，适以陈澧会试不第，中途来访，魏乃出示其稿，嘱澧为之正误，并期以明年归还。不意，竟以乱兵所阻，无法将其稿交与故主。未几魏氏卒。其稿藏于陈氏处十数年，直至同治六年，方由广东布政使方浚颐资助付刊。陈澧在该书序言中谓魏氏于治《禹贡》时，“每有疑难，辄走数千里，目验而定之”。其观察与实证的精神，颇令人佩服。

(3) 其他各文，大多散见于《海国图志》及《圣武记》二书。其后王锡琪又将之分别辑入《小方壶舆地丛钞》各辑。

（六）文学：计有《北道集》、《清夜斋手书诗稿》、《古微堂诗集》、《古微堂内外集》等。

(1)《北道集》，约成于嘉庆十九年，惟今已佚。

(2)《清夜斋手书诗稿》，其中多系早年之作，疑即为《北道集》改编而成。仅一册，且与陈沆的《简学斋诗稿》合印。为沆之曾孙陈恩浦于宣统三年六月付刊。

(3)《古微堂诗集》，初仅四卷，后增为十卷。生前并未付刊。稿本原为金安清保存，惜后佚，为妄人窜改之处颇多。直至同治九年始为邹季深于长沙付刊。前有罗汝怀、郭嵩焘两序，后有邹汉勋之弟邹汉池（季深）跋。该集之编纂仍依魏氏“分体不分年”之法，分为四言古诗、五言古诗、乐府诗、七言古诗、七言律诗、五言绝句等类，大部均为记游之作。惟其中亦有不少咏吟时事者可作史诗读。如卷四的《江南吟》十首及《都中吟》十三首、卷六的《秦淮镫船行》及《金焦行》、卷九的《金陵怀古》及《寰海》十首与《寰海》后十首均富有史料价值。

(4)《古微堂内外集》，十卷，编订较晚。道光二十五年仅成八、九卷。咸丰六年方于杭州定稿。卒后遗稿曾由何绍基代为整理，龚橙亦曾钞文两厚册交与古微堂。惟其出版则在光绪四年八月（淮西书局）刊出。计内集三卷、外集七卷。内集分《默觚》上中下三篇，其中论学之文十三篇，论治之文十六篇，全部分条说理，颇似子家语录文体。外集皆为杂文，包括论政序跋之类。郭嵩焘尝言其文“奇古峭厉，倏忽变化，不可端倪”。李慈铭亦谓其“文笔兀奡，在并时包慎伯、张石舟之上”。此外，宣统二年，上海国学扶轮社亦曾出版《魏默深文集》六册。惟以台湾无此书，内容不详。

（七）字学：魏氏于文字学方面亦颇有研究，并有著述传世。计有：

(1)《小学古经》，卷数不详，文集有序，刊于道光二十九年。

(2)《说文儗雅》，卷数亦不详，咸丰元年刊，文集有叙。该书大体以义分类，合《说文》《尔雅》为一。计于天地人物事五大类之下概括五百二十部。分以《说文转注释例》、《说文叚借释例》、《说文会意谐声指事象形释例》三篇，发明而扩大之。成书之日，仅有三月。

(3)《蒙雅》，咸丰二年，魏源于高邮知州任内，尝招龚橙佐撰诸书，并将所著《蒙雅》嘱为改定。今中研院傅斯年图书馆尚有龚跋手钞本传世。又该书除手钞本外，尚有一九三一年成都志古堂刊石印本一种。而上海圣仓明智大学所出版之《学术论丛》卷一，亦将此书重刊。其内容大体均与《说文儗雅》雷同。

（八）其他：除著述外，魏源手编之书亦不在少数。计有：

（1）《皇朝经世文编》，一二〇卷，道光六年刊。该书以魏辑贺氏《经世文编》驰名于世。其后仿其体例以经世名篇者不一而足，计自清末以至民初竟有十四种之多，影响之大可想而知。

（2）《江苏海运全案》，十二卷，其中所录均为道光六年江苏试行海运的资料。诸如谕旨、章奏、详禀、文移以及米册、船册、图说等，无不包罗于内，实为有清一代海运的重要文献。

（3）《淮北盐票志略》，十四卷，道光二十年刊。该书原题童濂编，惟据齐思和研究，实系魏源与之合编。

（4）《御书印心室文荟刊》，十一卷。批选唐宋八大家文读本，八卷。以上二书不知编于何年，日本明治十一年东京式书堂刊。二书此处均不见。

（5）《明代兵食二志录》，八十卷，成于咸丰五年，该书今已不见，惟文集中保留一序。

（6）《净土四经》，魏源早年对于佛学即已具有相当的兴趣。及其退隐后，更为醉心禅理，嗜佛日深，自称"菩萨戒弟子魏承贯"。除修《净土经》外，且着手汇释《无量寿经》。并辑《观无量寿经》、《阿弥陀经》以及《普贤行愿品》等，合为一集，名曰《净土四经》，咸丰四年辑成，分别为之作序，且于卷首作一总序，说明大旨。全书合约四卷，初嘱周诒朴刊刻。同治五年，复由杨文会于金陵重刊。不知者或以魏氏之为此乃萌出世思想，惟杨文会于《净土四经》跋内，则云彼仍出于经世之念。据日本学者内藤虎次郎的研究，谓龚魏等公羊学者对于佛学的兴趣，影响于清末佛学思想者甚大，后之学者如俞曲园、李善兰、戴子高以及康有为、梁启超、章炳麟等对于佛学之兴趣，皆由于此一二人之特发，而因缘持续者。

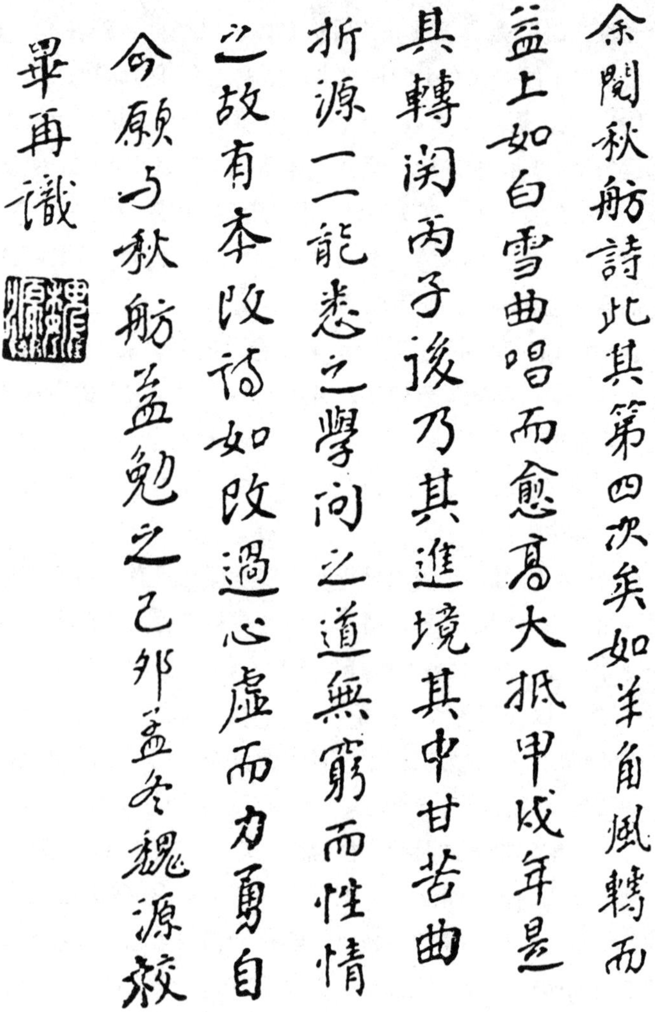
余閱秋舫詩此其第四次矣如羊角風轉而益上如白雪曲唱而愈高大抵甲戌年是其轉關丙子後乃其進境其中甘苦曲折源一一能悉之學問之道無窮而性情之故有本改詩如改過心虛而力勇自今願與秋舫益勉之乙卯孟冬魏源校畢再識

魏源手书陈沆《简学齐诗稿》题辞

（采自《简学齐手书诗稿》）

七、结论——魏源思想的特质

由上所述，关于魏源的生平事迹及其学术思想，已可获得一个概括的印象。虽以立场与观点的不同，学者对于他的评论有褒有贬，毁誉不一。然而他在清代学术思想史上的重要地位，却无人能加以否认。一个思想家最值得重视的毋宁应是他的思想特质，而魏源思想的主要特质即是经世主义。综观他的一生，不论议政与治学，殆无不以“经世”二字为依归。他之所以筹议漕、盐、河、水利等的改革，以及筹划海防，抵御外侮，固然是为了发抒其崇高的经世怀抱。即其研究公羊，发挥今文古义，也是在恢复儒学通经致用的传统精神，改良当时学术上只重书本而不重实际的偏枯风气，并不在于复古与考据。环顾当时与他并世的学者之中，讲求经世之学的并非无人，可是不论在思想的广度与深度方面，以及理论与系统方面，却无人能够与他分庭抗礼。

魏源经世思想的形成，实具有多方面的原因。一为内忧外患的刺激。魏源生于乾隆末年，是时清代的国势已经大不如前，苗乱、傜乱、回乱、白莲教与天理教之乱，以及东南沿海一带的艇盗之乱，接踵而来，几无宁日。及至道光年间，中英鸦片战争又告发生，不久太平军之乱亦继之大起。处于这样的一个动荡不安的时代里，对于一位留意时务关心国事的知识分子而言，自然不能坐视而不问。二为传统儒家思想的启示。在儒学思想中，自来即含有一种求新求变的自强观念，如《易经》上所说的："穷则变，变则通，通则久"，《易·乾》中所说的："天行健，君子以自强不息"，《大学》中所说："苟日新，又日新，日日新"，均为此一观念的具体表现。我国的知识分子因为拥有此一伟大的传统，故每当国家多难之秋，即有无数的仁人志士出而奔走呼号，从事于救亡图存运动，不断地为国家历史开拓新机运，为民族文化创造新生命，而魏源即为我国近代变法图强的一位先驱。三为知识分子的责任感与道德感。曾子教人："士不可不弘毅，任重而道远"；孟子教人"当大任"；范仲淹之所谓君子应"先天下之忧而忧，后天下之乐而乐"，均足以表现中国真正儒者所怀持的经国济世以天下为己任的精神。这种精神也即是中国传统优秀知识分子对于国家社会所具有的责任感与道德感。要想明白魏源的这种思想，可以从他高自标树的兀傲个性上得到若干的诠释。而他的家庭环境也有极其重大的影响，盖以一个人的思想往往是在幼年时期即已萌芽，而家庭环境即为培育此一思想幼苗的温床。基于本文前面所言，魏源生于一个"恤贫救灾、乐善好施"的家庭，他的曾祖大公，曾为代完一县的积欠而不惜破产，而他的父亲邦鲁在江苏做官，所至又常有惠政。这种家庭环境对于他的人格与思想的形成，自有莫大的陶铸作用。

参考书目

（一）魏源著述

《清夜斋手书诗稿》一册，一九一四年刊本。

《古微堂内外集》十卷四册，一九六四年十一月台北文海出版社据光绪四年淮南书局本影印，合为一册。

《古微堂诗集》十卷，同治九年刊。

《魏默深文集》六册，宣统二年上海国学扶轮社出版。

《圣武记》十四卷，道光二十二年古微堂重刊道光二十六年第三次重订本。一九六二年世界书局重刊。

《海国图志》一〇〇卷二〇册，光绪二年甘肃庆泾固道署重刊本。

《夷舰入寇记》二卷一册，中研院傅斯年图书馆收藏钞本。

《禹贡说》二卷一册，同治六年刊，又见《书古微》卷四—五《通释禹贡》。

《书古微》十二卷，咸丰五年高邮刊，见《皇清经解续编》二八〇—二九一卷。

《诗古微》十七卷八册，光绪乙酉（十一年）重刊。

《元史新编》九十五卷三十二册，光绪乙巳（三十一年）邵阳魏慎微堂刊本。

《蒙雅》（钞本）一册不分卷，中研院傅斯年图书馆藏。

《蒙雅》（石印本）一卷一册，一九三一年春成都志古堂刊。

《老子本义》二卷，光绪间浙西邨舍刊本。

《原刻净土四经》，魏源辑，同治五年南京金陵书局刻。

（二）传记资料

《邵阳魏府君事略》，魏耆著，一卷，光绪间刊本。

《魏默深师友记》，李柏荣编，二卷一册，一九二八年长沙刊。

《魏源传》，《清史列传·儒林下二》，一九二八年上海中华书局铅印。

《魏源传》，《清史稿·文苑传三》，一九二七年北平铅印。

《邵阳魏先生传》，顾云著，《盋山文录》卷五，光绪十五年刊。

《魏源传》，《国朝先正事略》卷四四《文苑》，李元度著，同治八年上海石印。

《魏源传》，《湖南通志》卷一八八，曾国荃等修，光绪十一年刊。

《魏源传》，《续纂扬州府志》卷六《秩官志》，方浚颐修，同治十三年刊。

《魏源传》，《邵阳县志》卷九《人物上·政学》，黄文琛等修，光绪二年刊。

《魏源传》，《邵阳县乡土志》卷二《耆旧》，姚炳奎等修，光绪三十三年刊。

《魏源传》，《再续高邮州志》卷三《秩官志》，金元烺等修，光绪九年刊。

《魏默深先生传》，《碑传集补》卷二十四，姚永朴著，一九三二年燕大国学研究所印。

《古微学案》，《清儒学案》卷一六一，徐世昌辑，一九三八年天津徐氏刊。

《魏源传》，《清代学者象传》第四册，叶兰台辑，一九三〇年上海商务印书馆。

《魏源传》，《清代朴学大师列传》作《史学家列传》十四，支伟成辑，一九七〇年台北艺文书局影印。

《魏源传》，《中国学术家列传》，杨荫深编，上海光明书局刊。
《魏源传》，《清代七百名人传·朴学编》，蔡冠洛编，一九三七年上海世界书局。
《魏源年谱》一册，王家俭著，一九六七年《中研院近史所专刊》（21）。
《魏默深（源）年谱》，山本正一，《东洋文化（无穷会）复刊》十四，页三二—四五，一九六六年九月。

（三）近人研究

叶瀚：《清代地理学家魏默深先生》，《地学杂志》第十期，一九二二年刊。
唐景升：《清儒西北地理学述略》，《东方杂志》第二十八卷二十一号，页七四。
王家俭：《魏源对西方的认识及其海防思想》，一九六四年，《台大文史丛刊》。
王家俭：《海国图志对于日本的影响》，《大陆杂志》三十二卷八期，页一二——八，一九六六年四月刊。
良知：《记魏默深先生》，《畅流半月刊》五卷九期，页三—四，一九五二年六月刊。
骆沙伦：《从曾国藩和魏源的经世思想看同光新政》，《大陆杂志》三十六卷一期，页一——十八，一九六八年一月。
百濑弘着：《清末先觉者邵阳の魏源》，《历史公论》三卷六号。
井边一家：《海防论者としての魏默深》，《史渊》八辑。
北山康夫着《海国图志とその时代》，《大阪学艺大学记要》第三号。
大谷敏夫：《魏源经世思想考》，《史林》五十四卷六号。
Wei Yuan, by Tu Lien–Chi, see *Eminent Chinese of the Ching Period*（*1644–1912*）, edited by Arthur W. Hummel, Vol II pp. 850–852, Washington 1943.

Wei Yuan's Statement of A Policy For Maritine Defence, 1842, see *China's Response To the West*, edited by John K. Fairbank and Ssu–Yu. Teng, pp.30–35, New York, 1971.

冯桂芬

吕实强　著

目　录

冯桂芬，字林一，号景庭，或作景亭，又号邓蔚山人。生于嘉庆十四年（公元一八〇九年），卒于同治十三年（一八七四年）。他幼年时期，正当清代盛世已过，逐步趋向衰敝，政治、经济、社会、军事各方面的积弊日深，弱点日渐暴露。成年以后，外患与内忧逐渐严重。其中尤以鸦片战争（一八三九—四二年），英法联军（一八五八—六〇年），与太平天国（一八五〇—六四年）等事件为剧。直接间接的影响，使中国面临数千年来所未曾有的变局。桂芬学识渊博，目光敏锐，又多次为江南地方官与大吏延入幕府，有机会参与和历练实际的庶政，再加上身经太平军战争期间苏松一带战火破坏，生民涂炭，目睹外人在上海的声势日张，外力对中国进逼日急，于是，乃殚心竭力，对当时中国所遭遇的问题，作全面的检讨，然后拟具各种方案，谋改弦更张，以起衰振敝。以其思考深入，见解透辟而迈越同世，遂被视为维新变法思潮的先驱。以下就其生平与著述加以简介，然后对其思想及影响，加以分析讨论。①

① 关于冯桂芬，本人从前曾撰写《冯桂芬的政治思想》一文，在《中华文化复兴月刊》第四卷第二期（一九七一年二月一日）发表。今撰本传，于冯氏思想部分，见解与前篇难免有相同重复之处。谨此说明。

一、生平

冯桂芬，于嘉庆十四年（一八〇九年），出生于江苏吴县。父亲智懋（字明扬，号春圃，一七七〇——一八五〇年），经营商业，家道本相当殷富。因为于道光六年（一八二六年）、九年，连遭火灾，损失很重，但仍有田产十顷，可谓小康之家。桂芬自幼入塾读书，继学制艺之文。于道光八年，年二十，进秀才。四年后，中举人。道光二十一年会试，以一甲第二名（通称榜眼）进士，入翰林院任编修，时年三十二岁。就当时一般参加考试而言，桂芬可谓相当顺利。惟于仕宦之途，却并不得意。

先是桂芬于道光十二年中举人时，其文章获得江苏巡抚林则徐的欣赏，称道他才识“一时无两”。随后即邀他入抚署校北直水利书（吴县志冯传谓助林编纂西北水利说，此处从冯氏本人《跋林文忠公河壖雪辔图》所记）。次年受江阴县令某聘为幕友，主持文书，并兼治钱谷。嗣复先后入两江总督陶澍、江苏布政使裕谦幕府，一时声望甚著，诚如李鸿章所言：“自未仕时，已名重大江南北。”为准备会试，于道光十七、八年间，入苏州正谊书院攻读，师事进士出身曾任翰林院侍讲之朱琦（字兰坡，时主讲该书院）。

道光二十年，入京会试，以一甲第二名入翰林院任编修。嗣后五年间，仅奉命任国史馆协修，编纂实录，教习庶吉士，及奉派顺天府乡试同考官（二十三年），广西省乡试正考官（二十四年）等差事。本职编修之官，未曾一迁。二十五年，丁母忧，次年扶榇回苏州，服丧于家。二十八年，守孝期满，因父已年高，不欲远行，乃应两江总督李星沅之聘，主讲江宁惜阴书院。次年，在其父力促之下，返回北京，仍任翰林院编修。桂芬在京期间，虽一直位居闲曹，但却有时间有机会阅读翰林院国史馆等所藏的丰富文献典籍，并与陈庆镛、姚莹、赵振祥、曹懋坚、张穆等讲求经世之学，对其日后立身行事，思想发展，自有所裨益。

道光三十年（一八五〇年），宣宗驾崩，文宗即位，诏举贤才，大学士潘世恩上疏推荐林则徐、姚莹、邵懿辰与桂芬四人。文宗即予召见，正拟有所简用，又以父逝而服丧归里。家居期间，曾应两江总督陆建瀛之聘，去扬州主持《盐法志》的编纂。

咸丰三年（一八五三年）春，太平军占领南京，桂芬奉诏协助地方官办理团练，劝捐粮饷。鉴于乡兵仅能维持地方治安，难以配合官军任战守，乃与同乡学人马钊等，设法捐赀募勇千余人，交钦差大臣向荣的幕僚刑部主事刘存厚统带，隶属于帮办军务署江苏巡抚许乃钊，名之为抚勇，协助保卫苏州，并参与邻近地区的攻守。此一部队人数虽然不多，但在智勇善战的刘存厚率领，与桂芬等全力支持下，于地方防卫，特别是进击上海附近各州县的小刀会诸役中，表现甚为卓越。由于上述各项功绩，经江苏巡抚吉尔杭阿等奏保，于咸丰六年，桂芬得赐五品衔，升任詹事府右春坊右中允（正六品，编修为正七品）。正准备北上赴京就职，因受流言中伤暂止。经辨白清楚之后，于咸丰八年，方得入京就职。但一年之后，复因得罪权贵，引疾而归。自此未再出任官吏。

桂芬于咸丰九年（一八五九年）返里，时正年逾五十，不拟再入宦途。乃于次年春间，在苏州城郊十里风景极为优美的邓蔚山麓，赁屋一幢，将藏书数万卷全部移入，准备长期隐居，从事著述。但不久，太平军击破江南大营，并循其余威，横扫江、浙两省，江南除上海、镇江外，全部为其攻陷。桂芬弃家逃难，辗转播迁，于是年十一月间，方得与其家人抵达上海。

自咸丰十年冬起，以后数年，桂芬一直居留沪上。直到同治二年（一八六三年）十月，官军克复苏州之后，方再返回故里。在沪三年当中，桂芬曾担任敬业书院的山长，及为江苏巡抚兼通商大臣李鸿章的幕僚。就经世致用而言，这数年间，为桂芬成就最为卓越的一段时期。在立言与著述方面，他完成了其划时代的著作《校邠庐抗议》；在立功立德方面，他促成了上海会防局的创立，曾国藩派大军援沪，建议并协助筹办了上海同文馆，及江南减赋。会防局与安庆请兵二事，不仅关系上海的安危，江南的战局，甚至对李鸿章日后的事业前途，具有重大的影响。上海同文馆的建立，虽不过为当时整个自强运动中，模仿西法的一个分支，苏松减赋仅属一地区性的获益措施，但对桂芬而言，则为其经世致用，与维新变法思想的具体表现。以下乃加以简略的说明。

（一）会防局：由于地位的适中，与长江流域地区的广大，上海因鸦片战争而开埠通商之后，商业急遽地发展，很快地凌驾广州，而成为中外贸易的重心，也成为各国外交官员会集之地。咸丰十年，江南大营覆灭之后，太平军囊括江浙，继而进攻上海，以李秀成的智勇善战，竟然屡败于少数的英法军，沪上官绅，遂对外兵协防，寄予殷切的希望。咸丰十一年冬，太平军再度进逼上海，已攻下外围川沙、奉贤、南汇等城。为保卫商业利益与生命财产，沪上外人集会推选 James Hogg, J. P. Tate, Edward Welb（韦伯），E. Cunningham（金能亨）与 F. Smith 等五人，组成一委员会，负责筹划如何防卫上海及收复宁波。另由英国驻华公使的参赞巴夏礼（Harrys Parkes）出面，与江浙在沪绅士候补知府吴云、应宝时接洽，希望中国方面也能采取措施，由中外协力防守。吴、应即请郎中潘曾玮向团练大臣庞锺璐建议，而为庞氏以其所管非“夷务”婉拒。

在无可奈何之中，潘曾玮乃退而约集诸绅士会议，但大家意见纷纭，或言与夷人合作，将污损会名，或言倚重洋兵，后患堪虞，会议遂毫无结果。曾玮询商于桂芬，桂芬不仅赞同，并出面约请沪绅宗人府宗丞温葆深，詹事府詹事殷兆镛，列名公呈江苏巡抚兼通商大臣薛焕，请为奏请朝廷立案办理。以情势迫切，而且有数字翰林出身的高级绅士出面要求，薛焕即一面委派潘曾玮、吴云、应宝时与正丁忧在籍的湖北盐法道顾文彬四人，主持其事，一面据桂芬等公呈，向朝廷奏报，旋获朝廷谕准，中外会防一事，遂成定局。会防局的成立，对上海的保卫，自有重大的裨益。不久，同治元年（一八六二年）春，太平军在忠王李秀成指挥下，向上海大举进攻，均为英法军与会防局所支持并由美人华尔（F. T. Ward）所率领的洋枪队所奋力击退。迨三月间李鸿章的部队抵达，乃逐渐转危为安，并得以之为基地，向外围及内陆地区伸展。

（二）请兵援沪：自江南大营溃散，曾国藩奉谕总督两江，江南绅民对曾氏益寄予殷切的期望。咸丰十一年九月，苏绅湖北盐法道顾文彬来沪，向桂芬表示：沪上现有各军，不建壁垒，不施训练，行无步伍，出无支应，如何能作战？欲保卫上海，规复家乡，惟有吁请曾帅分兵来沪。桂芬深为同感，便再与潘曾玮、吴云等议商，并征获薛焕与团练大臣庞锺璐的同意，由桂芬起草，缮写公启，由庞锺璐、殷兆镛、潘曾玮、顾文彬、杨庆麟，潘馥等六人具名，由户部主事钱鼎铭携带，专诚前往安庆大营，向曾国藩请求发兵。

请兵一事，诚然为江南尤其沪上绅民共同的盼望，曾国藩不能不加以重视。但冯氏所撰的公启，也确曾发生重大的作用。公启中首先就苏州（府）、松江（府）、太仓（直隶州）三属财富的丰饶，与沦陷两年以来人民所受的痛苦，如何切盼拯救立论。继而分析当前情势，指出有三项可乘之机：一为各地乡团可以起而响应，一为湖议中枪船可以为向导而帮助官军，一为贼中颇有愿倒戈而反正助顺之人。但如不得大军依附，均无能发挥其力量，且如行动迟延，势必随时为贼所扑灭。有三个据点正勉强在困守：一为有兵无饷的镇江，孤城无依，军心已不稳固，随时有溃覆的可能；一为兵单饷乏的杭州与湖州，均已四面受敌，文报不通，情势日趋恶化；一为有饷无兵之上海，为江浙余烬所萃集，中外商民辐辏，财富充盈，足备大军之需，但蕞尔之区，孤悬海隅，决难长期保守。以此，欲思扭转战局，解救倒悬，惟有把握上述可乘之机，利用上述可用之地，连派奇兵万人，以一勇将统率，间道疾进。大军一至，则朽株枯木亦助声威；大军不至，则铁郭金城亦沦灰烬。及今不图，必贻后悔。复进而论各路进兵与配合。最后恳切表示：兵行以粮饷为先，沪上当为充分准备，决无贻误。国藩接读此一公启之后，深为感动，即决计派兵。数年之后，江南肃清，二人在金陵相见，曾氏回溯此事，对桂芬言："厥后东南事，不出君一书。"曾氏于桂芬分析局势与建议方策的重视可见。而李鸿章以率淮军援沪，不仅得展露其才华魄力，并以目睹西人的所长，矢意效法以富国强兵，成为自强运动的中心人物。

由于安庆乞师一事，使曾国藩对桂芬才识有所了解。曾氏一向礼重人才，即托钱鼎铭转达，希望桂芬能参加他幕府的工作。但桂芬此时已不愿再出而任事，回书婉谢，附寄他完成不久的《校邠庐抗议》四十篇，及旧作二篇，请曾氏阅评。迨李鸿章抵沪署苏抚后，即于是年五月间，奏请调桂芬随其军营理事。桂芬于逡巡半年之后，方入李氏幕府，直至同治二年十月，淮军克复苏州。其策划设立上海同文馆与促成江南减赋，即在此一期间。

（三）筹设上海同文馆：上海设立外国语言文字学馆，不仅其议发自桂芬，即经始筹办，桂芬亦实为主谋。桂芬倡议设立的目的，培养外交人员与学习西方科学工艺，及了解西方国情，兼而有之。

其详细内容，将于以下思想节中加以述论。于此拟加说明者，为李鸿章所上于朝廷的奏折，其主要内容，与桂芬所作的《上海设立同文馆议》，可谓完全相同。鸿章于同治二年正月，据桂芬拟稿上奏，二月，获朝廷谕准，随即开始筹备。

创始工作，虽为江海关道黄芳等所主持，但其开办章程据说实为桂芬所拟定。此章程共十二条，其主要内容于下：

(1) 学生：由官绅保送十四岁以下，资禀颖悟根器端正之文童，经江海道面试选取入馆肄业。

(2) 教师：延聘学问贯通者二人为教习。应否延聘法国教习，日后再行酌定。延近郡品学兼优绅士一人为总教习，举贡生员四人为分教习。

(3) 课程：语文之外，虽有经学、史学、算学、辞章四类，但因西人制器尚象之法，均由算学出，故肄业者必须每日肄习。其余经史各类，随其资禀所近，而分别选择学习。亦可专习数学。

(4) 助教：选派通习西文之委员董事四人，常川住馆，每日西教习课读时，环坐传递语言，发明西教习意指，使诸生易于领受。

(5) 学生出路：肄业三年期满，能一手翻译西书全卷而文理斐然成章者，由上海道送请通商大臣等考验，咨明学政，按奏定章程，作为附生。各衙门有办理洋务，或需用翻译，即由其遴选派任。特优者专折奏，调京考验，授以官职。

以上章程，拟定于同治二年四月，较总理衙门同治元年七月所拟定的“新设（京师）同文馆章程”，有若干优点。京师同文馆招收学生，仅限八旗子弟，即馆中教习汉文的老师，也只能在八旗官学教习，或八旗官学候补教习中聘用。是其选取学生与汉文教师范围均较为宽广，宜符合当时时代性与全国性使命的需要。京师同文馆课程仅有外国语言文字，与满汉文字。是其课程亦较为留意一般知识，尤其数学，其所培养人才，自较具有翻译之外，办理其他洋务的能力。北京同文馆，直到同治五年，方感到其缺点，而增设“天文算学馆”，加授语言文字之外若干有关的课程。学生资格，也放宽到不限满汉。

（四）江南减赋：江南减赋一事，为桂芬多年所怀，而终得促成的一件事。苏松太三属赋额之重，据桂芬考证，就时期言，比宋时多七倍，比元时多三倍；就现况言，比毗连的常州多三倍，比镇江等府多四五倍，比他省多一二十倍不等。其所以如此之重，系因自宋以来，官田日增。农民耕种官田者，一律交纳田租。明初将官田田租和民田田赋，都称为粮。但田租每亩七斗六升，田赋则不过五升。嘉靖中，命将各州县境内官民田纳粮总数，照亩数平均，作为田赋之额。苏松一带官田最多，额遂最重。因赋累而破产者，随时发生。桂芬外祖家，即为此而田产荡然。其母因而曾对桂芬谆谆告诫，将来如有机会建言，减赋为第一要事。但桂芬入仕之后，一直位居清贵两闲散的职位，没有向朝廷奏事的机会。直到同治元年春天，李鸿章邀请他作幕僚，他相信李氏为一甚具魄力之人，应可寄以推行减赋的期望。他决定接受李氏的邀聘，于此一心愿，有相当的关系。

桂芬入李鸿章幕府后，即行向李建议，获得同意，于同治二年五月，李鸿章与曾国藩联衔上奏。六月间朝廷允许苏、松、太三属均减三分之一，常州、镇江二属均减十分之一。

桂芬于同治二年九、十月间，辞去李鸿章幕府，旋随官军克复苏州之后，回返故乡。于残破的重建，颇尽其力。诸如修浚河道，复葺庙宇，建立善堂，建复苏州府学、吴县学、苏州贡院、正谊书院等，均曾积极参与或主持其事。其经常工作，则任紫阳与正谊二书院的山长，作育人才。同治三年，安徽巡抚乔松年曾向朝廷推举桂芬。四年，李鸿章也因朝廷的询问，而奏陈他的功绩与为人治学的醇诚淹通，朝廷因赏加四品衔。同治八年，苏州重修府志，被推为总纂。九年，李鸿章再行奏请，朝廷又予晋加三品衔。十二年，有人向朝廷建议恢复黄河故道，并修整运河，以备全面恢复漕粮河运。桂芬闻讯，特致函李鸿章，详陈其弊。鸿章据以入奏，力持反对，议遂被搁置。十三年四月十三日，卒于故里，年六十六岁。

二、著述

桂芬虽出身科第，于三十二岁即以榜眼而进入仕途，但却一直在翰林院或詹事府等文苑机构，未担负过实际行政的官吏。恰好他的志趣也偏向于学问，乃使他即使在任官期间，也能够勤于披览，手不释卷。于是其所涉猎范围之广，造诣之深，诚如他的好友吴云所说：于书无所不窥，凡天文、舆地、兵制、刑法、盐铁、河渠、钱漕、食货诸书，无不极虑专精，推究其本原，洞彻其微奥。他的学生吴大澄也说：先生于书无所不读。经史而外，天文、舆地、算学、小学、水利、农田，无不精究，更谙于历代掌故。于文无所不长，诗、古文辞、骈体、制艺，无不卓然成家。尤长于经世之学。著作甚多，今所知者，不下十余种。以下兹依文字、历算、诗文顺序，加以简介。

于文字学，桂芬的研究，初仅着意于实用。后来亦能卓然有成，当归因于他治学态度的认真。在他代李鸿章所作的《重刊段氏说文解字注序》中，起始即表示：读书的人必须先学识字，所以不可不读《说文》。他研究文字学，也集力于《说文》。他著有文字学方面的书三种：(1)《说文部首歌》一卷，(2)《说文解字韵谱补正》，(3)《说文解字段注考正》十五卷。另有《本字考》，似未完成。

《说文部首歌》写成于道光二十四年，初意不过为查阅的方便。咸同之际寓居上海时，曾教其孙冯世澄使用。光绪末年，由张炳翔转入《许学丛书》刊出后，一直为士林所重视。迄于今日，仍为一般研习说文者所应用。《说文解字韵谱补正》的撰写，是因为徐楚金（锴）《说文解字韵谱》一书，颇有贡献，但其中讹误不少。为弥补其缺失，改正其讹误，乃详加校勘补辑。于咸丰八年，已完成其一部分。当他隐居邓蔚山麓的时候，正好他的一位擅长文字学的学生龚丙孙逃难来依，桂芬便指导其按照原定体例，继续完成。此书未见刊行。惟据桂芬自序："楚金无此，是书不当作，楚金有此，则是书不可无也。"可知他认为《补正》之作，十分重要，其价值几不下徐书。《说文解字段注考正》大约于咸丰七八年间完成。其后于同治六、七年间，复由其正谊书院学生吴大澄继加校正。惟迟至一九二七年，方由其曾孙泽涵与友人集资出版。此书价值，如高燮于其序文中所说：读许书者，无不以段注为宗。惟其中或引用未明，或将原文改窜删节，非有后人考补订正，不足以臻其完美。桂芬先生的考正，为匡正段氏最精密者，足以与段书并传。

于历法算学，桂芬著有：(1)《咸丰元年中星表》，(2)《弧矢算术细草图解》一卷，(3)《西算新法直解》八卷。《中星表》刊于咸丰六年，系就李兆洛氏门人所刻之"道光甲午（十四年）岁差赤道恒星图"，与甲辰（二十四年）台颁《钦定仪象考成续编》，对照其变迁，纠正其差误，而成此表。另外自尚应有恒星图，惟不能十分肯定，于此姑略。《图解》一书，系就同郡李锐所著《弧矢算术细草》加以图解释名。桂芬研习算学，也抱有实用之意。一向既重视测量制图，于几何更有偏爱，遂不惮繁细，为之表解。此书刊行于道光十七年。《直解》为就美人罗密士所撰《代微积拾级》一书的中文译本，加以解释者。先是罗书译出之后，虽甚为中国学者所重视，但译文奥涩难读，初学者尤难理解。桂芬乃与其门人陈畅（暘）逐条加以研讨，而为作详明的解释。是书约出版于同治四五年间。

在诗文方面，桂芬计有：(1)《梦奈诗稿》一卷，(2)《使粤行纪》，(3)《丈田绘图章程》一卷，(4)《显志堂稿》十二卷，(5)《校邠庐抗议》二卷。于诗，并非桂芬心力所注，但由于他志气的磅礴，治学的广阔深邃，而亦能构思精密，体魄雄厚，言近旨远，为一般所不及。其《梦奈诗稿》于光绪二年，附于《显志堂稿》后出版。《使粤行纪》，虽书名见于其传记墓铭，但实际未曾刊行。《丈田绘图章程》，系为江苏清丈土地而作，据说颇资实用。《显志堂稿》为桂芬撰写单篇文章的汇集，内容有各种序文、碑铭、传记、函札、公启、奏稿、史论与有关时政的议论，部分《校邠庐抗议》中的文章，也收入其中。《校邠庐抗议》一书，为他对时政兴革检讨筹划的专集，最足以代表他的变法思想。

《校邠庐抗议》初稿为四十二篇。据桂芬自序，其中四十篇写作于咸丰十年（一八六〇年）至十一年间。其余二篇为从前旧作。于同治元年寄呈曾国藩阅评者，即为此一稿本。兹列其篇目如下：

①公黜陟议②汰冗员议③免迴避议④厚养廉议⑤许自陈议⑥复乡职议⑦易吏胥议⑧省则例议⑨杜亏空议⑩变捐例议⑪绘地图议⑫均赋税议⑬稽旱潦议⑭兴水利议⑮改河道议⑯劝树桑议⑰折南漕议⑱利淮盐议⑲改土贡议⑳罢关征议㉑筹国用议㉒节经费议㉓重酒酤议㉔稽户口议㉕壹权量议㉖收贫民议㉗复陈诗议㉘复宗法议㉙重任官议㉚改科举议㉛改会试议㉜广取士议㉝崇节俭议㉞停武试议㉟减兵额议㊱严盗课议㊲重专对议㊳采西学议㊴制洋器议㊵善驭夷议

另附：

㊶用钱不废银议（作于咸丰二年）㊷以工巧为币议（作于咸丰五年）

今通本为四十九篇，较初稿增加七篇，为后来所补入。依次为：

㊸均赋议㊹裁屯田议㊺垦荒议㊻通大江运米盐议㊼寓兵于工议㊽借兵俄法议㊾上海设立同文馆议

此七篇中，除《均赋议》一篇作于咸丰三年，《寓兵于工议》作于咸丰二三年间，上海设立同文馆议，约作于同治元年，其余四篇，与初稿四十篇所完成时间，约略相同。惟此一极其重要之书，于桂芬在世之时，迄未刊行，此可能为恐触犯时忌。光绪初年，方行印出。随后即为各种经世文编所选录。迨光绪二十四年(一八九八年)，清德宗以推行新政，因协办大学士孙家鼐的奏请，命刊刷该书，通发各衙门研议参考，冯氏的言论，方被视为近代中国维新思潮的先驱。至今日，则不论中外，凡研究中国近代历史的学者，论及晚清时期变法思想，无不将冯氏列为早期的第一人。

三、思想

由以上的生平与著述，已经可约略看出冯桂芬治学范围及其造诣的广深以及其成果的丰硕。但其贡献最为后世所重视者，则属于经世致用方面的变法思想。倡议变法者，在中国可谓历代皆有，史不绝书。但促成变法思想的背景及拟定变法方案的内容，桂芬则与前人有甚大的不同。盖桂芬所遭遇者，为数千年来中国向所未有的变局。其特点有如王韬在同治三年时所说："当今光气大开，远方毕至，海舶估艘，羽集鳞萃。欧洲诸邦……凡前史所未载，亘古所未通，无不款关而求互市。……合地球东西南朔九万里之遥，胥聚于我一国之中。"桂芬于前此数年，已经敏锐感到："顾今之天下，非三代之天下比矣！"既经鸦片战争的振荡，复身历太平军之役的颠沛流离，目睹英法联军势焰，于创深痛巨之中，秉其忧国伤时的胸怀，对国家政治、经济、社会、文化，作全面检讨。由是而遂拟具若干重要方策，迈越前贤，启迪后世。以下分别加以说明。

1. 循复古而创新

在冯氏的言论中，随处都可以看到称颂与主张复古的辞句。于《校邠庐抗议》自序中，一开始就说：三代圣人之法，后人多认为疏阔繁重，相率芟夷屏弃，而就近功小利的目标，加以创制。迨历经世变，方了解其法意的美善，与圣人的伟大。但实际上，他的向往与倡议恢复古制，目的是进行创新。

冯氏所指的古，显然为历史中的三代。三代政法制度，并非为实有，但却是经过儒家学者相继构想而久已形成的一个理想中的完善优美的政治社会境界。所以任何人欲对其当时的政治社会拟具改革维新的方案，都必须用为参考。桂芬既一向以儒家学者自持自勉，对这些历代圣贤理想精华所聚，自然极其重视。复次，用那些理想中的优美，来和当代的弊政相对照，亦极为简易而深具说服力。

用三代以显示现实敝政，在《校邠庐抗议》的序文中，表现得相当清楚。冯氏指出：以亿万人自养则有余，以一人养千百人则不足，观于今日，奉军国则民力竭，养兵勇则国力又竭，始知圣人兵农合一，兵甲出自民间之法的美善，取士始于习射，射御登于六艺，观于今日，文臣不知兵，武士不晓事，始知圣人文武不分之法的美善；民以食为天，有食方能养民，谷以水为母，耕田必先治水，观于今日，水利塞而稻田少，民于是多受饥荒，始知圣人尽力沟洫之法的美善；国家的兴衰在吏治，吏治的隆污在人才，观于今日，科举不能获得适任的人才，始知圣人乡里选学之法的美善。诸如此类，不一而足。可以看出冯氏的用心。

古代圣人的法制，固然美善，但桂芬却并不认为可以完全施行于今日。因此，主张必须加以选择，或者仅师法其旨意即可，不必全同。这便预定了创新的途径。他指出："古今异时亦异势，论语称损益，礼称不相沿袭，又戒生今反古。"又谓："事有创自晚近，不必为三代之法，而转足以维三代之法之穷者，士大夫家之建义庄是也"；"事有创自晚近，而于三代圣人之法适合者，今书院是也。"在《校邠庐抗议》序文中，于说明他著作此书目的之后，特加解释："桂芬读书十年，在外涉猎于艰难情伪者三十年。间有私议，不能无参以杂家，佐以私臆，甚且羼以夷说，而要以不畔于三代圣人之法为宗旨。"

循上述的复古途径而从事的创新，可由以下数事为代表，一属民主政治，一属社会福利。

桂芬有关民主政治的构想，主要原则，为任官之权，由众而不由独，由下而不由上。使各级官吏的任免，悉由公众的选举来决定。在《公黜陟议》中他说：

《尧典》曰：师锡。师者众也。《礼》曰：爵人于朝，与众共之。孔子曰：举直错诸枉，则民服。民者亦众词也。孟子曰：国人皆曰贤，然后察之，见贤焉，然后用之。三代上固自有善取众论之法，经传文简，不可考。而孟子之言，独彰明较著，则其事可回忆也。《新唐书·赵憬传》：憬曰：宜采士誉，以誉多先用。即此意。道在以明会推之法，广而用之，又以今保举之法，反而行之。

至他所拟议的具体办法，则为：责成京官，自中书（从七品）以上，每年各举六部九卿一人，翰詹科道一人，由吏部加以登录统计，以待举者多少为先后，遇有应升职位，即上请顺序迁补。又令上述各京官每年举部院司官一人，亦依得举多少为升任顺序。外官则令在籍在京在外各绅及诸生，各乡正副董、耆老，每年各举同知以下，巡检以上一人，由各府将得举多者报呈督抚，督抚博采舆论，加以折衷，造册奏闻，有缺依次保升。

以上冯氏推选官吏办法，于往古史例，并无可循。他所能迴溯引据者，仅为三代的旨意，与先圣的理想。而将保举与会推之法，联结扩大应用，虽属在传统中寻求经验，却实有其综合古今，融会贯通，进而创新的意义。就以上冯氏的构想，衡之近代的民主政制，诚属不足。但他能将推选的权利，在中央，下及于从七品的中书，在地方，下及于乡绅耆老，所选之官，更上自六部九卿，下逮于巡检（从九品）末秩，不能不视为一项重大的创新。

复就中国传统的政治思想而言，重民观念，由来已久。《太誓》有“天视自我民视，天听自我民听”；《洪范》言：“谋及庶人”；《礼运》篇云：“大道之行也，天下为公”；孟子更说：“民为贵，社稷次之，君为轻。”之后，历代学者，也都有人论及。明末清初大学者如黄梨洲、王船山等，“亡国”、“亡天下”的惨痛，彻底检讨传统的学风与典章制度，更深恶君主的专制。至于唐甄指责帝王为盗贼为屠伯。但于如何使民得以为重，如何使民意得能表现，得能发生其效用，却一直没人提出过具体的办法。诚然，冯氏所以会有上述的民主政制的构想，很可能也因为受到西方的影响，如当时曾国藩的幕僚赵烈文奉曾氏之命，对《校邠庐抗议》逐篇签注意见时，于上述冯氏所言，即曾评云：“此夷法也。”但在冯氏之前，熟闻西方民主政治者，并非无人。如梁廷枬于其《合省国说》，魏源于其《海国图志》，徐继畬于其《瀛寰志略》中，均曾对西方的民主政制，有所介绍，甚至加以赞赏，但却从没有讨论到中国应该怎样。因此，能将中国固有的重民思想，发展到一种近似西方民主政治的制度，冯氏为其前驱，殆无疑问。

要建立民主政治，地方基层，自然甚为重要。冯氏于此，也有全盘的规划，并且也以复古为其凭借。在其《复乡职议》中，首先说明中央与地方权力应均衡的原则，谓治天下宜合治也宜分治，非合治不能将亿万统于一，非分治不能推一而及于亿万。本此一原则，他认为地方基层官员不足，自然地方权力也不足。他引述经世学者顾炎武的话：大官多者其世衰，小官多者其世盛。今世地方基层官员太少。以一位县令辖区一二百里之广，管理千百万户之众，如何能家至户到，周知民间的循莠勤惰与饱饥甘苦？至县令以下各官，非赀选，即吏员，流品既杂，志趣多庸。加以间关跋涉，千里万里而来，身家妻子等等所有支销，全赖此一官。于是，连结富豪，鱼肉平民，无所不为（详见以下吏胥），蠹民而已，何裨于地方政治？因此，必须于地方基层官员改良加强。

于地方行政，桂芬虽然极推崇周礼乡及汉朝乡亭的制度，并言宜折衷周汉之法而行施，但他所提出的具体办法，却另有其创见，即一切着重于选举。他建议：凡地方职司，自州县以下，概由民选。各图（此为江南地方乡里区划单位）满一百家，即公举一副董，满一千家，即公举一正董。图中居民各票选一人，交公所汇核，以得票最多者当选。正副董虽非官员，但却有薪给，正董每月十两，副董五两。任期三年。他们主要的权责为析断里中的讼案，若有不服，则送巡检。对于捕贼缉盗，由他们提供线索参考，而不加责成；对于征收税赋，由他们协助劝导，而不为经办，成绩特优者，许入荐举。见县令及佐贰各官，概用绅士礼，以示优遇。满五千家设一巡检，由乡绅、诸生、正副董、耆老等推举，已见前述。巡检为最低的正式官吏，月给薪廉约二十两。绩优者得递升主簿、县丞等佐贰之官。

用上述为地方自治的基础，向上推展，将乡绅、诸生、正副董、耆老的选举权，达于同知。（正五品为知府之佐贰，与通判分掌粮盐、督捕、江海防务等事。但厅或直隶厅同知，则一如知州知县，为地方亲民之官。）如此，则自州县厅以下，所有官员，全列入选举的范围。其地方基层政治制度构想的进步，可以想见。

于制度之外，尚有与民主政治关系极为密切一事，为以舆论监督政府，也就是批评政治的自由。冯氏同样从复古的途径，而提出了鼓励与保障言论的方策，建议恢复古代采诗观风的制度。在他的《复陈诗议》中，先从诗的原始功能立说，进而阐释其与政治社会治乱隆污的关系。他指出："后世之言诗，止为吟咏性情之用。圣人何以与易、书、礼、乐、春秋并列为经，谓可被管弦荐寝庙而变风变雅，又何谓者。尝体味群经，而始知诗者民风升降之龟鉴，政治张弛之本原也。"但陈诗的作用，则在于通上下之情。桂芬引古例说："《左传》师旷引夏诗曰：遒人以木铎徇于路，官师相规，工执艺事以谏。礼曰：命太史陈诗以观民风。郑康成曰：陈诸国之诗，将以知其缺。夫圣人盖惧上下之情不通，而以诗通之。"陈诗的好处，在于言者无罪，闻者足以为戒。桂芬认为这是保障言论自由与维系批评时政风气的一项重要条件。自然，他虽然在道理的阐释方面，尽量的援引古说古例，但在施行的具体办法，却是针对当前的情况，而加以完密的设计。他建议：宜令郡县举、贡、生、监平日有学行者，作为竹枝词新乐府之类，钞送山长。山长择其优者，密藏其原本，而以另录副本隐其名送学政转送国学，由祭酒进呈，候皇上采择施行。有效者，通知祭酒、学政，查报其作者姓名而加以赏励，无效者不罚。诗中如有关系重大之事，学政、祭酒仍须一律转呈，否则即予处罚。如此则可使九州岛之大，万民之众，苟有甚苦之政，甚恶之人，定必有长言咏叹而及之者。文人习于感时触事，随口成吟，今有赏以动其奋兴，无罚以绝其顾忌，不透露其姓名，使无丛怨之虑，不隐讳其姓名，使无告密之嫌。由师长上官朝廷导之使言，岂有不明目张胆直言无讳者。

冯氏不直截了当谈言论自由，转而追溯古制，求之于文人士子的讽咏，看似相当迂阔。但如能观察他所处的时代环境，就不难了解他所费的苦心，与建言的宝贵。自满洲入主中国，不仅形成中国历史上极其专制的政治制度，同时也施行了极其严厉的思想控制。清初诸帝以文字狱摧残士气，已足使知识分子不敢议论时政。而顺治时敕立于各府州县儒学的卧碑，严定："军民一切利病，不许生员上书陈言，如有一言建白，以违制论，黜革治罪。"更为一项士人欲发挥其言论而无法冲破的枷锁。冯氏衷心向往民主政治，亟望能发展言论自由，既无法突破时代环境的压力，便只有向往古经验中去找寻根据，然后推陈出新，希望以渐进的方式，达成其希望的目标。

桂芬此项构想的难能可贵，可以由赵烈文对他的批评看出。赵氏于奉命阅评《校邠庐抗议》之后，于《复陈诗议》加以评论说：此论纰缪，断不可行。按古代的采风，目的仅在于了解民间的风俗，未闻让其干政。一开此端，所好者加以颂扬，所恶者加以排挤，盗憎主人，民恶其上，语言文字之狱，将不可止，为大乱之道。且天下是非，岂有绝对标准，即使作者均无私心，但好恶难明。观听不实，一犬吠影，群犬吠声，如采择而施行，势将此窒彼戾，非触即背，将何以为政！天下有道，则庶人不议。冯氏为此议，实好古好奇之过。赵烈文亦为一讲求经世的学者，久为曾国藩幕府，曾氏向朝廷保举，称烈文"博宽群书，留心时务"，在当时，并非保守之人，于冯氏此议，尚且格格不入，冯氏如何能从正面谈言论自由，以舆论监督政治?

于民主政制之外，冯氏尚有一项循复古而创新的构想，为属于社会建设的“复宗法议”。此一构想，主要目标在于加强人民的教养，以促进社会的安定与和乐。他认为：宗法为辅助国家养民教民的本原。乱民并非天生如此，不养不教，方始形成。州县牧令负有教养的责任，但却因地广人众，养不能推衣解食，教不能家至户到，尊而不亲，广而不切。父兄虽然亲切，但或者无父无兄，或者父兄不才。以此，惟有立宗子以负起教养的责任。牧令所不能治理者，宗子则能，因牧令远而宗子近；父兄所不能教育者，宗子则能，因父兄多从宽而宗子可从严。宗法实能弥补牧令与父兄所不及。

至于复宗法的内容，主要为用宋朝范仲淹所立义庄之制，置于宗法基础之上，加以充实与推广。立庄的原则为：有一姓即立一庄，为荐飧合食治事之地。庄以千人为限，逾千人者，分一支庄，增以族约。单门若稀姓，若流寓，有力者亦可立庄，无力者则可自行选择他庄而依附。无可依附者，则合数百人可立一总庄。“期于亿万户皆有所隶而止”。由此可知冯氏实有意在社会制度方面，作一全面性的建设。

庄内设施，则有“养老室、恤嫠室、育婴室，凡族之寡孤独入焉；读书室，无力从事者入焉；养疴室，笃疾者入焉；又立严教室，不肖子弟入焉”。庄的主持人身分地位以及其职权，亦均有具体的规定：“立一宗子，复古礼，宗子死，族人为之服齐衰三月，其母死亦然，以重其事。名之曰族正，副之以族约。族正以贵贵为主，先进士，次举贡生监。贵同则长长，长同则序齿。无贵者或长长，或贤贤。族约以贤贤为主。皆由合族公举。如今义庄主，奉法。……嫁娶丧葬以告，入塾习业以告，应试以告，游学经商以告，分居徙居置产斥产以告，有孝弟节烈或败行以告，一切有事于官府以告。无力者随事资之。”

由以上可见冯氏所筹及的社会安全与福利的项目，相当广泛。凡人一生，从孩提到老死，教养、营生、婚丧、疾苦，无不由社会负起照顾的责任。诚然他这种由义庄与宗法结合而形成的制度，单位甚小，力量有限，不能像今日世界各民主国家所施行的小区计划，以政府的力量为后盾。但在当时，全国几乎普遍为农业社会的情况下，桂芬所议，自不失为一项切乎实际需要的极为进步的社会制度。也为中国历来学者所向往的大同理想，提供了一项实际从事的重要途径。

2. 鉴诸国与师夷狄

冯桂芬的循复古以从事创新，大要已如上述。事实上他不仅对中国自有的传统，作全盘考虑，以进而推陈出新，于外国的历史文化经验知识，也同样能加以重视，而作深入的考察，继而综合比较，选择其优长，主动地去吸取接受。他这种开明的态度，也根源于中国固有的传统。在《采西学议》中，一开始就强调："传称：左史倚相能读三坟五典八索九邱。孔安国曰：九州岛之志，谓之九邱。诗列十五国之风。康成谱序之：欲知源流清浊之所处，则循其上下而省之，欲知风化芳臭气泽之所及，则旁行以观之。孔子作《春秋》，有取于百二十国宝书。伊古儒者，未有不博古而兼通今，综上下纵横以为学者也。"桂芬既毕生以儒家学者自承自勉，一切自无不以古圣先贤为法为则。如此，当然必须在知识上有开阔视远的胸襟，在思想上有兼容而不锢蔽的雅量。鉴诸国与师夷狄的观念，也就缘此油然而生。

据上述儒者的标准，桂芬具体表示："夫学问者，经济所从出也。太史公论治，曰：法后王，为其近己而俗变相类，议卑而易行也。愚以为：在今日，又宜曰'鉴诸国'。诸国同时并域，独能自致富强，岂非相类而易行之大彰明较著者。如以中国之伦常名教为原本，辅以诸国富强之术，不更善之善者哉！”

桂芬所欲鉴之诸国，主要为西方各国，亦即当时一般人所谓的“夷”。在他的著作中，虽然也沿用此一称呼，但他对这些国家态度却相当客观，没有偏见与虚骄之气。首先，对当时中国面临而迫切需加检讨的一项问题，如何应付外人，亦即一般所谓的“夷务”，他提出了迈越前人的看法。他认为，与外国人办理交涉，已经不仅限于战争之时，即于和平之时，一样的也不能避免，这已经成为一项长期或经常性的事务，因此，必须善加讲求。他指出：“今国家仍以夷务为第一要政，而剿贼次之。何也？贼可灭而夷不可灭也。一夷灭百夷不俱灭也。一夷灭代以一夷，仍不灭也。盛衰倚伏之说，可就夷而言，不可就百夷言。此夷衰，彼夷盛，夷务仍自若。然则驭夷之道，可不讲乎？”他这种认识与见解，较之当时一般士大夫，于对外交涉，仅求敷衍于一时者，相去不可以道里计。

外交肆应，既必须作长久之计，自不能不确定基本的原则，以为进行的依据。他提出以“理”与“诚”、“信”，与各国和平相处。他认为，今既议和，就应该遵守和约，与各国坦诚相处，凡猜嫌疑忌之迹，应一无所用。他引子贡之言云：“无报人之志，而令人疑之，拙也；有报人之意，而使人知之，殆也；事未发而先闻，危也。三者举事之大患。”是否一切都曲从外人，并非如此。他主张：夷人动即称理，我即可以其人之法，还治其身。“理可从，从之，理不可从，据理以折之。诸夷不知三纲，尚知一信，非真能信也，一不信而百国群起而攻之，箝制之使之不得不信也。”

既将对外国交涉肆应，视为国家经常的要政，则于外交人才，便不能不设法加以培养，其出身亦必一如各项正途官员。他指出：“互市二十年来，彼酋类多能习我语言文字，其尤者，能读我经史。于朝章、国政、吏治、民情，言之历历。而我官员绅士中，绝无其人。”因而建议，必须由读书明礼之人，去从事学习研究。宜仿照总理衙门新议设立同文馆办法，在外人最多，外国图书数据最富的上海、广州二口，设立学馆，招收十五岁以下资质优秀文童入馆学习。他的意见，深获地方大吏的重视，江苏巡抚兼通商大臣李鸿章即于同治二年初，向朝廷奏请在上海设立语言文字学馆（经过已见前述一、生平）。接着，广州也有同文馆的建立。

冯氏主张“师夷狄”的意见，十分精辟。他大胆地表示他所秉持的原则为：“法苟不善，虽古先，吾斥之；法苟善，虽蛮貊，吾师之。”他之能够毅然接受西方的优长，而无所逡巡，衡量固有传统，以推陈出新，均本诸此一原则。至形成此一原则的基础，他认为也是源缘自儒家。

师夷狄自为师夷狄之所长，首先须肯定，那些是夷狄之所长，而为我所不及。并须进而区别，那些虽为我之所短，但我可以自行改进，那些则必须不耻师法。冯氏于此加以阐释：

> 夫所谓不如，实不如也。忌嫉之无益，文饰之不能，勉强之无庸。向时中国积习长技俱无所施，道在实知其不如之所在。彼何以小而强，我何以大而弱，必求所以如之，仍亦存乎人而已矣。以今论之，约有数端：人无弃材不如夷，地无遗利不如夷，君民不隔不如夷，名实必符不如夷。四者道在反求。惟皇上振刷纪纲，一转移间耳。此无待于夷者也。

冯氏明白指出这些不如，并不像魏源等仅论其坚船利炮。而此四者，实属一国政治的重大问题，基本问题。所以言“道在反求”，冯氏在此四字之下，加注“以上诸议备矣”，意谓但能接受他的各项建议，这些问题，当可获得解决，这些缺陷，当可获得改善。

惟夷所独擅的长技，则必须向他们虚心去学习。因此，他虽对魏源所倡议的“以夷攻夷”、“以夷款夷”的方策，深不谓然。于魏氏“师夷长技”一项，则明言赞同。他分析：魏氏论驭夷，倡言以夷攻夷，以夷款夷，无论语言文字的不通，往来聘问的不习，且忽欲以疏间亲，万不可行。魏氏以战国视诸夷，不知其情形大不相侔。魏氏所见夷书、新闻纸不少，不应有此种主张。当因其生平学术，喜以纵横家自居，乃有此蔽。不能自强，徒逞诡谲，适为取败之道。惟“师夷长技以制夷”一语为正确。

桂芬心目中的夷之长技，虽也很重视船炮机械等工业技术，与西人军旅阵法，但他所向往的范围，却远过于此。他率直地表示：“如算学、重学、视学、光学、化学等，皆得格物至理，舆地书备列百国山川阨塞、风土物产，多中人所不及。”是他所望于师法夷狄者，不仅工艺，更包括科学。

师夷狄而从事于科学工艺的研习，冯氏认为决非少数士大夫个人兴趣之事。必需改变整个风气制度，而以举国之力为之。在当时，千百年来久已形成的以诗文经书为入仕的途径，至于举国上下，凡聪明俊秀之士，无不以帖括时文与工整楷书为重为尚。在这种情况下，欲使众多士子，去专力学习西方的科学工艺，谈何容易。因此，桂芬提出：“道在重其事，导其选”，换言之，即以科举与功名，诱导与鼓励其从事。

学习西方科学工艺，首先须大量翻译西书。桂芬于其《采西学议》中建议：宜于广州、上海各设一翻译公所，选近郡十五岁以下颖悟文童，加倍其廪饩，住院肄业。聘西人教以语言文字，同时亦聘内地名师，课以经史等，并授以算学。闻英人所办英华书院、墨海书院，均藏书甚多。又俄夷于道光二十七年，进献书一千余种，存放于方略馆。宜发交院选择其富于学理者加以翻译。由此进而于历算之术，格致之理，制器尚象之法，兼综条贯。是轮船火器之外，所需研习者正多。又如河工日前制造百龙搜沙之器，因无效而停止。

闻西人海港刷沙，用若干匹马力大火轮船，于退潮时下其轮，附于沙而转动，使沙四飞随潮而去。黄河、北河、南运河徒阳等处，均可采用。而农具织器，百工所需，如用机轮，则可用力少而成功多。总之，凡有益于国计民生者，均可采用。

此项研习与从事译书文童，成绩优良者，均得借补其本学诸生，特优者并赏给举人。另于通商各口岸，设立船炮、机器等局，聘外人教习，招收秀异之士，从而学习，成绩优良者得赏给举人，一体参加会试，特优者赏给进士，一体参加殿试。

自然，以上所议，尚不足以建立起从事科学研究的普遍制度。要想鼓励科学的发展，必须开辟科举的正途。他进而表示："国家重科目于人心久矣！聪明智巧之士，穷老尽气销磨于时文试帖楷书无用之事，又优劣得失无定数，而莫肯徙业者，以上重之也。今令分其半以从事于制器尚象之途，优则得，劣则失，划然一定，而仍可以得时文试帖楷书之赏，夫谁不乐闻？"他并且乐观自信地说：国人聪明智巧在西人之上，往时未有表现，由于不用。上好下甚，风行响应，必有殊优异敏，创新意于西人之外者。如此则起初向其师法，继而并驾齐驱，终得驾乎其上。自强之道，实在于是。

冯氏的鉴诸国而师夷狄者，并不止于科学工艺。于政法制度方面，也无不予以密切的注意。前此所述冯氏民主政治的构想，虽然并非师法于外国，但受到西方的影响，则为明显的事实。至于其所议社会制度，复宗法一项，更含有相当"师夷狄"的成分。他曾经极力称道并主张师法荷兰政府所设的养贫局与教贫局，与瑞典的国民义务教育。他说：荷兰国有养贫教贫二局。路有乞焉，官绅即将其收入教贫局中。老幼残疾，收入养贫局中。少壮人教贫局，有严师加以管教。是以国无游民与饥民。瑞典国设有小书院，幼童须一律入学。有不入学的惩罚。是以国无不识字之人。他慨叹说："善哉所谓礼失而求诸野者，其是之谓乎！"于是，他追溯三代圣人之法，州党有相赒相求之谊，国家有赈穷抚贫之令。何有乞人？党庠术序，偏于郊陬，何有失学者？自秦始皇肆毒，将一切教育制度概予毁弃，经汉至宋，一千余年，学校方大致恢复，但国学、郡学、县学而外，仍无小学、乡学。虽有书院的设立，但既不普遍，所学又渐流于时文制艺，于国计民生无裨。于是，冯氏进而构思，终有前述复宗法之议。

明言鉴诸国与师夷狄，对于一般保守的士大夫，自然容易招致激烈的反对。以此，冯氏必须就一般所胶持的华夷之辨，坚决反对以夷变夏者，加以说服与阐释。他强调，所以要学习于外人，正在为了对他们加以攘斥。采用西学西艺，实由于时势的变易，不得不因时制宜。他说：

或曰：管仲攘夷狄，夫之仁之，郯用夷礼，春秋贬之。今之所议，毋乃非圣人之道耶！是不然。夫所谓攘者，必实有以攘之，非虚憍之气也。居今日而言攘夷，试问何以攘之？……夫世变代嬗，质趋文，拙趋巧，其势然也。时宪之历，钟表枪炮之器，皆西法也。居今日而据六历以颁朔，修刻漏以稽时，挟弩矢以临戎，曰：吾不用夷礼也，可乎？且用其器，非用其礼也，用之乃所以攘之也。

事实上冯氏所致力的中心目标，亦即为国家的自强。所以他同时也大声疾呼，惟有能自强“夫而后内可以荡平区宇，夫而后外可以雄长瀛寰，夫而后可以复本有之强，夫而后可以雪从前之耻，夫而后完然为广运万里地球中第一大国”。否则，“不独俄英法米之为患也，我中华且将为天下万国所鱼肉，何以堪之。此贾生之所为痛哭流涕者也”。桂芬强烈的民族意识，跃然纸上。

3. 对一般庶政的改革意见

冯氏的变法思想，极具创新而崭然迈越前人者，已列叙于前。其余则比较平庸而多为前人所已论及。惟冯氏于年轻时期，已数任地方官吏幕僚，深悉民间情伪艰难。继而虽以高第入仕途，却一直逡巡而不得行其抱负。迨弃官退隐，思以学问托其志，善其身，又值英法联军的入侵，与太平天国的叛乱。他亲历目睹当时江南惨状，“纵横千里之内，人烟寥落，邑里榛芜。道路沟渎，断胫绝膑之残骸，暴露而不收。孝子悌弟鳏夫寡妇之哭声，呜咽而不出。……苏松旁近逆贼，出没无时，朝不保暮。贼锋所指，扶携四走，蒲伏于火光枪炮之中，魂惊胆裂，或崖岸颠坠，或崎岖僵仆。幸而得脱，异乡漂泊，衣食路绝。树荫以供寝卧，草根以充饼饵，寒暑莫御，疫厉时作。死亡疾病，十家而九”。以一典型儒家性格的冯氏，秉其悲天悯人的仁心，眼看自己所处的国家社会，每况愈下，同胞兄弟，陷身火热水深，能不恻然心动，潜心思考，谋澈察政法的利弊而加以改善。以此，即其对一般庶政的讨论，见解亦多有其独到之处，仍然值得加以检讨，并可藉此对有清一代若干典制与行政的流弊，多所了解。

·科举与人才的登进

以科举为登进人才正途，用考试使士子作公平竞争，其立法本旨洵属美善，无可非议。惟制度内容，则有许多缺点，亟待改进。桂芬以科第出身，任职翰苑，并曾数任考差，于其中利弊甘苦，体验甚深，提出意见亦多。其中涉及将西方科学工艺，列入考试正途，前已叙论。于此不赘。兹将其余重要意见，简介于后。

（一）考试内容的改善：于八股时文取士，前人讨论已多，桂芬亦深不谓然。曾引龙岩狂生饶廷襄之言，谓明太祖以枭雄阴鸷猜忌统治天下，恐瑰伟绝时之士起而与其为难。寻求一途可以禁锢人之心思才力，莫善于时文，遂毅然用之。“其事为孔孟明理载道之事，其术为唐宗英雄入彀之术，其心为始皇焚书坑儒之心。抑之以点名搜索防弊之法，以折其廉耻。扬之以鹿鸣琼林优异之典，以生其歆羡。三年一科，今科失而来科可得。一科复一科，转瞬其人已老，不能为我患，而明祖之愿毕矣！意在败坏天下之人才，非欲造就天下之人才”。饶氏论评，桂芬虽谓太过，却认为断不可再用以取士。乃遂建议将各级考试，一律三场：经解为第一场，以经学为主，附以小学、算学；策论为第二场，以史学为主；右学为第三场，散文骈体文赋各体诗各一。即天下各学校书院，皆比照此内容为考试。

（二）主持考试官员的选派：桂芬建议，考官亦比照其他各衙门之官，一律由选举而简派。其法为：令科甲出身七品以上京官，每场各举堪任考官与同考官者三人，交军机处汇呈，发部列册，以得多举多少为先后。届期由部拟前列异籍者十人听候简派。

（三）会试地点由京师改为各省：桂芬以为：乡试于省城，士子远道跋涉，已经负担沉重，备极艰苦。会试至京师，则更遥远费时，必弃其职业，聚粮治装，劳费十倍于乡试。中人之产，往往为之中落，寒素更可想知。远省举人，一试不中，或毕生无能再望国门。即皋、夔、伊、旦之才，亦难免终身被摒弃。因建议授权乡试考官，于发榜后一月，即于省闱借地会试，定为若干人而取一人，一切如乡试法。中式者，始令进京参加殿试。

（四）以荐举补考试的不足：鉴于原有考试制度并不足以完全达成获得人才的功能，桂芬又倡议荐举之法，以为辅济。此法虽一若往昔的举荐孝廉方正，但却改为由下而上，取乎公论。其办法为：由各州县在籍在京在外各绅、诸生，各乡正副董各举才德出众者一人。均取数奇不遇公论称屈者，及才德上上，文学中下者，间及在野隐居从不应试者，及奇材异能别有绝技者。州县将得举最多者一二人，申报督抚会同学政、山长，博采舆论，简其最优者若干上荐，被荐者诸生赏举人，举人赏贡士，一体会试殿试，三年一行。

·胥吏弊端的革除

胥吏的为害。由来已久。桂芬对之深恶痛绝，尝引顾炎武之言，谓如国家“养百万虎狼于民间”。清代承明之弊，积而愈深。留心时务之士，于此讨论甚多，惟一般多主张施严刑峻法，或限额减裁。桂芬则以为，严刑峻法，固能收效于一时，但并非维持久远之道。杀一虎狼，复养一虎狼，于事并无裨益。限额减裁，也非治本之计。既有此业务，便不能没有办理此业务之人，如何能大量减裁。为根本谋，莫若改善其人的质量，而改善之道，则在于将其业务，改由幕职担任，而幕职人员，则由读书出身的诸生中选取。使幕职与科目荐举等诸途并用，位尊而升迁有望，自然便可自重而见重于人，其弊当不治而除。其具体办法为：由郡县学山长择诸生中有才有行，而文学中平，历三试不中试者，送郡县充选，兼准应试。九年无过，叙县丞、主簿等官候选，始脱试职。丞倅佐贰等官，于郡县分聘一人，大吏及部院由郡县择其优者荐用。如此则幕职一途，得与科目、荐举二途并用，惟限制不得入翰林院及升大学士，稍示区别。其余升擢，无稍分别。此项办法，主要在将胥吏业务，改设幕友办理，而将幕友列入国家正式公务人员系统之中，应不失为一项有效的方案。

·裁淘冗官

基于名实必符的原则，冯氏主张尽量裁淘冗官冗员。他首先确立定义与标准为：“有是官始能举是事，无是官即不能举是事，而后是官不可废。不然者，皆冗员也”。冗员即必须裁淘，因为：国家多一冗员，不特多一糜费廪禄之人，亦即多一朘民膏脂之人，甚且即多一偾坏国是之人。本上述原则，冯氏提出须加裁淘者甚众：

（一）漕运衙门：桂芬籍隶供应漕粮重要区域，于苏松减赋曾竭尽心力。对漕运有关各事，有深入的探究。他认为：漕督所辖卫弁、标兵，无不暖衣饱食，安坐无事；旗丁一项，亦仅糜费国帑，需索漕船，别无可做之事；粮道一官，除每岁一临囤仓，向州县收取陋规盈余，几别无所事。所谓公事者，不过助旗丁勒索州县，助州县鱼肉小民而已。今河运已不可复，漕督、粮道更无所用。此外又有督粮同知、管粮通判、主簿之类，类皆坐食漕规，不与漕务。以此，此一衙门，自漕督以下，至标兵旗丁，应一律全裁。

（二）河务衙门：河务关乎沿岸各州县人民生命财产安危至巨，清代设河道总督江南一人，山东河南一人，以专事督理。但积弊相沿，至清代中期以后，已渐失其应有的功能。桂芬指出：两河岁修费五百万两，实用不过十之一二，其余均为河督以至兵夫所瓜分。即如河兵之制，清初设置之时，系挑选谙识水性，能持土石与波涛奋斗。所以修浚河道，不必调用民夫。今则河兵已毫无所能。各省各州县，既均有地方官员负责，河督以下，一切官弁兵丁，必宜全裁。

（三）各关监督与织造：各关监督位高体崇，与督抚相埒，因而支销浩繁。但征收税款，反比由道府兼管之关为少。织造仅为监督供应上用，公事更简，至于谚称其为吃饭官。以此，桂芬亦主全裁。

其他如盐务衙门须酌裁，仅保留盐运使，统率其下之运同运副等办理各事即可。即督抚司道，也须酌裁，一省既有总督驻扎，即不必再设巡抚。京官亦须酌裁，詹事府归并入翰林院，翰林院员额亦予减少；如能放宽上奏言事之官，科道宜减其半；所有闲曹均减其半；内务府尤应大减。所有内外武职大员，均宜减至半数。

减裁冗官一事，前人多有论及。但能如冯氏作全面检讨，建议如此大规模裁淘者，却绝无仅有。冯氏何以会提出如此急进的主张，除因许多机关已随时势变迁或积弊日增，而失去其原来应有的功能之外，在国家正面临空前变局的情况下，也必须彻底去革旧创新，以适应当前与将来的需要。

·宗室、八旗生计的筹谋

清自入关以来，王室近支，一直给予高爵厚禄。所有八旗，也一律享有特殊的待遇。既安定日久，生齿日繁，加以因养尊处优而流于奢侈腐化，不仅使国家财政负荷沉重，其实际生计也日趋穷困。桂芬率直表示：自成周以后，诸使所记，待宗室渐薄。惟明朝一反而加厚。本朝更迈越前古。此虽非臣下所敢议，但国家经费有常，宗室禄无定数，闻近年岁支已十倍于国初，岂能不加以限制。因建议依据礼所谓“亲亲之杀”，于五服之后，即夷为平民，不再给予俸养。至八旗则不仅人口繁滋，且腐化堕落，多已不能任战，宜将旗兵普加检试，凡体魄较差不能任战者，一律淘汰，给予田地或资本使其转业为农为商，自谋其生。

·任官无须回避本乡

于禁止在故乡任官之例，桂芬以为，不仅不足以防弊甚且足以滋弊。他分析说：主回避者，不过谓任官于本地，关说之径路熟，恩怨之嫌疑多，囊橐之取携便而已。不知营私固易，举发则更易，附阿固多，责备则更多，祖宗邱墓所在，子孙家室所托，立身一败，万事瓦裂，并非外地来任官者随时远离可比。乡评可畏，甚于舆论。因此，桂芬断言，官于本地，较他乡倍宜。乃建议，除大吏特简者外，府厅州县，皆选近省。县丞以下，不出省，尽量以本地之人充任。此项构想，亦应为其复乡职议用意的延伸。

·若干国计民生方面的意见

（一）兴筑水利推广稻作：于经济政策，在当时农业为立国的根本，桂芬自极为重视。在过去，由于天灾人祸的影响，农村不时发生灾荒。对人祸，主要须由政治方面去戢止，桂芬已提出许多意见。于天灾，则亟须兴修水利，推广稻作，以增加单位面积的产量。他强调“一亩之稻可以活一人，十亩之粱若麦亦仅可活一人”。估计直省田凡七百四十余万顷，种稻之田不过一半。其余一半，岂尽不适宜种稻，主要系因水利不修。他举西北地区为例，该区地脉深厚，胜于东南，但其所种仅粱麦，所用仅高地。其低平宜于种稻之地，则因雨至水汇，一片汪洋，即粱麦亦不能栽种。宜种稻而种粱麦，已未能善尽地利，况粱麦亦不能栽种！可见弃地之多。但能兴筑水利，则广大田地，便尽可充分利用。庶而求富莫若兴筑水利，推广稻田。

（二）停征漕米改收银钱：桂芬主张西北种稻，也有配合他南漕停征折收银钱的方案。他指出漕运的各种耗费与弊端，如浮收、漕项、漕项之浮收、给丁耗米、行月米、五米、贴运米、给还米等，缮军田租，河漕之费，漕督粮道以下员弁兵丁公私等费，综合一石之米，运抵京师，约需银十八两之多。但京仓发给，甲米为大宗，官俸不过十分之一。八旗兵丁不惯食米，往往由牛录章京领米易钱折给兵丁，买杂粮充食，每石折银约一两余。即官俸也相似，三品以下之官，多领米票，卖予米店，取值亦一两余。是南漕自耕获征收剥运，经时累月，越数千里，竭多少脂膏，招多少蠡蠹，冒多少艰难险阻，而得达于京仓，其归宿竟为每石易银一两之用，曷胜浩叹！以此，桂芬乃力主停漕收银，于京津通三处招商运粮，以价贵招远客。货物自由流通的原理，使京师食米，获得源源供应。自然，如西北两方，能推广稻作，更可有助于京师食粮问题的解决。

（三）发展经济作物——丝、茶：从整个国家对外贸易的观点，桂芬说明丝茶的重要：中国连年兵荒，丝市已减十之六七，但外人购买，却倍于往时，因而蚕桑之利，近年更普。茶也极为重要。他明确地表示："由今日论之，则茶桑又并为富国之大原也。上海一口，贸易岁四五千万，而丝茶为大宗。彼以鸦片洋货相抵犹不足，以银补之。设使彼有鸦片，我无丝茶，中国早已不支矣！"可惜蚕桑获利之区，仅以江南为著。桂芬亟望能将其推广于北方，并提出具体之法：由官为倡导，令编修、检讨、部曹中之嘉兴、湖州人，发给公款为其购买土地种桑，招募其同乡长于饲蚕者来作示范教授，雇本地人随其学习。五年以后，招本地人承买田桑，永为世业，价款即归还公家。民间有仿效者呈明给照，永不许王公八旗夺占其土地，以安其业。十年后，桑荫必可遍布。茶亦必须推广，以收其不可胜计之利。

（四）使用机器：为使生产效率增加，桂芬亦倡议使用机器。鉴于东南各省，长期遭受兵乱，人民流离死亡，存者多至十之三四，少者不及十一，田野荒芜。为迅速恢复农业，桂芬认为："宜以西人耕具济之，或用马，或用火轮机，一人可耕百亩。"又谓"前阅西人书，有火轮机开垦之法，用力少而成功多。荡平之后，务求而得之。更佐以龙尾车等器，而后荒田无不垦，熟田无不耕。居今日而论补救，殆非此不可矣！"于其《采西学议》中，不仅倡议使用轮机之船，浚河疏港，并希望"农具织具，百工所需，多用机轮"，其理由亦为用力少而成功多。

此外，如主张开矿、制造轮船运米运盐等，亦均可有裨于民生国计。

四、结论

有关冯桂芬的生平、著述及思想，已扼要介绍。于此拟再进而就前述各节，检讨冯氏思想的时代意义，并于若干与冯氏思想有关的问题，试作阐释。

鸦片战争，迫使中国与西方列强签订了不平等条约，开放五口通商。从此，外力不断的向中国压迫侵入，中国历史上“数千年来所未有之变局”，也由此开始。由于外力的影响，起初只限于局部，人心又习于苟安，除少数目光犀利，深体时艰的忧时忧国志士如林则徐、魏源等，殷殷不忘战争的教训，继续留意西方的情势，沉思中国应变的方策，曾提出“师夷长技以制夷”等主张外，一般知识分子，则很少有人体察到一个新的时代，已经开始。及至太平天国的蹂躏，英法联军的打击，朝野虽均已有人感觉到有发奋图强的必要，但却尚没有人能像冯桂芬，不仅能灵敏的觉察出所面临的变局，而且能够客观而虚心的从中西比较之中，考虑到中国政治、经济、社会、文化各方面的改良，而且提出一套比较完整的方案。冯氏思想的迈越前人，突出时代，自十分明显。

至与冯氏思想有关的问题，至少有以下数项，深值阐释：

1. 关于托古改制

由于冯氏于其著述，尤其《校邠庐抗议》中，每盛称三代圣人之法，致后人往往据此而认为他是一位托古改制的思想家。但究其实际，他所资取于古者，必经理智的考虑，先求彻底了解其本意，而后与今相比较，进而创生其新的构想。他将古与今，甚至中与外，在理智的考虑上，放置于同一层面，都是要采择其精华，扬弃其糟粕，并加以融会贯通，进而综合创造。他对于古，不是托，而是循。他曾明白表示："古今异时亦异势，论语称损益，礼称不相沿袭，又戒生今反古"；"太史公论治，曰法后王，为其近己而俗变相类，议卑而易行也。愚以为：在今日，又宜曰'鉴诸国'"；"法苟不善，虽古先，吾斥之；法苟善，虽蛮貊，吾师之"。岂非明证！所谓循古者，则三代为历代圣贤理想之所寄，其政法旨意，岂能不深加研思，有所择取？观冯氏所有循复古而创新之法，虽均经回溯于往古，而却无不另创新制，即可了然。

2. 关于中体西用

因冯氏曾言："如以中国之伦常名教为原本，辅以诸国富强之术，不更善之善者哉"；"用其器，非用其礼也，用之乃所以攘之也"，前人研究冯氏思想者，遂多漫指其为中体西用论的创始者。此种说法，且几已为学术界普遍接受。但如就冯氏思想作整体考察，则不难发见，此说并不正确。首先，一如前述，冯氏是将中与西放置于同一层面去加以考虑的。其次，冯氏的比较中西，是全盘的，并非局部的。所谓"人无弃材不如夷，地无遗利不如夷，君民不隔不如夷，名实必符不如夷"，岂有体用之分？即就冯氏所力主吸取西方的优长而言，也并非仅限于制器与实用，语言文字，数理史地，甚至西方的民主观念，社会政策，都在其列，何能谓其仅着眼于西方之“器”、“用”？冯氏于其著述之中，亦尝说明。如其主张采西学，即解释云：“学问者，经济所从出也”，所谓“经济”，就传统与当时人的用法，均指经世济民之意，自应包括国家大事与典章制度。其所谓“法苟善”与“法苟不善”之法，亦明确包括政法或礼法在内。盖桂芬言此，系因见荷兰有养贫、教贫之局，使国无游民饥民；瑞典有普设之小书院，并强迫子弟入学，是以国无不识字之民，中国必宜师法。并进而解释“善哉所谓礼失而求诸野者，其是之谓乎”！“堂堂礼义文物之邦，曾夷法之不若，可慨也”。其所谓法之含义，已十分显然，无须多辨。以此，就冯氏全部有关言论，加以观察，应该可以确定，他确能破除中西、古今之限，将各种学理，置于平等地位，加以客观研究，进而综合创造，迈越前人。

3. 关于儒家传统与维新

近数十年来，不少的中外学者，论及中国传统，竟把儒家思想列为排斥外来文化和阻滞中国现代化的主要因素。经辗转传播，相互发明，竟至深入人心成为定说。但如详加考察，则可不难看出，此种说法漏洞甚多，矛盾之例，不胜列举。不仅晚清积极倡导维新，对西方文化持尊重友善态度之人，如林则徐、魏源、徐继畬、王韬、郑观应、郭嵩焘等，无一不出身儒家传统，即实际从事变法自强，如早期的曾国藩、李鸿章、左宗棠、沈葆桢，后期的康有为、梁启超等，也无一不深受儒家思想的熏陶，甚且其本身即为著名的儒家学者。冯桂芬尤为一典型的例证。

桂芬自幼读书，少壮举业得意，以高第入翰林院任编修，之后并屡任考差。以宦途不顺，不能行其志业，乃辞官退隐，从事于传道授业的人师经师，先后主持金陵惜阴、上海敬业、苏州紫阳和正谊等著名的书院，著作等身，桃李遍地。不仅一般士大夫认其为大儒，即以义理、辞章、考据与事功兼长，而冠绝当代的曾国藩，也称誉冯氏为“名儒”。如依照儒家思想为排斥外来文化，阻滞中国现代化主要因素的说法，则如此具备儒家条件的冯桂芬，必不能接受任何西方的知识、观念与制度。但事实却恰巧相反。桂芬正因为秉持有儒家传统，方能有毅然从事综合创造的意向与信心。

由以上三点，当可对冯氏思想的价值，作重新的衡量。他的成功，主要在于他深能体会与把握儒家求新求变综合创造的原则。孔子讲损益，故被称为“圣之时者也”；大学讲日新，虽起始于诚意正心，但却必推至治国平天下。这均明显启示为人处事与治国的要道，在于不断的革新与创造。如再加深入观察，尚可看出冯氏所以能有如此卓越的贡献，不能不归功于他能不同于当时一般知识分子的研究问题，仅由中国原有的知识去探讨去立论，而不能将其视界扩展至中国以外。赵烈文于奉命阅读《校邠庐抗议》全书之后，给予总评云：“全书精当处，皆师夷法，而参用中国前人之说，然凑数而已，不如法夷之为得。”烈文之评论，虽尚未臻至当，但却道出桂芬著述的特点。盖综合创造，其取材参考，不论时空，自以愈广愈好。如仅凭中国固有的经验知识，桂芬岂能有如此的成就！

至于冯氏思想。对当代以至后世的影响，我们可以从以下的事实看出。三十余年后，郑观应在其《盛世危言》正续编初刊自序中特别强调：“愤彼族之要求，惜中朝之失策。于是，学西文，涉重洋，日与彼都人士交接。察其习尚，访其政教，考其风俗利弊得失，盛衰之由，乃知治乱之源，富强之本，不尽在船坚炮利，而在议院上下同心，……使人尽其才，……使地尽其力，……使货畅其流，……名符其实。”国父孙中山先生在其上李鸿章书中，也举其纲领，谓：“窃尝维欧洲富强之本，不尽在船坚炮利，垒固兵强，而在于人能尽其才，地能尽其力，物能尽其用，货能畅其流。”与桂芬所见，其脉略有若一贯，即使并非相因相称，继续发扬，亦必由他们均能扩展眼界，综古今中外，从事创新，乃能相见略同。

参考书目

（一）冯桂芬本人著作

《说文部首歌》，可见谢云飞：《中国文字学通论》附录二,一九六三年，台北学生书局。

《说文解字韵谱补正》，未见出版。

《说文解字段注考证》，一九二七年影印。

《咸丰元年中星表》

《弧矢算术细草图解》，刊本，在《聚学轩丛书》第三集第十一。

《西算新法直解》

《梦奈诗稿》，附于光绪二年刊显志堂稿之后。

《显志堂稿》，光绪二年，校邠庐刊。

《使粤行纪》，未见刊行。

《丈田绘图章程》

《校邠庐抗议》，光绪二十三年，聚丰坊校刻。

（二）有关史料与著述

《两垒轩尺牍》，吴云，光绪十年刊。

《曾文正公书札》，曾国藩，光绪二年，传忠书局刊。

《曾文正公手书日记》，曾国藩，（同治元年九月），宣统元年，上海中国图书公司影印。
《李文忠公全集》，李鸿章，（奏稿、朋僚函稿），光绪二十四年，金陵刻。
《中复堂全集》，姚莹，同治六年重刻。
《江苏减赋全案》
《广方言馆全案》，一九四九年，毕乃德（Knight Biggerstaff）教授据金陵大学藏刊本抄录。
《苏州府志》，李铭皖等修，冯桂芬等纂，光绪九年刊。
《吴县志》，吴秀之等修，曹允源等纂，一九三三年铅印。
《清德宗实录》，卷四二〇一二三。
《能静居日记》，赵烈文，页一一一九一二五，一九六四年，台北学生书局影印。
《缘督庐日记钞》，叶昌炽，一九三三年，上海蟫隐庐石印。
《清史列传》，卷七十三《冯桂芬传》。
《清史稿》，卷四百九十一《文苑》三，《冯桂芬传》。
《畴人传》，三编卷三《冯桂芬传》，诸可宝等编。
《复盦续稿》，曹允源，一九二二年（壬戌）刊。
《蘧盦文钞》，柳商贤。
《中国政治思想史》，萧公权，一九五四年，中华文化出版事业委员会。
《清末政治思想研究》，小野川秀美，昭和三十五年，京都大学文学部东洋史研究会。
王韬：《冯景亭中允》，《瀛壖杂志》卷四，页二一，光绪元年刊。
林乐知（Young John Allen）：《叹冯中允作古》，《教会新报》，页三〇二。
黄淬伯：《七十年前之维新人物冯景亭》，《中山纪念馆文化教育季刊》四卷三期，一九三七年。
百濑弘著，岚涛译：《冯桂芬及其著述》，《中和月刊》三卷三期，一九四二年三月。
周辅成：《冯桂芬的思想》，《历史教学》，一九五三年第九期。
吕实强：《冯桂芬的政治思想》，《中华文化复兴月刊》四卷二期，一九七一年二月。
林立树：《一百年前的维新人物冯桂芬》，辅仁大学《史苑》八期。
Hiromu Momose: Feng Knei–fen, in Arthur W. Hummel, Edited: *Eminent Chinese of the Ch'ing Period*（*1644–1912*）, United States Government Printing Office, Washington, 1943–44.
村松佑次：《清末苏州附近の征税，小作关系——江苏省吴县冯林一栈关系地丁漕粮簿册について》，在其《近代江南の租栈——中国地主制度之研究》，页三九三—六三六，昭和四十五年。

曾国藩

何烈 著

目 录

一、世纪的开端，没落的世纪

十九世纪，中国进入了另一个历史的低潮。这是自朱明建国（公元一三六八年）以来，四百余年之间，中国社会首次因受到西方势力的冲击而发生根本动摇的时代。而在西方势力鸣枪开炮正式入侵之前，满清皇权统治下的中华帝国，已经由盛而衰，败象横生，处处绽露出危机来了。无论在政治、经济、军事乃至伦理道德种种方面，都呈现着一片没落破败的景象。但更危险的是：满清朝野对于本身危险处境的无知。虽有少数留心时艰的士大夫，发出警世劝时的谠论，不幸却被多数人所忽视，至少并未引起当道者的注意。

因此，尽管从乾隆朝（一七三六—一七九五年）后半期以来，各地的盗贼一天多似一天，各种灾变连年不断，外国侵略者的脚步愈来愈近，老百姓的生活一天比一天困苦，甚至连政府的财政也一年比一年艰难，然而，北京城里的权贵们，各省的封疆大臣、赃官猾吏，以及穷乡僻壤的地主绅士、靠与官吏勾结而获暴利的富商大贾，……所有一切在社会上享有特权的分子，他们照样过着饮酒、听戏、抽鸦片、豪赌、宿娼、纳妾等等奢侈糜烂的生活。仿佛社会大众所受的煎熬，国步的艰难，竟完全与他们无关似的。他们那醇酒美人、纸醉金迷的生活，似乎可以子子孙孙永无休止地过下去。

作为社会精神领导分子的“读书人”，自从康、雍、乾三朝广兴文字狱，大肆摧残之后，不仅民族思想被“斩伐”得一干二净，就连一点最起码的治学求知欲望，也被加上层层桎梏，近乎窒息了。他们在取得科举功名之前，朝夕孜孜努力的，只是四书五经和八股文，旁及一些吟风弄月的诗赋而已。既登仕途之后，少数具有学术兴趣的官员，也只敢弄些考据训诂工作——即所谓“经学”或“汉学”。由于考据训诂的需要，乃附带研究“小学”（字形、字义及音韵的研究）。其次就是校注古籍、辨伪书、辑佚书等工作的展开，史学、地理学、传记、谱牒等，也都有人涉猎，且颇具成绩。至于天文、数学及其他科学，明末清初的西方传教士，本来也播过一些种子，怎奈在科举时代，这些东西不过与“方技”等量齐观，不能受到士林的普遍重视，只有少数有识学者，潜心研究。总之，康、雍以来的读书士子，绝大部分人终身只在四书五经及八股诗赋中讨生活；少数人关心真正的学术，也只能小心翼翼地在不犯“时讳”的范围内尽力。他们小心的程度，甚至有时不敢轻易著书立说，以防遭到文字之祸。

学术界这股沉闷的空气，直到嘉、道年间，才稍稍有活动的迹象。一方面因为汉人的民族意识已摧毁殆尽，文网稍弛；一方面也因为时局日困，当局亟图纠挽，言路稍开。于是士林稍稍有人发愤著述，企图对于时弊有所匡补。至此风气才略有转变。

曾国藩诞生于嘉庆十六年（一八一一年），那正是十九世纪的开始，而满清帝国的国势，则刚刚由乾隆时代的高峰，走向下坡。那个自称“十全老人”的乾隆皇帝弘历，除了穷兵黩武，发动多次不必要的边疆战争，耗财无算之外，晚年更游宴无度，怠于政事。权臣和珅，乘弘历年老昏髦，窃权专擅，滥肆贪黩，吏治因而大坏。在曾国藩出生前后的二三十年间，各地民变迭起。小规模的叛乱不算，单是攻城略地，需要朝廷调动大兵前往征讨镇压的，就有好几起：乾隆五十一年（一七八六年）的台湾林爽文之乱，六十年（一七九五年）湘、黔的苗乱，嘉庆元年（一七九六年）的川、陕、鄂三省白莲教，东南沿海蔡牵、朱渍等海盗的猖獗，嘉庆十八年（一八一三年）天理教李文成、林清在山东、河南、直隶等省攻占州县多处。这一连串的民变，快的一两年，慢的则要拖上近十年才能平定。这些民变发生的原因，基本上还是由于吏治的腐败。嘉庆三年，四川白莲教首领王三槐被诱俘到京，军机大臣会审时问他为什么造反？三槐回答说：不是百姓存心造反，而是“官逼民反”。三槐的话，一点也不夸张。翰林院编修洪亮吉的奏疏可以为他作证。他说：州县地方官，隳法乱纪，鱼肉百姓，罪恶百倍于一二十年之前。他们对于真正的邪教，无可奈何，却借“禁诛邪教”的名义，对良民百般凌虐诛求，非将良民逼去做盗贼不止。但凡朝廷对灾区的赈恤款项或物资，多数都被经手官员侵入了私囊。他们平时侵冒粮饷，战时则避罪争功。为了诿过冒功，竟不惜屠掠流亡于道路的难民，而捏称“剿贼胜利”。这种丑行，上自封疆大吏，统兵将弁，下至州县地方官，公然行之者，比比皆是。①

嘉庆四年（一七九九年），亮吉更上书军机王公大臣言事，其中有些话说得尤为痛切。他大意是说：“三省教匪一案，达州知州戴如煌，是激成民变的祸首之一。老百姓恨不得要吃他的肉。然而至今安处川中，泰然无恙。南充县知县刘清，众口交誉，至有‘刘青天’的称号，连教匪也钦敬他的清廉爱民，但至今屈身州县，未见重用。十几年来，亲见许多官场怪现象：有自身官居尚书、侍郎，而向执政军机大臣下跪的；有年龄比军机大臣大一倍的大学士，求拜认军机大臣做老师的；国子监官员，有人夜半走门路，长跪不起，求为祭酒，求充侍讲的；翰林大考时，则有些翰林竟奔走于军机章京之门，求认师生，以刺探试题，或向守门侍卫行贿，以便夹带作弊。至于外省的督、抚、藩、臬，贪欺害政，更属司空见惯。他们

① 稻叶君山：《清朝全史》，第四十九章，《洪亮吉之意见书》。又见洪亮吉《卷施阁文集·征邪教疏》。

出巡地方的时候，照例有站规、门包；平时则有节礼、生日礼、帮费等陋规；凡有人事上的升迁调补，无不接受部属的馈谢。各级官吏的一应额外开支，名目繁多，归根结底，都来自州县的‘孝敬’。州县的钱从何而来？无非出于搜刮百姓。他们甚至公然宣称：为了应付各级衙门的‘用度’，钱粮赋税加倍或加数倍征收，那都是不可避免的。少数人表示不服，依法赴京控告。朝廷照例是发督抚‘查究’；情节稍重的，则特派钦差就地讯问。但督抚本身就是靠下属‘孝敬’生活的人，自然不会惩处那勒索百姓的地方官而自断财源。至于特派钦差一职，京官一向视为发财的肥缺。钦差到省之后，省级以下各地方官，无不打点孝敬，以图‘弥缝’。这些钱少不得‘羊毛出在羊身上’，仍由老百姓负担。他们所查办的贪枉案件呢，百分之九十九是以‘查无其事，纯出刁民诬控挟持’作结，于是倒霉的仍旧是百姓。百姓们既知‘京控’的结果如此，惟有尽量容忍，到了忍无可忍的时候，便铤而走险，采取武力反抗了。乾、嘉之际的大多数民变，都是这样酿成的。”② 洪亮吉这份陈情书，纯出爱国忧时、书生报国的一片热忱，不意却深深地触犯了当道的忌讳，认为他有意揭露执政者的短处。亮吉本身是位“清要”的翰林，军机处王公大臣不得不将陈情书照转给皇帝。但在转呈条陈的同时，也许说上几句“谤讪朝廷，别有居心”之类的话，便惹得嘉庆帝颙琰大发雷霆了。洪亮吉几乎因此遭到了杀身之祸。结果，死罪虽免，仍落了个“遣戍新疆”的处分。却亏得洪亮吉走运，恰逢这年久旱不雨。专制时代的皇帝，可以不在乎“小民”们的死活，却不能无视于“上天示警”的灾变。颙琰在百计祈雨不得之后，才忽然想起洪亮吉这件案子，也许是冤枉的，因而“上干天怒”，导致旱灾。所以亮吉到达戍所刚满三个月，就遇赦而回。（据说颙琰降旨赦回

② 《清史稿·洪亮吉传》。烈按：原文是文言文，今译成白话，为了顾及文气的流畅及阅读趣味，所以不取逐句直译而采意译的方式。其余译白都是仿照这个原则。

洪亮吉的当天晚上，居然甘霖普降。这自然是巧合，或出于文人附会的记载。）然而颙琰的悔悟，也仅限于“昭雪”洪亮吉的冤抑而已。亮吉本人并未受到任何重视，他所陈述的各种政治积弊，也没有任何纠正的措施。从中央到地方，仍然是贪黩欺饰，一片黑暗；社会上的贫穷、饥饿和骚乱，只见日甚一日。

十九世纪是中国近五百年来最不幸的一个世纪，曾国藩的诞生，恰在这个腐败没落世纪的开端。

二、耕而优则读，读而优则仕

曾国藩原名子城，字伯涵，号涤生。① 清嘉庆十六年（一八一一年），生于湖南湘乡县荷塘都的白杨坪。曾家世代务农，据说远祖来自江西。初居衡阳，传到曾孟学一代，才搬到湘乡来住。那已经是明末清初的事了。曾孟学以前的世系已不可考，以后两代，也都默默无闻。直到国藩的曾祖父竟希，才有约略的事迹可寻。就在国藩出生的前三年（嘉庆十三年），曾家才从大界里迁到白杨坪居住。那时他曾祖父竟希已六十六岁，父亲麟书只有十九岁。等到国藩出

① 王闿运的《湘绮楼日记》（光绪二十九年二月二十三日）说曾国藩的名字是朱士彦为他改的，恐怕不大可信。理由是曾国藩八个兄弟姐妹，都以“国”字为名字中的第一字，显然是曾家排名。曾国藩改名在道光十八年，他的几个弟妹早已以“国”字作排名。而且末一字都是草字头，据此推测，曾子城改名“国藩”，多半是曾家父子祖孙自己决定的。

生时，竟希已年近七十。老年得见曾孙，自是欢喜不胜。曾家人丁本来单薄（玉屏生三子：麟书居长，弃农就儒；次子早卒；三子骥云，独理家务农事，没有子息），从此麟书一房，子孙却极为兴旺。他一共生了五个儿子，四个女儿。儿子当中，国藩居长，依次是国潢、国华、国荃、国葆（改名贞干）。国藩自是最受祖父母的疼爱。

自曾国藩的祖父玉屏往上推溯，至少有五、六百年之久，曾家连秀才也没有出过一个，的确够得上是“寒门冷籍”了。直到国藩的曾祖父竟希手上，才克勤克俭，积下一点资产，买了一些田地，家道渐渐好转。在科举时代，读书求取功名，最可贵的并不是知识的获得，而是消灭贫穷、治疗饥饿的最佳途径；更进一步，还可以荣宗耀祖，席丰履厚。因此各行各业的人家，只要生活上稍能对付，莫不竞将子弟送进私塾，从《三字经》、《百家姓》而四书五经，而学作八股文章，以期“十载寒窗，一举成名”，图个光大门庭，上封祖、父，下荫妻、子。竟希家境逐渐宽裕之后，自然也朝同一条路上去求发展：把儿子玉屏送去念书求仕进。仿照当时的习惯，玉屏也取了一个字，唤作“星冈”。

曾玉屏在年轻的时候，也许因为家境稍好，又乏严师督导，他对书本并无多大兴趣，日常倒喜欢与他年龄相仿的一些富家子弟们，在湘潭市上酒食征逐，游手好闲。后来父亲死了，玉屏已是三十几岁。这时一家重担落在他的肩上，才骤然领悟到世道的艰难与自己责任的重大。乡里的父老们，见他平日不务正业，于是有人背后窃窃私议：“竟希辛辛苦苦建立起来的一点家业，将来一定会败在他儿子手上。”这话传到玉屏耳里，倒激起他一股痛改前非，力争上游的志气。自知不是读书的材料，索性断了求功名的念头，决心脚踏实地，继承祖业，做个安分守己的农夫。从此起早睡晚，开沟辟地，养鱼饲猪，灌园种菜，无一不亲自动手。经过十几年的刻苦努力，省吃俭用，他不仅守住了父亲的遗产，家境还有蒸蒸日上的趋势。玉屏书虽读得不多，可是在风气闭塞的湘乡农村里，知书识字的人已是凤毛麟角。玉屏到底读过几年书，加上他秉性刚直、富正义感，好为人排难解纷，倡办公益事项，渐渐赢得地方族人的信任与尊敬，成为乡里的一名族长绅士。也算为他父亲争了一口气了。

玉屏治家极严，一家大小，包括大他七岁的妻子王氏在内，见了他没有不屏神敛气的。家人偶有拂逆，轻则厉声呵斥，重则鞭挞立至，虽在稠人广众之中，从无丝毫假借。对于麟书、骥云兄弟，管教尤为严峻。他创立了一些家规，要求家人严格遵守，其中有的普遍见之于中国农村家庭。例如“男必耕读，女必纺绩”，有的则是玉屏独特的“创意”。例如他要求子孙家人，努力实行八件事：读书、种菜、饲鱼、养猪、早起、洒扫、祭祖、敦亲睦邻；要疏远六种人：看风水的、算命的、医生、和尚、巫道，还有作客赖着不走的。后来曾国藩把他祖父留下来的这些家规，编成一首押韵的歌诀，要兄弟子侄们一体奉行：“书蔬鱼猪，早扫考宝，常说常行，八者都好；地命医理，僧巫祈祷，留客久住，六者俱恼。”这些家规合不合理是另一回事，它们对于曾国藩的一生，却都发生了或多或少的影响。

玉屏因为悔恨自己年轻时没有好好地用功读书，便将希望完全寄托在儿子麟书身上。他不惜重资，为麟书访求名师，钻习举业，希望将来高中功名，博个一官半职，弥补自己生平最大的缺憾。不料麟书一来天分平常，二来考运不济，一个起码的功名——秀才，就耗去了他大半辈子的光阴。先后考了十七次，才补上一名县学生员（俗称秀才）。麟书考上秀才的那年（一八三二年），已是四十三岁，而曾子城（国藩原名）这时也已二十二岁，随父应考，也得了个备取佾生。紧接第二年，子城便进了县学。第三年，连捷于乡试，得中第三十六名举人。道光十八年（一八三八年），会试、殿试、朝考，节节顺利，连续中进士，点翰林。实际上还不满二十七岁的曾子城，已到达了当时功名的最高峰。他祖父玉屏的希望，虽然在儿子身上没有实现，却在孙子身上如愿以偿了。

麟书知道在功名方面，自己是万万赶不上儿子的，索性放弃了考试，安心在家做私塾先生，落得悠闲度日。玉屏见孙儿读书长进，心下自是欢喜。但他却不像一般暴发户那样，存着“一人得道，鸡犬升天”的心理，从此全家都倚仗着做官的子弟；相反地，他一再告诫麟书：“宽一（国藩早年的另字）虽然点了翰林，我家仍旧要靠种田维生，不可以靠着他吃饭！”又说：“孩子点了翰林，一生事业才开始。做官有许多开销，家中的生活用度，不要累他分心，要使他专心事业才好！”麟书是出名的孝子，自然谨遵父命。家中照样男耕女织，勤俭的家风丝毫不改。因此国藩做了十几年的京官，从来就不曾为家中的生活操过心。

三、学问事业的基础

子城六岁的时候，玉屏便为他设了一所家塾，聘了一位姓陈的先生，教他读书认字。他父亲麟书连考几次秀才失败，因自念年已二十六七，有了妻子儿女，总不好意思仍靠父亲过活。于是也在自己家里设了一所私塾，取名“利见斋”，招了十几个小孩子，一面课徒为生，一面继续为功名奋斗。子城因而转从父亲念书。麟书自知天分有限，没有什么秘诀可以传授给儿子，但他也自有一套方法，那便是不厌其烦，耐心指导，每天从早到晚，不停地督促。父子俩睡在床上，走在路上，麟书都要考一考儿子的功课。一定要子城把书背得滚瓜烂熟，他才满意。他常自我解嘲地说："因为我自己很笨，所以教起你们这些笨子弟来，一点也不感到厌烦。"

子城是个绝顶聪明的孩子，而且记忆力很强。据说九岁已读完了五经，开始学做八股文章了。十四岁那年，有位衡阳廪生欧阳凝祉到湘乡来看麟书，见了子城的八股文稿，十分夸赞。欧阳先生是衡州府八股文章的能手之一，能赢得他的称许，颇不容易。为了试一试子城的真才实学，欧阳凝祉又出了一道诗题，教子城当场作律诗一首。诗成，欧阳大为惊喜，认为这孩子将来必成大器。当下立即将女儿许配子城。

第二年（一八二五年），子城除了继续苦学八股诗文之外，麟书还教他读些《史记》、《文选》之类。再过一年，去参加长沙府试（童子府试），居然得了个第七名。玉屏父子商量：这孩子的确是可造之材，一定得好生培植。麟书因自己连考十几次秀才失败，渐失自信，让子城继续跟在身边，惟恐误了孩子的前途。听说衡阳有位汪觉庵，八股试帖教得极好。于是把子城送到汪先生在衡阳所设的唐氏家塾去念书。接着又回到本县的莲滨书院，肄业一年。经过名师的指点，子城的学识果然大有进步。渐渐觉得从前自己的思想、求学、行为种种方面，都有欠正确，必须痛加改革，才有前途。为了惕励自己，特别起了一个别号，叫做"涤生"。①

道光十三年（一八三三年），子城年二十三岁。参加科试，竟补上了县学生员。而他父亲辛辛苦苦挣扎了二十几年，却刚刚于去年才考上这个起码功名。全家对于子城的早达，自是欢欣鼓舞。

---

① 据曾国藩道光二十年六月初七日日记，改号"涤生"，在道光十一年（辛卯）。意思是要"涤"除一切旧染的污秽；至于"生"字，则源自明朝袁黄（了凡）的几句格言："从前种种，譬如昨日死；从后种种，譬如今日生。"这一条记载，《求阙斋日记类钞》误系于"庚子十月"。

十二月，子城与欧阳小姐完婚，曾家可说是“双喜临门”了。第二年（一八三四年），进入省城岳麓书院读书。是年乡试得中举人，子城的目光，已经注视着北京的“进士”头衔了。这年冬天，曾子城第一次离开湖南家乡，独自北上，参加次年春天的礼部会试。出乎意外地，这次竟名落孙山。可巧这年逢上皇太后的六十大寿，照例增加乡会试恩科一次，所以道光十六年还有一次机会。从湘乡到北京，千里迢迢，来回的路费不少。子城征得祖父和父亲的同意，索性在京留住一年，等待参加明年的恩科会试。好在京师有一所“长沙会馆”，长沙府的应试举子住在里面，花费极少。

曾子城在北京居住一年多，交游和眼界渐广。除了继续勤研经史，苦修制艺之外，忽对唐宋的诗和古文发生了很大的兴趣。他觉得可以任意发挥见解的古文，远比那拾古人唾余而又缚手缚足的八股文，更有生气，也更有意义。又见京城中到处是名家题字，书法精湛，令人歆羡，因而立意要写好毛笔字。遗憾的是，道光十六年的恩科，子城又没有录取。他虽然颇感失望，但想到自己只有二十六岁的年纪，将来的机会正多，这一时的挫折，也就淡然置之了。发榜后，立即收拾行装，搭乘运河的粮船南旋。这时身边所剩的盘费已经无几。路过睢宁，知县易作梅也是湘乡人，并与子城相识。因向易氏借了一百两银子做路费。经过金陵的时候，却在书肆中看见一部精刻的廿三史，子城爱不忍释。一问价钱，恰好与他身边所有的钱相当。心中暗自盘算：好在从金陵到湘乡，全是水路，船票既已买好，沿途所费也很有限，随身所带的一些皮袍冬衣，反正这时也穿不着，送去当了，勉强还可凑足回家的盘费。于是子城把一时不穿的衣物，全送进了当铺，毅然把那部心爱的廿三史买回来了。到家以后，麟书见他花了上百银子，买了几箱书回来，带去的衣箱，都装满了书，衣服却不见了。问明缘故以后，不仅没有责备，反而高兴地鼓励儿子：“你借钱买书，不是坏事，我乐于替你还清欠款。但望你要细心研读，也就不算白费了。”

道光十八年（一八三八年），又值三年大比。子城家中为了上次的进京会试，偿还易家借项，已无余款可供再度进京的旅费。幸得亲戚族人帮忙，借来三十三吊钱，才得成行。到得北京，已只剩下三吊。倘若这一科再不中，少不得又要举债回家了。

这一年，子城二十八岁。在他一生中，这是极为重要的一年：不仅在科举功名上连场得意，在仕途上也从此一帆风顺，然而更重要的是，他从此得以摆脱八股文的桎梏，放手去追求真正的学问，立下他一生事业的基础。

三月礼部会试，得中第三十八名进士。接着复试、殿试、朝考，成绩都很优异。引见皇帝之后，授翰林院庶吉士。科举时代的翰林，号称“清要词臣”，前途最是远大。内则大学士、尚书、侍郎，外则总督巡抚，绝大多数都是出身翰林院的（自然不是所有翰林都有这种好运气）。一般的情形是：士子由秀才而举人而进士，熬到翰林这一阶，往往已是两鬓斑白，少说也是四、五十岁了。像曾子城这样，二十八岁便点了翰林，是很少见的。别人到了这个地位，已不必花太多工夫在书本上，只消钻钻门路，顶多做做诗赋日课，便可坐等散馆授官了。而曾子城出身农村，秉性淳朴，毫无钻营取巧的习气，数年来勤读史书，倒培养出一股“以澄清天下为己任”的志气来了。首先，他改名“国藩”（可能即暗寓“为国藩篱”的意思），接着为自己编定了一个自修的课程：凡是读书的心得、人情的历练、本身的修养、诗文的创作，莫不分别记录下来。这些记录共分五类，命名为：茶余偶谈、过隙影、馈贫粮、诗文钞、诗文草。道光十九年（一八三九年），并且开始写日记。后来虽然略曾间断，但间断的时间不多；从咸丰八年（一八五八年）六月起，就不曾再中断过一天。行军、生病的时候，也仍旧照记；直到他去世的前一天（一八七二年二月初三日）为止。就此一端，已可看出国藩毅力的一斑了。

国藩深知学问事业受师友的影响很大，所以他平生对于访师择友，极为留心。他曾说过："凡做好人，做好官，做名将，都要好师好友好榜样。"过去在湖南家乡，与他交往较亲密的一班朋友，如江忠源、胡林翼、郭嵩焘、郭昆焘、罗泽南、彭玉麟、王鑫……等，后来都成为他在事业上最得力的伙伴或助手。从道光十九年到咸丰二年（一八三九—一八五二年），国藩在十几年的京官生活中，结交了好几位影响终身思想与治学的师友。其中最重要的是太常寺卿唐鉴（字镜海）和大学士倭仁（字艮峰）。唐鉴服膺程朱之学，是当时义理学派的巨擘之一。国藩经常向他请教。唐鉴教国藩敦品治学，当以《朱子全书》为依据。这书不仅要熟读熟记，而且要照着书中所说，去身体力行。学问有三途：义理、考据、词章，其中以义理最是首要。只要能在义理上痛下工夫，其余文章词曲，都是末流小技，毫无难处。而义理工夫最切要处，乃在于"不自欺"。因道时贤在这方面用功最笃实的，首推河南倭艮峰。他每天从早到晚，饮食言行，都有札记；凡自己思想行为有不合于义理的，全都记载下来，以期自我纠正。国藩因问古人有所谓"经济之学"，似乎不是上述三种学问所能涵括。唐鉴说："经济之学，即在义理之内，不必他求。至于用功着力，应该从读史下手。因为历代治迹，典章昭然具在，取法前贤以治当世，已经足够了。"

唐鉴与曾国藩这次谈话，时间是道光二十一年（一八四一年）七月十四日。国藩听了很受感动，他自己说："听了唐先生这番话，使我宛如瞎子重见光明一样。"有人说曾国藩一生的思想经过几次改变。但细加分析，曾氏一生的思想改变，绝少越出中国历史传统的范围。这完全由于儒家学者深信做人做事，只要能取法于中国圣贤的遗规，便可以做到尽善尽美的缘故。证之以后国藩的治学、立身处世，乃至政治措施，带兵作战，也的确无不深受唐鉴这番话的影响。他曾致信给同乡前辈贺长龄说：“我最初治学，不知根本，寻声逐响而已。自从认识了唐镜海先生，才从他那里窥见一点学问的门径。”

那位在同治年间以反对“同文馆”著名的倭仁，也是京师出名的理学大师。曾国藩对他的倾倒，仅次于唐鉴。为了学习倭仁“诚意”和“慎独”的功夫，他从道光二十二年（一八四二年）十月初一日起，便立志“自新”：(1) 和倭仁一样，将自己的意念和行事，逐日以楷书写在日记上，以便随时检点克治。(2) 为自己规定十二条课程②，照此努力实行。(3) 将所写日记，定期送与倭仁审阅，并请他在上面作眉批，提出不客气的批评。③ 虽然这种楷书日记还没有写满一年，次年七月，便因为出任四川乡试正考官，旅次无暇而改用行书。此后的日记，也没有再请倭仁批阅，但在日记中时时严刻地自讼自责的精神，却一直维持终身不变。

同时在京的朋友当中，如何绍基、吴嘉宾、邵懿辰、窦垿、陈源兖、刘传莹、冯卓怀，或学有专长，或性行足法，他们对曾国藩的学问修养，都发生了深切的砥砺作用。例如何绍基（字子贞），精通书法，擅长吟咏，使曾国藩一生都非常重视写字和作诗。吴嘉宾曾告诉曾国藩：“用功就像挖井，与其浅挖许多井而不见水，倒不如专挖一口深井而力求及水。”国藩十分佩服他这一见解。所以后来写信告诉他几位弟弟说：“读经要专守一经，读史则专熟一代。……诸子百家，但当读一人专集，不应该东翻西阅。一集没有读完，决不换读他集。”他并且主张无论看什么书，都要从头看到

---

② 十二条课程的内容是：一主敬，二静坐，三早起，四读书不二，五读史，六谨言，七养气，八保身，九曰知其所亡，十曰无忘所能，十一作字，十二夜不出门。见黎庶昌编《曾文正公年谱》。

③ 今所见台湾影印的《曾文正公手写日记》，从道光二十二年十月初一日至二十三年六月二十一日，仍可看到倭仁亲笔所作的眉批。（参见曾国藩手写日记真迹之一）

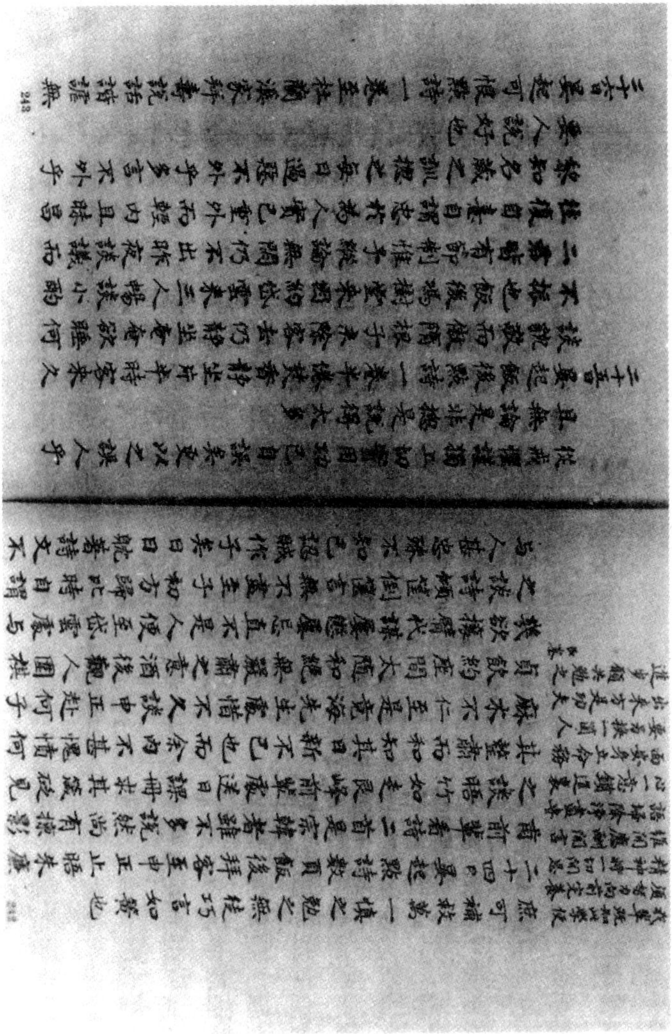

曾国藩手写日记真迹之一（道光二十年十一月）

尾。一本书没有看完，决不兼看别书。这种读书方法，如果施之今日，自然不无值得讨论的余地，然而这正代表了曾国藩“按部就班，稳扎稳打”的个性。他这一个性的形成，虽不能说全由于吴嘉宾的影响，至少他们二人是志趣相投的。

道光二十年至二十二年之间（一八四〇——一八四二年），中英两国发生了鸦片战争。曾国藩在北京目睹国难当头之际，京朝士大夫的麻木无知，钻营贪鄙，整个满清帝国，到处是“豺狼当道，哀鸿遍野”。因而愤然兴起匡时救世的抱负。他曾赋诗明志，立意要做“流血的孤凤”，“要令恶鸟变音声，坐看哀鸿同长养。”④ 并且立誓不求升官发财，而以有此念头为读书人的奇耻。

道光二十五年（一八四五年），李鸿章入京考进士。他是曾国藩同榜进士李文安的儿子，文安命他跟着曾国藩读书学作文章，曾、李二人因此建立了师生的关系。谁都没有想到，这个二十二岁的青年，日后竟成为曾国藩平定太平天国最得力的副手之一，并且是他一生志业的薪火传人。

国藩从道光十九年点翰林起，至咸丰二年离开北京，十三年中七次升迁而官至侍郎。他担任过翰林院庶吉士教习、侍讲学士、会试同考官、殿试读卷大臣、四川乡试正考官、武会试正总裁等职务。科举时代，在各种考试中，凡是被录取的考生，理所当然地便成为考官的“门生”，考官便是考生的“座师”。这种座师和门生的关系，远比传道授业的“业师”更为亲密，也更受人重视（除非业师本身也能取得显赫的官位，自当别论）。曾国藩凭着这一连串的考官经历，毫不费事地收了许多门生。后来带兵打仗，他的部属和幕僚中，有不少都是尊称他为“老师”的。他们给予国藩的助力也不小。

当时掌理全国庶政的六部，除了户部之外，曾国藩担任过礼、

---

④ 《曾文正公诗集》卷二，《感春》六首。

吏、兵、刑、工五部的侍郎（约略和现在政府各部的次长相当），因此他洞悉了清代的政情利弊、官场风习、山川形势、民生疾苦与武备良窳。道光末年，他已开始上疏陈述政事。太平军起以后，国藩从襄办团练开始，继而组织湘军，专与太平军作战。接着受任总督，独当江南地方行政长官及军事总指挥的重任。他不仅凭着战略战术削平了太平军，其余在政治、教育、工务、财税、外交、营务整顿等各方面，都显示出他具有卓越的才华、丰富的学识与相当成熟的经验。这和他早年的经历，遍历各部而能留心观察利弊，具有密切的关系。

四、风雨飘摇中的满清帝国

道光末年的满清帝国，虽然表面上歌舞升平，事实上是政治黑暗、贪污风行、行政毫无效率的破落国家。政府在财政方面入不敷出，社会上是天灾频仍，民不聊生，各地的盗贼多如牛毛。可是从内外大臣的奏章上，看见的多半是“圣天子在上，四海升平，家给人足”一类的阿谀话。从中央到地方，到处是一片泄沓敷衍的风气。各地的动乱，全被看作是“跳梁小丑”、难成大患。除了少数关心时艰民瘼的官员之外，当道权贵，根本没把它当作一回事。

道光三十年（一八五〇年）正月，皇帝旻宁死去，新皇帝奕詝（后来谥为文宗）登基。这年十月，广西的“拜上帝会”，便在洪秀全、杨秀清等人领导之下，举起反抗满清政府的大旗来了。起初，清廷以为也和其他各地的零星盗匪一样，没有多大能为，官兵一到，自是瓦解冰消。虽然照例调派了一些军队，前往“缉捕堵剿”，却丝毫不放在心上（太平军起事几个月之后，清廷还不知道他们的领袖是谁）。及至“拜上帝会”演变成“太平天国”，洪秀全等建号称王，连连击败数倍之众的官军，东冲西突，所向披靡的时候，清廷才意识到“星星之火”，竟成了“燎原”之势。于是增调各方援军，齐赴广西“会剿”。在拜上帝会正式起事之前，已特派前云贵总督林则徐为钦差大臣，前往广西督师，清剿其他反政府武力。则徐行至广东，病死于行馆。朝旨改以前两江总督李星沅代为钦差大臣，周天爵署广西巡抚，会办军务。不久李星沅又病死军中，清廷改派大学士赛尚阿接任钦差。武将方面，有绿营名将固原提督向荣（后改广西提督）、广州副都统乌兰泰，都奉命统大军进入广西会战。咸丰元年（一八五一年），太平军进据永安州（广西蒙山县）时，人数犹不超过两万，而且多数是裹胁而来的农民及老弱妇孺。这时包围永安的清军，已多达八万之众，真称得上是“将星云集，雄师连营”。可是清军以四、五倍于太平军的兵力，却不敢向小小的永安山城进攻，只能扎营城外，团团将城围住。双方僵持了半年多，最后竟眼睁睁地让太平军全师突围而出。清军却是损兵折将，连遭挫败，乌兰泰也中伏阵亡。接着太平军挥师北上，进入湖南。道州、江华、永明、郴州、嘉禾、桂阳、茶陵、永兴等州县，纷纷被太平军攻破，如入无人之境。咸丰二年七月，进围长沙。清军于长沙附近，先后调集大军六、七万之众，城里城外，驻有一个大学士（钦差赛尚阿）、两位总督（程裔采、徐广缙）、三位巡抚（罗绕典、骆秉章、张亮基）三位提督和十几员总兵，副将以下各级武官不可胜计。清军阵容是盛大的，可是大家只敢围绕着太平军，四面扎营，远远监视。除了知府江忠源所率楚勇千余人，尚敢出力死战外；其余各军，大都守垒而不敢出。及至太平军自动撤围，西趋常德的时候，城上望见敌垒无人，将帅愕然相顾，竟不知太平军的去向。这时太平军于益阳掠得民船数千条，转攻岳州，岳州立下。随即由湘入鄂，沿江直下，连得武昌、汉阳。三年（一八五三年）正月，弃武汉浮江东下，沿途势如破竹。二月，遂攻占金陵（今南京）。两江总督陆建瀛、江南提督福珠洪阿、江宁将军祥厚、副都统霍隆武，全都被杀。从金田发难，至夺取南京，为时不过两年三四个月而已。东南六省的八旗、绿营，及云、贵、川、粤调集的军队，先后不下数十万，与太平军相遇，莫不望风而溃。当时号称最精锐的军队，就是向荣所统的绿营兵。然而也只能尾随于太平军之后，虚张声势地“追赶”，从广西一路“跟”到南京，竟比沿途要作战前进的太平军晚到了十天。这还是胆子最壮的军队，其余的八旗、绿营，连跟在敌人后面虚张声势的勇气都没有。

向荣的军队到了南京城外，扎营于城东孝陵卫，号称“江南大营”。后来太平军渡江攻下扬州，清廷派了鸦片战争时期因“畏葸误国”而判死罪，结果却没有死的大学士琦善，以及直隶提督陈金绶，率领马步各军驻于扬州城外，号称“江北大营”。南北二大营各有钦差大臣一人总统军务，与太平军作长期的对峙。后来向荣死于军中，两座大营的权力核心都在满洲人身上，军队则是传统的武力——八旗、绿营。东南各省的财赋，大部分都汇注在这两所大营内。而江南北大营对于太平军的行动，却连牵制作用都微乎其微，更谈不到有什么威胁了。太平军在南京部署粗定，立即分兵两路，北伐和西征。与清军争夺湘、鄂、豫、皖、直、鲁、江、浙、赣、闽各省的地盘。清廷倚为“长城”的江南北两座大营，先后于咸丰六、八、十等三年，分别被太平军击溃。这一连串的挫败，促使清廷认清了一个事实：满洲文武，没有一个人具有独当一面的能力；八旗、绿营的军队，已全告朽败，不堪作战。要靠他们来平定太平军，是没有希望的。

咸丰七年至十年之间（一八五七——八六〇年），清廷又与英法二国发生国际战争，英法联军于十年攻下北京首都，皇帝奕詝仓皇逃奔热河。中枢无主，人心惶惶。联军又扬言要承认洪秀全的太平天国政府。满清皇朝的国脉，已是不绝如缕。无可奈何之下，只好起用以曾国藩为首的汉人将帅，以图收拾残局。

五、从文职到武职

曾国藩于咸丰二年夏天，本已外放江西乡试正考官，途次忽遭母丧，乃照例弃官回家奔丧（这叫做“丁忧”）。这时正逢太平军攻掠湖南，国藩绕道才回到湘乡原籍。是年十一月，清廷命曾国藩以在籍侍郎的身分，襄办团练，协助地方官筹办“防剿”。国藩原想上疏恳辞，但这时忽然接到警报：武汉失守，湖南告急。巡抚张亮基专差请国藩到省城去，协助筹划湖南防守事宜。国藩正犹豫间，这时他的好友郭嵩焘专程从湘阴到湘乡来，力劝国藩出马主持保卫家乡的大计。嵩焘词意恳切，国藩深受感动。遂决心变计，应邀前往长沙，与张亮基共商筹组武力保卫地方的事。因鉴于绿营兵不可用，决定另招乡勇，在省城组成一大团，施以不同的编组操练。曾国藩出身文臣，军旅的事，可说是一窍不通。这时他想起了唐鉴的话：经济之学，应该从史籍上去学习前贤的遗规。从前在兵部侍郎任内，也颇读了些历代名将练兵打仗的有关典籍。他觉得明代戚继光“束伍”之法，最可仿效；嘉庆初年率乡勇平苗的傅鼐，训练技击，建立碉堡的办法，也很有用。因此他比照戚、傅的成法，参以己意，订立了一套训练军队的章程。罗泽南所招湘乡练勇三营，先到长沙，曾国藩便先从这三营家乡子弟兵开始，用他的新方法训练。这就是湘军建军的起点（后来湘军中许多得力干部都是从这里出身的）。接着人数日见增加，规模逐渐扩充。

曾国藩于咸丰二年底上折奏陈办理团练情形，曾痛切指出绿营兵缺少训练、胆怯、散漫等弊病。他组训练勇，乃针对绿营积弊，力求改革。同时上一奏片，声明他的责任，只以办理团练为限，一俟团务稍有头绪，仍当还家守制。国藩这一声请，并无虚矫做作之意。因为一来他以一个在籍侍郎，过问家乡军、政事务，无权而有责，吃力而不易讨好；二来带兵打仗，不是自己的专长，弄得不好，很可能造成身败名裂，贻祸子孙的不幸后果。所以曾国藩当初的确无意在军功上求出路，更不曾梦想到会走出湖南去打太平军。可是后来的事实发展，却一步一步驱使他身不由己地走上了军事统帅的道路。

湖南地方和其他各省一样，由于地方官的掩饰弥缝，纵容匪类，欺压善良，乃致到处布满了盗贼、会匪、流氓、散兵游勇，地方治安坏到极点。小至白昼抢劫，大至攻破城池，焚掠官署，变故层出不穷。尤其是会党、堂匪，是有组织的反政府武力。他们占据山岭险阻，构筑工事，官兵简直是莫可奈何。如征义堂、哥老会、串子会、红黑会、半边钱会、一股香会、天地会等，是比较有名的一些团体；至于其他秘密会社，则多至不可数计。太平军道出湖南时，便有成千上万的会党徒众，加入合流，使太平军声势更盛。湖南三面环山，山区数十州县，尤其是各种会党、土匪活跃的区域。曾国藩运用团练、保甲等组织，稽拿零星盗贼和痞棍，以他新定章程训练出来的乡勇，对付有组织规模的反政府武力。他在长沙城内鱼塘口设立了一所行辕（司令部），专办全省团练，肃清地方事宜。又创设了一所“审案局”，专门审办各地缉解来省的不良分子。曾国藩生平虽以儒者自许，可是他在惩办盗匪、维护地方治安的工作上，却完全是一套法家的作风。他鉴于以往的地方官过于怠惰畏事，往往积案不办，坐致良莠不分，罪犯逍遥法外，横行无忌，于是主张“治乱世，用重典”，以严刑峻罚来痛惩不法分子。凡是解到审案局来的嫌疑分子，多半难得活命，重则斩首示众，轻的也活活打死杖下。照曾国藩自己的奏报清廷：在咸丰三年的上半年之内，光是在长沙审案局里，便斩首一〇四人，杖毙二人，关死在牢里的三十一人（黎庶昌所编《曾文正公年谱》称：“前后杀了二百多人”）。而在各府州县拿获人犯，批令“毋庸解省，就地正法”的，还不在内。因此，曾国藩不久便得到一个恐怖的绰号“曾砍头”。由于人民转相攀控，审案局的“生意”好得很。那时候，委员们（临时法官）审案的方法十分简单——各种刑具，是使犯人俯首认罪的最有效工具。这其中自然难免有些“冤死鬼”，但在一阵雷厉风行之后，地方上的治安情形，却的确比以前大有进步。特别是几处大股堂会势力，如浏阳的征义堂，安化县的串子会，多的众至万人，一一都被曾国藩派勇歼灭。这些都是数十年来，湖南抚、提、镇、协各标绿营兵无力对付的。经过曾国藩一年多时间的整顿，居然使四境晏然。于是曾国藩的湘勇，能战的声誉，传遍了远近。

这时由各处调来省城的绿营兵，也有数千之众。按照往例：一省的军事最高长官是提督，训练绿营兵本是提督的职责。湖南提督鲍起豹无能，这几千绿营兵乃一并归曾国藩所识拔的抚标中军参将塔齐布统一训练。湘勇与绿营，共同操作。曾国藩对于训练，要求颇为严格，风雨烈日，操练不休。这对于来自田间的乡勇而言，并不以为太苦，但对于平日只知喝酒、赌钱、抽鸦片的绿营兵而言，便无异是一种“酷刑”了。先是副将清德，拒不到操，根本没有把曾国藩和塔齐布放在眼里。接着提督鲍起豹也和清德联合起来，与塔齐布为难寻衅。公然对士兵宣称："大热天还要出操，这不是存心跟将士们过不去吗？"于是绿营兵大恨曾、塔等人。长沙城内，同时驻扎着两种部队：绿营兵与湘勇。绿营因战斗力差，颇受勇丁轻视，而勇丁的月饷，高出绿营兵二、三倍之多，绿营兵也嫉愤交集。因此兵与勇时生磨擦。鲍起豹等人又从中挑拨，双方愈来愈情同水火，渐至常生械斗。曾国藩起初本着"息事宁人"的态度，只将参与械斗的勇丁加以棍责，严行约束，绿营兵则置之不问。谁知这一来，正合了曾国藩的两句话："君子愈让，小人愈妄。"绿营气焰更盛，益发耀武扬威，公然凌辱勇丁了。曾国藩不得已而咨请鲍起豹按军法整饬，鲍置之不理。绿营兵于是胆子更壮了。咸丰三年八月初六日，居然整齐队伍，带着兵器，鸣号击鼓，包围了参将府，要杀塔齐布。吓得塔齐布躲在菜园旁边的草丛里，没有被找到，才逃过一命。绿营兵找不到塔齐布，放把火把参将府烧了，又一窝蜂拥到团练大臣曾国藩的官邸，照样团团围住，扬言要杀曾国藩。幸而国藩的临时行馆设在紧靠巡抚衙门的射圃中。见事已急，乃亲自去叩巡抚骆秉章的偏门，骆出来喝止，绿营兵才悻悻然作鸟兽散。① 然而曾国藩所统率的湘勇，日子却更难过了。进出城门的盘查斥骂，街头的公然侮辱，甚至拳打脚踢，都是常事。有人劝国藩据实参奏鲍起豹等人，然而曾氏刚于不久前参革了副将清德，这时不便再动弹章，于是托言："做臣子的，不能为国家平乱，反以琐屑小事，使君父烦心，实在惭愧得很。"即日将所部湘勇分别遣驻外县，自己的司令部也移驻于衡州。这就是曾国藩生平常说的"打脱牙，和

---

① 这时张亮基已调署湖广总督，湖南巡抚一职，由一年多以前离职的骆秉章复任。骆氏和曾国藩面和心不和。有一次，国藩泊舟于长沙城外，骆秉章拜客于邻舟，直去直回，丝毫不理会曾国藩。（见《能静居日记》）这次绿营兵威胁曾国藩，骆起初不闻不问。及曾国藩亲自叩门求救，他便不能装聋做哑了。因为万一曾国藩真的被杀，他是难脱干系的。

血吞”了。②

太平军定都于“天京”之后，与清军在湖北、江西、安徽、山东、河南等省展开了激烈的战斗。双方虽然互有胜负，而在大局上，太平军常是居于上风。清方的总督、巡抚，死了好几个；司、道、提、镇以下的文武官员，阵亡被杀的，更不知凡几。安庆、九江、武昌、汉阳、扬州等重要城市，纷纷易手，此外被太平军攻占的州县城镇，也难以数计。安徽、湖北、江西三省的太平军，势力尤盛。清廷听说曾国藩所练的湘勇颇能作战，立即三番五次催调国藩出境“援剿”。一会儿命他出兵江西，一会儿又着赴援安徽，既而又下旨要他去救武昌。曾国藩此时已势成骑虎，不由不作出省用兵的打算了。

这时太平军掠得的船只颇多，长江及其支流，几全受制于太平军。江忠源首先向国藩建议：要打败太平军，非速建水师不可。曾氏也知道在南方作战，水师的重要性。但苦在湘军将领十之八九是书生出身，湘勇则是种田的农夫，没有人懂得造船和驾船的技术。更别提在水上作战的方略和战术了。好在他们的对手太平军，也不是擅长水师的部队，洪杨等人虽有船只，也不太知道利用。这样给予曾国藩足够的时间，去摸索学习，从容建立一支具有作战能力的水师，来对付太平军。最初，他利用湘江中固有的木簰，③上面载

② 曾国藩之所以不弹劾鲍起豹等人，与骆秉章的不和，也是主要原因之一。我们不妨设想一下：如果骆氏与国藩不存芥蒂，即使国藩不提出参奏，他以一个全省最高行政长官的身分，也有提出纠举的权利和义务。骆不表示对曾支持，自然使曾愈增疑惧。若国藩贸然参鲍，而骆却站在鲍的一面，国藩势必难以下台。而曾氏的离开长沙，骆并无丝毫挽留之意，其袒鲍抑曾的倾向，已至为明显了。

③ 湘赣等省盛产木材，木商将木材捆扎成数十丈的木筏，沿江浮下，至目的地销售。这种木筏用竹篾扎成，当地人叫做木簰或木排。因为体积大，运转非常笨滞，而且只能下行，无法上行。湘军水师初期图用这种东西作为攻战工具，见得确是毫无经验。

着大炮，准备用以攻击敌船。不料试验结果，不仅运转不灵，而且一经炮火震荡，木头都一根根地散开了，根本无法使用。后来改买民船，装上火炮，权充炮船。一面雇募工匠，自行制造。而湖南人从来没有见过战船，无论所买的民船及所造新船，都耐不住炮火的震荡，甚至大一点的风浪都经不起。后得岳州水师守备成名标及广西候补同知褚汝航，二人到过广东，见过广东水师的战船。他们告诉国藩：广东水师有拖罟、长龙、快蟹等战船，那才是真正可以作战的船只。国藩因于衡州、湘潭分设船厂二座，委派成、褚二人为监督，依照广东式样，打造战船。又采纳黄冕的建议：添造小战船一种，名叫“舢板”，以供搜索港汊之用。自咸丰三年冬到次年春初，湘军水师编组完成。计水勇五千人，分为十营，每营五百人，拥有快蟹四十号，长龙五十号，舢板一百五十号。另有拖罟大船一艘，作为大帅座船。又买钓钩船一百二十号，配上大炮五百尊，改为炮船。又雇用民船一百余号，装载军需辎重。这支水军，七拼八凑总算告成。现在看来，未免幼稚可笑，但在当时，这已是中国历史上最“现代化”的精锐“海军”了。

水师十营，以褚汝航为总统；陆师也是十营，五千余人，以塔齐布为先锋。合计水陆员弁兵夫，约一万七千余人。人数虽不算多，军容却颇为壮盛。这时候的曾国藩，俨然已是独当一面的军事统帅了。

六、通往“成功”道路上的艰险

在清廷再四催迫之下，曾国藩于咸丰四年（一八五四年）正月，不得已而率领训练尚未成熟的湘军，北援武昌。从衡州誓师出发，水陆并进。沿途张贴檄文，声讨太平军的罪状：掠夺人民财产、强迫妇女放足、信奉洋教、破坏固有伦常、毁孔、孟、关、岳等神像及庙宇，灭绝中国数千年诗书礼教……等等。总之，湘军之所以讨伐太平军，乃是为了维护人民生命财产的安全及中国数千年文化传统的延续而战。当时洪、杨等人所领导的“太平天国”，反抗清朝的政治号召，是强调“胡汉之分”，打的是“种族革命”的旗号。在这一点上，曾国藩自然无从反驳。不过，这时候中国接受女真族的统治，已经超过二百年，“胡汉”的观念早已模糊。就连“扬州十日”、“嘉定三屠”等惨痛史实，在人们的记忆中，也变得若有若无了。相反地，曾国藩所揭橥的“维护礼教伦常”大纛，与洪秀全等人只知破坏不知建设的荒谬行径比照之下，却显得更为鲜明而具有号召力。是以在湘军初起之时，在政治宣传方面，已使太平军失去了优势。

然而，曾国藩在与太平军斗争的过程中，他的最大困难，不是敌人的强大，而是清方本身在政治、军事与财政各方面，存在着太多的矛盾和弱点，不能形成强大的力量，予太平军以有效的反击。其次就是湘军本身缺少战斗经验，难当大敌。因此在最初的六、七年中，曾国藩虽然为自己建立了一点声望，而来自各方面的挫辱和打击，也不是常人所能忍受的。

咸丰四年，曾国藩初次出师图援湖北，行至岳州，猝遇大风，沉没船只数十号，勇夫落水淹死的也不少，军中士气颇受打击。陆师王鑫一军，行至羊楼司，与太平军遭遇，大败而回（王鑫所招湘勇，不用曾国藩营制，有独树一帜的意思）。此时又以上年在衡州时，奏请以杨健入祀乡贤祠一案，部议革职，奉旨改为降二级调用。① 曾国藩任劳任怨，为清廷卖命，结果为了一点小事，竟遭到如此严厉的处分，其内心的沉痛，是可想而知的。所以当四月初二日亲率水师于靖港出战太平军，遭受挫败时，他逆料清廷必将科以重罪。展望前途，大局已毫无希望。于是纵身投水，图以一死超脱自己。然而连续两次，都被左右救起。幸得陆师塔齐布大破太平军于湘潭，歼斩达数千人。得此捷报，国藩才打消死念，重新振作精神，部署再战。此后湘军作战颇有进展，声誉日起，而清廷为了抑制汉人，却还不时蹈瑕抵隙，找点小毛病来挑剔责难一番。例如八月间曾国藩军克复武昌，有旨授湖北巡抚，国藩上折固辞。这本是曾氏谦退的表现。清廷却恼羞成怒，降旨准辞巡抚而责其折中不具巡抚官衔，有“违旨”之罪，着严行申饬，令人觉得荒谬可笑。是年十二月，湘军水师攻太平军于湖口，舢板船驶入内湖，被阻不得出。周凤山陆营又败。二十五日夜间，曾国藩大营遭受偷袭，连旗舰（座船）都被太平军掳了去，文书密件尽失，国藩几乎被俘。幸乱中有人驾一小船，救出国藩，避入岸上陆营，才免于难。连番挫折，使国藩愧愤不已，立即骑上战马，要冲入敌阵，壮烈地战死。罗泽南、刘蓉等一班将领幕僚，拼命劝阻才罢。此时湘军主力全在

---

① 杨健为已故湖北巡抚，衡州人。曾国藩办水师，杨健的孙子杨江捐助军饷二万两。国藩因而奏请准许杨健入祀乡贤祠。这原是无关痛痒的小事，竟奉旨交都议处。部臣希旨，议以革职上奏。后虽改为降调，究竟是小题大作。清廷的意思，无非要显示一点威力，以图加强对湘军的控制而已。

江西，例当以江西财源，全力支持湘军军饷。江西巡抚陈启迈，也是湖南人，又与曾国藩是同榜进士，翰林院同事。凭着这样深厚的关系，照理应该更容易合作才对。然而事实却大为不然：陈启迈并不感谢湘军为他守土保官的功劳，反而处处与湘军为难，拒不供应军饷。曾国藩当时只是以“兵部侍郎督办军务”的身分在江西作战，本身不负行政责任，没有地盘。军饷的来源，全得仰赖江西及其他省分解款接济。现在地主省分都居然拒绝供饷，湘军的生存，便立即感受到威胁了。这时又发生万载知县李皓与举人彭寿颐因办理团练不和，互相纠控一案。经曾国藩查得李皓有受人贿赂，弃城逃走等罪，而彭寿颐却为人刚直，办理团练，也颇具才华。可是陈启迈却有意曲庇李皓，而加罪彭寿颐。曾国藩也不想与陈发生正面冲突，于是面商陈氏，咨调彭寿颐至军营效力。用意不过想藉此平息李、彭的控案，化纷争于无形而已。不料陈启迈却认为国藩干涉了他的政治权力，勃然大怒，不仅拒绝了彭寿颐的调用曾营，反命按察使恽光宸将彭逮捕下狱，用刑迫供，坐以诬告之罪。这分明是要给曾国藩难堪了。国藩至此忍无可忍，也光了火，立即具折参了陈启迈一本。胪列陈氏诸项劣迹，请旨惩处。这时江西、湖南、湖北三省地盘，清廷全仗曾国藩支撑，得奏不敢迟疑，立将陈启迈、恽光宸先行革职，所参各案，着新任巡抚文俊查奏。一年以后，文俊复奏，词颇含混敷衍，陈氏被饬回籍了事。见得清廷并没有采信曾国藩的弹劾。其革退陈启迈，不过是惟恐曾、陈不和，影响战局而已。

咸丰六年（一八五六年），湘军在江西作战并不顺利，其主要原因在于兵少力分，顾此失彼。前一年，陆军名将塔齐布病故军中，曾国藩如丧一臂。接着罗泽南奉命赴援武昌，彭玉麟驰往临江；陆师一分为三，水师也分为内湖与外江两处。周凤山接统塔齐布的部队，大败于樟树，南昌省城因而告急。曾国藩飞函向湖北、湖南两处求援，又往往被太平军中途截获，机密尽泄。是年二、三月间，江西十四府州之中，府城八座被太平军所占，州县城邑五十余处，皆告易手。而湘军另一大将罗泽南，又于三月初攻武昌时受伤而卒。各路援军迟迟方到江西。是年九月，李元度大败于抚州。十月建昌围城，清军也为太平军所破，福建援军被逐回闽，曾国藩坐困南昌，局势相当危急。南昌省城的官绅们，对于国藩议论纷纷，讥弹备至。后来幸得广东援军进入赣南，解了赣州的围。湖北方面，胡林翼也派兵数千来援。湖南则有曾国荃、黄冕等募得湘勇三千余人，由南路直趋吉安。这几支军队，作战颇为得力，迭复要城。到了这年冬天，才把局势稳住。

七年（一八五七年）二月，曾国藩因父死丁忧回籍，在家守了一年多的孝。这是咸丰三年出山治军以来，最为悠闲的一年。在这段时间内，他一手训练出来的湘军，战绩卓著：九江、湖口相继克复，长江中游全归清军控制；江西境内的太平军，渐被肃清，奠下了克复安庆和金陵的胜利基础。而检讨湘军之所以能获得上述诸战果，主要还须归因于六年八月间太平天国发生严重的内哄，天京诸王互相残杀，领导失去重心，才予湘军以可乘之机。

不过，清军的作战前途，仍是艰困重重。石达开所部太平军，转战东南各省，使清军疲于奔命。李秀成活跃于江、浙、皖、赣，陈玉成则驰驱于江北皖、鄂地区，每予清军重创。咸丰八年六月，曾国藩被命再出，续于江西领导湘军作战。湘军之在江西，虽有守土却敌之功，然与各地乡团却积不相能，常常被团丁伏击截杀，竟至数十数百地被消灭。又逢疫疠流行，营中军士纷纷病倒。是以曾国藩重至江西以后，深感诸多棘手。九月间，安徽传来败讯：李续宾、曾国华于三河城被陈玉成击败，全军覆没，李、曾以下，湘军官兵阵亡六千余人。这支军队是湘军的精锐劲旅，被歼以后，全军为之震动。景德镇一带的湘军，也连连失利。幸赖曾国藩与胡林翼等竭力挽救，大局才得粗定。而这时的曾国藩，忽而奉命援浙，继又改令赴闽，未几又着筹援安徽。及石达开有由湘入蜀之势，朝旨又令前赴四川夔州扼守，同时更着分兵协防湖南、安徽，并留兵防守江西。朝令夕改，杂乱无章，几使国藩无所适从。他自知因无固定地盘，只好由人摆布，精神极感苦恼。

咸丰十年（一八六〇年）闰三月，江南大营再度大溃，和春、张国梁皆战死。苏州、常州接着也落于太平军之手，巡抚徐有壬死之。杭州又被李秀成攻破。东南全局糜烂，清廷环顾内外，除曾国藩之外，已经没有可望支持残局的人。万般无奈，只好起用曾国藩署理两江总督。至此国藩才开始掌握地方实权，有了自己的地盘，不再寄人篱下，可以放手作军事布置了。不过这年十一月，曾国藩仍被太平军三路包围于祁门，一度对外音讯断绝，江西供应祁门大营的粮道，也因为浮梁的失守而被截断。曾国藩急得晚上不能入睡，甚至不住地求神问卦。幸得部将张运兰、刘松山击败太平军刘官芳等于羊栈岭，接着左宗棠在贵溪、景德镇、德兴、婺源等处也连破太平军，后路粮道复通，祁门大营才得转危为安。这时有人劝曾国藩放弃由皖南山路进规江南的计划，改由长江进兵。如此既不必进出险地，又可与水师相呼应。或者暂时退入江西，徐图再举。曾国藩怕稍露退意，会动摇军心，所以坚持原定作战计划，由休宁进取徽州。不料第二年三月，正当国藩调动九千大军，分两路进攻徽州时，唐义训一军攻势顿挫，景德镇重被太平军夺去，曾国藩大军粮道又断，再度陷于重重包围之中。时徽州附近的太平军，足有二、三万之众，约三倍于曾军。国藩见势不利，退守休宁。太平军乘胜追击，国藩续退祁门，浩然长叹，援笔作遗书，已经作殉难尽忠的准备了。这时又亏左宗棠大破李侍贤于乐平，续于景德镇、鄱阳一带连战皆捷，祁门后路饷道复通，才解除重围（后来左宗棠的轻视曾国藩，想来和这两次祁门之围不无关系）。曾国藩遂幡然变计，改由长江进兵。

咸丰十一年（一八六一年）八月，曾国荃攻下安庆，长江千里，已全归湘军掌握。曾国藩分兵三路，直指江浙地区，准备给予日就衰微的太平军最后致命一击。可是曾国藩所遭遇的困难，仍是纷至沓来。先是最能与他合作无间的湖北巡抚胡林翼，积劳病死。顿使国藩失去一个最有力的伙伴，未免平添后顾之忧。国藩为之彻夜不眠。而三路东向的大军，只有曾国荃一军，因为是亲弟弟，始终听命于他。其余李鸿章与左宗棠两路，都时时表现不合作的态度，使国藩伤透脑筋。

李鸿章与国藩有师生之分，李之组成淮军，完全秉承国藩的指示；初期淮军的营制营规，全部仿照湘军。国藩并且调拨部分湘军官兵，交与李氏统带，以助成军。李鸿章可说是由国藩一手培植起家的。然而到了上海之后，李氏稍能立脚，便想脱离曾国藩的约束，自立门户了。国藩遣他招募淮勇赴援上海，主要目的之一，是让他掌握上海丰富的税收，支持湘军的饷粮。不料李鸿章从同治二年（一八六三年）起，对于曾氏兄弟的索饷要求，便常借口种种困难而大打折扣，彼此闹得很不愉快。最使曾国藩伤心的，是李鸿章借调湘军一支水师（黄翼升部）至下游协同作战，颇具战绩。国藩想抽调回来助曾国荃攻打金陵，屡次征调，李鸿章都坚留不放，国藩深表不满。李氏竟写信恐吓他的老师："您要是再坚持调黄军回去，将来您一定会后悔的。大局一坏，到时候只怕老师会像李斯一样，难免有'东门黄犬'之叹了。"② 曾国藩接到这封信，气得脸色大变，立即亲自起稿，具折参办李鸿章。幸而李于这时克复苏州省城，立下大功，国藩才被迫毁去参稿，也避免了师生的公开决裂。

---

② 李鸿章这封信，他的朋僚函稿中未见。赵烈文《能静居日记》（同治二年八月初九日）曾透露大意。按："东门黄犬"的典故，出自《史记·李斯传》：李斯为赵高所陷害，父子论斩。临刑时，李斯对他儿子说："我想和你牵着黄狗，出上蔡东门去打猎的日子，再也不可能有了。"

左宗棠也是曾国藩一手提拔起来的。几年前，左在湖南遭人控告，几乎被判重罪，曾国藩曾出大力营救。案件化解之后，国藩又将左罗致军中，让他担任重要工作。随即命左宗棠统军独当一面，对太平军作战。及宗棠到了浙江，立下战功之后，渐渐地也和曾国藩大唱反调了。同治三年（一八六四年），竟公然与曾绝交，从此终身不相往来。甚至常常当着宾客僚属的面，漫骂曾国藩，使听话的人都感到受不了。另一个由曾国藩培植起来的江西巡抚沈葆桢，则为了与国藩争夺江西的漕折和厘金，也翻脸成仇，腾章互控，几乎使曾国藩下不了台。

曾国荃围攻金陵的军队，虽不发生不听指挥的问题，然而顿兵城下日久，师老兵疲，军饷不继，军心士气日渐涣散，也使曾国藩忧心忡忡，日夜焦灼。同治二、三年间，金陵城外的湘军，因为粮饷缺乏，每天喝稀饭度日，几个月不发饷，更是常事。曾国荃对那些家乡子弟兵，渐感难以约束。他们甚至发生把营官捆绑起来，勒发欠饷的暴行。至于抢掠平民、奸淫妇女的事，也层出不穷。曾国荃拿不出粮饷来解决问题，自感无颜以对部属，只好置之不问。心中焦虑，渐渐忧急成病。消息传到安庆，曾国藩一面担心弟弟的病体，不能支持，军纪败坏的围城湘军，随时有叛变崩溃的可能；一面还要承受来自清廷的猜疑、言官的谤劾、僚属的离心等等打击。当时湘军的缺饷，不仅限于金陵的曾国荃军，其余各部也很严重。大营所设山内粮台，竟遭驻守附近的两营湘军，自行抢劫一空。国藩身体素来孱弱，至此郁气中结，旧疾新病，一齐并发，饭后呕吐、牙痛、头脑晕眩、手脚抽筋，痛不可忍，至于不能工作，迫得只好奏请给假调养。

同治三年春夏间，清廷朝野对于曾国荃能否攻下金陵，十分怀疑，纷纷主张让李鸿章的淮军前往助攻。甚至在江北的富明阿，也想前来分一杯羹。曾国荃认为自己拼死拼活，苦战多年，围攻金陵也近两年，太平军只剩孤城一座，外援断绝，城破已是指日可待的事。这时让他人来就现成，分去一分“克复伪都”的大功，实在心有不甘。所以起初坚拒李鸿章等人前来助攻。及至四月间，常州、丹阳等处依次被李鸿章攻下；江浙境内，除长兴、湖州尚有太平军残部苦守之外，金陵已是孤立无援。五月初，清廷再施压力，下旨令李鸿章速带炮队，克日前往金陵，与曾国荃会同攻城。曾氏兄弟无可奈何，只好勉强同意。但曾国荃一面将军机处转来谕旨遍示诸将，大呼：“我们这几年的血算是白流了，别人就要来分我们的功劳了！”一面致信李鸿章，表面上是请李快一点来，而信上却十分露骨地表示：“金陵所缺，在饷而不在兵。”李鸿章得了此信，自然不敢因贪功而得罪曾家。于是借口要先攻长兴、湖州，又称“暑热不利用火器”，故意迟迟其行。这才免去一场曾李内争。而曾氏兄弟因此而遭受各方面的责难，却与时俱增。种种流言蜚语，使曾国藩感到心灰意冷，并几乎使曾国荃的病体支持不住。

七、“声满朝野”与“寂寞遭遇”的两面

自从咸丰六年（一八五六年）“天京内哄”以后，太平天国的灭亡命运已经注定。其所以又拖延了八年之久，才告平定，全由于清朝在各方面所犯的错误造成。① 曾国藩在祁门受挫之后，变更

① 清方所犯错误很多，内情复杂。因离题稍远，不便详论。今只举出最重要的两件：(1) 没有及早重用曾国藩等汉人。(2) 不应该轻率地挑起英法联军纠纷。

战略：以湘军主力沿江而下，直捣太平军根基地——金陵（天京）；左宗棠出浙江，稳定湘军侧翼，保护饷源；李鸿章别募淮勇，径至上海，与外人合作，回师西向，与正面湘军取包抄夹击之势。如此乃使太平军地盘日渐缩小，终至只剩金陵孤城一座，困守无援。于同治三年六月十六日（一八六四年七月十九日），被曾国荃所部轰塌城墙，攻入城内，太平天国遂告灭亡。

金陵既克，曾氏兄弟的声望，可说是如日中天，达于极盛。曾国藩被封为一等侯爵，世袭罔替；曾国荃一等伯爵。所有湘军大小将领及有功人员，莫不论功封赏。上焉者，位至封圻；次焉者，也官授道、府、提、镇，或其他职位。时湘军人物居督抚地位的便有十人，长江流域的水师，全在湘军将领控制之下，曾国藩所保奏的人物，无不如奏除授。

然而这一切，都只是表面的荣耀。骨子里，曾国藩兄弟所面临的，是无数波涛汹涌的暗流。这些“暗流”的产生，有的是因为满汉种族的歧见，有的是出于“酸葡萄”心理，有的起于私人利害冲突，有的则归咎于湘军本身的因胜生骄，败坏军纪。

首先是金陵克复后，清廷据人奏报，城中有丰富的金银财宝，应令攻城将领献归政府。清廷自太平军起事以来，便在财政上遭遇到极大的困难。十几年来，从中央到地方，一直都在挪移补缀，挖肉补疮过日子。同治三年克金陵时，单是湘军一处，待发的欠饷已将近五百万两。而全国文武官员的薪俸养廉，早已七折八扣，不能按规定发放。北京城里靠政府养活的旗人，穷得连衣服都没有穿，因迫于饥寒而跳御河自尽的，日有所闻。当清廷听说金陵攻破，可以得到不少财物时，便禁不住“食指大动”了。是年七月，降旨令查明金陵所得财物，报部备拨。这一来，可真把曾国藩难住了。湘军攻下金陵时，军纪乱到极点：官兵们全把职责抛到脑后，日夜忙于到处搜刮财物。连文书先生、伙夫都纷纷进城去大发“横财”

了。弁兵们肩挑背负，大箱小笼，络绎于途，真像是“蚂蚁搬家”一般。所有太平天国的王府和衙署，莫不洗劫一空。有的临了还放一把火，连房子都烧了。自曾国荃以下，几乎人人各有所获（少数文职人员例外）。这时候要让大家把掠夺品“吐”出来，缴还公家，简直是不可想象的事。可是，若说攻下金陵，太平天国库中毫无金银积聚，那是三岁孩子也不会相信的。曾国藩几经熟虑，只得含混其词地复奏：“伪都中只有私藏，并无公款。勇丁们所掳财物，多寡不齐，难以清查。如果要勒令他们缴出来，只怕所得无几，反而有失政体和军心。”因而请求免究免缴。事情到此地步，清廷自然不便再加追问，也就不了了之。然而曾国荃的贪名，从此喧腾众口，曾国藩的“包庇”罪名，跳下黄河也洗不清了。②

曾家的麻烦还不止如此。国荃初次向清廷奏报克城情形时，折中有几句话：“金陵城范围太大，搜捕的工作很难周全。臣一度离城，赶回城外老营。城中贼酋，也许有少数漏网的。自当督率各军，奋力追杀。”这原是为了克城那几天，湘军大小官兵，全体出动抢掳妇女财物，造成一片混乱；太平军有几千人乘乱突围而出，无影无踪。曾国荃和幕僚们逆料其中一定有重要分子。商量结果，乃有这一段交代，预留将来脱卸责任的余地。不料清廷接获奏报，大为震怒，严词谴责曾国荃疏防纵敌，不应该在未能确切控制金陵城的时候，贪图安逸，赶回老营去休息。国荃接到廷寄，气得七窍生烟。可是皇帝的责怪，即使再无理也得接受。无可发泄之下，惟有迁怒于替他起草奏折的赵烈文，措辞不慎，给他惹来这样的烦恼。一时

② 参见《能静居日记》同治六年七月二十日。又王闿运《湘绮楼日记》同治八年正月三十日也记道：“江宁城克复之后，朝廷并没有要求缴交所掳财物，而曾国藩上奏‘一无所有’，岂不是‘此地无银三百两’么？”王氏说清廷没有要求财物，自是不明事实。而他不信曾氏兄弟于财物一无所染，则是当时朝野共同的看法。

曾、赵宾主之间，感情恶化，几濒破裂。③

太平天国忠王李秀成，被方山居民于城外逮住，解交曾国荃军中。部将萧孚泗等为了冒功，却捏报是他们派兵拿获的，并且把解送李秀成的乡民们绑起来拷问，勒索李秀成随身所带金银珠宝。与这事有关的将领兵弁，不是曾家的亲戚，便是邻里乡亲。国藩兄弟明知萧孚泗等人的胡作非为，大损湘军声誉，也只好眼睁眼闭，置之不问。而这事传到外面，众口喧腾，曾氏兄弟又成为众矢之的了。

当时朝野都以为李秀成是太平军高级领袖，理应献俘京师。而曾国藩兄弟却因为李秀成知道的事情太多了，解到北京，湘军一切不太光荣的事迹，势难掩饰（尤其是关于金陵财物积聚的事），又将贻人攻击口实，生出无数波澜来。因此不顾朝旨的勒令，同僚的劝说，毅然"先斩后奏"，迅雷不及掩耳地先把李秀成杀了，然后再向清廷解释原因，清廷照样只好承认既成事实。然而攻讦曾氏兄弟的流言满天飞。诸如"杀人灭口"、"专横跋扈"之类的指摘，不一而足。甚至有人认为李秀成并没有死，曾国藩所杀的只是替身而已。清朝为此还特地派大员到南京进行过明查暗访呢。

更有一事，也使曾国藩十分难堪，金陵城破之后，国藩根据国荃报告，曾向清廷奏报：城内太平军，或捡斩，或自尽，或追杀，无一漏网。幼主洪福瑱则死于乱军之中。不幸几个月之后，江西巡抚沈葆桢却奏报捡获自金陵逃出的幼主洪福瑱、干王洪仁玕、恤王洪仁政及昭王黄文英等一干太平天国高级领袖。据供同时逃出金陵的，不下数千人。这一来，已足证明曾国藩从前的奏报，是虚伪不实的了，至少应负"失察"之过。要不是有克复金陵、荡平大乱的大功，这"饰词入奏，铺张战绩"的欺罔罪名，曾氏兄弟是逃不了的。虽然清廷不便明显地加罪，而来自各处的冷讽热嘲，也是够使

---

③ 照赵烈文的说法，奏折中受清廷指责的几句，是曾国荃自己亲笔所加。赵氏还劝止过，国荃不听。见《能静居日记》同治三年七月初五日。

人难堪的。第二年，起居注官蔡寿祺竟引此事而弹劾曾国藩。是否出于清廷的授意，不得而知，但蔡寿祺以一个小小的起居注官，居然敢弹劾功业正盛的总督大臣，倘非“见风使舵”，是难以想象的。如此则北京朝廷对于曾国藩的信任程度，已足可使人怀疑了。

清廷对于曾氏兄弟明加封赏，在骨子里却是疑忌横生，猜防备至。这对于一生以克己自持，谦退为怀的曾国藩来说，并不难逆来顺受，加倍小心翼翼，可是天生火爆脾气的曾国荃，就咽不下这口冤气了。首先，他向清廷托病，奏请开缺回籍调理（在清代，这是臣工们遭受委曲时，唯一表示不满的抗议方式），清廷略示敷衍之后，竟谕令“照准”，连一句表示温慰的话都没有，仅赏给人参六两而已。曾国荃感到满腔冤愤，无处发泄。当同治三年九月初，曾国藩由安庆再到南京，住进刚修建完成的总督署时，群僚毕贺，冠盖云集，曾国荃竟在大庭广众之下，厉声指摘清廷功高赏薄，是非不分，一时声泪俱下。曾国藩在傍制止不住，窘急得无地自容，尴尬万分。

这时太平军虽然渐被消灭，而黄、淮一带的捻军，却势力转大。部分太平军余党，也与捻军合流。捻军的作战方式，与太平军大不相同，他们以骑兵为主，来去迅速。专门避实击虚，不与清军主力作硬碰硬的正面拼斗，也很少久守一地，与清军作阵地争夺战。捻军驰驱于黄河中下游及淮河流域的平原上，惯用偷袭埋伏等游击战术，以暗击明，以大吃小，使清军防不胜防，损失惨重。同治四年（一八六五年）四月，剿捻统帅僧格林沁在曹州中伏阵亡，清军士气大落。清廷乘机以“剿捻”的名义，降旨将曾国藩调离两江任所，着赴山东一带，督兵“剿贼”。而这个时候的曾国藩，却几乎是无兵可用。金陵湘军，去年克城之后，已裁遣殆尽，所余不过少数亲兵及皖南北两岸防军，总数八千人而已。其中多数都在待命遣散。及闻曾氏被北征之命，湘军官兵怨声四起，坚决拒绝继续留营，尤其不愿渡江远征，只有张诗日一营五百人，愿意随行。曾国藩起初上折，请专防齐、豫、苏、皖四省十三府州之地，附片却称“精力日衰，不任艰巨”，请求另简知兵大员，督办剿捻军务，自己愿以闲散人员身分，在军中效力。他这一请求，自不为清廷所接受。因为这时候清廷对于曾国藩，尽管疑忌重重，而面对声势正盛的捻军，舍曾、李等少数讨太平军的将领之外，别无所恃。国藩辞之不获，只好统率未裁及新募的湘军六千人出征。其余留在江南的湘军，悉数裁遣回籍。他到达苏、皖、鲁前线之后，遂不能不倚赖李鸿章的淮军为作战主力。这时李鸿章奉旨代理江督，支持前线的曾国藩作战。国藩乃奏调李鸿章的两个弟弟（李鹤章、李昭庆）随营服务，以加强李鸿章对前线军事的关切，而免重蹈过去攻太平军时不能相顾的覆辙。

曾国藩在江北与捻军缠斗了约一年半的时间，结果竟毫无建树。同治五年（一八六六年）十月，不得不自承失败，奏请另简钦差大臣接办军务，并自请开革官职及封爵。清廷乃令其回任江督，而改以李鸿章出讨捻军。

曾国藩讨捻军事之所以失败，基本原因有二：一在于战略和战术上的错误。他对付捻军，用的完全是打太平军的老办法：步步为营，稳扎稳打。他的口号是：“以有定之兵，制无定之寇。”因此他在各关津要隘，广建碉堡。希望以静制动，打败捻军。殊不知他这一套战法，不仅耗时费力，并且很少发挥效用。主要是因为捻军以骑兵为主，行动迅捷，黄淮地区到处地势平坦，根本很少险要可守，碉堡限制不了捻军的活动。清军因为有了碉堡阵地可守，反而失去了机动性，时时处于挨打的地位。因此在整个战场上，捻军是主动，而清军却是被动的。过去打太平军，曾国藩采“持重”战术而达到“制人而不制于人”的战略目标；现在讨捻，却由于“持重”战术而“受制于人”了。二在淮军不是曾氏嫡系军队，使曾氏感到指挥不灵。淮军的成立，虽然当初也是奉国藩之命而招募的，但由于其

“私军”色彩远比湘军浓厚，他们只服从直接创办人李鸿章的调遣，不太愿受他人的节制。对于曾国藩的命令，类多阳奉阴违，使国藩感到无可奈何。国藩这时候才深悔过早裁遣湘军，致使自己无兵可用。因而兴起“聚九州岛之铁，不能铸此大错”的叹息。

讨捻军事的失败，对于曾国藩的声望，自是一次严重的挫折。曾氏不能自安，屡次上疏请辞卸江督的官职。清廷内乱方殷，倚赖国藩的地方正多，于是迭次温诏慰留。但为了抑制汉人疆吏的气焰，仍暗嗾言官们交章弹劾曾国藩“师久无功”，请量加谴责。满清当局又矫揉造作地为国藩辩解一番，以示“矜全”。国藩于是越发辗转难安，比以前更是兢兢业业了。然而清廷对于他的久任江南，毕竟难以放心。同治七年（一八六八年），明升暗降地把他调为直隶总督。表面上，直隶是畿辅要地，比两江更为重要，而实际上，曾国藩的势力基础全在三江两湖区域，一到直隶，便全无依傍，一言一行，都在清廷伺察之下了，偶有不慎，更易遭受罪谴。国藩自知处境不利，只好加倍小心。北上之前，甚至连亲信幕僚都一一遣散，轻车简从入都。然而尽管这样，同治九年（一八七〇年）的天津教案，仍使曾氏遭到另一次意外的打击。

事情的起因，是天津境内谣传法国教堂雇人诱拐儿童，挖眼剖心，配制药物。天津知府和知县误信谣言，酿成对外交涉。法国领事丰大业（H.V. Fontanier）被愤怒的群众打死，其他各国人士也有死伤，并有几处教堂、书院被焚。各国联合向清廷提出抗议，要求惩凶赔偿。清廷命正在保定卧病的曾国藩，驰往天津查办。国藩到达天津，立即出告示：严禁莠民滋事，并查拿肇祸凶手。一面修复被焚教堂，一面上奏为教士辩白，决无“挖眼剖心”之事，请求降旨昭雪。对于办理不善的天津府县，则请立予革职，交刑部治罪。但坚拒法国公使“将地方官议罪抵命”的要求。这一处置，即使用现代外交的眼光来看，也算得上冷静而理智，既不授外人开衅的口实，也能不卑不亢，守住自主的立场。然而结果曾国藩却蒙上了“软弱惧外”的罪名。“清议派”对他的攻击，不遗余力，连湖南家乡的官绅们，也群起肆意诋毁他。曾国藩的声望，一落千丈。最后被迫承认“举措失宜，悔憾无及”。他给朋友写信，也自责“办理过柔，谤议丛积，神明内疚”，几乎是无条件向顽固的守旧势力投降了。

天津教案之后的曾国藩，在汉人中的声望既已降至最低点，清廷对他的猜防之心倒松弛了许多。恰好此时两江总督马新贻被刺出缺，案悬未结。于是清廷命国藩三度回任江督，而调李鸿章接替他的遗缺。

重临金陵的曾国藩，健康情形坏极了。同治九年在直隶时，右眼已经失明，左眼也视觉模糊，百计治疗，皆告无效，至此知已无可挽回。阅读的效果，减少到只有平常百分之二十。看过的文件，离手便“茫如隔世”。又常感头晕目眩，精神涣散，无法工作；入夜难睡易醒，因此常觉疲惫不堪。在日记里，不时流露出“既不能死，又不能活得和常人一样”的苦恼。这种“半残废”的抑郁生活，不到两年，终于“油尽灯枯”，曾国藩以并不算高的年龄（六十二岁，实际是六十一岁不满），便离开人世了。

八、推动中国近代化的巨轮

自从鸦片战争中国失败以来，有识之士已经体认到：中国各方面都需要彻底改革，否则难以图存。然而深闭固守的社会，虚骄自大的士大夫，腐败无能的政府，共同形成了进步路上一道不可踰越的“天堑”，使任何改革行动，都似乎是寸步难行。道光末年，魏源在他所编《海国图志》的序言里，首先提出“师夷之长技以制夷”的口号，当时并未得到重大的反响。咸丰末年，冯桂芬写了一部《校邠庐抗议》，进一步对于仿行西法，革除中国政治传统上的许多积弊，提供了具体而有系统的方案。书印成之后，冯氏曾特地送了一部给当时的两江总督曾国藩。国藩推许这书是“名儒之论”，但认为书中的主张，多数难以实行。国藩之所以有这样的看法，可能是基于对当时现实环境的了解，认为在这样的社会和政治背景之下，不可能作如此重大的改革。然而，在基本态度上，他已觉察到中国的积弱，的确有振作变计的必要。不过由于他接受的是传统科举教育，所经历的环境，只限于国境之内，能影响他的师友，甚至见识还在国藩之下，因而使他在改革的步骤及方向上，不能形成一套清晰正确而坚定不移的方案，甚而时时还显露出他对大局的认识，未免有所偏蔽。所幸国藩尚能随着经验的累积而逐渐自我修正，是以在促进晚清中国近代化方面，他仍是具有相当贡献的。

例如咸丰十一年（一八六一年），恭亲王奕䜣等奏请以洋药税购买外国轮船枪炮，用以攻剿太平军，以期早日戡定内乱。有旨令曾国藩及官文、胡林翼（官为湖广总督，胡是湖北巡抚）等先行妥为筹议，次第实施。国藩于是年七月的奏复，却认为火轮船对于攻打太平军，没有多大用处。他说：“轮船枪炮之所以被人重视，不过因为国人震于其少见，遂使洋人得以炫耀罢了。”可是这事既创议于执政中枢的奕䜣，又经皇帝批准期于必行，曾国藩自不敢加以否定，只好赞成购买。在同一奏折中，他认为只要买得若干西洋船炮之后，招募一批聪明智巧的本国工匠，加以仿造；一、二年之内，我们就可以与洋人共享船炮之利而并驾齐驱了。后来的事实证明：

太平军的平定，得力于西洋船炮的助力甚大（至少李鸿章的淮军便是如此），而仿造西洋船炮的工作，并不像他在衡州仿造广东战船那样容易，耗银千百万，费时数十年，终清之世，犹未达到能与列强相抗衡的水平。国藩料事，显然未尽透彻。

不过，曾国藩究竟是一位勇于实践，并且肯虚心求进步的人物。头一年，他还不以为购买船炮是当务之急，第二年，他却在安庆着手试造中国第一艘轮船了。有一次，他告诉幕僚们说："中国要讲求自强，基本要务，第一是革新政治，第二是访求人才。而目下最为急迫的下手工作，就是学会西洋制造船炮的技术。一旦我们学会了船炮的制造，那么洋人的长处我们也有了。无论是与洋人和平相处或相互对敌，我们都可有所倚恃。否则，我们与洋人是没有道理可讲的。无论是仇视他们或感谢他们，终将落得一无是处。"国藩这一席话，大体上是有见地的，只是他把洋人的长处，看作惟有"船坚炮利"而已，则未免仍是当时一般世俗的看法了。

同治元年（一八六二年）七月，在曾国藩大力支持之下，幕客华蘅芳、徐寿等居然造成一部轮船发动机。试验的结果，国藩大表满意。他的满怀兴奋，在日记里充分地流露出来："洋人的智巧奇技，到底被我们中国人学会了。从此以后，洋人再没有可向中国夸耀的东西了。"然而，事实并不像他意料中那么简单。从一部略具雏形的发动机到一艘可以行驶水上的完整轮船，中间还有一大段距离。后来，华蘅芳等虽然殚精竭虑，苦心经营，却迟迟无法拼凑成一艘完整可用的轮船。他才知道自己把事情看得太容易了。

正当造船工作屡试屡败，万般焦急的时候，华蘅芳等忽然想起了一个人——几年前在上海认识的广东人容闳。容闳是中国近代第一位留学生，毕业于美国耶鲁大学（Yale University），不但精通英语，具有丰富的西洋学识，难得的是他具有一颗炽热的爱国心，亟思以其所学，为祖国效力。于是华蘅芳等共向曾国藩进言，请求罗致容氏前来，主持设立机器厂，于造船制器工作的推行，必然大有帮助。国藩听了极为高兴，立着最早与容氏相识的张世贵与李善兰，写信速邀容闳到安庆来。容闳来到安庆，和曾国藩见过两次面，国藩认为这位青年干练可靠，立即委派他赴美采购“制造机器的机器”，计划将来设立一座机器总厂，由此而衍生各种军火器械的制造分厂。国藩奏准赏给容闳五品军功头衔，并交付采购机器的价银六万八千两。足见国藩对容闳的信赖和期许之深。

容闳赴美之后，安庆的造船试验工作仍照常进行。到了同治二年十二月，终于装配完成了中国造船史上第一艘火轮船。距离上年发动机的制成，已经整整地过了一年又五个月。这艘船的体积很小，船身仅长约二丈八九尺（九公尺多），时速只有二十五六华里（约六·七浬，可能是顺水时速。按当时一般轮船行驶速度，约为十五浬，最快的兵舰可达时速二十余浬），曾国藩亲自登船试车之后，再度燃起了希望的火花，认为从此中国可以拥有真正的自造火轮船了。他为这艘“模型式”的小轮船命名为“黄鹄”号，意思是中国此后将“一飞冲天”，不必再雌伏在列强的脚底下了。他计划照这艘船的式样，加以放大，并大规模制造。可是后来发现：要造成与洋船并驾齐驱的真正现代轮船，技术上仍有许多无法克服的困难。而中国当时实在没有足够的财力，供作反复试验的经费，在时间上也是远水救不了近火。因此后来安庆造船所并没有实施扩大制造的计划，连那艘已经造就的“黄鹄”号，也“鹄飞冥冥”，不知所终。无疑的，这次造船最后证明仍是失败了。

这一连串的失败，并没有沮丧曾国藩力图振作的意志。相反地，从失败的经验中，他更看清了中国自造轮船军火的重要性。惟有中国自身具有这种能力，才能摆脱外国的挟制，达到自立自强的境地。[1]因此，他一方面期待容闳采购机器，早日回国；一方面也在寻找其他的机会，获取生产轮船军火的能力。同治四年（一八六五年），一个新的机会来了：李鸿章（江苏巡抚）在上海购得英人铁厂一座，其中设备，以造船机器为生，附带也有制造各种军火枪炮的机器。对于学习西洋造船制器，李鸿章的热心，犹在乃师曾国藩之上。得了这座铁厂之后，立即命名为“江南机器制造总局”，将原先已经设立的两所军火局归并入内，扩大制造的范围和规模。曾国藩得到报告，很是高兴，表示全力支持。不久，容闳自美国采购回国的机器一百多种，悉数运抵上海，国藩全数批交“江南制造局”使用。虽然厂中有的是造船机器，但由于经费及技术的限制，起初只能从事枪炮军火的制造。结果成绩很好，产品与西洋不相上下。受到这一鼓舞，曾国藩、李鸿章于是决心更进一步，兼造轮船。同治六年（一八六七年）四月，曾国藩奏准年拨江海关洋税一成（约二十万两），专供造船之用。一面加聘洋人工程师及工匠，指导华工制造技能；一面责成局内委员，朝夕讨论研究，编译图书，谋求制造技术的改进。同治七年七月，第一艘局造轮船完工，费银八万两，载重三百余吨，逆水时速七十华里（十九浬弱），顺水时速一百二十华里（三十一浬强）。这是中国人自己制造成功的第一艘真正近代火轮船。曾国藩亲自登轮，在长江中试航一遭，感到非常满意，命名为“恬吉”号。于是向清廷奏报造船及试航经过。清廷至为兴奋，降谕对曾国藩嘉奖备至。这一艘船是将轮机露出水面的明轮，从第二号开始，便改造暗轮。举凡轮机、汽炉、船身及船上

---

① 同治元、二年间，曾发生“阿思本兵轮案”。即由于上文提到的奕䜣等主张向外国购买轮船枪炮而起。后由海关总税务司英人李泰国（H. N. Lay）经手代向英国购买兵轮七艘，并聘请英海军上校阿思本（S. Osborn）统带中国海军。照所订合同十三条，阿思本享有指挥全权，不受中国节制，无异中国出钱为英军建军。曾国藩为首坚决反对，上奏“宁可全部兵轮不要，也不能接受这种合同”。几经交涉，才得退回所购兵轮，收回部分价款结案。

一切配备，完全由中国员工按图制作；外国工匠仅处于咨询顾问的地位而已。这所造船厂直到民国时代，仍在中国海军的修造及维护舰艇工作上，担任着重要的任务。

曾国藩又采纳容闳的建议：于制造局之下，附设一兵工学堂，招收中国青年入学，学习机械工程的理论与实践，培养各种工程师人才。局中另设"翻译学馆"，专译有关制造机械船炮的西书。译书的方式，多数是由局中所聘西人口述，然后由精通绘图和算学的华蘅芳、徐寿等加以笔录。译成的书，即交局中印刷所大量刊印，应各方需索，广为散布。同治末年，已译成书籍数十种；至光绪末年，则多达一百七十余种。翻译的范围，也由制器船炮扩及各种自然科学与社会科学，乃至军事、医药等书。国内各地对西学开始有所了解，大多数都是通过江南制造局所译西书而获得的。而这一点知识的种子，不能不说是曾国藩等人所播下的。

同治九年，曾国藩因天津教案而遭受极大的打击。但即使在众口交诋、心力俱瘁的情形之下，他仍念念不忘地想为国家培植一批人才，奠立一点他日得以自强的根基。是年容闳向他提出一套选拔学生留学美国的计划：初次试办，以四年为期，每年选派十二至十四岁的聪颖幼童三十名，共一百二十名，前往美国读书。预定每人留学十五年，学成之后，依次回国服务。如果成绩良好，以后即着为定例，每年照数派遣。如此则中国今后富国强兵的人才，可以不假外求。曾国藩表示同意，随即与江苏巡抚丁日昌会衔入奏。及国藩回任两江，清廷已批准留学计划。曾国藩、李鸿章（湖广总督）与容闳等乃酌定留学章程十二条，详列招募学生、施教步骤、管理及经费等事项。虽然同治十一年春间，曾国藩不幸去世，但第一批留美学生三十人，仍于是年夏天由容闳、陈兰彬等率领，启程放洋。这一留学计划，后来由于守旧势力的阻挠破坏，未能贯彻。不过就在这一百二十名留学生当中，已颇造就了一些人才。例如唐绍仪、詹天佑、容揆、梁如浩、梁敦彦等，都是其中的佼佼者。而最重要的，是留学风气的开创。它为古旧闭塞的中国社会，开了一条道路，由这里可以通往世界性知识的领域。日后中国士子出洋留学的为数日众，中国人的眼光见识，也为之日广。追本溯源，曾国藩等奠基的功劳，是不可埋没的。

总之，曾国藩在同治年间，是中国“自强运动”的主要推动者。举凡制造轮船枪炮、翻译西书、派遣留学生赴美的每一件工作，都凭着他的大力支持或指导擘划，才得顺利推动。这些工作，就当时而言，绩效实在不很显著，甚至由于甲申、甲午（一八八四、一八九四年）的两次对外作战失败，有人还认为“自强运动”是彻底失败的。不过，谁也不能否认：“自强运动”所展开的每一件工作，影响都是非常深远的。这些措施虽没有收到“立竿见影”的功效，但至少已使停滞了数百年之久的老大帝国，开始举步迈向近代化的道路了。

九、学术与思想

曾国藩所处的时代，正值西力东渐，中国传统社会遭受激烈冲击，士大夫惶骇犹疑，不知何以自处的时代。十九世纪的中国知识界，远承明代以来科举八股所造成的狭隘思想，近受乾嘉考据、训诂学风的影响，学术空气呈现着一片偏枯的景象。车载斗量的读书人，能够窥见学术真面目的人，真是凤毛麟角。而力能摆脱古圣先贤的桎梏，敢于自由思想的卓荦之士，则更是少之又少。曾国藩在未中进士之前，无疑也是把绝大部分时间置于钻研四书五经八股制艺的典型狂热者。可是他很幸运，在相当年轻的时侯，便到达了科举功名的最高峰——中进士、点翰林。虽然还不能冲出圣贤的“牢笼”，却已脱离了科举考试的羁绊，使他有一部分时间和精力，可以一窥真正的学术领域了。道光二十四年（一八四四年），国藩写信给他的几位弟弟说：“我以为六弟（曾国华）今年能中秀才固然好，万一不中，也不打紧。应该抛却那些八股时文，专心读些前辈大家的文章。不要扶墙摸壁地把宝贵的光阴都耗在‘截搭小题’上面。我早年也不懂得这些，幸而早得功名，才免受八股之害。如果到现在还没有考中秀才，则几十年的岁月，势必也浪费在科举制艺上面，到头来在学识上却是一无所得，岂不教人愧煞？八股误人真是不浅啊！”这就是国藩在略窥学术门径之后，“悟道”的证言。曾氏与其他多数功名人物不同的是，他出身纯朴的农村家庭。因为他不是缙绅世家的子弟，所以没有纨袴习气。那些与民生休戚无关的文章诗赋，虽也下过工夫，却不能满足他知识上的欲望。他来自民间，深悉民间疾苦，使他在潜意识中，无法自安于养尊处优的官宦生活。他时刻不忘，必须为他的时代，为他的社会，贡献一点力量才行。这就是他在义理、词章、考据之外，特别究心于经世致用之学（经济之学）的根源所在。咸丰九年（一八五九年），曾氏作《圣哲画像记》，所选古今圣哲三十三人中，清朝四人，为首就是力倡经世之学的顾炎武。唐鉴明明告诉他：“经济之学就包括在义理之学里面。”可是他仍以为“经济之学”应另立一门，独立于义理、词章、考据之外。①这都可以说明这个从农村发迹的子弟，与众不

① 关于义理、词章、考据、经济四学，曾国藩有一别出心裁的比附，相当有趣。他将四者依次比附于孔门德行、言语、文学、政事四科。真可说是善于“调和古今”。（辛亥七月日记）不过，他在直隶作《劝学篇》时又说：“只要弄通了义理，经济之学也就包括在里面了。”这又是唐鉴的说法了。所以“经济之学”到底是在义理之外呢，还是在义理之内？曾氏可能前后有不同的看法，也可能还没有定见。

同：他认为一个士大夫，除了会读古书、会写文章之外，也总得要能为国家人民解决一些实际问题才行。曾国藩自从摆脱科举八股的纠缠之后，本想专心一志地做点真正的学问，然而时代的动乱，迫使他中途弃文就武。无可避免地，多少减损了他在学术思想上应有的成就。从他统兵打仗以来，军务的繁杂，环境的拂逆，不仅占去了不少读书做学问的时间，对于他的身体健康，更构成了无比的威胁。年未五十，便常常头昏眼花，四肢无力。他自己觉得，衰惫之态，竟像七十多岁的人一样。五十以后，身体情况更是愈来愈坏，在他的日记里，充满了因疾病侵袭而不能读书做事的记录。在这种情况之下，他只能在每天晚上，勉强匀出一小部分时间来看书和思考问题。这和其他学者终身全部时间用以钻研学术相比，利钝相去，自不可以道里计。不过，由于他的悟性高，更由于他超越常人的恒心和毅力，所以国藩在学术思想上的成就，还是颇有可观的，并且在若干方面，足可影响后世。因为受了中年以后事业和环境的影响，曾氏在学术上的成就比较有限，而在思想方面则比较突出。原因是学术主要源于书本，而思想的形成，除书本之外，更重要的是个人的天赋和历练。对于后者，国藩是得天独厚的。

曾国藩在学术上，小学、文学、理学、经世之学，都有颇足称述的成绩。受了乾、嘉学风的影响，曾氏在音韵训诂及文字学方面花过不少功夫。他有一部较具分量的学术著作，叫做《求阙斋读书录》，分为经、史、子、集四部，共为十卷。经部的二卷，即以讲求训诂为主，往往能发前人所未发，时有独到的见解。他曾屡次写信给他儿子，详析小学家的流派，并且说：“要想看懂周、汉古代的书，不明小学，是无从入门的。”他对于汉、唐人的解释古经，有颇为中肯的评论：“汉人作传作注，唐人作疏，缺点在于确守故训，往往穿凿附会，曲解古人的本意。他们的好处也在于确守故训，不参以一己的私见，不妄为古人立说。”在文学方面，国藩酷好诗和古文，这是他主要的兴趣所在。在京官生活时代，他日常和知交好友在一起，诗、文永远是主要话题，而且常相唱和。他对于古人的文章，倾心《左传》、《庄子》、《史记》和《汉书》；唐宋诸名家，则崇拜韩愈、柳宗元、欧阳修和曾巩；至于清朝，则以为桐城派的方苞、姚鼐等，实集古文之大成，对于姚鼐，尤为推服。国藩曾说："我所以能够粗懂一点文章，完全是受了姚先生的启示。"后人论曾国藩的文章，称他有"雄直的气概，宏通的见识。"黎庶昌并且推崇曾氏"比姚鼐的规模更为扩大。并立功、立德、立言于一途，又能兼取各家的长处。跨越历代名家，上追两汉三代，简直是欧阳修以后的第一位文章大宗师。"黎氏对于他老师的揄扬，虽未免稍带感情的味道，但认为曾国藩足以绍述桐城而予以发扬光大，则是近代文坛多人共有的看法。曾氏治学，本从程朱义理之学入门，渐溯及以经学为中心的"汉学"。他自己说："国藩虽宗奉宋儒，也不废弃汉学。"在宋明理学之中，他是倾向程朱而不满于陆王的。尤其对于王阳明的"致良知"之说，曾痛加驳斥。他在为唐鉴所写的《书学案小识后》一文中说："圣人的智慧，足以周知万物；他们的才能，可使一切举措得宜，可是他们并不敢执一己之心以为是。必因万物的种类不同，分别穷究它们的道理。如虞舜的好问好察，周公的日夜深思，孔子的好古敏求，颜渊的博学以文，孟子的集义，都是朱子所谓'即物而穷其理'的功夫。自陆象山提出'本心'的说法，王阳明便从而演绎出所谓'致良知'的学说来，说什么'我心里自有辨别是非的天然准则，不必支离破碎地求知于外在的事物'，这种论调真是荒谬极了。"不过，国藩在给友人的书信中，又说："朱子之学是正宗，陆王之学也是不可偏废的支流。"是则又认为陆王之学也有相当道理了。

至于国藩所信奉的经世之学，则听从唐鉴的劝告，专从研究历史入手。唐鉴曾告诉他："经济之学，唯有向历史上的古人学习。

一切典章制度，都可以从历史遗迹上去探索其利弊得失。”国藩一生都服膺着这些话。从道光二十二年十二月初七日起，他自立用功的新课程，规定自己每天必须读史十页，并加以圈点。而他生平的行事做人，也的确处处取法于古人。例如他创立湘军，便自言是“仿效前明戚继光及近人傅鼐的成法”。他又选择古代最为杰出的人物三十三人，着人一一为之画像。每四（五）人为一组，各附短文一篇，简述他们的功勋、事业、道德、学问，名之为《圣哲画像记》，② 以作为自己及后嗣行事、做人、治学的模仿对象。曾国藩对于我国的历史，真像钱穆先生所说，是怀有莫大的“温情与敬意”的。（钱著《国史大纲》扉页弁言）基于这一点，他甚至产生一种信念：要解决中国的一切问题，基本上只有倚仗中国本身的历史经验才行。曾国藩最推崇《周礼》，他以为这部书赅括了一切“体国经野”的典章制度。《仪礼》则是治国淑世的君子们，应该师法奉行的另一部经典。孔子生平最重视“以礼乐治天下”，因此国藩认定礼和乐是“经纶万物，化民成俗”的宝典。他甚至相信：若能行古礼，便可以把国家治好；真正的古乐，能使“凤凰来仪，万兽率舞”。所以他给朋友写信，认为自己不懂古礼和古乐，是终身的大遗憾。（《复刘霞仙中丞》，《书札》卷二十七）现在看起来，国藩这些想法未免太“迂”了一点，然而我们如果稍为深入并设身处地分析一下，便知道这都是传统历史教育必然的结果。因为中国历史所给予他的教训和启示就是这些，我们没有理由，期望他的见识能超出本国历史经验之外。笔者常想：假使让孙中山先生接受同一教育，可能也会产生与曾国藩同样的见解。

于正史各书之中，国藩最推崇《资治通鉴》，认为是六经以外，

② “周程朱张”一组，指的是周敦颐、程颐、程颢、朱熹和张载，故短文中称“二程”，称“有宋五子”，这一组明明已有五人。其余七组，都是每组四人，合为三十三人。但在结尾又说“此三十二子者”，这是一个小小的矛盾。

不刊的宝典，经世致用，没有比这部书更有用的了。至于《史记》、《汉书》以下各史，虽然也是“经济”应该借镜的典籍，但却持着批评的态度而不盲从。如说《史记》是司马迁借以抒发自身悲愤不平的作品，（《求阙斋读书录》卷三）其中有些记述，也颇为夸张不实。他不相信韩信“木罂渡军”与“沙囊壅水”的故事，认为事实上无此可能。（《杂著·史书》）他批评《汉书·陆贾传》，妄改《史记》文字，致语意谬误。（《求阙斋读书录》卷三）这些地方，都足以证明曾氏的史识，颇有可观。

曾国藩又说：“天下应该考究的大事有十四件：官制、财用、盐政、漕务、钱法、冠礼、婚礼、丧礼、祭礼、兵制、兵法、刑律、地舆、河渠，一律应以本（清）朝现有的典制为基础，而追溯以前历代的沿革本末。前代的错误，我们可以改正；前代的缺漏，我们可以创造。”（辛亥七月日记）这不仅比“国之大事，在祀与戎”的眼光大了许多，和他同时代的一般士大夫相较，也显得更留意切于实用的学问。尤其是他能提出改正与创新的观念，见得曾氏心中，也知道不可盲从古人，典章制度有因时而变的必要。不过，他所提出的十四件所谓“大事”，并非件件重要，甚至有些已经陈腐落伍，理应淘汰废除（如冠、昏、丧、祭四礼之类）。而他这一套概念，无疑又是从各朝正史、九通、《皇朝经世文编》等典籍得来的。他虽然知道不可盲从古人，却仍无法突破古人的牢笼和拘勒。这不是他个人的过失，完全得归咎于中国闭塞的风气所造成。

在治学方法方面，曾氏也有他独到之处。前文提到过的，他主张读古书应从小学训诂入手，已比宋明理学家空谈“义理性命”更切实有用。此外，他认为读书要“三有”：有志、有恒、有识；为学要有“四多”，多读、多看、多写、多作。多读的书，需要精熟，其余只要浏览涉猎一番就可以了。因此在数量上不妨力求其多，是之谓“多看”。这就是今人所谓“精读”与“粗读”，是相当可取的读书方法。“多写”是要多写毛笔字，“多作”则是指写作能力的培养。多练习作文，自然也是对的。至于要求每个人都多写毛笔字，在当时也许有他的道理，但时至今日，便大有商榷的余地了。国藩曾要求他的长子纪泽，每日须写毛笔楷书一万字。果真付诸实行，是相当费时的。即使是毛笔小楷，恐也要十个小时以上。不用说事事讲求效率，分秒必争的今日，就是科举时代，也未必是聪明正确的做法了。他在家信里曾经告诉几位弟弟：“读经有一‘耐’字诀，一字不通，不看下句；今日不通，明日再读；今年不精，明年再读。”可是在另两封家信里，又说：“凡读书有难解的地方，不必一定非弄得清清楚楚不可，也不必苦苦强记。但求从容涵泳，今天看几篇，明天看几篇，久而久之，自然就得益了。”这两段话乍看似不无矛盾，但仔细玩味，前者是指读“经”的方法，后者则泛指普通书籍，也就是国藩所谓“多读”与“多看”的不同了。

曾国藩既是儒家教育培植出来的人物，所以在他的思想范畴里，自然仍以儒家思想为主体。但他对于老、庄、墨、法等诸子的思想，也略曾涉猎。此外，对于曾氏思想曾发生过影响的，便是他的家庭、师友及其所厕身的社会。以下就从这几条线索，来探讨一下曾国藩的思想源流及其演变。

曾国藩是儒家思想的忠实信徒，这是众所公认的。可是自孔子之后，迄于清代，儒家思想并非一成不变，古今如一，而是曾经无数蜕变过程的。秦汉以后，早已搀杂了许多非儒家的成分，甚至有些胆子较大的“儒者”，把自己“发明”的一些理论，依托附会在孔、孟的脚下，妄替圣人著言立说，那就距离孔氏门墙更为遥远了。在这方面，曾国藩是有所选择的。大抵他于孔、孟、程、朱诸人，是无条件服膺的。至于其他儒者，则或从或否，甚而有所褒贬。孔子在《论语》里，曾把“礼”的地位抬得很高，曾氏一生，便把“礼”作为他思想上的中心所在。他在所撰《江宁府学记》一文里，特别指出：礼是儒家教育内容的主体，先王制礼，是要将每一个人纳入井然有序、各如其分的轨范之中。三代之士为什么都能循规蹈矩？那是因为人人都受教育，而教育则完全一本于礼的缘故。曾国藩虽然重视“仪礼”，但他心目中的“礼学”，实不限于“仪文之琐”的表面礼节，而是总括一切“修齐治平”大道理的典章制度。所以他说：“古代学者，没有什么‘经世之术’的名词，只是学礼就行了。……自从司马迁作《史记》，误将礼书与封禅、平准等书并列；班固、范晔等循着这个错误，沿袭下来，遂使后人以为《礼》就是一些尊卑上下之间，应接、燕享、丧祭等等活动的规范而已。杜佑作《通典》，大半的内容都是讲礼的。这才算得到了先王经世治民的遗意。……本朝江永纂《礼书纲目》，秦蕙田修《五礼通考》，举凡天文、地理、军政、官制，几乎无所不包，我很是信服。不过，秦氏书中缺少了‘食货’一门，未免是个遗憾。我有意搜集盐、漕、赋税、国用等数据，就秦氏的书而加以补充。这不仅是为了扩大自己的知识领域，更是因为古圣人创立礼制，本来就是无所不容的缘故。”（《文集》卷三《孙芝房侍讲刍论序》）又说：“古代的君子，……修身、齐家、治国、平天下，完全秉承着一个礼字。自内而言，除了礼，没有道德可谈；自外而言，除了礼，没有政事可谈。所以六官经制非常完备，而以《周礼》作为书名。”（《杂著》卷二《笔记·礼》）

从以上所举曾氏的言论看来，他的一切思想主体，可说完全继承了儒家的衣钵，以“礼”统摄着个人修养及一切人际关系。曾国藩心目中的“礼”，简直是“涵盖万有”；所谓“经世之学”，归根究底，也只是一个“礼”字而已。

曾国藩另一个带有强烈儒家色彩的政治思想，便是“人治主义”。他深信宦途的清浊、世风的隆污，乃至军队作战能力的强弱，无一不取决于人才的贤否——而且是取决于少数领导人物的贤否。

类似的观念，散见于他的书信、日记等处极多。他曾写信给林秀山说：“法是靠不住的，可靠的是人。”（《书札》卷四）在给胡林翼的信上说：“观察天下大局，已经无可挽回。如今你我所能尽力而为的，惟有多引用一批正人君子，培养几个好官，作为将来起死回生的种子而已。”又说：“今天的局势，如不从吏治人心痛下工夫，涤肠荡胃，断乎是不能挽回的。”“我公对于天下的贡献，第一是整顿吏治，改变风气。至于收复二千里的失土，还在其次呢。”（《书札》卷十二）曾氏这些言论，自然是孔子“人存政举；人亡政息”说法的延伸。（《中庸·哀公问政》）他又相信居于上位的少数政治领导者，对于社会人心及政治风气，具有转移影响的极大功能。他说：“社会风俗的淳厚与浇薄，完全取决于一二人心的趋向。”接着他解释道：“少数在位的当道者，如以仁义为倡率，众人必为仁义牺牲生命，在所不惜；如提倡功利，则众人也一定甘心死于功利而不悔。”国藩这番话，显然又是孔子的“君子之德风，小人之德草，草上之风必偃”这几句话的翻版。（《论语·颜渊》）

曾国藩既然如此强调“人”的因素，对于社会国家的重要性，因而对人才的识拔、培养、任用、考察，都下过一番工夫深入研究。结果形成一套颇具系统的人事政策，值得后世借镜。

曾氏在人才的罗致方面，他认为应多采奖励的方法，人人自然乐为所用。但人才不是天生的，大抵都要经过磨练得来。而且社会上上等贤哲之士，为数绝少，这种人才是可遇而不可求的；中材之士，则比比皆是，可以因领导者的努力寻访和培养而获致。所以他主张：访求人才的道路要广，任用人才的态度要谨慎，并能常施教诲，严格无私地考核奖惩，则人才自然源源而至，不患“才难”了。他把上述原则归纳为八个字：“广收、慎用、勤教、严绳。”早年国藩用人，特别注重品德。无品者，虽才不用。他说：“人才的高下，看他的志趣所向就知道了。卑琐的人，安于流俗庸陋的陈规，他们的品格，所以越来越污秽低下；有志之人，常是追慕往哲前贤的传业，所以他们的品德，能够日趋高超。”国藩在给友人的信中，论到人才的基本条件，是“朴质廉介”四字。具有这种本质的人，再加上其他的长处，才算可贵。若是缺乏这种本质，纵有其他长处，也不足取。曾氏笔记中有《才德》一篇，文中虽主张才德并重，但若二者不可得兼，则宁弃才而取德。这是“唯德主义”的用人观点。但是到了晚年，他这一态度已有相当修正。其所撰《才用》一文，便认为用人不能唯德是崇，主要的是要能量材使器。譬如治病，倘药不对症，再贵重的药也没有用，倒不如用能够收效的低级药品，反而于病有益。他自承早年好用忠实之流，临老才省悟多是“药不对症”。世人论人，好以“君子”、“小人”为分际，曾国藩于此也有精辟独到的看法。他写给郭嵩焘的信上说：“官居高位的人，当以知人晓事（明理）为职责。知人是不容易学的，晓事则可以从阅历和努力获得。晓事明理的人，无论对于赞成或反对自己的意见，都可以慢慢地开悟，达到和衷共济。如不晓事，则挟私是谬误的，秉公也不一定做得对；小人会做错，君子也一样会做错。加上没有知人之明，则更是背道而驰，永无和协成事之理。一般人常强调分别君子、小人的重要性，我则以为天下没有一成不变的君子，也没有一成不变的小人。今日能够知人晓事，就是君子；明天不能知人晓事，就是小人了。”这种论调，竟打破了“君子永远是君子，小人永远是小人”的成见，真是难能可贵。曾国藩既然认定大多数人是中材之士，君子小人没有一成不变之理，因此他认为人才可以藉陶冶而成。奖之以忠则忠，勉之以廉则廉，甚至卑琐的人，在严格管理统驭之下，也能约束自己，不至为非，进而发挥一技之长。端在居于领导地位的人，善用转移之道，培养之方与考察之法而已。

曾国藩的思想，虽以儒家为主体，却也能兼取先秦诸子之长。在他日记中曾有这么一段记载：“周末诸子都各有相当造诣。其所以不及孔子，乃是因为他们非有所偏，即有所缺的缘故。我们如能把持内心像老、庄的虚静，持身处世能像墨翟的勤俭，治民像管仲、商鞅的严整，而又不自是自满；偏颇的地方，则加以矫正；缺略的地方，则加以补充。如此则诸子的思想，都可供我们师法了，断不可轻言抛弃。”（辛酉八月日记）而事实上，他平日的为人处世，也有很多取法诸子之处。他常说：“我生平立身之道，实以禹、墨为体，以老、庄为用。”曾氏咸丰初年在湖南办团练，协助维持地方治安，曾实施“铁腕政策”，以严刑峻法来惩处为害地方的不良分子（见本文第五节）。他在《劝诫州县四条》中，力主以管子、荀子、文中子的严刑主义为理政听讼的准则，效法子产、诸葛亮、王猛等人以严济宽的作风，惩恶安良。这显然受了法家思想的影响。

儒家思想的另一特色，是对“孝”字的重视。国藩对于孝的身体力行，也可说是终身不懈的。因此，他的祖父和父亲，在他的思想上也有相当影响。本文在第二节中曾提到国藩的祖父玉屏，创立过一些独特的家规。其中大部分为国藩终身奉行不衰，少数碍于客观条件的限制，则深感力不从心。例如玉屏家规中的早起、重视祭祀和敦亲睦邻，国藩一生实行最是努力，不信巫道和尚，也颇能恪守祖训。惟有“命运风水”之说，生病延医服药两件，国藩却不能尽从他祖父的观念而加以摒弃。咸丰八年（一八五八年），他在家守制时，认为他父母亲墓地的风水不好，急求迁地改葬。至友郭嵩焘写信劝他不必要，国藩回信说：人家都说他父母坟地犯了“凶煞”，不能不觅地改葬。（《咸同中兴名贤手札·致郭意城》）而早在他祖父玉屏去世之前（道光二十九年三月），国藩给诸弟的信上，已明白表示：自从祖母下葬之后，家中添了三个男丁，自己升了内阁学士，官拜侍郎，曾国荃也中了秀才，证明他祖母的墓地确是大吉大利。（《家书》卷三《致诸弟》）同治六年（一八六七年），国藩曾向赵烈文谈到早年拆除祁门城墙的一段故事：当他驻军祁门时，听得当地人说：祁门这座城是康熙年间兴建的。自从建城之后，祁门就不曾中过一个举人。国藩因见祁门四面都是山，城墙并无多大军事价值，因令索性把城拆了，另建碉堡防守。拆城之后，祁门县却连年有人得中科名。国藩因道风水地理之说，毕竟是有的（《能静居日记》，页一九六八）由此可知，曾国藩本身是相信“风水”的，这完全是环境习俗使然。至于医药方面，因为他的身体一向多病，而生病、请医生、服药，社会大众已公认是天经地义的事，况且因延医服药而治好病的例子，比比皆是，曾国藩实在难以冒着生命的危险，去遵守他祖父那有悖情理的“不信医”家规。从道光年间的京官生活起，直至他去世为止，几乎经常都在和医生与药物打交道。有关记录，不胜枚举。可是他在咸丰十年十二月二十日的日记里，却记载着说：“我祖父星冈公，生时不信医药、僧巫和地理先生，意志坚定得很。我们做子孙的，实在应该遵守遗训才是。可是近年来，家中兄弟子侄们，对于上述三项都和祖父唱反调。我自己呢，不信僧巫和地理先生，倒颇能守住祖训父训，就是不能不信医药。自从（咸丰）八年秋天起，常服鹿茸丸，这也是不能继承先人遗志的一件事。以后要逐渐戒除，并告诫诸弟，务要克绍家风才好。”从这里，充分反映了曾国藩在思想上的矛盾，他自己是相信风水和医药的，可是祖父留下来的家训，却是明明禁止相信这些，这的确使笃守孝道的曾国藩为难了。他之所以发生上述的思想矛盾，我们倒不能责怪他言行不能一致，因为这纯粹是时代环境所加给他的负担。今天看来，他实在没有承受这些矛盾和负担的必要。但是在他那个时代，他是无可逃避，也决不敢逃避的。而事实上，时代环境加诸曾国藩的思想负担，尚不仅限于上述小事，在许多方面，也都是如此。现在试举数端为例：

历来学术界对于曾国藩的效忠满清，消灭太平军，颇有争议。有人以“民族大义”责备曾氏，认为他不应该助满灭汉。有人却为他辩白，说曾氏的主要目的在扶持名教，保卫家乡，保存满清政权只是他达到目的的手段而已。章炳麟就曾经说过："曾国藩这个人，捧他的人可以称他为'圣相'，抨击他的人则骂他是'元凶'。实际上他只是一个热衷功名而个性善变的人而已。刚进翰林院，便要求他弟弟们在声律和书法上下工夫。及与诸名公巨卿相交接，又沾沾然沽名钓誉，重文而轻道。他打平太平军，是因为很多人的助力，经过多次试验才成功的。他的志向，不过是想封侯拜爵而已。他的功业，顶多只能和唐朝的王铎、郑畋相比。……相传郑畋死后三十年，他的家人还说：'我的祖父是害民贼。'可悲啊，尽管是孝子贤孙，也不能改正祖先的过失了。"（《检论》卷八《杂志》）章氏又责备曾国藩不乘消灭洪氏的余威，铲除满清政权。所以死后不免留下"恶名"。（《检论》卷九《近思》）孙中山先生也说："曾国藩、罗泽南等人号称学者，也不明春秋大义，而以汉攻汉，太平天国因此而亡。"（《太平天国战史序》）蒋星德氏作《曾国藩之生平与事业》，何贻焜作《曾国藩评传》，对于曾氏的道德、学问与事业，都推崇备至，可是不约而同地都认为曾国藩的"为异族效力"，缺乏民族思想，为之大表遗憾。然而在另一方面，也有人认为曾氏挺身而消灭太平天国，志在维持名教，保卫家乡，并无为满清"勤王"的意思，换言之，也就是曾国藩没有"忠君"的思想。此派论调，以日人稻叶君山持之最力。（《清朝全史》第六十六章）连对曾氏极表不满的章炳麟，也说"曾、左的初起，目的只在保卫乡邑，不敢公然赞助清廷。"（《检论》卷九《近思》）而事实上，这两派主张都各有所蔽，评断未免陷于主观。稻叶氏说曾国藩的湘军，是一支维持名教、保卫家乡的"宗教军"，大致是不无道理的，但若说曾国藩和湘军将领们没有"勤王忠君"的思想，便大谬不然了。因为中国传统上的所谓"名教"，实以"三纲五常"为主体，而三纲中的头一纲，便是"君为臣纲"。君臣之义，向来被看成是第一重要的品德，远超过其他德性之上，因而常有“移孝作忠”的说法（决无人敢倡议“移忠作孝”）。所谓“忠”，在那个时候，指的就是忠于君主。曾国藩既以扶持名教为己任，若是他不以“忠君”为前提，那他的“名教”思想就无从立脚了。所以从当时的观点看来，如果说曾氏没有“忠君勤王”的思想，那对曾氏无异是一种侮辱。事实上，我们检视曾国藩遗留下来的文献资料，其中惓惓乎忠君怀上的情愫，实在处处溢于言表。我们如果承认曾国藩是位诚实的君子，便不应该怀疑他写这些文字的真诚。举例来说：早在鸦片战争前后，他曾赋诗言志，其中有几句：“生世不能学夔皋，裁量帝载归甄陶；犹当下同郭与李，手提两京还天子。”（《十月戎行图》）又在送弟国荃还乡诗中也说：“门内生涯何足道，须要尝胆报尧天。”忠君思想已是很浓厚了。而表现得最清楚的，则莫过于咸丰元年（一八五一年）五月十四日的《致诸弟》书：“二十六日我又进上一分谏疏，敬陈圣德三端，预防将来的流弊。我说话相当激烈而痛切。……我沐受皇恩至为深厚，官做到了二品大员，祖父三代都受了诰封，儿子也荫任至六品官，实在够荣耀的了。这正是我应该尽忠直言的时候。……折子刚递上去，我预测皇上也许会发脾气，所以早就作了领受处罚的准备。不料竟蒙皇上优容，曲赐矜全。从今以后，我更应当尽忠报国，再顾不得身家之私了。……父亲每次家书，都教我要尽忠国事，以报皇恩，不必挂念家事。我能体会父亲的教训，所以能够公尔忘私，国尔忘家。”（《家书》卷四）很显然的，国藩一家，由于受到清廷赐与的尊荣，因而亟思感恩图报，为清朝效忠，这也是人情之常，理所当然的。况且自秦汉以来，二千余年的传统教育，便强调“忠君”应置于一切美德之上。不能忠于君主，任你再贤能，也会受到后世的讥贬。忠君和妇女守节一样，都被专制时代的人看作是人格完整与否的最大分野。曾国藩时代，整个中国丝毫没有接受过民主教育的洗礼，谁不是满脑子的忠君思想？岂仅曾国藩一人而已？再就“民族思想”这一层来看，曾国藩助清灭洪，也是无可指责的。姑且不说今日只有“中华民族”，已无满、汉之分，即在曾国藩时代，大家也都早已心甘情愿地接受了满清统治这一事实。君不见：举国上下，对于清朝皇帝的崇敬，与从前对明朝皇帝的崇敬，毫无二致；读书人一心一意应科举考试，谋求功名利禄，也和明朝时代一样。所谓“君臣之分已定”，“食毛践土”的臣民，如不对清朝效忠，岂不成了“叛逆”？这个时候，期望曾国藩和清初的明室遗臣一样，高举“兴汉灭满”的大旗，来反抗清朝，岂非等于要求强迫婚姻之下所生的子女，起来反对父母一样，不可思议？其次，太平天国时代的清、洪斗争，与其说它是一场“民族斗争”，毋宁说它是一场历史文化的斗争，更为恰当。洪、杨等人虽然高喊“胡、汉斗争”的口号，可是他们所代表的，是一种非驴非马不中不西的荒谬迷信思想。他们用言论和行动来否定中国几千年的历史和文化，企图建立一种违背人性的高压统治。相反地，清朝政权虽以满人为主，他们却久已深染汉化，并以汉文化的继承者和保卫者自居；举凡汉人的文物制度、社会习俗及思想行为模式，无不受到容忍和尊重（仅在清初有绝少数例外）。当时的情势至为明显：太平天国胜利之日，也就是中国历史文化遭受毁灭之时。清朝政府纵然腐败，却还是能够延续中国历史文化的唯一力量。照此观点看来，曾国藩的“助清灭洪”，非仅无可非议，并且可说是有功于民族文化的表现，何民族思想“缺乏”之有？所以从“民族思想”这一角度来看曾国藩，表面是矛盾，实际并不矛盾，其所以被后人看作是“矛盾”，自然仍是时代不同所造成的结果。

曾国藩一生的功业，以军事成就为最大。然而仔细检讨曾氏的军事思想，却并没有什么奇特惊人之处。他之所以得成讨平太平天国的大功，第一在于熟知八旗绿营的积弊，因而对症下药，另组气象一新的湘军。第二在于他步步为营、稳扎稳打的平实作风。第三在于他的对手太平军领袖们，知识贫乏，眼光短浅，造成湘军坐大的机会（第三点尤其重要）。曾国藩出身文臣而身任军事统帅，他自知缺少军事方面的学识与经验，因而促使他加倍小心谨慎。事事躬亲体察，时时谋求改进。不料就凭着得自书本上的一点有限军事知识，经他周咨博访，又从经验上吸取教训，最后竟也能形成一套颇切实用的军事思想。

曾国藩所信奉的“人治主义”，应用到军事上，首先便在慎选将才及士兵（勇丁）方面特别注意。湘军选募士兵，以“年轻力壮，朴实而带有农夫土气者为上”，凡是看起来油头滑面，有市井气及衙门气息的，一概摒弃不用。曾氏以为“山僻的人多犷悍，水乡的人多浮滑，城市中人则多染游惰的习气，乡村农夫则多数秉性朴而拙。所以善于用兵的将帅，常喜用山乡的兵卒，而不喜用城市或近水的人。”（《奏稿》卷五《湖北兵勇不可复用折》）在选用干部方面，国藩认为高级将领需要具备四个条件：知人善用、善觇敌情、临阵有胆识、营务整齐。（《家书·致沅甫》）中下级军官也应具有四项条件：才堪治民、不怕死、不贪名利、刻苦耐劳。（《书札·与彭筱房、曾香海》）而维持军队的团结与作战能力，平时必须注重军纪的培养与战技的训练。他说：“带兵之道，以禁止骚扰为第一义。”（《劝诫营官四条》）咸丰八年，曾氏在江西曾亲撰《爱民歌》一首，教勇丁们练唱熟记。其主旨是训示军队不妄取民间一物，不强占民房，不拉夫，不欺凌百姓。（《杂著》卷一）对于勇营的训练，曾氏分为“训”与“练”两件事。“训”要训打仗之法，训作人之道；“练”则练队伍，练技艺。（《批牍》卷二《批统领韩字营韩参将禀》）他认为军队必须常常出征或劳动，才能保持一种常新的蓬勃气象而不致流于疲弱。（《书札》卷十八《与康桂生》）这些观点，都与近代进步的军事思想，不谋而合，值得后世统兵将领借镜。

然而曾氏的军事思想，并非一无可议。他有些观念，也大有商榷的余地。例如他抱定一个“先求稳当，后求变化”的想法。（《家书》卷五《与沅甫》）所以处处小心谨慎。有些地方，似乎有点小心得过火。湘军每日行军，最快不超过四十华里，少者不过二三十里而已。常以半日行军，半日筑营。目的在节省将士体力、以求敌劳我逸，“致人而不致于人”。（《李文忠公奏稿》卷八《密陈剿捻事宜片》）所扎之营，力求深沟高垒，易守难攻。每到一处安营，不论风雨寒暑，队伍一到，第一件事便是挖濠筑墙，设置障碍物。墙子高八尺，厚一丈。濠沟至少深一丈五尺，愈深愈好。墙子只修一道，濠沟则须二、三道，障碍物则多至五、六层。（《杂著·扎营之规》）并且规定：营未扎成，不准休息，也不准与敌开战。湘军每天要费如此多的时间与精力在安营扎寨方面，“稳”自然是“稳”了，但是在“兵贵神速”与“先发制人”方面，便完全谈不到了。蔡锷论曾、胡用兵，好取守势作战。幸而当日太平军并非精练之师，兵器尚未发达，耳目不灵，攻击力很是薄弱，否则徒凭地形地物，没有攻击精神，决难取胜。（《曾胡治兵语录》）这话是很有道理的。后来曾国藩率师平捻，面对来去迅速的捻军骑兵，曾氏这一套“稳扎稳打”的战术，果然全告失灵，以致师久无功（见本文第七节）。曾氏终于不能不承认“狃于陈迹”的失策。（《奏稿》卷三二《再议练军事宜折》）

曾国藩的军事知识，全从史书和本身的经验得来。耳闻目见所及，全是中国传统的武器和战法。即使有少量的火器，那也是沿自清初的鸟枪和劈山炮之类，与同时代的西洋火器相比，自然显得落伍和幼稚。曾国藩早年对于西洋火器的进步，很少认识，加上他“宁拙勿巧”的个性，遂使他形成一个根深蒂固的观念：认为中国的传统武器：戈、矛、刀、剑，外加鸟枪、抬枪和劈山炮，是军队决胜战场的正宗武器；西洋枪炮及火药，充其量只可作为点缀之用的“奇技淫巧”，不足影响作战胜败。曾氏此一观念，持之多年，直到晚年才稍有转变。同治元、二年间，他在几封给曾国荃的信里面，曾反复告诫，不可“沉溺”于西洋火器。元年九月的一封信说：“你所要的洋枪、洋药和铜帽等物，即日派长龙船去采办。但是我必须告诉你：制胜之道，完全在乎人而不在于武器。鲍超的军队，并无洋枪洋药，照样常打胜仗。……从前和春、张国梁在金陵大营，拥有洋人军器最多，结果却遭到咸丰十年三月间的惨败。你若是专在西洋火器方面讲求，我担心你部下的将士们，人人都将沾上专搞外务而投机取巧的恶习，却忽略了‘反己守拙’的道理。……真正的美人，不必靠珠翠打扮；会写字的书法家，不倚仗好的笔墨，那么，真会作战的将士，又怎会仰赖洋枪洋药呢？”另一封信又说：“洋枪洋药，总以少用为是。……兵勇一定要有‘宁拙勿巧、宁故勿新’的意念，才可以持久。”同治二年（一八六三年）十二月的一封信说：“你去年请黄南坡从广东解炮四尊，今年又请丁杰买炮数尊，这都是外行而不必要的措施。”又一封信说：“洋枪机括这类东西，你营中既能善为收拾，又知勤于擦洗，我当着李筱泉（按即李瀚章，时在广东）以广东厘金款项购买。不过，我军仍当以抬枪、鸟枪、刀、矛及劈山炮为根本武器。譬如子弟读书，在经书、八股文之外，兼擅一点诗赋杂艺，倒也不错，但如为了学诗赋杂艺而丢弃了经书和八股文章，就未免浮而不实了。”（《家书》卷六《致九弟》）③一般人狃于曾国藩发动造船、制器及派幼童出洋等自强事业，每每忽略曾氏保守思想的一面；或为了捧曾国藩而故意为他掩饰，根本不谈曾氏上述这些言论。凡持这类态度去品断历史人物，往往有失客观持平，更是容易失真的。实则曾国藩在传统士大夫群中，的确算得上是思想新颖的人物，但若以当时世界知识的尺度来衡量他（不是现在的知识尺度），就难免显得落后了。造成他这种

③ 曾国藩于道光二十四年给诸弟的信，曾痛斥八股文的误人（见六四、六五页），此处又以八股与经书并举，认为是子弟应当努力学习的根本功夫，这是他思想上的另一矛盾，想来也是章炳麟批评他“功名善变”的原因之一。

落后的军事思想，原因仍不在他本身，而是当时的时代环境使然。我们不妨设想一下：如果让曾国藩有机会接受西方教育，或至少能到欧美去游历一番，则相信他的言论思想，一定会完全改观。梁启超说得好："假使曾文正能生存于今日（一九一一年），而犹在壮年，则中国一定可以经他的手而得救了。以他那样纯厚的天性，即使去做破坏工作（按指革命而言），也未尝不可。"（《饮冰室文集》卷十四《论私德》）

总之，曾国藩在学术思想方面，有他杰出的成就，但并非所有曾氏的学术思想，都可供后人取法师承，其中也有陈旧过时的部分，我们没有为前贤隐讳的必要。倘若我们为了某一原因，有意地加以曲解、回护，或略而不谈这一部分，其结果都足以导致后世青年的迷惘，而发生是非混淆，令人不知所从。这是身居后世的人，论人断事，应该时时加以警惕的。

十、重要著述的介绍

曾氏一生，在中进士之前，因忙于学八股，考科举，可说还没有踏进学术的大门。要等到二十八岁点过翰林之后，他才有余力从事学问的探求。但也只有十二三年的工夫（一八三九—一八五二年），用以完成他的自我教育。从咸丰二年（一八五二年）以后、他就出山带兵打仗，过着栖惶不安的生活了。及太平天国平定，国藩已是精力日衰。虽然满腔热望，想恢复他著书立说的生活，可是已力不从心，徒唤奈何了。[1] 他曾经自我解嘲地说：“李少泉（鸿章）拼命做官，俞荫甫（樾）拼命著书，这两件事我都是不干的。”（《春在堂随笔》）因此曾国藩的著述，并不算太丰富。一部《曾文正公全集》，几乎已网罗了他生平著作的全部（其中还有不少纂辑钞录之作）。此外，比较有分量的，就是他那一生绝少间断的日记了。今分别略作介绍如下：

1.《曾文正公全集》

《曾文正公全集》的编纂工作，就在国藩去世的同年（同治十一年，一八七二年）六月，在各方属望之下，于长沙开始着手。负责编校工作的，都是国藩在日的亲信幕僚及门生。如王定安、曹耀湘、杨商霖、张华理、黄维申等，而以王定安总理其事。刻版印刷的机构，名叫“传忠书局”，[2] 先后历时五年，至光绪三年（一八七七年），才全部完工。

初刊全集共一五四卷，所包括的内容如次：

卷首一卷	奏稿三十卷
诗集三卷	书札三三卷
批牍六卷	杂著二卷
求阙斋日记类钞二卷	求阙斋读书录四卷
十八家诗钞二十八卷	经史百家杂钞二十六卷
经史百家简编二卷	鸣原堂论文二卷

① 国藩早年有志著述的意念，曾向幕客赵烈文吐露过。见赵氏《能静居日记》同治六年八月二十一日。

② 清光绪年间的《曾文正公全集》版本，向来以为有“金陵书局”、“江宁书局”、“金陵传忠书局”、“长沙传忠书局”、“长沙思贤书局”等诸种，据曾昭六先生考证，实只有“长沙传忠书局”一种，其余皆出误会。见《曾文正公全集编刊考略·关于各书局成立渊源》。

文集三卷　　　　　　　　　　年谱十二卷[3]

后来各处续有翻印，计有上海东方书局排印本，光绪二十九年上海鸿文书局石印本、鸿宝书局石印本。一九五二年，台北世界书局也曾加以重印。一九七四年，台北文海出版社据“传忠书局”原版影印，附以曾氏后人曾昭六《编刊考略》一册，内容方面也视原版有所增加。以上各种版本，与“传忠书局”原刊本相较，内容都颇有增减。大抵所删去的是纂辑而成的书而增入家书、家训等直接创作。“文海”本并加入“大事记”、“荣哀录”及“未刊信稿”等数种；分量上，是目前所见各版本中为数最多的。现在选择比较重要的几种，略加说明：

奏稿　内容自道光三十年（一八五〇年）正月的《遵议大礼疏》起，至同治十一年（一八七二年）正月的《楚岸盐引淮川分界行销折》止，共计折片九五九件。但据曾纪泽于国藩死后呈缴朱批折件，致湖南巡抚呈文，则共有一八五六件之多，较现在刊行的奏稿，数量几乎多出一倍。曾家后人，也不知为何没有全部发刻。[4]可见此项奏稿，缺漏很多。但鉴于已刊行的奏稿，历年分配相当平均，重要奏稿也都搜罗在内，证明这是有意删芜存菁，经过选择的。

就现有可见折片而言，其中绝大多数都和征讨太平军有关。曾

---

③　关于《曾文正公全集》初刊卷数，现在“文海出版社”影印本第一册所载“总目”，说是一五六卷，而照所列各类卷数合计，却只有一五四卷。但李瀚章作的“叙”，又说总数为一六六卷。各类卷次也互有出入。如奏稿，“总目”说是三十卷，李“叙”说是三十二卷；《求阙斋读书录》，“总目”列为四卷，李“叙”却说是十卷。（按影印本确为十卷而非四卷）其余杂著、文集二类，两者卷数也不同。李“叙”有《孟子要略》五卷，“总目”则无，而集中实际上又有这部书。“文海”影印本是根据俞大维先生所藏“长沙传忠书局”光绪二年初刊本而影印的，不知何以有此差误？

④　曾昭六：《曾文正公全集编刊考略》，页二一一四七—二一一五〇。按：关于奏稿的刊刻，主持其事的是王定安。他曾主张“贵精而不贵多”，见他给曾纪泽的信，《编刊考略》页二一一五〇。奏稿没有全刻，多半是出于王定安的主意。

国藩如何由一个无足轻重的在籍侍郎，逐渐演变成独挑大梁的清军主将，并进而消灭太平天国，所有折片可以呈现相当清晰的脉络。而清廷对于曾国藩，一方面倚若长城，一方面又对他猜防备至，从折片中所引朱批或上谕里观察起来，也历历如绘。太平军消灭之后，国藩留任江督约近一年，同治四年（一八六五年）五月，即奉旨前往山东讨伐捻军。一年多以后，因师久无功而回任江督。旋由李鸿章接替讨捻军事任务。这一段时间，国藩的工作，主要是与李鸿章协同对捻军作战，并一面办理太平军之役的善后事务。此外，自强运动的各项建设事业，也在曾氏领导之下，积极展开。是故折片中以上述三项数据为最多。同治七年（一八六八年）七月，国藩调补直隶总督。十二月抵任。至九年八月，复回两江。在这两年之内，曾国藩经办的重要事件有：建立江苏水师营制、办理永定河等处水利工程、改革长芦盐务、试办直隶练军、查办天津教案等。折片中充分显示了曾氏处理军、政、财、外交及地方建设等各项事务的才干和见识，确在时人之上。可惜天津教案的处理，他虽然做得中规

曾国藩手书联语

中矩，却不谅于当时的所谓“清议”，⑤迫使他不得不向腐恶的守旧势力低头认错，引咎自责。回到金陵才一年多，便抑郁以逝。奏稿中所收九年八月以后的折片，数量很少，内容也无甚重要了。

书札 书札三十三卷，又称《曾文正公书牍》。都是国藩写给长官、朋友和僚属的私人函稿。起于道光二十年（一八四〇年），按年次编排。其中有些不载年月的，故书札终于何年，便无从得知了。书信内容，大抵在咸丰二年治军之前。多属论世治学之类，而忧时忧国的热忱，友朋箴规向善的至意，自然流露纸上，令人肃然起敬。及出而治军之后，书信所涉范围渐广。举凡军务、盐政、地方治安、筹饷、针砭世风、国家要政……可说无所不包。私函比诸奏议、批牍等公文书，最大的不同点在于：私函可以直抒胸臆，畅所欲言，不像公文书那样，需要字斟句酌，面面俱到，因而未免有时欺隐失实。曾国藩虽然是正人君子，他的奏稿也难免有这种缺点。⑥可是在书信中，因为利害与禁忌的顾虑较少，反而透露更多真实的消息。曾氏待人，处处以诚信自守。他的书信，坦直、谦厚、忠恕，兼而有之。谋事画策，思虑致密而有条理，也可从信中看出。至于文字的洗练，笔调的典雅流畅，则更是娓娓引人。所以曾国藩的书信，可以作为后人陶冶品性的箴言，可以作为考证史实的文献，也可以充作临摹学习的尺牍模板。

批牍与杂著 批牍是对僚属的下行文件，少数给予外国领事官的札文，也并入此类。按清代规例：下属对上司有所报告、献议或

---

⑤ 曾国藩此次办理教案之所以备遭攻击，多由于和军机处诸大臣相处不睦所致（包括恭亲王奕䜣在内）；枢臣既对曾氏表示不满，吹拍逢迎之徒，自然望风希旨，群起而攻之了。参见《能静居日记》同治四年九月初九日及八年八月二十九日。

⑥ 清人奏议，夸饰圆融，几乎形成一种风气。即如以骨鲠无私著名的林则徐，他在广东查办鸦片的奏折，也不尽实在。这完全由于专制淫威的苛酷，令人不敢处处说实话，因为那常常会为自己带来意想不到的奇祸。本文所引洪亮吉的事就是最好的例子。

请示，多使用禀帖或呈文；上司即在文尾批示意见，交下属奉行。有时候，文书幕僚，择要加以抄录，作为将来查考的依据。所以这类文件，论实际数量，当远在奏稿与书札之上，但得以保存下来的却不多。曾氏此项文件，全集所录，仅一三五件。数量虽少，也颇能显示国藩谆谆教诲部属的苦心。国藩常言："对部属要像父兄教导子弟一样，有殷殷望其成立之意。"这一点，他似乎确已做到了。虽然在文字语气上，难免有点"官腔官调"的味道，但这是当时所谓"朝廷体制"，不得不如此的，即使对多年老友，也不能例外。⑦尤其是对于武职将弁及受业门生，遣词用字，更是冷峻切直。但一番剀切诚恳的用心，却是使人感觉得到的。杂著二卷，多属笔记、条规、章程、告示、箴铭、课程之类，往往与他处重复。从这些文件中，可以看出曾氏居官做人，处处肯虚心体察，从细微处入手，有条不紊。而于人性的情伪、官场的风气、军中的弊习，真是洞察无遗。曾氏所手订的一些条规章程，既是考订史实的绝佳史料，也是后人处理事务的良好借镜。

求阙斋读书录 分为经、史、子、集四部。经、史各占二卷，子部一卷，集部五卷，共为十卷。可说是曾国藩的"读书札记"。经部首列《周易》和《周官》，依次是《仪礼》、《礼记》，多数是训诂考据之作。因为受了前人的影响，有些地方未免因缘附会，有些地方则给人一种"炒馊饭"的感觉——虽然费了许多力气去考证研究，怎奈全与时代脱节，无裨于世。这一部分，可说是曾氏精力的一大浪费。下面接着是《左传》、《国语》、《谷梁传》、《尔雅》、诂训杂记等篇，勾沉起覆，多有所发明，可为后人读古书提供一臂的助力。如卷二从"乾没"二字说起，谈到"白、素、坐"等字类似意义的用法，颇能纠正一般人的误解。但也有不尽妥当的地方。如

⑦ 如批四川试用知府冯卓怀禀，也是一片教训口吻。(批牍卷一)而冯氏是早年曾国藩在京最为推服的好友之一。

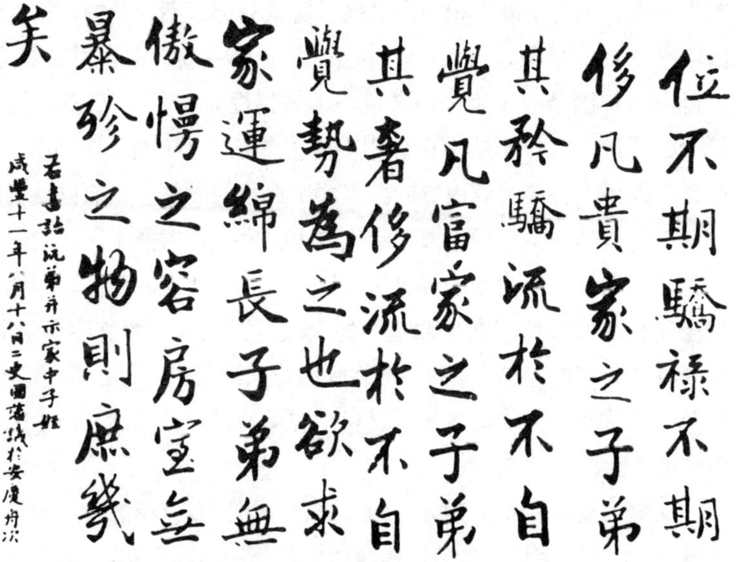

曾国藩书勉兄弟子侄箴言

说“古人好以甲、乙、丙、丁记事物的次第”，自是不差，但因而批评温庭筠的《咏苏武庙》诗，“往日楼台非甲帐，去时冠剑是丁年”二句，“有失古义”，这就未免“知其一而不知其二”了。史部所列各书，于训诂音义的考究之外，颇注意著述背景及作者意旨的分析。对于史事的论断，也颇具史识。然而，间或也有“走火入魔”之作。如卷四《文献通考》，列举西汉哀帝时有“日无精光，邪气连昏”的事，（据《汉书·李寻传》）东汉光武时有“召严光入禁中共卧，而太史奏客星犯帝座”的事，（据《后汉书·严光传》）但《两汉书》的《天文志》，两事都没有记载。曾氏因指《汉志》为“疏略”。殊不知这不是志书的“疏略”，而是列传的摭拾附会。因为天文志的纪录，多是根据档案文件中的天文记载，绝少凭空杜撰，而列传中的故事，不少得自口耳相传，难免迷信附会。志和传的执笔者虽同为一人，也有不能自相照应之处，所以有记载不一致的现象。曾国藩平生笃信星象，故而有此误会。⑧子部一卷，内容稍见贫乏。大概由于曾国藩对于诸子的学说，本来就视为“旁门支流”，用力较少的缘故。尤以影响中国思想界颇大的荀、韩诸家，皆付阙如，这是令人很为曾氏感到遗憾的。集部所选录的书最多，而以魏晋唐宋的诗人作品为主，最后殿以清代诸古文家。曾国藩生平，爱好诗和古文，大概是因为孔子曾再三推许“诗”的功能和价值，而继起的儒家信徒又鼓吹“文以载道”的缘故。因此，求阙斋读书录中，多谈诗文名家的专集，见得国藩在这两方面涉猎最广，心得也最丰。谈及诸家诗集，颇能阐发作者真意；文集的讨论，则嫌“道学”的意味似乎太浓了一点。

文集 集中所录文章共一四一篇，分为四卷（李瀚章“叙”作三卷），按年次编排。最后一篇《刘忠壮公松山墓志铭》，是一篇没有完成的残稿，只有三百多字，作于国藩去世之前不久（后由曾氏门人黎庶昌续作成篇）。曾氏文集于国藩逝世的同年，就有几种单行本问世，但所收文章都不及“全集”之多。现在台湾所见，则有商务印书馆涵芬楼四部丛刊本，及中华书局四部备要聚珍版本，两者都和诗集合成一册，诗、文各三卷。世界书局排印的《曾文正公全集》，文集单独装成一册，不分卷，没有注明撰作年月，目录编排也略为不同，且加入曾氏与人论文的书信九篇。⑨

曾氏平生所作文章，为数不多，主要也是由于“功业”所误。他早年颇为自负，和他同时的梅曾亮、何绍基等人，都颇有文名。

---

⑧ 例如咸丰十一年八月初一日，曾氏致信其弟国荃，称国荃克复安庆的时候，正值天上“日月合璧，五星联辉”，认为是应验着克城的喜事。（《家书》卷七）同治元年的曾氏日记，也有好几次关于“星象兆应人事”的记录。

⑨ 以上有关文集一段文字，是参照曾昭六的《编刊考略》写成的，但经过作者略加剪裁。

国藩看了他们的文章，认为自己将来一定可以超越他们。甚至对于清代中叶的诸古文名家，如方苞、姚鼐辈，曾氏也有所月旦。及至晚年，精力日衰，才幡然以为诸子的造诣，竟非自己所能企及。然而曾国藩的文章，条理畅达，稳健雄浑，自有他的特色。只是时而好言“性命道学”，未免略带酸腐气息。偶尔也喜欢用些僻典僻字，与当时一般文人，犯同一毛病。所有文章之中，序跋、碑铭等应酬文字，占去一大半。虽然不乏“言之有物”的佳作，而随俗浮沉，堆砌藻饰的作品也不少。

家书家训 二千年来，儒家的信徒们，在致力缔造一个“父慈子孝、兄友弟恭、敦亲睦邻”的理想社会。在某一个层次上，他们曾获得若干成功。在政治力量只着重维系统治者利益而忽略照顾大众的专制时代，社会的秩序就靠着他们的影响，而得到相当维持。从曾国藩的家信里（对平辈以上的称“家书”，对晚辈的叫“家训”），你可以看到一位典型的中国士大夫，如何处理他与家族邻里亲戚之间的关系，怎样追求孝、悌、慈爱、温厚的完美人格。在骨肉亲情日渐淡薄，邻里亲戚几同陌路的现代工商社会里，曾国藩的家信，实在具有劝世化俗的价值。曾氏家信中，虽然也谈些家务琐事，但有关军国大事、做人做事的原则、训勉子弟敦品励学等记录，也不在少，任何人都值得一读的。然而必须指出：曾氏在家信中有些受时代之累的观念，后人却没有盲从的必要。例如狭隘的“忠君”思想，选女婿必须“门当户对”，要求子弟勤习毛笔字和八股文……等等，这些都是只宜于当时的观念，不宜今人学步的。为了嫁女力求“门当户对”，而忽略了女婿本身的重要，以致国藩五个女儿之中，四个都遭到了不幸的婚姻，贻误终身。[⑩] 就此一端，已可证明伟人的一言一行，并不是全都可以效法的了。

---

⑩ 参阅蒋星德《曾国藩之生平及事业》，上编六章二十五节一一五页。

2.《曾文正公日记》

曾国藩自道光十九年（一八三九年）开始写日记，时年二十九岁。至道光二十五年三月底，因故忽然停止。至何时恢复，不得而知。黎庶昌所编《年谱》说：咸丰元年，曾氏有《绵绵穆穆之室日记》，现在学生书局影印的《曾文正公手写日记》并未收录，而见之于该局影印的《湘乡曾氏文献》第六册中。这项日记，包括了咸丰元年七月至二年六月，整整一年的时间。格式很特别：是特地雕版刻印的，上面印就八个记载项目："读书、静坐、属文、作字、办公、课子、对客、回信。"末尾印着四行字，解释"绵绵穆穆"的意义，显然是为了每日自勉的目的而设计的。有其他事项可记的，便写在日记的眉端。《湘乡曾氏文献》中另有《无慢室日记》、《人过闻见日记》、《道光二十一年元旦日记》等三种，是片断性的记录。连续不断的日记，起于咸丰八年（一八五八年）六月初六日，终于同治十一年（一八七二年）二月初三日（初四日国藩便去世了）。

曾氏日记，于编印全集时，曾由王启原摘抄其中一小部分，分为二卷、十门，刊入全集，名之为《求阙斋日记类钞》。赵烈文批评他"精芜并陈"，选择缺少见识。而事实上，王氏选钞国藩日记，和清朝实录馆选编皇帝的"实录"和"圣训"，目的很相类似，都是意在表扬书中主人翁的"嘉言懿行"，以供后人景仰取法的。自然价值很有限了。不过，因为《日记类钞》中一部分日记，为在台影印真迹本所无，这仍是很可贵的。

宣统元年（一九〇九年），曾家后人曾将原稿真迹以石印刊布，装订成四十册。但不知何故，却漏印了道光十九、二十两年。所印的书，也流传不广。日记原稿，仍存湘乡曾宅。抗战期间，由于躲避战祸，曾氏后人一度携至香港。一九四一年，香港沦于日寇之手。

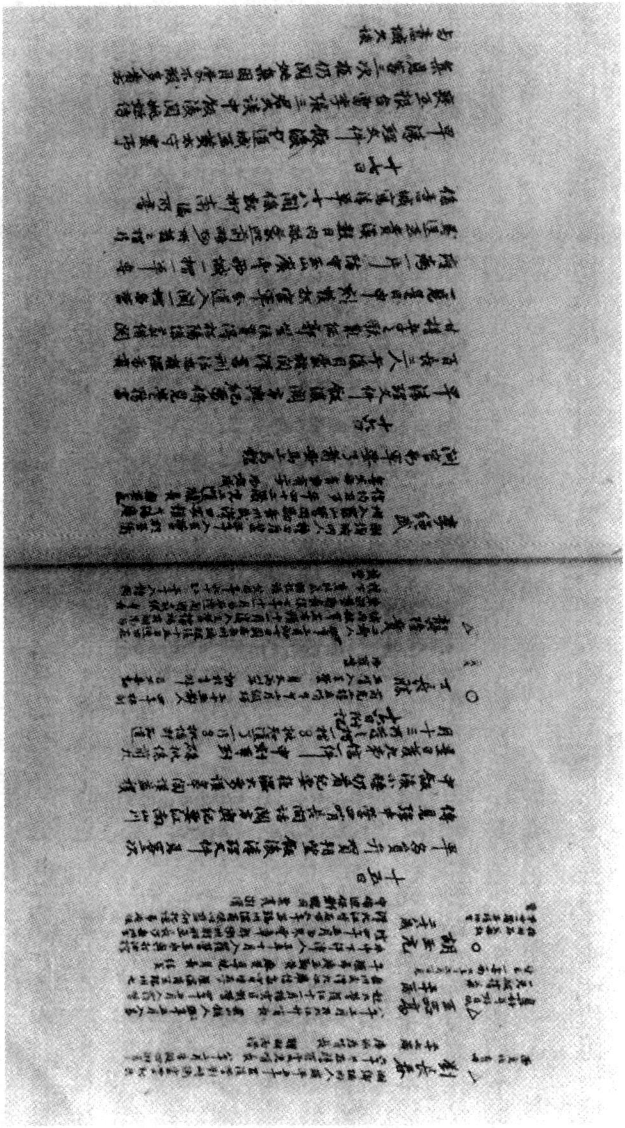

曾国藩手写日记真迹之二（咸丰八年十月）

曾约农先生等辗转设法，托人又运回湘乡。一九四九年大陆变色，复经香港抢运来台。一九六五年，全部日记手稿交台北学生书局再度影印问世，并补入道光十九、二十两年，分装六册。这一稀世秘籍，才得广布全球。

曾氏道光二十五年（一八四五年）以前的日记，时而行书，时而楷书，时而笔法苍劲有力，时而信笔挥毫，不甚措意。表示这一时期的曾国藩，年事尚轻，性情未趋稳定，生活心境，难免随外界际遇而升沉。及咸丰八年再写日记之后，[11] 才始终维持行书字体，而且大小格式，整齐划一。这也象征着国藩的思想和人格，已臻成熟，不易为外在因素所动摇了。（参见附录：曾国藩手写日记真迹之二）

国藩的日记内容，有几个值得注意的特点：（1）反省自励的文字很多。曾氏出身家规很严的旧式家庭。从小就属于“谨饬不苟”的一型；及厕身仕途，又服膺“存诚主敬”的理学；在京师时相过从的师友们，也都能互相规过劝善。所以他时时不忘自我教育，检讨自己在言行上的缺失而加以纠正。这就是所谓“慎独”与“自讼”的修养功夫。国藩的“严于责己”，有时竟近乎苛刻。例如与人谈话，自己表示太多的意见；看人下棋，从旁指指点点，多嘴多舌；他在日记上都痛自悔责，骂自己“好表现，简直不是人”。甚至在房里和自己太太开开玩笑，他也自责为“房闼不敬”。王闿运曾经劝过他：“做人做学问要慢慢地来，您又何必自责太深呢？”左宗棠却不信他出自真心，因此逢人便骂“曾国藩一切都是虚伪的”。（2）很少在日记中批评有地位的人物。曾国藩平生以

---

⑪ 今所见《曾文正公手写日记》影印本，咸丰八年六月初六日，记事是不连贯的简要摘记。而前面有一页没有日期的记事，内容是一些格言、记事摘要，追记的痕迹很明显。如“三月廿二日作札记立誓”、“四月廿三日戒棋立誓”、“廿六日窒欲立誓”之类，似是当时未写日记，而于事后补记。据此推断：咸丰八年六月初六以前，曾氏日记是间断过的。

"善于相人"自许，闲常与亲信幕僚们在一起，也喜欢评论时人长短，但他决不写在他的日记上。[12]（3）下笔慎重，不轻发议论。国藩写日记，目的在备忘，自纠缺失，并藉此养成有恒的习惯。但他自然也同时想到：这日记生前既将为亲友僚属所共见（赵烈文、王闿运都于国藩在日看过他的日记），将来更可能会流传后世，所以他在下笔时非常谨慎。所有对清廷的牢骚，对同僚及属下的不满，都尽量避免记载于日记，以免因文字而惹上麻烦。因此，他日记中记的多是一些日常生活的细节，诸如见客、下棋、剃头、看书、行踪、睡眠、来往信件等，甚至连信件内容都不提一个字。

曾氏日记，绝大部分都像一篇例行公事的"流水账"，看起来易感乏味。然而"糟粕"中所藏的"精华"也很多：论修身治学，则曾氏持身之严，待人之温厚忠恕，读书之恒心毅力，日记中随处可见，足供后人终身取法。论史料，则曾氏本人的行踪交游、其所手创的水陆营制、幕僚将吏的人事资料，傍及于当时的物价、租税、官场习俗等等，都时时有值得珍视的记载，为别处所罕见。所以曾国藩的日记，实在是一部具有多方面价值的著作。

十一、结语

曾国藩生长处身于一个充满矛盾冲突的时代，他自己的一生，

---

⑫ 这一点，可以参看赵烈文的《能静居日记》，对照之下，最是清楚。

也强烈地表现着这种矛盾冲突的色彩：在主观上，他是科举八股教育培养出来的典型中国士大夫，满脑子圣谟王典，昔贤风范，而他面对的，却是一个西力东渐，一切传统都发生动摇，被迫不得不改弦易辙的社会。在潜意识里，他热切地期望维护中国固有的名教、纲常、学术思想，乃至连他自己也不满意的政治制度，可是在另一方面，他也或多或少地觉察到：中国传统的典章制度，已不足适应这个“华洋杂处”，夷人船坚炮利的新时代。因此他首先采取“自强”的具体步骤——设机器局、造新式轮船、派幼童出洋等等。而隐伏在他内心深处的另一个观念——维护传统或继承道统——却不时发生制约作用，使他在领导推行改革，走向近代化的道路上，显得迟疑却顾，畏首畏尾。这好像一九一一年刚刚废除缠足一样：缠过的足，虽然解除了束缚，究竟无法奔驰跳跃，发挥“天足”相同的效能。

然而作为一个传统的中国士大夫，对于新时代新环境的适应能力，曾国藩毕竟还是当时出类拔萃的一人。他的治学，早年服膺程朱，继而倾心清初顾、王等人“经世致用”之学。他刚入仕途，便对当时一个浑浊的官场深感失望，斥之为“不白不黑不痛不痒的世界”，“混淆是非，麻木不仁”。起初他想等诸弟稍能自立，家境比较宽裕的时候，便辞官还乡，以遂素志。（道光二十九年十月初四日致弟书）后来因感于文宗奕詝对他的特别赏识，遂矢志尽一己之所能，为清廷效忠，并对世道有所纠挽。面对文贪武嬉的政府，人心陷溺的社会，他深知光凭程朱之道——所谓“义理之学”是无补于事的。于是他转而从史籍中寻求“经济之学”，讲求因应救弊的方略。他在咸、同之间的一套军政改革措施，居然初步收效，一举扫平了太平天国。可是这些有限的改革，并不能彻底解开缠绕着中国的许多“束缚”。太平军平定之后，国家仍面临着随时可以导致覆亡的内忧外患危机。曾国藩及其同时代的一些开明士大夫，逐渐有了更进一步的领悟：中国要自强图存，必须学习西方的船坚炮利。于是如火如荼的“自强运动”，便在曾国藩等人的倡导之下展开了。虽然后来的事实证明：曾国藩等的“自强运动”，并未收到“富国强兵”的预期效果，然而中国国家在走向近代化的目标上，总算有了起步。随之而来的，是国民知识得到启迪，人才得到培育，百年积弱的中国，终于露出得救的契机。曾国藩虽然不能及身看见自己播种的收获，但他的努力，对于传统文化的维护及未来国家前途的开拓，都是具有不可磨灭贡献的。

在人品修养方面，举世浊浪滔滔的晚清社会，曾国藩的表现，可说是“出污泥而不染”的一朵奇葩。入仕不久，他就立定“不慕名利”的志向，以汲汲于升官发财为可耻。他没有流俗的欲望，所以不必随流俗浮沉，因而始终保持住一分清正不阿的操守。这一点，得归功于他出身淳朴无华的农家。乡村农家，最尚勤俭而鄙夷游惰奢侈。曾国藩秉承了这分农家优良的习尚，故能从根源上惩窒贪欲。所谓“无欲则刚”，“有所不为”而后才能“有所为”，这是曾国藩博得群士归心的起点，也是他建功立业的基础之一。在中国近代史上，曾国藩虽不是没有瑕疵的“完人”，但他对中国的历史文化，的确有过不可磨灭的贡献，也为中国读书人树立了一个进德修业的典型，这都是无可置疑的！

附录

曾国藩家属近亲表

称谓	姓名	字号	生卒年代	备　　考
祖父	曾玉屏	星冈	一七七四—一八四九	排名兴敀。
祖母	王氏		一七六七—一八四六	
父	曾麟书	竹亭	一七九〇—一八五七	又名毓济。
母	江氏		—一八五二	同县江沛霖的女儿。
仲叔	曾鼎尊			曾国藩《台洲墓表》说他叫“上台”，而黎氏《年谱》说他“讳鼎尊，早卒”。生卒年无考。
三叔	曾骥云	高轩		又名毓驷。
长姊	曾国兰			长姊夫王鹏远。
次妹	曾国蕙		一八一四—	次妹夫王待聘，字率五。想当书吏，不成。
三妹	曾国芝		一八一八—	三妹夫朱咏春。
次弟	曾国潢	澄侯	一八二〇—一八八五	行四。

三弟	曾国华	温甫	一八二二—一八五八	行六，继骥云为子。作战阵亡。
四弟	曾国荃	沅甫	一八二四—一八九〇	行九,一字子植，号叔纯。官至两江总督。
五弟	曾国葆		一八二八—一八六三	改名贞干，字事恒。作战阵亡。
季妹	名不详		一八三〇—一八三九	死于痘。
妻	欧阳氏			衡阳廪生欧阳凝祉的女儿。
长子	曾纪泽	劼刚	一八三九—一八九〇	长媳贺氏，是贺长龄的妾所生女儿。继媳刘氏，是刘蓉的女儿。纪泽在外交上有杰出表现。
次子	曾纪鸿	栗諴	一八四八—一八八一	国藩常说他天分不高，不甚见爱，死时年仅三十三岁。
长女	曾纪静	孟衡	一八四一—	
长婿	袁秉桢	榆生		同乡好友袁芳瑛的儿子，性傲慢，不甚长进。
次女	曾纪耀	仲坤	一八四三—一八八一	丈夫多病而专横，常受虐待。从未生育，抑郁终身。
次婿	陈远济	松生	一八四四—	好友陈源兖的儿子，幼育于国藩家，有隐疾。
三女	曾纪琛	凤如	一八四四—	嫁了一个性情乖戾的丈夫，还有一个凶悍的婆婆。
三婿	罗兆升	允吉	—一八八八	好友罗泽南的儿子。品行不甚端正。
四女	曾纪纯		一八四六—一八八一	二十三岁而寡，不见容于郭嵩焘的小太太，境遇可怜。
四婿	郭刚基	依永	一八四六—一八六九	好友郭嵩焘的儿子，颇聪明，可惜早死。

六女	曾纪芬	崇德老人	一八五二—一九四一	有自订《崇德老人八十年谱》行世。国藩诸女名字，别处多不载，而见于此书，书中说国藩五女幼殇。
六婿	聂缉规	仲芳	一八五五—一九一一	衡山人，娶纪芬在国藩死后，光绪二十六年，曾参与对英裁厘加税交涉。后官至浙江巡抚。
妾	陈氏		一八四〇—一八六三	咸丰十一年十一月纳于安庆，湖北人，多病，国藩为她颇耗精神，终于同治二年四月死去，年仅二十四。归国藩才年余。
长孙女	曾广璇			纪泽长女。
长孙婿	李经馥	幼仙		合肥李鹤章的儿子，李鸿章的侄儿。
次孙女	曾广珣			纪泽次女。
次孙婿	吴永	渔川		吴兴人。义和团之乱时，任怀来知县。有《庚子西狩丛谈》行世。

附记：上表资料并不完全，只是根据手头所有的列出。部分资料，且是审稿沈云龙先生所提示的，因据以补充。并向沈先生虔致谢意。

参考书目

《左文襄公全集》，左宗棠，光绪十八年刊本，台北，文海出版社影印，一〇七卷。

《玉池老人自叙》，郭嵩焘，光绪十九年，养知书屋版，台北，文海出版社影印，《近代中国史料丛刊》第八辑，一卷。
《天岳山馆文钞》，李元度，光绪六年，爽溪精舍刊本，台北，文海出版社影印，《近代中国史料丛刊》第四十一辑。
《李文忠公全集》，李鸿章，光绪三十四年刊本，台北，文海出版社影印，一九六二年，一六四卷。
《求阙斋读书录》，曾国藩撰，王启原辑，台北，广文书局，十卷。
《求阙斋弟子记》，王定安，光绪二年北京刊行，台北，文海出版社影印，《近代中国史料丛刊》第六辑。
《胡文忠公遗集》，胡林翼，光绪元年，湖北，崇文书局版；台北，文海出版社影印，《近代中国史料丛刊》第八十九辑。
《咸同中兴名贤手札》，郭庆蕃辑，台北，文海出版社影印，《近代中国史料丛刊》第八辑。
《春在堂随笔》，俞樾，光绪二十五年，春在堂全集本，台北，文海出版社影印，《近代中国史料丛刊》第四十二辑。
《清朝全史》，稻叶君山著，但焘译，一九一四年初版，台北，中华书局，一九六〇年台一版。
《湘军志》，王闿运，宣统元年东洲重刊本，台北，文苑出版社影印，一九六四年，十六篇。
《湘军记》，王定安，光绪十五年，江南书局刊版，台北，成文出版社影印，一九六八年，二十卷。
《湘军新志》，罗尔纲，中研院社会科学研究所，一九三八年初版，阳明山庄翻印，一九五一年，三七二页。
《湘绮楼日记》，王闿运，一九二七年铅印本，台北，学生书局影印，一九六四年，二册。
《湘绮楼笺启》，王闿运，台北，文海出版社影印，《近代中国史料丛刊》第十八辑。
《湘乡曾氏文献》，曾国藩等，台北，学生书局据原稿影印，一九六五年，十册。
《淮军志》，王尔敏，中国学术著作奖助委员会，一九六七年，四五七页。
《淮军志》，罗尔纲，香港书店，据一九四五年稿本影印，一九七三年，二二一页。
《曾文正公全集》，曾国藩撰，王定安等纂辑，长沙，传忠书局刊本，光绪三年初版，一六六卷。
《曾文正公全集》，曾国藩等撰，王定安等纂辑，一九七四年，台北，文海出版社据初版影印，并增入其他版本之家书家训等，又增曾昭六撰《编刊考略》一册。
《曾文正公全集》，曾国藩，台北，世界书局，一九五二年铅印本，十册。
《曾文正公年谱》，黎庶昌，台北，广文书局，一九七一年。
《曾文正公别传》，朱孔彰，《中兴将帅别传》，光绪二十三年刊本，台北，中华书局，一九六八年，台二版。
《曾文正公七种》，曾国藩，台北，启明书局，一九五九年，六册。
《曾文正公国藩文献特展目录》，故宫博物院，一九七二年，二〇页。
《曾文正公批牍》，曾国藩，台北，华文书局影印，一九六九年，六卷。
《曾文正公家书》，曾国藩，台北，新陆书店，一九五六年二版，六、二二三页。
《曾文正公诗文集》，曾国藩，台北，商务印书馆，《万有文库》第一、二集，六卷。
《曾文正公杂著》，曾国藩，台北，广文书局，一九六九年，四卷。
《曾国藩评传》，何贻焜，台北，正中书局，一九六四年七月三版，六一七页。
《曾国藩传》，萧一山，中华文化出版事业社，一九五二年，二〇二页。
《曾国藩之生平与事业》，蒋星德，南京，商务印书馆，一九三五年四月。
《曾国藩传》，王树枏、马其昶撰，《清史稿列传》，北平清史馆，一九二七年。
《曾国藩治学方法》，胡哲敷，台北，中华书局，一九六一年，六、一三四页。
《曾国藩平乱要旨》，陈启天，上海，大陆书店，一九三二年初版，台北，商务印书馆，一九六七年修正版，一三八页。
《曾国藩及其幕府人物》，李鼎芳，上海，文通书局，一九四七年，一九八页。
《曾国藩文学理论述评》，庄雅州，台北，撰者印行，一九七二年。
《曾惠敏公遗集》，曾纪泽，台北，文海出版社影印，光绪二十年上海刊本，《近代中国史料丛刊》第十九辑。
《能静居日记》，赵烈文，“国家图书馆”馆藏手稿，台北，学生书局影印，一九六四年，六册。
《曾文正公手写日记》，湘乡曾八本堂家藏手写本，台北，学生书局影印，一九六五年，六册。
《检论》，章炳麟，《章氏丛书》，一九一九年，上海印行。
《养知书屋遗集》，郭嵩焘，光绪十八年刊本。
《近代史料考释》，沈云龙，传记文学出版社，台北，一九七二年。
骆沙伦：《从曾国藩和魏源的经世思想看同光新政》，《大陆杂志》三十六卷一期，台北，一九六二年一月。
郭斌龢：《曾文正公与中国文化》，《天津大公报·文学副刊》，一九三二年十一月七日。
沈云龙：《曾国藩之挺经》，《近代史事与人物》页五三—五四，台北，自由太平洋文化事业公司，一九六五年。

吴相湘：《忧谗畏讥的曾国藩》，《晚清宫廷实纪》页一五三一一九四，台北，正中书局，一九六九年台五版。
何烈：《李秀成之死与曾国藩》，《史绎》创刊号，《"国立"台湾大学历史学会会刊》页七四—八六，一九六四三年六月。

图书在版编目（CIP）数据

中国历代思想家. 清. 2 / 中华文化总会，王寿南主编；王法周等著. —北京：九州出版社，2011.3
ISBN 978-7-5108-0852-4

Ⅰ. ①中… Ⅱ. ①中… ②王… ③王… Ⅲ. ①思想家—评传—中国—清代 Ⅳ. ①B2

中国版本图书馆CIP数据核字(2011)第026375号

中国历代思想家. 清. 2

作　者	中华文化总会　王寿南 主编　王法周等 著
出版发行	九州出版社
出 版 人	徐尚定
地　址	北京市西城区阜外大街甲 35 号 (100037)
发行电话	(010)68992190/2/3/5/6
网　址	www.jiuzhoupress.com
电子信箱	jiuzhou@jiuzhoupress.com
印　刷	涿州市星河印刷有限公司
开　本	880 毫米 ×1230 毫米　32 开
印　张	14
字　数	346 千字
版　次	2011 年 3 月第 1 版
印　次	2011 年 3 月第 1 次印刷
书　号	ISBN 978-7-5108-0852-4
定　价	32.00 元